DICTIONNAIRE AMOUREUX DE L'ISLAM

Du même auteur

(La première date correspond à l'édition initiale ;
la seconde date à l'édition la plus récente)

Le Corps en Islam, PUF, collection Quadrige, 1984, 1998.

La Formation de l'identité politique, Payot, 1986, 1998.

Le Livre des séductions, Payot, 1986, 2000.

L'Esprit de sérail. Mythes et pratiques sexuels au Maghreb, Payot, 1987, 1995.

Histoire de la circoncision des origines à nos jours, Balland, 1992, 1997.

Introduction aux *Lois secrètes de l'amour en Islam*, d'Omar Haléby / de Régla, Balland, 1992.

L'Imaginaire arabo-musulman, PUF, collection Quadrige, 1993, 2002.

Encyclopédie de l'amour en Islam, Érotisme, beauté et sexualité dans le monde arabe, en Perse et en Turquie, Payot, 1995, 2003.

La Féminisation du monde (1996), réédité sous le titre de *Psychanalyse des Mille et Une Nuits*, Payot, 2002.

Les Symboles de l'Islam (Album), Assouline, 1997, 1999.

Préface aux *Ephèbes et courtisanes* de Jahiz (IXe siècle), Rivages, 1997.

Les Grandes Religions, Assouline (collectif), 1998.

Préface au Coran, traduction Edouard Montet, Payot, 1998, 2001

Traité du raffinement, Payot, 1999.

Du désir, Payot, 2000, 2002.

Les Cent Noms de l'amour, Alternatives, 2000 ; 2003 (avec L. Métoui).

Mahomet et l'Islam, Casterman, 2002.

Le Sujet en Islam, Seuil, 2002.

Présentation de *L'Islam, religion et communauté* de Louis Gardet, Desclée De Brouwer, 2002.

Anthologie du vin et de l'ivresse en islam, Seuil, 2004.

Dictionnaire des symboles musulmans, Albin Michel, 1995, 2003.

Islam et libre arbitre, La tentation de l'insolence, Dervy, 2003 (avec M. de Solemne).

Manifeste pour un islam des Lumières, Hachette Littérature, 2004 (à paraître).

MALEK CHEBEL

DICTIONNAIRE AMOUREUX DE L'ISLAM

Dessins d'Alain Bouldouyre

Plon

ISBN : 2-259-19799-X

بسم الله الرحمن الرحيم

Au nom de Dieu clément et miséricordieux

Introduction

L'islam est amour, mais l'islam dont je parle ici n'est pas seulement un territoire, une communauté ou un dogme, il est aussi un univers, une langue, un esprit. Il est un lien entre les hommes, à la fois par l'échange et le vivre ensemble, par l'Histoire, leur creuset commun, et bien sûr par la pratique qui s'ensuit. Associer une religion à un sentiment comme l'amour, l'amitié ou l'admiration, n'est-ce pas audace, n'est-ce pas inconscience ? Et quel répit pour ceux qui, en terre musulmane, ont pour seule déraison de désirer librement, sans contrainte, ni complaisance ! Aimer d'un amour sans entraves une religion et une culture, aimer ce qu'elle a produit d'immense, détester ses avatars, ses compromissions et ses replis dévastateurs : telle est l'ambition de ce livre. Un dictionnaire ! Mais pas n'importe lequel, un livre d'alchimie et de mots, un livre qui rêve d'enchanter l'islam, un livre de liberté offert à ceux qui veulent connaître cette religion – qui est aussi un dogme, une civilisation et même un cours de langue arabe – en partant de l'intérieur, comme d'une perle rare gardée dans une chambre forte. Ce dictionnaire amoureux se veut également une anthologie littéraire – l'Orient tel qu'il est décrit ou imaginé par les écrivains – et, partant, une charte du bien-vivre et peut-être un traité de philosophie, car la littérature est le meilleur reflet de passions et d'idées souvent très profondes qui se disent simplement. Littératures...

Un tel livre, pour personnel qu'il puisse être, n'appartient qu'en partie à son auteur. Sa vocation est de relier – *religare* –, un peu comme le faisait la religion primitive des Romains. Car, si l'on devait supprimer les citations empruntées aux autres écrivains, aux poètes et aux voyageurs, et si l'on passait outre les rêves fous des utopistes ou ceux que le marchand de sable a disséminés çà et là et si, de surcroît, on excluait toutes les définitions tirées du Littré et quelques versets coraniques, on ne serait plus que les obligés reconnaissants des nombreux esprits qui le hantent. A chacun, j'ai emprunté le meilleur, aussi bien pour l'apologie que pour la critique, même si elle m'a paru parfois infondée. Je n'ai pas cherché à transfigurer le réel, bien que le projet dans son ensemble – amour, qui a dit amour ? – vise à réenchanter notre regard sur l'islam. L'ouvrage que vous tenez entre vos mains montre dans leur singularité les différents visages de l'islam depuis son avènement – la prédication de Mohammed ayant débuté vers 610 ou 611 après Jésus-Christ – jusqu'à nos jours. Un parti pris esthétique m'a commandé de toujours plaider la liberté et la beauté. Cet ouvrage est d'abord fait de sons, de saveurs, de fragrances et de couleurs. C'est un bréviaire pour le voyageur et pour le savant, mais aussi un vade-mecum pour le musulman à l'écoute de l'Autre, l'étranger, le païen, le laïc, pour s'inviter à sa culture. Beaucoup d'entrées partent d'un fait connu, d'un récit de voyageur célèbre ou d'une image ordinaire. Quant aux auteurs européens, au moins ceux qui ont connu l'Orient ou qui en ont parlé, je les ai tous conviés au banquet de l'*œcoumène* musulman : Hérodote, Flaubert, Lamartine, Nerval, Maupassant, Montesquieu, Racine, Voltaire, Hugo, Lawrence d'Arabie, Stendhal, Loti, Le Bon et bien d'autres encore, Allemands, Hollandais, Indiens. J'ai convié bien sûr les plus grandes figures orientales. Là encore, j'ai voulu leur ouvrir sans jamais parvenir à être exhaustif, cela va sans dire, les pages de ce dictionnaire. Seul le plaisir que j'ai eu à les relire m'a guidé, mais les plus importants sont là : Abu Nuwas, Omar Khayyam, Hafiz, Saadi, Ibn Khaldoun, Jahiz, Ghazzali, Averroès, Haroun Rachid, Saladin, Soliman le Magnifique, Roxelane, la sultane turque, Qazwini, et bien d'autres encore, notamment parmi nos contemporains, Oum Kalthoum, Naguib Mahfouz, Kateb Yacine, Fairouz, Taha Hussein... A ce tableau manquent des personnalités plus éloignées dans le temps ou plus anciennes que l'islam, tels Imrou al-Qaïç (poète du VIe siècle), Ibn al-Muqaffa (écrivain), Aboul-Feda ou Ibn Jobaïr (géographes), Jarir ou Farazdaq (tous deux poètes) ou Ibn Qutaybah (grammairien). Mais comment faire ? Nombreux sont les talents que cette culture a produits, merveilleux géographes, extraordinaires poètes. Il fallait faire des choix, et ceux que je propose sont, à mes yeux, les plus singuliers de l'islam et sans doute aussi les plus emblématiques.

Ce livre conte la cour des miracles, chante le caravansérail et promet des châteaux en Espagne. Il y est question de guerriers et de philosophes, de prédicateurs, de mécènes et d'architectes. Une épopée guerrière, donc, un mythe inatteignable, une marche vers la culture et la civilisation, l'ultime façon d'évoquer le désert, le harem, le hammam, le parfum et cette lumière vespérale qui jaillit de partout en islam.

Désert
Krim
FRANÇ
ZATAR
Stamboul
MOREA
KOBOUR
Andalous
PERSE
CHINE
HIND
Pays du MAGHREB
Alexandrie
BARGHOUL
Pays de Kafirs
Yemen
Désert
A FRIKIAH
TAKARNAT
Beled el Zindj
Ici l'on trouve des Elefans, des léopards des Giraffes et des autruches
Désert

A

Pas de contrainte en religion
(Coran, II, 256).

Ablutions *Voir :* PRIÈRE

Abou Hanifa *Voir :* CHARIA

Abraham

Tout commence à Ur, en Chaldée. Abraham y est né, il y a vécu et c'est à Hébron, en Palestine, que l'on situe aujourd'hui sa tombe. Selon la Bible, c'est aussi en Palestine qu'il initie son peuple au mystère du Dieu Un et à la notion d'Alliance. En ce temps-là, au sud de la mer Morte, Sodome et Gomorrhe se livrent à la débauche. Elles finiront pétrifiées dans la pierre, noyées sous le souffre, calcinées par le feu, nous dit le récit apocalyptique de la Genèse. Loth, le neveu d'Abraham, échappe au cataclysme, mais sa femme trop curieuse est changée en statue. Restent les filles. Elles sont nubiles et fécondes, et la Terre est encore désolée, l'espèce humaine n'y est pas établie. Dans le désordre ambiant, elles s'unissent à leur père, qui, sans le savoir, vient de commettre un terrible inceste. De cette union naissent Moab et Ammon, les géniteurs de deux peuples, aujourd'hui disparus ou peut-être fondus dans les peuplades de la région, les Moabites et les Ammonites. Pour éprouver son obéissance, Dieu demande alors à Abraham de sacrifier en son honneur son propre fils. Abraham le prophète accepte cet ordre : il tire son couteau effilé et se résigne à lui trancher le cou. Mais à ce moment précis, Gabriel s'interpose, retient la main du sacrificateur : il lui désigne alors un mouton que Dieu a choisi pour l'immolation. L'enfant est sauvé. Depuis cette date, au moment du grand pèlerinage, les musulmans sacrifient un jeune mouton, commémorant ainsi l'acte de soumission d'Abraham. On attribue également à Abraham le rite de la circoncision, la Bible ayant clairement indiqué – Genèse XVII, versets 9 et suivants – que l'ablation du prépuce des garçons est le « signe de l'alliance » avec le Créateur. La circoncision existait sûrement avant, mais Abraham la codifie, la ritualise, lui donne un cadre.

Le précédent abrahamique est déterminant pour comprendre la sensibilité musulmane sur la question de l'héritage monothéiste. L'islam* est-il né de rien ou, au contraire, s'inscrit-il dans la tradition monothéiste selon laquelle tous les prophètes procèdent d'un même lieu-source et d'une même fratrie ?

Que ce soit dans le Coran* ou dans ses *hadiths** (l'ensemble des propos du Prophète), le prophète Mohammed se réfère souvent à l'image tutélaire d'*Ab-Raham* – ce qui signifie littéralement le « Père des nations » –, appelé *Ibrahim al-Khalil* par les Arabes*, car il est à leurs yeux l'« Ami intime » de Dieu. Selon une hiérarchie discrète, mais solidement ancrée dans la mentalité musulmane, Abraham est le premier monothéiste de l'histoire des religions, celui qui a cru en l'existence d'un Dieu unique avant même la révélation des Livres sacrés. Il était, disent les exégètes, dépositaire de la prescience divine, c'est-à-dire d'une connaissance avant la connaissance.

Pourtant la relation avec cette figure biblique (Genèse, XI, 26 ; XXV, 11) est des plus compliquées. L'ancêtre éponyme des Arabes du Nord, Ismaël, est le fils d'Agar ou Hagar, en arabe, la servante égyptienne qui fit d'Abraham un père. Mais Ismaël est un enfant de substitution, un enfant adultérin. Car tout indique qu'Agar est le substitut de Sarah, longtemps restée stérile. Lorsque Agar (Genèse, XVI et XXI) fut enceinte d'Ismaël, Abraham avait déjà plus de 80 ans. Mais peu de temps après, Sarah (ou Saraï), déjà nonagénaire, donne naissance à Isaac. L'équation n'est pas simple pour Abraham. Sur l'insistance de Sarah, l'Ancêtre va se châtrer d'une partie de lui-même en se séparant de son fils aîné, Ismaël. Cette séparation entre le fils et le père, entre Ismaël et Abraham, est à

* Les mots et expressions accompagnés d'un astérisque renvoient à une entrée dans le texte.

considérer comme le commencement de la diversité religieuse.

Le problème se pose autrement pour la descendance d'Ismaël. Ismaël bénéficie d'une légitimité incontestable, mais dans la mesure où son sang est mêlé à celui d'une esclave égyptienne, qui est, en outre, une femme répudiée et de surcroît exilée, la question de la filiation se pose au plan de la pureté de la lignée mais aussi au plan de l'identité des personnes. De telles interrogations sont en grande partie insolubles, la filiation déniée annulant après coup la reconnaissance affectueuse du père pour son fils. Ainsi donc, la descendance arabe d'Ismaël ne peut être que problématique. En effet, le terme *hagara* ou *hajara*, qui est la racine communément admise en arabe du nom de Hagar, signifie « partir », « quitter le lieu », « s'exiler ». Comment, en effet, quitter un lieu d'attache essentiel, sans encourir l'ignominie ou l'opprobre de celui qui trahit un lien premier, même à le recomposer ailleurs, à Yathrib, dit la légende (c'est-à-dire à Médine*, en Arabie), et de manière solitaire.

Confronté à cette situation cornélienne, Abraham doit choisir entre deux impossibles : son alliance de sang avec Ismaël, dont il est le père libérateur – à l'époque une esclave pouvait se libérer en donnant un enfant à un homme libre –, et son lien avec Sarah, qui lui donnera miraculeusement Isaac. Pour lui, le dilemme s'exprime entre deux amours ; il lui faut répudier Hagar après avoir tant choyé Ismaël, et reconnaître l'enfant légitime, Isaac, né des entrailles de la femme aimée, Sarah. Sourde lutte entre liberté et légitimité, lutte aussi entre le verdict utérin d'une part et la loi matrimoniale de l'autre, entre le désir et le devoir.

Sans le savoir, Abraham, le premier patriarche, a été en même temps notre plus proche contemporain. N'a-t-il pas introduit, à son corps défendant, une dualité qui perdure de nos jours, la tradition d'un côté, la modernité de l'autre, contemporain ici, antique là.

Mais d'entrée de jeu, le combat paraît homérique au sens où Abraham est le fondateur d'un ordre nouveau. Problème insoluble comme tel, dès lors que les protagonistes sont de fait impliqués dans un projet divin qui les dépasse. Voyez les usages pérennes, comme la circoncision ou l'immolation d'une bête sacrificielle en lieu et place d'Ismaël-Isaac, auxquels ils ont donné naissance ! La Bible dit que cet enfant « unique et chéri » était Isaac (Genèse, XX). Les Musulmans qui sacrifient au moment de l'Aïd el-Kébir* un mouton le nomment, eux, Ismaël.

Abraham est un prophète, mais il n'a pas laissé de Livre sacré, ni Pentateuque, ni Bible, ni Coran. C'est un législateur qui se fonde sur le verbe, mais il n'a pas beaucoup parlé, à la différence de Mohammed, qui a laissé des milliers de *hadiths**, pour s'expliquer, et se faire comprendre. Abraham est l'un des rares prophètes à s'être adressé directement à Dieu, sans passer par un ange, un peu comme le fera plus tard Moïse, sur le mont Sinaï, ou Mohammed, dans la grotte de Hira. Il est adamique par certains aspects et christique par d'autres, musulman avant la lettre – Abraham est appelé en effet *al-hanif*, « Celui qui suit la Religion de Mohammed ». Ce logographe sans Livre est le premier législateur de l'humanité, il est aussi le bâtisseur de la Kaaba* et un lieu-dit de La Mecque* appelé Makam Ibrahim lui est dédié. Un tel pedigree royal explique pourquoi il est le personnage biblique le plus consensuel du monothéisme :

Abraham est au commencement de toutes les religions sans en incarner aucune. Prophète paradoxal ?

Abu Ishaq az-Zarqali *Voir :* GÉRARD DE CRÉMONE

Abu Nuwas

Neuf siècles avant Casanova et Sade et dix siècles avant Baudelaire, Abu Nuwas (vers 762-vers 813) s'exprimait en libertin sur le vin, les éphèbes et les concubines. Cet homme était à la fois poète et révolutionnaire, esprit florentin le jour et jouisseur rabelaisien la nuit. Beaucoup de ses contemporains l'ont parodié, d'autres l'ont désavoué. Ceux qui ne l'avaient pas lu eurent tôt fait de le vouer aux gémonies, en le diabolisant. Abu Nuwas était ailleurs, les écoutait-il au moins, lui qui se sentait l'âme voyageuse et le cœur vagabond. Son goût pour les bons crus était légendaire. Un vin, disait-il, « qui n'a été touché ni par le feu, ni par le soleil », autrement dit ni trop brûlé, ni trop éventé mais doux et puissant, velouté sur la langue. Des descendants d'Abu Nuwas, dont le talent, dit-on, aurait jeté dans l'oubli plusieurs centaines de ses prédécesseurs, tous excellents pourtant, on ne peut penser qu'ils fussent de simples parvenus piqués au vif par l'esthétisme de sa langue :

Le verre est si fin et le vin si limpide !
Comment les distinguer ? La difficile affaire !

C'est comme s'il n'y avait que du vin et pas de verre ;
comme s'il n'y avait que du verre et pas de vin

Pourtant, les annales ne disent pas que ce maître de la débauche – il faut entendre le mot débauche au sens large – ait été de quelque manière inquiété par tel mollah ou tel imam, ni même gêné par un archaïsme rétrograde dont certains, de son temps comme du nôtre, se complaisent à affubler l'islam et les musulmans.

En compagnon goguenard et sceptique du calife Haroun Rachid (764-809), Abu Nuwas n'a cessé d'animer de sa verve joyeuse les interminables banquets du palais abbasside, jetant son dévolu sur des belles à la chair moelleuse et aux yeux de velours, autant que sur les mignons qui hantaient la nuit capiteuse de Bagdad. Ces derniers devaient répondre à des critères précis et se distinguaient par leur duvet, soyeux et tendre, un « duvet qui n'a pas encore viré au bleu ».

Son nom complet est Hassan ibn Hani al-Hakami, dit Abu Nuwas, ce qui signifie l'homme à la chevelure bouclée. Protégé des califes abbassides Haroun Rachid (766-809) et de son fils Al-Ma'mun (786-833), Abu Nuwas fut le plus impertinent des poètes classiques, le dernier aussi, et le premier des modernes. Il passe pour avoir affranchi la poésie de son temps en la dotant d'une truculence et d'une liberté de ton qui lui étaient encore inconnues.

Et cette image lui a survécu, décalée et plutôt flatteuse. Un dilettante raffiné que rien ne rebute, ni les chemins escarpés de la chair, ni l'indocilité politique, ni les délateurs aux aguets, encore moins ses pugnaces adversaires. Abu Nuwas, comme avant lui

Omar ibn Abi-Rabi'a (644-719), le dandy érotique de Médine et de La Mecque, est un amateur éclairé, libertin joyeux et maître de l'attaque acerbe. Champion de toutes les licences morales et poétiques, il a le génie de ne jamais se laisser aller à la facilité, comme de cultiver quelques galéjades stériles ou répondre aux détracteurs sur le même registre qu'eux. Vivre, aimer et créer avaient pour lui un seul nom, la poésie. Abu Nuwas est né en Perse, à Ahwaz, Ahvaz ou Souk al-Ahwaz (en arabe), une ville du Khouzistan iranien qui fut assez prospère. Après une première enfance dont on ne sait pratiquement rien, il se lance à la conquête de villes plus imposantes comme Bassora, Koufa et, surtout, Bagdad. Son père d'origine arabe mourut alors que le poète était encore enfant ; sa mère, elle, était une Persane modeste qui passait pour être de mauvaise vie. Jeune adulte et pendant plus d'une année, fuyant la ville, Abu Nuwas partage l'existence d'une tribu de bédouins en vue de parfaire son arabe. Il put ainsi, sans entraves, goûter aux sonorités pures de l'idiome originel, se nourrir à son beau phrasé. Une telle plongée dans les abîmes secrets de la langue arabe lui sera d'un grand secours, et ne l'empêchera pas, bien au contraire, de se lancer dans l'innovation littéraire.

L'ai-je suffisamment dit, Abu Nuwas a été le chantre de la jouissance sous toutes ses formes, non pas seulement la jouissance légitime, ou tolérée, mais également l'illégitime, la sulfureuse, la cocasse. En débauché, il se plaît à répéter qu'il était tout aussi pervers et polymorphe, de nuit, que mondain et aristocrate, de jour. Puissamment protégé, il se livre à toutes sortes d'excès, sans que nous sachions exactement quelle part de fantaisie et d'opportunisme accompagnait ses excentricités. Abu Nuwas consacre la première partie de sa vie de poète à rédiger des élégies urbaines et des dithyrambes. Il y flattait mécènes et amis. En cela, il s'inscrivait encore dans la tradition de la poésie arabe classique, avec son prologue amoureux (*nasib*) et sa nostalgie du dernier campement.

Plus débridée et insoumise a été la seconde partie de sa vie. Ce qui s'explique par une liberté gagnée au détriment des servitudes de la cour. Sexe, érotisme, pouvoir, ostentation, dérision en sont les maîtres mots, le bréviaire de son quotidien. Sa description de l'hydromel et du *nabidh*, un vin de dattes ayant acquis quelque réputation, est inouïe. Aujourd'hui encore, en lisant la poésie bachique d'Abu Nuwas, on a l'impression d'assister à une orgie dans une vaste taverne plantée dans le désert et connue des seuls initiés. Il y est question d'outres écumantes à peau lisse, de jarres pleines de nectars goûteux, d'aiguières généreuses et de coupes rougeoyantes. L'échanson, appelé *saqui*, est timoré, affable et docile. En creux, l'ombre des esclaves alanguies et les amours ancillaires qu'elles peuvent inspirer. Plus loin quelques commensaux cyniques et frivoles, des matrones qui font de la vénalité d'un jour leur missel de la vie et toute la faune habituelle d'un lieu de perdition.

Le patron de la vigne y est fêté comme un dieu lare, familier et protecteur. C'est à lui que le poète dédie la plupart de ses vers :

La vie de l'homme, c'est ivresse après ivresse
et si cela dure, l'existence paraît courte.

Autre spécialité d'Abu Nuwas est la poésie érotique. Là encore, il n'est aucun thème sulfureux qu'il ait passé sous silence, usant de son libertinage grinçant et de sa verve comme on le ferait d'un sabre effilé. Sa poésie érotique tranchait dans le vif et bousculait les habitudes acquises. Plus besoin de se livrer au jeu hypocrite des pseudonymes, des qualificatifs épicènes et des prête-noms. La bien-aimée est appelée par son nom, adulée comme une déesse. Une liberté qui ne tranche pas tout à fait avec la société de son époque. Au même moment, des attitudes nouvelles apparaissent : culte de l'apparence, goût pour l'érotisme, les mondanités, le raffinement qu'une étiquette va bientôt encadrer.

Le pourfendeur des vieilles rimes et des hémistiches classiques a sévi. Abu Nuwas est un moderne avant la modernité. Aucun poète n'a autant que lui influencé la poésie arabe. Il a fallu le destin étincelant de cet homme mille fois universel et farouchement indépendant, toute sa bravoure pour envoyer à la brocante les mots ampoulés, ce qui fit du même coup évoluer les mentalités.

Abu Nuwas est de cette trempe-là : fier, dispendieux, généreux, insatiable enfin au point de confondre dans l'ivresse des nuits agitées le sexe du serviteur, homme ou femme, eunuque ou hermaphrodite, bisexuel ou houri. Qu'importe ! Le vin n'est-il pas extrait de sa jarre, le flacon n'écume-t-il pas son feu ? En poésie arabe, il y a un avant Abu Nuwas et un après Abu Nuwas. Après l'avoir vainement combattu, les faiseurs d'autorité ont salué son talent et ses trouvailles, admiré son génie créateur.

Sur le tard, après avoir pratiqué tous les styles, du classique au moderne, en passant par la satire cinglante, les poèmes saturniens et la poésie éroticobachique, Abu Nuwas s'est peu à peu assagi. A la fin de sa vie, il écrivit même des poèmes ascétiques. Retournement d'histoire ou simple maturation du créateur, peut-être las ? D'aucuns soutiennent qu'il mourut bon croyant, ce qui serait le comble de l'ironie.

Adam et Eve

Le Coran cite Adam dans treize sourates et au moins cinquante versets, mais il n'évoque Eve (Hawa) que dans un seul verset, et encore sans la nommer : « O Adam ! Habitez, toi et ta femme (ou épouse, *zawjuka*), le Paradis ; et mangez en toute liberté de ce qu'il produit, partout où vous voudrez. Vous ne vous approchez pas de cet arbre, de peur que vous deveniez des coupables... » (II, 35).

Flash-back : Adam est le premier prophète et le premier homme de la Création (Genèse I-IV). Au début, il est prophète pour lui-même et pour son épouse, Eve, elle-même étant née de lui. Etrange naissance. Contrairement aux autres prophètes, il a connu le Paradis où il a séjourné avant d'en être chassé : Adam fut en effet puni pour avoir désobéi à l'injonction divine, et désigné pour perpétuer la race humaine sur une terre qui se désespérait d'être vide. Si Adam et sa progéniture cherchent à s'amender de leur faute initiale, faire le bien et s'éloigner du mal, cela montre aussi qu'ils aspirent à retrouver leur Eden originel. Mais, à peine Adam et Eve eurent-ils deux enfants, Caïn et Abel, qu'un assassinat monstrueux est perpétré, celui d'Abel, le cadet. L'errance de l'homme commence là, homme coupable appelé à quémander sans relâche la clémence divine. Caïn, l'auteur tragique du premier crime fratricide de l'histoire, est voué à un exil perpétuel. La Bible le décrit comme cet « errant parcourant la terre ». Mais pourquoi en exil ? C'est le tribut que doit payer un criminel maudit et en particulier celui qui a tué son propre frère. Caïn fuit sa propre tragédie et son châtiment – le miroir de sa conscience torturée – est à jamais cet œil vissé sur lui en souvenir de son ignominie. Traqué, entouré d'ombres et surveillé sans relâche, Caïn ne peut vivre qu'avec les bêtes, car ce sont les seuls êtres qui acceptent sa compagnie. Plus tard, naquirent des filles, les sœurs de Caïn et Seth, le troisième fils du couple adamique. Ainsi, nous dit la Genèse, fut peuplée incestueusement la terre, à partir de frères et de sœurs.

Telle est la légende connue du premier homme, légende que le Coran va s'approprier en grande partie, en relatant tous les épisodes légendaires que sont la naissance d'Adam, l'Eden où il a vécu, l'Arbre de la connaissance, la tentation du démon (Iblis), le rôle joué par le serpent, la chute d'Adam et son remords. Eve est, certes, née miraculeusement de la côte d'Adam, mais aucune précision n'est donnée, ni sur elle, ni sur ses deux fils, pourtant évoqués dans le Livre sacré des musulmans. Le récit coranique détaille la vie du couple premier quand il se trouve encore dans le voisinage de Dieu, cela pour souligner la puissance de l'être suprême. Il leur est prescrit de goûter à tous les fruits de l'Eden, à l'exception de la pomme. Mais Iblis, qui vit au paradis comme tous les anges, les a tentés par ses paroles doucereuses. Lui aussi fut écarté de la bénédiction d'Allah, car il avait refusé de s'agenouiller. Contrairement au démon,

Iblis, l'ange déchu que les pèlerins lapident encore plusieurs centaines de milliers d'années après, l'homme a reconnu la souveraineté du Seigneur, car il s'est aussitôt agenouillé devant Lui. Aujourd'hui, les centaines de millions de musulmans qui prient Dieu ne font que répéter ce geste inaugural de l'agenouillement (*sujud*), en signe de leur soumission à Dieu.

Aga Khan *Voir :* CHI'ISME

Aggiornamento en islam *Voir :* RÉFORMISME

Agriculture

Il est plus habituel d'assimiler les musulmans au négoce, *tijara*, et aux transactions commerciales qu'à l'agriculture, *filaha* (d'où *fellah**, agriculteur). Pourtant, cette activité était celle de la majeure partie des populations du Sahel et des plaines côtières (Méditerranée) ou fluviales (Nil, Euphrate). L'agriculture envers et contre tout, car l'immense zone semi-désertique qui ceinture d'est en ouest les pays arabes et musulmans ne permet guère une exploitation extensive des sols, ou des récoltes spectaculaires. C'est donc une agriculture de subsistance, essentiellement tournée vers les céréales, les produits maraîchers et les fruits. Une culture traditionnelle. L'apparition depuis peu de l'agriculture sous serre, les techniques d'enrichissement des sols et la capacité d'acheminer l'eau – précieuse et rare – permettent d'envisager un avenir plus prometteur, notamment pour mettre en valeur la zone désertique.

L'origine de l'agriculture en terre d'islam remonte à plusieurs milliers d'années avant la naissance du Prophète. Il semble aujourd'hui acquis que l'Egypte, notamment l'Egypte nilotique, en ait été le berceau. Les premiers travaux théoriques issus du domaine musulman portent la marque de cet héritage ancien, que ce soit l'*Agriculture mésopotamienne* (*Al-Filaha an-nabatiya*) d'un certain Ibn Wahshiya (IXe siècle) ou l'*Agriculture byzantine* (*al-Filaha ar-Rumiya*) attribué à Qustus ar-Rumi ou même *Le Livre de l'agriculture* (*Kitab al-Filaha*) du Sévillan Ibn al-Awwam (fin XIIe-début du XIIIe siècle), de son nom complet Abu Zakariya Ibn Muhammad Ibn Al-Awwam. Tous ces ouvrages font remonter la naissance de l'agriculture aux premières sédentarisations, c'est-à-dire aux Mésopotamiens et aux Egyptiens. Ils n'inventent rien de plus que ce que les Grecs, les Romains et les Byzantins eux-mêmes ont écrit sur le sujet.

L'agriculture, l'agronomie, l'hydraulique et toutes les disciplines qui en découlent, comme la greffe des arbres, l'usage des engrais naturels, l'amendement de la terre ou le captage de l'eau, ont bénéficié en outre de l'urbanisation croissante avec ses besoins spécifiques, lesquels sont devenus vitaux à mesure que la population grossissait. Le blé, le riz et les principaux légumes sont déjà cultivés quand naît l'islam. On sait par ailleurs l'engouement des Arabes pour le palmier, l'olivier, le figuier, l'oranger, le citronnier et la vigne. D'autres fruits ou produits agricoles étaient à l'honneur : les nèfles, l'aubergine, la pastèque, les caroubes, les coings, mais aussi le coton, la canne à sucre et le café*. Au temps de l'Andalousie musulmane, l'horticulture est devenue un art à part entière. Avec la modélisation des jardins, les machines hydrauliques et la recherche de nouvelles espèces de fleurs, cet art a rapidement gagné tous les secteurs de la cité. Il passionne les oisifs riches, devient un sujet de conversation dans les salons (*majaliss*), mais aussi un thème littéraire. La poésie consacrée aux fleurs et aux jardins* dénote d'une façon évidente l'attrait suscité par les fleurs sur l'élite urbaine et raffinée de Cordoue ou de Séville. Plus tard, en raison de l'exode à partir de 1492, cette poésie naturaliste et naïve influencera les sensibilités maghrébines et tout le croissant arabo-musulman qui s'étend jusqu'en Turquie. Ainsi l'Andalousie et la Perse, qui se sont tellement combattues, trouveront sur le plan culturel une entente venue de ces odes à la nature maîtrisée par l'homme.

Cet engouement pour la chose agraire, bien qu'encouragé par un calife comme Al-Mu'tassim (mort en 842), le huitième de la dynastie des Abbassides, a toujours souffert du cruel manque d'eau qui touche toutes les zones sahéliennes. De tout temps on a cherché à acheminer l'eau de l'endroit où elle se trouve, souvent en petite quantité (nappes phréatiques, barrages, fleuves, eaux de pluie et, exceptionnellement, glacier comme en Espagne) à l'endroit où elle est consommée, parfois de manière immodérée, comme dans les oasis, les jardins du palais et dans les hammams. Cette déficience naturelle a en outre interdit le développement durable et harmonieux de toute forme d'agriculture et rendu impossible les quelques tentatives d'exploitation intensive. Cette faiblesse structurelle de l'agriculture en terre d'islam a retardé l'avènement d'une agriculture intensive, mais également l'introduction de machines-outils et finalement la mécanisation de tout ce secteur d'activité. Pourtant, l'ingéniosité des agronomes n'a pas cessé de pallier l'insuffisance des machines et a compensé en partie la sécheresse endémique qui règne dans ces régions. La manière, par exemple, de capter l'eau et de la conduire jusqu'aux plants d'arbres ou jusqu'aux roseraies a été l'une des constantes du génie traditionnel des *fellahs** de la bande sahélo-saharienne, autant que ceux de l'Atlas, du Riff et du Fezzan. Parmi leurs inventions on peut citer la noria (*na'urat*, « roue »), le puits artésien, le *chadouf* (tambour à vis dit d'Archimède très en vogue sur les berges du Nil), les *qanats* (galeries souterraines, appelées *foggara*, en Algérie) et les *séguias* (canalisations).

Enfin, pour clore cet aperçu, il faut rendre hommage au *fellah**, le paysan arabe qui, sans cesse, retourne la terre, sème et cultive un lopin qui souvent ne lui appartient pas. La paysannerie arabe n'est pas bien connue malgré les travaux de nombreux chercheurs contemporains. Souvent, elle est étudiée d'un bloc, avec ces avatars que sont l'exode rural et la dépopulation des campagnes. Pourtant, sa pugnacité, sa constance à braver les intempéries et cet indéfinissable savoir-faire ne relèvent jamais du miracle. Il suffit de mordre dans une pomme, de presser une orange ou de goûter une prune ou une grappe de raisin pour comprendre que les techniques traditionnelles sont maîtrisées et donnent d'excellents résultats. Des engrais sont, certes, utilisés comme ailleurs dans le monde, notamment pour enrichir le terreau et pour combattre certaines maladies, mais le soleil et le vent de ces régions garantissent aux fruits et aux légumes un goût et une saveur uniques.

Aïda, de Verdi

Si vous allez bientôt à Florence, ne manquez pas d'aller voir à la galerie d'Art moderne le demi-buste en bronze que Gemito a fait de Giuseppe Verdi (1813-1901). Le célèbre compositeur italien apparaît ici sous les traits d'un personnage sévère et ombrageux, l'air tourmenté. Ses traits sont ceux d'un taureau sans cornes ou d'un athlète de cirque, en fait presque un demi-dieu. L'énigme de la création musicale s'illustre, on ne peut mieux, dans le contraste entre le physique brut du compositeur et son génie musical si mélodieux, si maîtrisé. Ce personnage, au front large et à la barbe fournie, fut le créateur d'opéras aussi puissants que *Rigoletto*, d'après une œuvre de Victor Hugo, *Otello, Falstaff, La Traviata, Le Trouvère* sans oublier bien sûr son *Requiem* et ses pièces sacrées, dont le *Stabat Mater* qui a tant inspiré mes années étudiantes.

Lorsqu'il est invité à créer *Aïda* pour l'inauguration de l'Opéra du Caire en janvier 1871, Verdi est déjà un artiste reconnu, le monstre sacré du lyrisme romantique et sans doute le musicien le plus généreux de son siècle. Le spectacle n'eut pas lieu en temps et en heure : les décors et costumes commandés par Verdi à Auguste Mariette étaient bloqués à Paris alors assiégé par les Prussiens. Leur transport ne fut possible qu'au mois de mars suivant. Mais succombant, dit-on, à l'immense admiration du khédive Ismaïl Pacha, Verdi accepta de reporter la création à la saison du carnaval 1871-1872. La première d'*Aïda* se tint le 24 décembre 1871 en l'absence du compositeur mais en présence du vice-roi et de tout ce que la capitale égyptienne comptait de notables, étrangers ou nationaux.

Le succès immédiat d'*Aïda* – au Caire puis à Milan – vint de la disponibilité spirituelle du compositeur mais aussi de la virtuosité accomplie du grand maître que Verdi était devenu. Autant le dire tout de suite : l'opéra égyptien du maître italien est l'exemple même de ce que l'Orient et l'Occident peuvent réaliser ensemble. Mais depuis deux siècles que le grand compositeur italien a montré le chemin, bien peu de créateurs l'ont suivi, si j'excepte – il est vrai – tous les compositeurs de sa génération. Prenons quelques exemples : en 1879, la *Suite algérienne* est produite par un artiste qui aime le Maghreb – il est d'ailleurs mort à Alger –, Camille Saint-Saëns. A Biskra (Algérie), où il s'est installé, le compositeur hongrois Béla Bartok (1881-1945) a collecté plusieurs dizaines de chants folkloriques et de musiques instrumentales, faisant ainsi œuvre de pionnier dans un domaine qui n'a plus jamais été exploité. Dans la lointaine Russie, Nicolaï Rimski-Korsakov (1844-1908) acheva, en 1888, une œuvre symphonique appelée *Schéhérazade*.

Mais, les événements tragiques qui ont jalonné le XXe siècle n'ont enfanté rien d'autre que des monstres. Il faut désormais renouer avec ce temps des Marco Polo, Verdi ou Victor Hugo, le temps des découvertes et des rencontres. Nous avons tant de choses à nous dire.

Alambic

Les techniques de distillation (*taqtir*) les plus courantes – enfleurage à froid et à chaud, pression, extraction et évaporation – sont connues et pratiquées depuis l'Antiquité. Certaines ont été ébauchées sans plus ; d'autres ont marqué l'histoire de la distillation. Mais ce ne sont encore que des techniques très sommaires et sans principe organisateur. Celui-ci viendra plus tard et prendra la forme tortueuse d'une invention arabe, l'alambic (*al-'inbiq*). Ce système a remplacé le condenseur alexandrin, en forme de cœur, qui survivra d'ailleurs, ici et là, jusqu'à la fin du XVIIIe siècle. Son principe est extraordinairement simple, encore fallait-il y penser à temps. Il s'agit d'un serpentin en verre ou en cuivre de forme tubulaire qui tourne autour d'un axe central et qui passe dans un réservoir d'eau froide. Grâce à ce procédé, les moines de Salerne purent distiller, au cours du XIe siècle, l'eau-de-vie qui les réchauffait durant les longs mois d'hiver. Outre l'alambic, les Arabes ont aussi inventé la filtration *per descendum* et *per filtrum*, le mot européen dérive du toscan *feltre*. La filtration est une sorte d'amenuisement du produit initial fondé sur le principe de la capillarité des organes. Grâce à l'alambic, les bouilleurs de cru arabes ont toujours produit – malgré l'interdit massif qui les frappe – la part de vin, d'hydromel ou de *nabidh* que le consommateur sous dépendance, à sec ou aviné, leur réclamait à cor et à cri, et cela à la barbe des mollahs.

Al-Azhar

Al-Azhar est le nom donné à la mosquée-université du Caire, l'un des panthéons du savoir coranique dans le monde. Sa fondation remonte aux Fatimides, c'est-à-dire à la fin du xe siècle. Ce nom d'Al-Azhar fait aujourd'hui trembler toutes les instances administratives et religieuses au pays du Sphinx et dans le monde arabe, car il symbolise la rigueur morale prônée par les théologiens qui y siègent presque en toute souveraineté. Fondée entre 969 et 973, c'est-à-dire deux siècles avant la Sorbonne, Al-Azhar, « La Rayonnante », « La Splendide » ou « La Plus Lumineuse », est véritablement le saint du saint de la pensée orthodoxe de l'islam, au moins pour le sunnisme, car pour le chi'isme, l'orientation intellectuelle est donnée à Qom ou à Téhéran, et désormais à Nadjaf, en Irak. Plus encore que la Qarawin de Fès, la Zaïtuna de Tunis ou la Koutoubia de Marrakech, Al-Azhar a une conscience aiguë de sa puissance et s'interdit d'innover en quelque domaine que ce soit. La raison est d'abord mathématique, mais la politique – comme on le sait – n'est jamais loin du calcul. Convaincue que les musulmans cherchent d'abord à renforcer les institutions qui les représentent, même si certaines d'entre elles sont passablement archaïques, la coterie religieuse qui dirige l'établissement a placé son action dans le cadre d'une morale stricte de la continuité qui ne tolère aucune variante ni contre-proposition, aucun amendement. Les seules nuances concevables sont celles qui émanent de l'autorité de tutelle, à savoir la présidence, autrement dit le raïs lui-même. En vérité, les grands muftis* d'Al-Azhar se sont donné pour mission quasi schizophrène la défense des valeurs de l'islam d'une part, ce qui explique certains de leurs décrets rigoristes (*fetwa**), et la fermeté à l'égard du fanatisme religieux d'autre part. Cette dernière clause est de moins en moins rigide, car la réalité, qui dicte sa loi, montre que les dirigeants islamistes sont effectivement écoutés et même plébiscités par les masses égyptiennes, notamment en raison de l'aide matérielle qu'ils apportent aux petites gens, fort démunies.

Au cours du dernier millénaire, Al-Azhar a largement réussi sa mission d'orientation et de contrôle de la conscience collective, damant le pion à ses rivales dans le reste du monde arabe et musulman. Mais depuis peu, une impression latente d'échec flotte sur la vénérable institution qui ne parvient pas à canaliser la pression des islamistes bien qu'elle ait condamné les attentats qui ont visé, il y a une dizaine d'années, les touristes étrangers qui visitaient l'autre Egypte, celle des vestiges pharaoniques. Une autre grande interrogation demeure : indépendamment de l'entrée des sciences humaines et de l'histoire dans ses programmes scolaires, l'acceptation de la modernité et du progrès technologique sera-t-elle enfin à l'ordre du jour au Caire ? Et si c'était le cas, assistera-t-on bientôt à ce fameux *aggiornamento** de l'islam, cette autocritique, que chacun, désormais, mais depuis peu seulement, demande à haute voix et que personne ne voit poindre nulle part ? Or, tant que le rêve de grandeur de l'Egypte islamique s'exprimera à travers Al-Azhar, aucun changement ne viendra troubler l'assurance tranquille de l'institution religieuse déterminée par son inertie intellectuelle et par un statisme moral élevé au rang de dogme. Il faudrait d'autres révolutions, mentales et scientifiques en particulier, mais sûrement aussi politiques, pour que la Grande Mosquée du Caire consente à aller au diapason du mouvement de l'Histoire. Pour l'heure, en vieille dame goguenarde, elle assiste aux tribulations de ses enfants perdus, baptisés du nom à la fois paisible et serein de Frères musulmans, en espérant que le temps fera son office et les ramènera à elle. Certes, depuis plus de dix siècles, Al-Azhar en a vu d'autres : révolutions de palais, renversements de régimes et de dynasties, occupations étrangères, troubles politiques et dissensions théologiques, contestations en tout genre, mais cette fois résistera-t-elle à une négation aussi radicale de son époque, survivra-t-elle au séisme ?

Alcazar

Quelque chose de magique colle au mot *Alcazar*. Sans doute, cette évocation du monde de la nuit parisienne (café-théâtre, revue, caf' conc') n'y est pas étrangère, mais c'est surtout son étymologie qui en dit long. Ce terme espagnol dérive de l'arabe *al-qasr* d'après le latin *castrum* et signifie littéralement le palais ou le palais fortifié, ajoutant ainsi une part de rêve à cet établissement qui, partout, symbolise l'univers de la cité et l'urbanité des mœurs que l'on y cultive.

L'Alcazar est par nature espagnol car c'est seulement en Espagne qu'il est identifié à un palais, ailleurs on utilise le mot arabe *Qasr*. Les plus fameux sont ceux de Séville, de Jérez de la Frontera et de Saragosse (Aljaferia), mais l'Alhambra* à Grenade est aussi un alcazar, au moins au sens étymologique du terme. L'institution que l'on appelle aujourd'hui Alcazar, à Séville – la plus célèbre de toutes –, a été construite par le souverain almohade Abu Ya'qub Yusuf (mort en 1163). C'est lui qui a traversé le détroit de Gibraltar pour prêter main-forte, en compagnie de son fils Abu Yusuf Ya'qub al-Mansur, aux Nasrides* de Grenade, mis à mal par les armées chrétiennes.

Au temps où le couple anglo-espagnol disposait du royaume du Maroc, notamment de sa partie nord, le nom d'Alcazarquivir, le « Grand Alcazar », fut donné à une ville marocaine du côté de Larache. Aujourd'hui, la chanson, le ballet et le théâtre se sont approprié ce mot dont la puissance d'évocation vaut, toute mesure gardée, celui des *Mille et Une Nuits*.

Un clin d'œil ici à la richesse du vocabulaire* que la langue espagnole, mais aussi le portugais et le maltais ont conservé de l'arabe : la plupart des mots du dictionnaire qui commencent par al, comme Algarve, alcade (maire espagnol), alhambra, etc. sont d'origine arabe.

Algèbre *Voir :* SCIENCE

Alhambra

Un ancien camarade de faculté d'origine roumaine, devenu depuis un éminent professeur d'université, m'a envoyé un jour une carte postale d'Espagne. Il venait de découvrir les fastes de l'Alhambra, littéralement : « (la Citadelle) rouge », de l'arabe *al-hamra*, couleur de la terre avec laquelle elle est bâtie. Le choc visuel fut si fort qu'il avait voulu me faire partager épistolairement son impression : moi, l'Arabe, qui était assis à côté de lui, dans un amphithéâtre parisien, revêtu de toute son insignifiance, voilà qu'à travers mes ancêtres je pouvais être capable de réaliser de telles merveilles ! Devant l'histoire, l'Alhambra compte désormais un autre mérite : celui d'avoir conquis le cœur d'un érudit roumain.

La construction du palais de l'Alhambra débute sous le règne de Muhammad Ier (1237-1273). Elle sera poursuivie par les nombreux princes nasrides, qui surent en respecter l'esprit d'origine entièrement guidés par la grâce, la beauté et la légèreté de ses lignes. La décoration intérieure, les *mouqarnas**, stucs alvéolaires qui tapissent les différentes voûtes des grandes pièces et des arches, la petite rigole qui traverse les salles et les patios ainsi que les frises calligraphiées sont d'une inspiration si originale qu'ils ont été maintes et maintes fois copiés, en Espagne d'abord, dans le Maghreb ensuite et même en Egypte et en Inde.

Le sentiment de mon camarade de séminaire est un modèle du genre, un paradigme de réacculturation : il faudrait envoyer en stage de formation tous les musulmans qui doutent encore du génie créateur de leur religion ou ceux qui suspectent la foi sincère de ces anciens souverains éclairés. La Fondation de l'Alhambra – on pourrait l'appeler ainsi surtout depuis la construction dans les parages de la nouvelle mosquée : Al-Bayaçin – qui pourrait naître de ces rencontres inscrirait dans sa charte l'esprit de tolérance à l'instar des Nasrides d'Espagne, et l'on ne manquerait de rappeler à ses membres bienfaiteurs que ces princes et ces rois ne pouvaient en même temps créer des lieux étincelants de beauté et se vautrer dans l'archaïsme sordide d'une obscure théocratie. Car le Dieu de l'Alhambra ne pouvait être un Dieu vengeur. Il était la paix même, la sérénité, le luxe, le confort et l'insouciance d'une dynastie qui perdait, par ailleurs, ses derniers municipes. Etrange lieu que celui-là, regorgeant de douceur et dont le cadre sera le théâtre d'un drame inéluctable, une chute politique et morale dont l'Islam ne se relèvera pas. Le prodrome avait valeur de test : cette élégance revendiquée et brandie comme un faire-valoir fut interprétée par les ennemis du Nord, pour l'heure des chrétiens, comme une simple rodomontade. Mais si Boabdil* et les derniers Abencérages au pouvoir alors se berçaient encore d'illusions, le temps leur était compté : l'Alhambra allait tomber comme un fruit mûr, si mûr d'ailleurs que même l'Espagne moderne, au moins jusqu'à Franco, ne voudra s'en souvenir et tentera de l'oublier, cet Alhambra, là-bas au fin fond de sa province du Sud. Ne plus entendre parler des Arabes, même sous la forme d'une réminiscence qui pourrait être poignante... Ne plus entendre parler des Arabes.

Ali Baba et les 40 voleurs

Contrairement à Aladin et sa lampe magique, une histoire sublimée par Walt Disney, *Ali Baba et les 40 voleurs* est le véritable peplum des contes arabes. J'exclus ici *Sindbad**, car lui aussi a enflammé l'imagination de générations entières d'enfants. L'histoire d'Ali Baba contient tous les ingrédients d'un bon polar : des pépites d'or, du suspense, de la chance, de la trahison, de la vengeance, une course poursuite entre les voleurs et le héros sans oublier une fin morale. Un vrai polar, je vous dis. Enfin, je n'oublierai pas les yeux brillants d'Ali Baba lorsqu'il passe miraculeusement d'une extrême pauvreté à la richesse d'un magnat de pétrole du Texas, dépensant à n'en plus finir, et couvrant la planète entière de ses bienfaits. J'aime la version d'Antoine Galland, car elle est fluide et littéraire, au moins pour ce conte : « Les cavaliers, grands, puissants, tous bien montés et bien armés, arrivèrent près du rocher, où ils mirent pied à terre ; et Ali Baba, qui en compta quarante, à leur mine et à leur équipement, ne douta pas qu'ils ne fussent des voleurs. » Très vite, l'histoire s'enrichit et se complique. Nous connaissons depuis notre enfance la formule magique « Sésame, ouvre-toi » utilisée par les voleurs et à leur suite Ali Baba. Mais nous sommes peu à nous souvenir que Kassem, le propre frère d'Ali Baba, a trahi. Or, sous l'influence de sa femme, personnage avare et jaloux, Kassem a voulu faire bande à part, pénétrer dans la caverne et s'emparer du fabuleux trésor des quarante voleurs. Mais, dans la caverne, effrayé par le trésor qu'il venait de découvrir ou par des bruits suspects venant des alentours, il en oublia complètement la formule magique. Aussi, au lieu de « Sésame, ouvre-toi », il nomma sans succès la plupart des autres graines connues à l'époque : « Orge, ouvre-toi », « Seigle, ouvre-toi », « Millet, ouvre-toi », « Pois chiche, ouvre-toi », « Sarrasin, ouvre-toi », « Blé, ouvre-toi », « Riz, ouvre-toi », etc. Mardrus, autre traducteur des *Mille et Une Nuits**, écrit laconiquement : « Mais le granit resta inébranlable. Car l'indigne frère d'Ali Baba n'oublia, parmi tous les grains, qu'un seul grain, celui-là même auquel étaient attachées les vertus magiques, le mystérieux sésame. »

Allons plus loin, et voyons ce que la parabole de cette richesse soudaine nous dit de différent. En effet, il en va de la caverne d'Ali Baba comme d'une auberge espagnole. Ce lieu de rêve, né de l'imagination humaine, ne peut exister en vrai. On trouve tout ce que l'on désire dans la caverne d'Ali Baba, tout ce dont la réalité nous prive amèrement. Sésame, ouvre-toi ! Les bijoux sont les récompenses attendues du chercheur de trésor, sûrement pas des ustensiles crevés, des jarres ébréchées, des huiles rances et des herbes folles qu'abritent parfois les cavernes. D'autres fois, les trésors sont plus symboliques et ne se livrent vraiment qu'après une mûre réflexion. De toute façon, tel l'inconscient qui affleure, la caverne d'Ali Baba répond à tous les désirs cachés, et n'en omet aucun. Mais son butin le plus sacré est celui que vous ne cherchez pas. Il est là, au cœur de l'espace le plus vaste de la caverne, celui qui offre le meilleur volume, ce butin-là, c'est le vide. Les chasseurs de trésors ne seront peut-être de mon avis, mais il n'est de trésor que largement entamé et il n'est de secret qu'en grande partie éventé. D'où les Kassem, les femmes cupides et les espions, sans qui les contes risquent de s'essouffler très vite.

La caverne elle-même est un miroir aux alouettes. Il faut y aller pour crier, pour entendre l'écho de sa voix, surprendre le mystérieux soprano qui sommeille à longueur d'années sous ses voûtes humides. C'est le refuge idéal contre les brigands et les maraudeurs. Dans *Ali Baba et les 40 voleurs*, la richesse est d'un côté et la pauvreté de l'autre. Les voleurs sont des êtres de rapine qui sévissent dans toute la région, des coupeurs de routes et de têtes, sans foi ni loi ; le héros, pauvre bûcheron qui vit dans une masure, mais il incarne précisément un être bon, crédule, honnête et terriblement chanceux. Se trouvant en face de la caverne, voilà qu'une troupe de cavaliers se présente devant le lieu secret. Elle était chargé d'ustensiles divers, de pierreries scintillantes, de lingots d'or et d'argent, de ballots d'étoffes de soie et de brocart et de victuailles. Le reste est aussi simple qu'une apparition de soleil au printemps : le chef des voleurs prononce la formule secrète : « Sésame, ouvre-toi ! » et, aussitôt, le rocher qui barre la porte de la caverne coulisse sans tarder. Et il suffira que la même voix lui intime l'ordre de se refermer : « Sésame, ferme-toi ! » pour que le rocher pivote à nouveau et se referme sur les brigands. Ali Baba est aussi chanceux qu'un joueur de loto un jour de Saint-Valentin – à la Saint-Valentin, rien de beau n'est jamais vain – car cette histoire n'arrive qu'une fois tous les mille ans, à un seul bûcheron du pays. Gagner sans miser un seul dinar, l'imagination des conteurs ne manque jamais de m'émerveiller !

Au-delà du conte, l'histoire retiendra qu'en avril

2003, lorsque les Américains pénétrèrent dans Bagdad et alors que les palais présidentiels, les résidences officielles, les musées et les bibliothèques furent mis à sac, on rebaptisa du nom d'Ali Baba tous les pilleurs de la place. Autre temps, autre conte...

Allah

En 1921, dans une préface rédigée en hommage à Charles Doughty, T. E. Lawrence écrivit quelques lignes magistrales consacrées à Allah. Evoquant la vie quasi monacale des bédouins, l'auteur des *Sept Piliers de la sagesse* note que « l'unique refuge, le rythme de son être, est en Dieu. Pour l'Arabe, ce Dieu unique n'est ni anthropomorphe, ni tangible, moral ou éthique [...] Lui seul est grand, et c'est pourtant la simplicité de ce Dieu des Arabes, sa présence de tous les jours, qui règle leur alimentation, leurs combats et leurs plaisirs ; il fait l'objet, ajoute-t-il, de leur pensée la plus courante ; il est leur compagnon sur une voie inaccessible à ceux pour qui Dieu reste importunément voilé sous le décorum de l'adoration en forme. Les Arabes n'éprouvent aucune difficulté, aucun scrupule, à introduire Dieu dans leurs faiblesses et à l'annexer à leurs appétits. Allah est le mot qu'ils prononcent le plus » (in *Arabia deserta*). Cette grandeur d'Allah, source de quiétude chez le musulman, a émerveillé nombre de voyageurs non musulmans. A une époque où déjà le matérialisme envahissait la conscience, ce mysticisme, cet abandon du croyant à une divinité bienfaisante et l'intransigeance de la foi en Mohammed étaient admirés et loués comme des vertus émanant de la seule religion musulmane. La majesté d'Allah est telle qu'aucune action du musulman ne demeure jamais vaine. Dieu est cité 2 700 fois dans le Coran. Il est « Lui », Dieu, le Dieu Un ! « L'Impénétrable » et que nul n'égale. Et le Coran d'ajouter : « Il n'engendre pas et n'est pas engendré » (Coran CXII).

Ce dieu surpuissant de l'islam, qui revient comme un leitmotiv dans le Coran, rassemble la communauté musulmane. Le ton en est donné sur un rythme assonancé, jusqu'à l'emphase, dans une multitude de sourates. En voici un exemple : « Il est Dieu ! Il n'y a de Dieu que Lui. Il est celui qui connaît ce qui est caché et ce qui est apparent. Il est celui qui fait miséricorde, le Miséricordieux. Il est Dieu ! Il n'y a de Dieu que Lui ! Il est le Roi, le Saint, la Paix, celui qui témoigne de sa propre véridicité. Le Vigilant, le Tout-Puissant, le Très-Fort, le Très-Grand. [...] Il est Dieu ! Le Créateur ; celui qui donne un commencement à toute chose ; celui qui façonne. Les Noms les plus beaux lui appartiennent. Ce qui est dans les cieux et sur la terre célèbre ses louanges. Il est le Tout-Puissant, le Sage » (Coran LIX, 22-24).

Gustave Le Bon (1841-1931) relève ce fait étonnant que, même défaits, les Arabes imposent encore à leurs conquérants les lois de leur civilisation ; il ne va pas jusqu'à dire – comme le font avec délectation tous les musulmans – que Dieu le Très-Haut pourvoit à tout, à commencer par les victoires. Lamartine (1790-1869) note que Mahomet, notre Mohammed, « a fondé sur un Livre, dont chaque lettre est devenue une loi, une nationalité spirituelle qui englobe des peuples de toutes les langues et de toutes les races, et il a imprimé, pour caractère indélébile de cette nationalité musulmane, la haine des faux dieux et la passion du Dieu un et immatériel ». Cette soumission totale à un Dieu a fasciné Ernest Renan (1823-1892) pour qui les Orientaux sont « entrés dans le surnaturel ». Il a écrit : « Dieu, les Arabes et les Hébreux, c'est tout un, en tout, Dieu est dieu et Mahomet son prophète. Dieu partout ; vivre là-haut, on tient peu à la terre. »

En islam, Dieu est l'explication finale du monde en général, de chaque parcelle d'énigme ici-bas en particulier. On compte aujourd'hui plus d'un milliard d'individus qui vénèrent Allah, le dieu du monothéisme islamique, révélé au prophète Mohammed dans le premier tiers du VIIe siècle. A ce Dieu, les musulmans attribuent quatre-vingt-dix-neuf noms – Allah en fait partie, c'est le premier nom –, autant que chez les Hébreux, appelés les « Beaux Noms d'Allah », *al-Isma al-husna*, des Noms qui sont autant d'attributs de générosité, de grandeur, de sublimité, etc.

Or, pour des raisons d'histoire et d'ethnographie religieuses, la soumission à Allah et à son prophète, le fameux *mektoub*, « *In Challah* »* (Si Dieu le veut) est un trait spécifique de la mentalité arabe, le mot de passe pour réaliser, entreprendre, quitter un pays ou rencontrer une personne. A ceci près que, pourrait-on dire familièrement, « Dieu a souvent bon dos ». On lui fait dire à peu près tout et son contraire. Un mystique musulman veut parler de vin, il ajoutera le mot mystique et le tour est joué : *vin mystique*, comme si le vin devenait ainsi plus spirituel, se transcendait. Un amoureux veut parler d'amour, il ajoutera divin et cela donne *amour divin*, irradiant aussitôt toute l'âme de la personne. Plusieurs soufis* musulmans s'y sont essayés, et cela depuis le début du mouvement mystique : Hassan al-Basri (642-728), Ibn Dawud (mort en 907), fondateur présumé de l'amour courtois, Djunayd (mort en 909), Al-Hallaj (858-922), Ghazzali (1058-1111), Ibn al-Arabi (1165-1240), Jalal ad-Din Rumi (1207-1273), etc. Il arrive même que des bardes contemporains s'inspirent de leurs coreligionnaires pour composer des élégies à la Belle en invoquant Dieu.

Résultat, sur Dieu, tout a été dit ou peu s'en faut, sans que rien nous paraisse pour autant moins transparent ou moins simple. Un chercheur de vérité, indianiste à ses heures, m'a dit un jour, alors que nous parlions de nos enfants respectifs : « Celui qui voit un enfant naître ne peut que s'incliner devant l'œuvre divine, car il faut qu'il y ait quelque part un Dieu pour pouvoir offrir un tel spectacle aux humains. La naissance d'un enfant est un signe, une manifestation de Dieu. » Cela voudrait dire que toute naissance humaine, même la plus singulière, est une part indivisible du Dieu créateur. La continuité en quelque sorte entre Dieu et l'homme, entre Dieu et son Enigme parlante, car on peut en dire autant du genre humain que de l'Entité préèternelle qui l'a conçu. Le chaînon manquant grâce auquel le doute continue d'entretenir la foi et *vice versa*, au moins dans sa partie explicite, exotérique aurait dit le mystique.

Almées, concubines et bayadères

Dans son *Voyage en Orient*, Gérard de Nerval a écrit : « J'ai parlé de ces dernières sous le nom d'almées en cédant, pour être plus clair, au préjugé européen. Les danseuses s'appellent *ghawasies* ; les almées sont des chanteuses ; le pluriel de ce mot se prononce *oualems*. Quant aux danseurs autorisés par la morale musulmane, ils s'appellent *khowals*. » Au XIXe siècle, les premiers dictionnaires Larousse observaient que l'almée, de l'arabe *almet*, au sens de savante, est une danseuse égyptienne dont les danses lascives sont entremêlées de chants. Les voyageurs qui ont assisté à des fêtes arabes ou turques ont tous été surpris par la liberté et la sensualité des courtisanes et des danseuses. L'almée, à la fois danseuse et concubine*, maîtrise au moins un art précieux comme la musique, la danse ou le chant. C'est en cela qu'elle est un mélange subtil entre la geisha japonaise, la vahiné des îles et la call-girl du cabaret français. Elle n'est ni vraiment savante, ni vraiment stupide, mais Djahiz* (780-869) précise qu'elle est capable de tout pour arriver à ses fins. En vérité, la seule exigence qui lui est faite est d'être belle et gracieuse, fine et câline, enjouée et douce. Ce rêve d'une femme parfaite a toujours été un fantasme de potentats. Qu'elle maîtrise en plus l'art de se mouvoir sur une scène et quelques pas de danse orientale, ce que toutes les filles arabes apprennent dès leur plus jeune âge, et la voilà promue au titre d'almée ou plus exactement *mu'allima*, instruite, enseignante. A sa manière, l'almée (ou courtisane, ou concubine) en sait long sur la sensualité orientale. Il suffit d'imaginer la danse des sept voiles – pourquoi sept ? – pour comprendre que l'almée, la *ghaziya*, la Salomé arabe a parfaitement compris la psychologie masculine, au moins autant que l'art de faire monter en puissance le désir viril.

Si l'almée est une chanteuse, la bayadère (du portugais *bailadeira*) est le nom donné aux anciennes danseuses sacrées de l'Inde. En Orient, la bayadère est, à l'instar de l'almée, l'esclave ou la concubine, soumise aux lois du sérail. Elle est convoquée et congédiée au gré des humeurs du potentat. Son rôle croît à mesure qu'elle acquiert de l'importance auprès de son maître.

Les anciennes *quiyan*, les esclaves-chanteuses si bien décrites par Djahiz, au IXe siècle, remplissent un rôle similaire mais sont, plus encore que les autres, les confidentes du souverain. En réalité, les classes sociales sont si hermétiques que ni les esclaves chanteuses, ni les bayadères, ni les almées ne peuvent déroger à la fonction qui leur est assignée – ou alors très exceptionnellement. Quant à leur participation à la vie publique, si faible soit-elle, elle a été fixée par une étiquette extrêmement stricte sous le contrôle de sévères duègnes. Elles peuvent être très nombreuses : 10, 100, parfois 1 000 dans un même palais, si nombreuses qu'un auteur a consacré un ouvrage aux seules esclaves-chanteuses, qu'elles s'appellent almées ou bayadères. Il s'agit de l'œuvre phare d'Al-Isfahani (897-967), *Le Livre des chansons*, qui décrit avec force détails les mœurs des premières cours califales de l'Islam, en particulier celles de Damas et de Bagdad.

En Occident, l'almée et la bayadère symbolisent à jamais l'univers féminin oriental, encensé par les peintres orientalistes et les écrivains voyageurs. L'un des plus célèbres, Gustave Flaubert (1821-1880), a laissé dans son *Voyage en Egypte* une description hallucinante de Kuchiouk-Hanem, une prostituée égyptienne, venue de Damas, « grande et splendide », un tatouage bleu sur le bras. Pour s'amuser, accompagné de l'écrivain-photographe Maxime Du Camp, il la suivra dans les entrailles de son palais sordide. Le soir, lorsque sa danse lascive eut cessé (même si « toutes les belles femmes dansent mal », selon Joseph, l'aide de camp), Flaubert inspiré consentira à la Vénus étrangère plusieurs « gamahuchades », dont certaines des plus violentes. « Je me suis senti féroce », confia-t-il à son journal. A 2 heures du matin, « recoup », plein de tendresse, puis nuit câline et alanguie, avec sa dulcinée, qui « avait des pressions de mains ou de cuisses machinales comme des frissons involontaires ». Flaubert, dans une langue crue, violente, sans fioritures, presque jubilatoire, écrit : « Sa motte plus chaude que son ventre me chauffait comme avec un fer. » Kuchiouk-Hanem deviendra ainsi la prostituée nilotique la plus vantée de la littérature française.

Chanteuse en servilité, esclave et chanteuse ou esclave-chanteuse, la concubine (*jariya*) tient à la fois de l'almée, de la bayadère et autant de la prostituée. On l'a vu, la langue arabe classique désigne par *qaïna* (pluriel *quiyan*) toute personne dont la fonction est de servir à la fois le maître de maison, la partie mâle du sérail, et la partie réservée à la femme. Au vrai la concubine joue un rôle assez équivoque, celui d'une « entraîneuse » de cabaret. « Quand un admirateur la regarde, rapporte Djahiz (780-869), elle lui lance des œillades, l'enjôle par des sourires, lui fait des avances dans les vers qu'elle chante... Lorsqu'elle sent que son charme l'a envahi et que le malheureux est pris au piège, elle pousse plus avant sa tactique et lui fait accroire que son propre sentiment est plus vif que celui qu'il éprouve pour elle... »

Le statut de la concubine est fixé par le Coran, sourate IV intitulée « Les femmes » (« An-Nissa »). Il est permis aux croyants d'épouser toute femme consentante, à condition de ne pas enfreindre le tabou de l'inceste ou celui de l'adultère. Hormis ces interdictions, le musulman peut, au moins dans l'absolu, satisfaire tous ses désirs, tant qu'il ne se livre pas à la débauche (IV, 24). Il est cependant précisé qu'un homme qui n'a pas les moyens de s'offrir un mariage avec une femme libre et de bonne condition peut « prendre des captives de guerre croyantes ». C'était une coutume préislamique répandue dans la société bédouine. Le Coran ne faisait que donner un cadre législatif à une tradition ancienne. Au Prophète, Dieu a dit : « Nous avons déclaré licites pour toi les épouses auxquelles tu as donné leur douaire, les captives [de guerre] que Dieu t'a destinées... » Plus tard, ce privilège s'est étendu à l'ensemble des croyants. Pour autant qu'elle a eu un rôle significatif, la concubine demeura une esclave, même si son service était souvent limité à une cohabitation sexuelle avec son maître, autant dire dans ce cas son propriétaire. Par la suite, ce statut de la concubine se confondit avec celui de l'almée ou de la bayadère, ou avec celui de la danseuse et de l'odalisque*.

Aujourd'hui, les « prises de guerre » évoquées par le Coran sont devenues des prisonniers de guerre, protégés par les conventions internationales ; à l'exception de sociétés encore très traditionnelles, il n'existe plus guère de bayadères ou de concubines. Il en est de même pour l'esclavage – et dans une certaine mesure la polygamie. Le monde musulman connaît comme les autres des mutations décisives qui, bon an mal an, se répercutent sur les conduites collectives.

Célèbres tableaux des almées, concubines et bayadères :

— Paul Leroy, *Danse arabe*, 1888.
— Jean-Baptiste Huysmans, *Les Chlaoucha au harem* (Algérie), non daté.
— Fabio Fabbi, *Procession au Caire*, non daté.
— Maurice Bompard, *L'Attente*, non daté.
— Vincenzo Marinelli, *El Ball de l'abella*, 1862.
— Paul-Louis Bouchard, *Les Ballerines – almeh*, 1874.
— Paul-Désiré Trouillebert, *Servante du harem*, 1874.
— Jean-Léon Gérôme, *La Danse du sabre dans un café*, 1875.
— Giulio Rosati, *L'Inspection des nouvelles arrivantes*, non daté.
— Ettore Cercone, *L'Examen des esclaves*, 1890.

Amis de l'islam

Il n'est plus question de limiter le monde islamique au seul monde arabe. Les musulmans, qui se sentent chez eux partout à la surface du globe et même dans la lointaine Australie, puisque le Prophète les y incite par le soutien qu'il apporta au voyage, se doivent en permanence de tisser des liens nouveaux. Mais n'est pas ami de l'islam qui veut. Il faut de la culture, de la curiosité, du voyage. Il faut surtout un certain altruisme, le goût du dépassement, une perspicacité à toute épreuve. Cela semble bien tranché, inhabituel, singulier pour qui ne connaît pas. Il faut tout reconstruire, les sons, les saveurs, les fragrances, les couleurs et même la distance conventionnelle entre deux êtres qui se parlent, sans se connaître vraiment. Reconstruire ou créer. Nombreux sont ceux qui ont défendu l'islam, l'ont raconté dans des récits qui ont marqué l'historiographie de ces deux derniers siècles : de Louis Massignon (1883-1962) à Vincent Monteil, encore en vie, en passant par Henry Corbin (1903-1978), Jacques Berque (1910-1995), Théodore Monod (1902-2000), Isabelle Eberhardt (1877-1904), Denise Masson (traductrice du Coran), Régis Blachère (1900-1973), Jean Genet (1910-1986), Pierre Loti (1850-1923) mais aussi, dans un genre différent, Dante, Karl Marx, qui allait se soigner en Algérie, Max Weber, Lawrence d'Arabie (1888-1935), Arthur Rimbaud (1854-1891), Henry de Monfreid (né en 1879), Joseph Kessel (1898-1979), Wilfred Thesiger (1910-2003), le Russe Kratchowski et, aujourd'hui, Jacques Lacarrière, Jean-Marie Le Clézio, Michel

Tournier. On pourrait ajouter encore Maurice Béjart, Germaine Tillion, hier Pierre Bourdieu ou Jean Cocteau*. Tous ont défendu une intimité de l'islam qu'ils savaient fragile et éphémère, encore inconnue de leurs coreligionnaires quand elle n'était pas tenue en suspicion. Ils ont eux-mêmes souffert de ne pas avoir été compris, tandis que leurs écrits, paradoxalement, étaient promis à une belle longévité. L'islam a passionné ces dilettantes d'un autre genre, férus de langues anciennes, d'archéologie, de sémiologie, d'épigraphie et d'études religieuses. Qu'on s'appelle Champollion (1790-1832), ou Gérard de Nerval (1808-1855), on se laisse envoûter par l'exotisme oriental et les manières urbaines de la Méditerranée orientale. Y goûter, c'est s'y perdre. Rimbaud, aventurier et voyageur impénitent, en a fait l'expérience, édifiante par tant d'aspects, et Flaubert, Maupassant, Loti et d'autres en ont rapporté des souvenirs à foison. On comprend alors que chacun a donné au mieux ce qu'il avait d'énergie, de talent, de curiosité affectueuse et de passion. La plupart y ont passé leur vie, la terre arabe était leur berceau, et certains comme Dinet, ou Genet, ont demandé à s'y faire enterrer. Qu'ont-ils aimé le plus ? Les garçons pour les uns, les paysages envoûtants pour les autres, peut-être aussi l'ascétisme de cette religion, et que sais-je encore ? le hammam, la poésie, les fleurs, les souks, les bacchanales au clair de lune dans des patios perdus dans le désert, la sonorité gutturale de la langue, le souffle décapant de la mystique musulmane ? Quel était donc leur tourment pour accepter tant d'efforts et tant de sacrifices ? Et les Européens aujourd'hui qui vont du riyad secret de Marrakech jusqu'aux palais à moucharabiehs du Caire ou d'Alep, de la maison cossue d'Istanbul dressée sur les berges du Bosphore jusqu'au fortin du Yémen, en passant par le désert, par Hammamet ou Essaouira, Samarkand ou Amman, que pensent-ils de l'islam ? Et pourquoi les fascine-t-il ?

Tels sont les amis de l'islam : à la fois poètes et aventuriers, écrivains et voyageurs, un peu missionnaires, un peu espions – peut-être informateurs malgré eux –, mais toujours fidèles, passionnés et étrangement constants au point qu'ils paraissent aimer un islam, voire cette part intangible de celui-ci, sa civilisation, son raffinement, sa douceur. Tant il est vrai que l'homme se mesure en effet à ses mœurs. Ici, la convivialité est de règle et lorsqu'un soldat de Dieu fréquente les gens du désert, il accepte au-delà du possible la vie comme elle s'offre, comme se rendre disponible aux Touaregs avec lesquels il vit. Cette beauté de l'exil enchanteur, les amis de l'islam l'ont, sous leur plume, par leur vie, rendue depuis longtemps plus voluptueuse même que leur réalité. Fantasme, hallucination, obsessions délirantes, en fouillant l'histoire de chacun d'eux, on verra – j'ai vu – combien ces étiquettes étaient dérisoires au regard de leurs engagements. On trouvera dans ce dictionnaire plusieurs portraits de ces hommes-là, Charles de Foucauld*, Gérard de Crémone*, Louis Massignon*, Lawrence* d'Arabie mais aussi Montesquieu, Flaubert, le comte de Gobineau*, Goethe*, Matisse*, Verdi, et un certain nombre d'islamologues reconnus, des vrais savants, des couturiers, des parfumeurs, des journalistes.

Un mot pour finir. En 1898, Guillaume II, au retour des Lieux saints de l'Islam, s'arrête à Damas et déclare être ami de tous les musulmans.

Ançars *Voir :* EXIL

Andalousie

D'une certaine façon, on peut dire de l'Andalousie, *Balad al-Andalus*, qu'elle fut le rêve éveillé des Arabes, un rêve grandeur nature, une sorte de conte de fées pour adultes, vécu en temps réel, c'est-à-dire durant sept siècles. Naguère l'Andalousie s'étendait en Espagne et au Portugal, de là le nom qui lui est également donné d'Espagne musulmane. De fait, hormis une petite bande située au nord de l'Espagne, les Arabes ont occupé durablement les terres situées au centre et au sud de la Péninsule. Et c'est par l'est qu'ils réussirent à franchir les Pyrénées, et passant par Avignon remontèrent le lit du Rhône et de la Garonne.

Peu de temps avant sa mort, Jacques Berque a écrit : « J'appelle à des Andalousies toujours recommencées, dont nous portons en nous à la fois les décombres amoncelés et l'inlassable espérance » (in *Andalousies*). A ces « décombres amoncelés », j'ajouterai que l'Andalousie, la *Jazirat al-Andalus*, comme l'appellent encore les Arabes, est un mythe solidement fixé dans les esprits, un mirage trompeur. Bien sûr, l'Andalousie est l'aboutissement d'une grande épopée guerrière musulmane, mais elle n'existe plus. D'ailleurs, elle n'a jamais cherché à rivaliser avec les descriptions enflammées que les chroniqueurs ont faites d'elle : les plus nostalgiques l'ont portée aux nues, tandis que les pessimistes, surtout des chrétiens, l'ont brocardée presque autant qu'une calamité naturelle.

Cordoue

قرطبة

De nos jours, la perspective d'une terre commune *versus* le « village mondial », ce en quoi le tourisme est un signe annonciateur, a exacerbé le goût du syncrétisme, le goût pour les pays qui ont pratiqué l'échange et le dialogue. C'est le cas de l'Andalousie où, avant bien d'autres, le métissage linguistique et le melting-pot religieux ont permis l'éclosion d'une humanité unique, une société à part. Vienne au début du XXe siècle, un peu Saint-Pétersbourg à la fin du XIXe siècle, Paris, New York, Londres et quelques autres villes cosmopolites partagent – ou ont partagé – ce privilège d'être à un moment donné les porte-flambeaux de la créativité universelle, le lieu où le génie d'une époque pouvait à sa guise se déployer. Car elles étaient en phase avec leur temps.

Si l'Espagne musulmane a été aux Xe et XIe siècles l'épicentre du monde civilisé, elle le doit en grande partie à trois villes mythiques qui, pour partie, ont gardé leur charme d'antan : Grenade, Séville et Cordoue, que les Arabes appellent *Gharnata*, *Ishbiliya* et *Qurtuba*. A celui qui n'a jamais vu la Mezquita de Cordoue, avec ses centaines de colonnades, ses arcs doublés et ses chapiteaux, il sera difficile de parler de jaspe, de brèche violette et de stucs remontés d'or ou de pierres précieuses incrustées dans la pierre. Comment, sans frissonner d'admiration, décrire cette ville, ce qu'elle est devenue, mais surtout ce qu'elle était, au cœur de toutes les romances, capitale andalouse incontestée, visitée par l'intelligentsia judéo-chrétienne et musulmane pendant plusieurs siècles – certains et non des moindres y sont nés, Averroès*, Maïmonide, Ibn Hazm. Chantée aussi bien par les poètes que par les voyageurs, la ville a toujours su profiter de sa situation géographique. Bâtie au bord du Guadalquivir (*Al-Wad al-kabir*), conquise et embellie par les musulmans qui l'occupèrent sans discontinuer de 711 après J.-C. jusqu'à 1236, Cordoue est à équidistance entre plusieurs grandes villes andalouses, Séville, Grenade, Jaén, Malaga. Son rayonnement a été exceptionnel et ce dès le début du règne d'Abd al-Rahman Ier (731-788) – il en fit la mère des villes d'Occident (émirat de Cordoue, en 756) –, mais aussi sous Abd ar-Rahman II (792-852), Al-Hakem II (mort en 976) et Al-Mansur (mort en 1002). L'étoile de Cordoue pâlira avec le départ du pouvoir politique, d'abord à Madinat az-Zahra, sous Abd Ar-Rahman III, dit Le Victorieux (889-961), puis à Al-Madina az-Zahira, sous le calife Al-Mansur (ou Almanzor pour les médiévistes), de son vrai nom Ibn Abi Amir, qui régna à la fin du xe siècle. Mais la puissance de Cordoue vient de la place qu'elle occupe dans les lettres et l'histoire. Elle est le berceau d'illustres philosophes dont les controverses ont enrichi le patrimoine intellectuel de leur siècle et des siècles ultérieurs.

Cordoue est encore connue pour ses arbres fruitiers, cultivés dès le début du xie siècle – l'oranger, le citronnier, le mandarinier – et ses nombreuses fleurs comme la rose de Damas, le jasmin et le laurier-rose en particulier. Aujourd'hui, la Cordoue musulmane est symbolisée par sa Mezquita, un imposant bâtiment situé au cœur de la cité espagnole et qui fut longtemps le centre nerveux de la couronne califienne. Au fil du temps, la mosquée d'Abd ar-Rahman Ier, agrandie et transformée de 833 jusqu'en 987, est devenue le monument le plus imposant du monde musulman après celui de La Mecque. Elle reçut même en son sein une église chrétienne (à partir de 1236) dédiée à

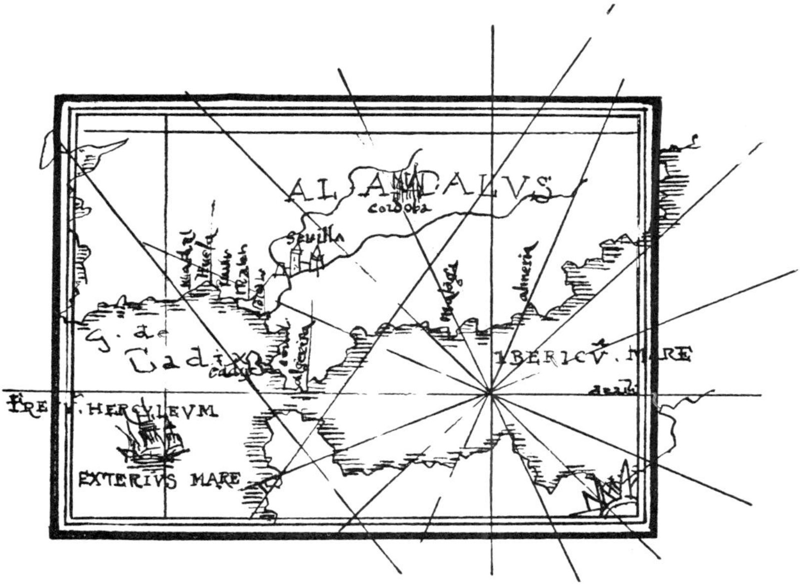

l'Assomption de la Vierge et promue bientôt au rang de cathédrale, la magnificence du lieu n'ayant pas laissé indifférent le clergé catholique. Pour apprécier la puissance architecturale de la Mezquita, il existe un angle idéal depuis lequel les colonnes à arceaux forment une perspective parfaitement équilibrée. Mais c'est un des secrets les mieux gardés par les guides espagnols. Un secret précieux comme un talisman que seule une lumière contrastée révèle parfois. Il préserve Cordoue des avanies qui peuvent lui faire perdre le peu d'âme qui lui reste.

Entre 1232 et 1492, les Nasrides font de Grenade leur capitale. Qualifiée de « Damas de l'Occident musulman » par Al-Maqqari, l'historien de l'Espagne andalouse, Grenade – *Gharnata* en arabe, ce qui a donné *Granada* en espagnol –, se résume aujourd'hui à l'Alhambra* (*Al-Hamra*, littéralement la [citadelle] rouge, mais aussi la citadelle imprenable, *Al-Qaçaba ach-chamikha*), miraculeusement bien conservée en dépit des siècles obscurs et des déprédations qu'elle a subies. Car c'est à Grenade que s'acheva en 1492, avec la reddition de Boabdil*, dernier roi des Abencérages, l'expédition musulmane en Andalousie. Elle aura duré plus de sept siècles.

Contrairement à d'autres villes, parmi les « belles endormies », Séville, capitale actuelle du sud de l'Espagne, s'est parfaitement remise de ses torpeurs levantines. C'est dans cette ville que tout semble réuni pour une renaissance ultime, nourrie de son passé croisé entre Arabes et Européens, entre musulmans et chrétiens, entre l'Afrique d'un côté, symbolisée par le Maroc, et l'Europe de l'autre. En somme une Séville dans un rôle qu'elle connaît bien pour enrichir celui qu'elle a déjà en tant que métropole européenne dans l'arrière-pays andalou.

L'Andalousie a toujours fait rêver. Même l'Espagne, après l'avoir si longtemps reniée, a compris l'intérêt qu'elle pouvait tirer de ces joyaux arabes posés sur son sol. Elle remet en valeur cet héritage arabo-musulman en restaurant les sites et en organisant des circuits touristiques qui lui faisaient défaut il y a peu encore, à tel point que le touriste étranger pouvait visiter la Costa del Sol, se laisser aller aux voluptés de Marbella sans même faire une halte à l'intérieur du pays et franchir la chaîne Bétique pour découvrir Ronda, Jaén, Séville, Cordoue ou Grenade, savourer le spectacle des cimes enneigées de la Sierra Nevada ou le silence du Guadalquivir.

Apport des Arabes à la civilisation

Cette entrée m'est inspirée par mon fils qui, à neuf ans, termine son année de CM1. Je lis dans son livre d'histoire une double page placée entre Clovis et Charlemagne où il est dit que l'islam est une religion monothéiste datant du VIIe siècle, qu'elle a cinq préceptes et que ses armées ont conquis la plupart des pays bordant la Méditerranée. Bien sûr, en 732, les Arabes qui ont franchi les Pyrénées furent arrêtés par Charles Martel, à Poitiers. Pour montrer leur ouverture d'esprit, les auteurs ont cru bon d'ajouter, outre trois médaillons et une petite carte, un court paragraphe de faits désormais incontestables : « Les Arabes ont perfectionné les anciens systèmes d'irrigation : machines à puiser l'eau, canaux, roues élévatoires. Ils ont introduit des plantes nouvelles en Occident :

— des légumes : haricot, lentille, concombre, melon, artichaut,

— des fleurs : violette, rose, jasmin,

— des fruits : pêche, abricot, orange. »

Enfin, les auteurs concluent : « Dans chaque ville, les artisans s'enorgueillissaient de leurs spécialités : produits de luxe, fines étoffes, travail des métaux et notamment des armes. Tous ces produits circulaient à travers tout l'empire musulman et parvenaient jusqu'aux foires et marchés d'Europe. » Tel est désormais, semble-t-il, l'enseignement du « fait religieux », à l'école publique. Faut-il applaudir ou faut-il le regretter ? Quoi qu'il en soit, il reste des efforts à faire, surtout si l'on considère que l'islam est désormais la deuxième religion de France, après le christianisme.

En quoi consiste donc l'apport de la civilisation arabo-islamique au patrimoine universel ? A cette question, quelques mercenaires se lancent dans une énumération sans fin. L'arabisant espagnol Juan Vernet est allé jusqu'à intituler l'un de ses livres *Ce que la culture doit aux Arabes d'Espagne* (1978). Quelques années plus tôt, en 1960, une femme, l'Allemande Sigrid Hunke, avait signé quant à elle *Le Soleil d'Allah brille sur l'Occident (Allahs Sonne über dem Abendland)*. Aujourd'hui, d'une certaine manière, l'apport des Arabes à la civilisation est moins tangible qu'il ne l'a été, hormis dans les domaines visibles que sont l'architecture*, la musique* ou la gastronomie. Toutes ces notions seront développées dans ce dictionnaire amoureux.

Moins connus sont les apports de l'islam dans la vie quotidienne. Pourtant, de nombreuses découvertes furent spectaculaires et décisives dans des domaines comme l'alchimie, la parfumerie, l'agronomie, la pharmacologie, l'hydraulique, la médecine, l'art de la table, la parfumerie et même le vin. Ainsi Ibn Kaissan (XIe siècle), que personne ne connaît en Occident, est-il un pharmacologiste et un droguiste important. Comme c'est souvent le cas alors, il était aussi médecin. On lui doit notamment une *Pharmacopée* (rédigée vers 1079) et un *Abrégé des aromates* (1093), tous deux composés à l'intention du calife ayyoubide Al-Aziz Othman qui régna de 1193 à 1198. Sa description des quatre aromates principaux – musc, ambre, bois d'aloès, camphre – est d'un grand intérêt historique. Mentionnons encore Ibn al-Baïtar (1190-

1248), pharmacologiste et botaniste, dont l'œuvre a fortement influencé l'Europe au Moyen Age. Né à Malaga, en Espagne, surnommé le Prince des Herboristes, Ibn al-Baïtar a vécu au Caire, où il rédigea son *Materia medica.* A la même époque, en raison du développement extraordinaire qu'avait pris le négoce dans les grandes villes du Caire, de Damas, d'Alep, il avait fallu rédiger d'importants traités de jurisprudence commerciale (*hisba*). Mais Ibn al-Baïtar a laissé un autre ouvrage d'importance, la *Somme des simples*, dont l'influence fut déterminante sur la pharmacopée européenne jusqu'à la fin du XVIe siècle. Abû Dawûd al-Antaki (mort en 1599) retracera dans son *Trésor de Dawud* l'histoire de la pharmacologie arabe en remontant jusqu'aux sources grecques et latines, autrement dit au-delà de son prédécesseur. Que ce soit Ibn al-Baïtar pour la pharmaco-chirurgie ou le Sévillan Ibn al-Awam pour l'agronomie et l'herboristerie, mais aussi Ibn an-Nafis (1210-1288), le découvreur de la petite circulation sanguine – bien avant le théologien et médecin espagnol Michel Servet (1509-1553), brûlé vif par les calvinistes en raison de ses vues panthéistes –, ces savants méconnus ont su conjuguer un esprit scientifique à l'esprit de l'islam.

Dans le domaine des arts* appliqués, les décorateurs, les menuisiers, les dinandiers, les calligraphes et d'autres artisans musulmans ont eu eux aussi le goût du dépassement. Par leurs efforts, on peut aujourd'hui se prévaloir d'une certaine esthétique urbaine et d'un artisanat prospère. Ainsi donc l'islam a permis des développements prodigieux dans les domaines les plus variés : mosaïque, verrerie, céramique, cuir, métaux, textiles, papier, etc. Sur le plan économique, les chèques, la douane, le bazar, les tarifs, le magasin et même la notion de risque datent de cet Empire. Les mêmes apports sont observables dans le domaine abstrait. Que ce soit la logique, la grammaire, les mathématiques ou encore la philosophie et la fiction littéraire, on ne compte plus les travaux inspirés des innovations arabes y compris jusque dans le domaine culinaire. Les Arabes ont cultivé ou amélioré toutes sortes d'espèces végétales, tandis que les fruits les plus communs, l'abricot, la pêche, l'orange, le citron, le melon, la datte, le pamplemousse, le coing, la figue, le sésame ont été acclimatés, importés ou améliorés par eux. On leur doit l'agencement des mets dans un repas et leur accord en fonction de leurs saveurs, du goût des plats servis et de leur équation calorique...

Arabes

Un peuple, une langue, une géographie et une histoire communes : voilà les quatre facteurs prépondérants qui forment la nation arabe. Le peuple arabe est né dans la péninsule Arabique qui s'étend de la Palestine jusqu'au Yémen et de la mer Rouge jusqu'au Chatt Al-Arab, à l'extrême pointe des Emirats arabes unis. On appelle aujourd'hui Arabes tous ceux qui, unis soit par la religion, soit par l'histoire – ce qui souvent se confond –, utilisent l'idiome arabe comme langue vernaculaire. Ils se répartissent sur les pays dits de la Ligue arabe. Fondée après la Seconde Guerre mondiale pour unir l'action politique des pays membres et parler d'une seule voix, la Ligue arabe se trouve aujourd'hui engluée dans les contradictions postcoloniales et les intérêts propres aux régimes qui la composent. Une frange importante de la diaspora arabe vit aussi en Europe, autour de sept millions, dix millions si on leur adjoint les musulmans d'Amérique. D'autres, des Libanais surtout, ont émigré depuis un siècle sur la côte est de l'Afrique noire, en Amérique latine et en Asie.

Après plusieurs siècles d'oubli, l'Arabie nous est désormais plus familière, en particulier grâce aux nombreuses descriptions qui émaillent toute la littérature arabe et aux recherches actuelles. Hérodote (484-420), le grand historien d'Halicarnasse, fut le premier à parler de l'Arabie, bien qu'il ait confessé ne pas l'avoir visitée. Sa description, empreinte de merveilleux, se fonde sur des légendes plutôt que sur des faits. A sa suite, Théophraste (372-287), Eratosthène (284-192), auteur d'une *Histoire naturelle des plantes*, mais aussi Diodore de Sicile (Ier siècle av. J.-C.), Strabon (58 av. J.-C.-21 ou 25 apr. J.-C.), Ptolémée (IIe siècle apr. J.-C.) raconteront cette terre inconnue et farouche qu'ils n'ont pas non plus visitée, mais qui est menaçante à leurs yeux comme le serpent qui, une fois son forfait commis, disparaît dans le sable. Car, déjà au temps des Grecs, l'Arabie était impénétrable et dangereuse. Au Ier siècle après Jésus-Christ, plusieurs Pères de l'Eglise ont laissé quelques éléments d'appréciation, mais leurs propos n'ont guère retenu l'attention si l'on excepte leurs apologies d'une vie apostolique dans les couvents situés aux abords de l'Arabie Pétrée et de la Syrie.

L'Arabie ne sort réellement des sables où elle somnolait depuis la plus haute Antiquité qu'à partir de 610 apr. J.-C. La vie est difficile sur cette terre aride, au climat éprouvant (une moyenne en été de 40° à l'ombre), et inaccessible. Or, voilà que l'islam est révélé à un prophète qui se revendique un simple bédouin du clan des Qoreïchites, sémite et surtout monothéiste. Un choc ! L'histoire de la civilisation pastorale bédouine va basculer, tandis que le regard des oligarques se porte sur cet être exceptionnel appelé Mohammed*, respecté et honoré par les siens – on l'appelait *Al-Amin*, l'homme sûr –, mais violemment combattu par ses adversaires. La nation arabe entre dans l'histoire. Peu à peu, au fil de son expansion, le monde entend parler de cette civilisation, découvre ses mœurs, sa culture et les deux villes phares de l'islam, La Mecque*, épicentre de la galaxie musulmane, et Médine*, anciennement Yathrib, oasis commerçante devenue le centre du pouvoir mohamétan.

A cette Arabie ancienne, commerçante avant tout, et profondément idolâtre – avant Mohammed, les Arabes sont animistes ou païens –, l'islam impose une langue et un gouvernement uniques entre les mains de la tribu d'origine du Prophète, l'imposante Qoreïche, gardienne des eaux de La Mecque et conservatrice des coutumes orales de la presqu'île Arabique. Aujourd'hui encore, le Coran se récite en arabe, et il n'est pas rare que des croyants non arabophones ne sachent pas expliquer ce qu'ils ânonnent à longueur de journées.

L'arabe est d'abord une langue et une littérature, plus exactement une poésie*. En effet, le monde arabe est composé d'univers très différents, modelés chacun par une histoire particulière. Les peuples sont très variés. Certains d'entre eux n'ont-ils pas tour a tour été chrétiens, musulmans, azéris, kurdes, mozabites, maghrébins ou levantins ? Et si l'on veut les classer par grandes régions, encore faut-il décliner leur identité exacte, leur pays : l'Algérie, leur région : les Aurès, leur idiome : le chaouia, etc. Mais tous ont un respect et un attachement immodéré à leur patrimoine oral. Désormais, la définition du mot arabe est circonscrite à son seul rapport au Verbe et à la langue, et une impasse – voulue – est faite sur les liens d'histoire que le terme entretient avec Qoreïche, la grande tribu d'Arabie qui, *via* le Prophète, a imposé son credo, sa vision du monde, ses réflexes culturels et même ses préoccupations métaphysiques.

Arabes/Afghans

L'un des aspects les plus inattendus de la guerre d'Afghanistan, menée au tournant de l'année 2001 par les Etats-Unis d'Amérique contre le mollah Omar et ses talibans en vue de démanteler le réseau Al-Qaïda, fut la découverte d'une légion étrangère arabe et/ou musulmane qui agissait sous les ordres des chefs fondamentalistes. En Occident, rares sont les observateurs qui ont attiré l'attention sur ce réseau étrange qui recrute et forme des mercenaires arabes et musulmans pour les envoyer tuer d'autres musulmans et, accessoirement, les « impies » américains. Or, à ce moment-là, quand la propagande afghane de l'ex-Alliance du Nord, minoritaire dans le pays, mais que la guerre contre le terrorisme a propulsée au-devant de la scène médiatique, parle de ces « Arabes », elle désigne alors clairement les mercenaires non afghans à la solde d'Oussama ben Laden dans la lutte aux côtés des talibans. Ajoutant encore à la confusion, ce sont deux mercenaires d'origine marocaine – des Arabes encore – qui assassinent le commandant Massoud. Pour tous les médias occidentaux, il ne fait aucun doute que ceux qui ne parlent ni pachtoun ni azéri sont des Arabes, de même que tout étranger à la Grèce antique était barbare et que tout Cubain qui n'est pas avec le *Leader maximo* est un contre-révolutionnaire.

Quelques années plus tôt, quittant l'Afghanistan, à la suite du retrait des troupes soviétiques, les mêmes mercenaires avaient repris le chemin de leurs pays respectifs : Egypte, Bosnie, Algérie, etc. Dans les années quatre-vingt, le ciel algérien gronde de toutes ses incertitudes et la fraternité d'un peuple déjà meurtri par une première guerre se fissure à vue d'œil. Alors qu'ils sont tous issus de la même terre, ces *desperados* rentrés de Kaboul, frustrés, déçus et embrigadés à n'en plus pouvoir, sont surnommés par leurs compatriotes les « Afghans ».

Arabes ici, Afghans là : la complexité historico-culturelle de ces guerres menées au nom de l'islam y prend valeur d'exemple. Dans ces deux cas, l'ambiguïté fut extrême, car tout musulman pieux ne doit en aucun cas tuer impunément un autre musulman, sauf à prouver formellement que ce dernier a gravement porté atteinte à l'islam. Quand le groupe Abu Sayyaf, à Jolo, lutte contre son propre gouvernement indonésien, à l'instar du GIA dans le maquis algérien, on ne sait pas d'autre mot que celui de « terroriste » pour désigner ces ennemis de l'intérieur. Et le Hesbollah libanais : est-il vraiment arabe, qu'il soit d'ailleurs chrétien ou musulman sunnite, ou plutôt chi'ite d'inspiration irano-saoudienne, voire phénicien ? Alors que peut-on penser de tout cela ? L'une des explications nous est donnée par les mouvements salafistes eux-mêmes qui invoquent le *djihad*, cette « guerre sainte » légitime contre tous les fronts de la contestation, à l'extérieur d'un pays, bien sûr, mais surtout à l'intérieur. D'évidence, depuis quelque temps, le *djihad* a définitivement pris le pas sur l'utopie d'un islam tolérant, fait d'ouverture et de magnanimité. Face à cette violence, on ne voit pas encore d'alternative, en tout cas pas le moindre infléchissement dans les politiques hermétiques des régimes en place. L'impasse semble bien totale.

Arabesques

C'est une figure ornementale si populaire en islam que son motif orne la décoration de la moindre demeure, de la plus modeste aux palais les plus majestueux, mais aussi la vaisselle, le linge, les livres d'art, etc. Dans un plan-cadre, les lignes prennent la forme de rinceaux végétaux, d'enroulements et de déroulements des tiges, de feuillages, de fleurs, de fruits et de pampres de vigne, avec leurs boutons non encore éclos. La figure elle-même est plus ancienne encore que l'art islamique, mais elle n'a pris tout son essor, en particulier dans l'architecture, qu'avec l'avènement de cet Empire. L'arabesque (de l'italien *arabesco*, 1546) est employée sur les mosaïques à l'intérieur des mosquées, sur le revêtement des coupoles, des édifices royaux et les plinthes des palais, des pilastres et des frises décoratives. Les artistes musulmans ont décliné à l'infini leurs motifs, su si bien enrichir ce support visuel d'autant de courbes et de nervures au point que, désormais, arabesque rime avec Orient, Islam et monde arabe.

Son champ d'application est vaste, car l'arabesque suggère le tracé sinueux et arachnéen des claustra, ces clôtures à claire-voie des édifices bourgeois du Caire et d'Alep. L'arabesque s'inscrit aussi dans la profusion de lignes sinueuses et compliquées des motifs ornementaux et dans la liberté de ton des sculptures de bois et des bronzes damasquinés, des tissus, des coupoles, des portails, des *minbars* (chaires de prédicateur).

Arabia Felix/Arabie Heureuse

Etrange dénomination, direz-vous, pour une terre aride où l'eau est rare et dont le faste des palais ombragés et des fontaines ne fut découvert qu'au XXe siècle. Mais les Grecs ont une représentation du monde que nous n'avons plus, ou plus suffisamment. Croyons-nous encore à nos mythes et légendes ? D'ailleurs s'agit-il de l'Arabie ou du Yémen, d'Arabes ou de Sabéens, du Sinaï (Arabie Pétrée) ou d'Oman ? Pour Hérodote, qui lui a consacré plusieurs passages de son œuvre, cette région mythique est associée aux essences odorantes et aux fumigations. Encens, cannelle ou ledanon, que les Arabes appellent *ladanon*, et gomme arabique, tout lui paraît étrange ou curieux, et souvent mystérieux. « Nous n'en dirons pas plus sur les parfums, conclut-il, mais de l'Arabie entière s'exhale une odeur divinement suave » (*Histoires*, III, 113). Les grands historiens de l'Antiquité classique ont tous écrit sur cette *Arabia Felix*, décrivant de manière à la fois précise et fantaisiste les merveilles qu'elle abritait. L'aloès, « le parfum le plus puissant de tous les aromates », le ledanon, le cinnamome, la myrrhe, le miel ou la cannelle, reviennent très souvent sous leur plume. Au vrai, l'Arabie heureuse de l'Antiquité symbolise une terre mythique et lointaine, farouche un peu et sauvage, ô combien excitante pour susciter des descriptions plus étonnantes les unes que les autres.

Architecture

L'arc* et la coupole sont les deux emblèmes de l'architecture musulmane. Ils en constituent à la fois le lien et la ligne d'horizon : la mosquée*, le fortin (*ribat*), le palais, le caravansérail* ou le couvent leur doivent une grande partie de leur beauté. L'arc en ogive est le plus élancé et le plus élégant. Il fut précédé dans le temps par une série de formes intermédiaires, dont l'arc d'inspiration gréco-latine, l'arc en plein cintre et l'arc en fer à cheval. L'arc polylobé, plus baroque et chargé, est une invention tardive au temps de l'Andalousie ; il confère aux galeries reliant deux ailes du palais, ou deux nefs d'une mosquée, une impression de légèreté et de grandeur. La majesté de l'édifice tient alors dans la répétition et l'enchevêtrement des arceaux qui composent la structure, ainsi que la décoration extérieure (*voir* Arabesques*). Le rajout à distances régulières de bagues de fûts, de tailloirs et parfois de carrés floraux participait encore de l'esprit décoratif du lieu. Le chef-d'œuvre du genre est la salle de prière de la mosquée de Cordoue réalisée au temps d'Abd Ar-Rahman Ier, au VIIIe siècle ; elle sera régulièrement embellie par ses successeurs. Cette mosquée est une synthèse de toutes les innovations tentées en Orient et conduites ici à leur plus haut degré de perfection. L'audace avec laquelle les Andalous ont poussé leurs explorations architecturales montre que l'arc et la coupole, ainsi que la voûte qui la soutient, ne posaient aucune difficulté majeure aux bâtisseurs ; ils étaient simplement des éléments essentiels de l'architecture islamique, peut-être aussi prégnants que le minaret, le *minbar* et le *mihrab.* Aujourd'hui encore, l'Alcazar* de Séville, ses patios et sa salle des Ambassadeurs (*salon de Embajadores*) témoignent d'une grande exigence artistique. Partout ailleurs, à Saragosse (Aljaferia), à Burgos (monastère Las Huelgas) ou à Grenade (Alhambra, cour des Lions, salle des Rois), la délicatesse du soin apporté au décor force l'admiration. On a vu dans cette maîtrise architecturale la volonté de toute-puissance des maîtres des lieux, leur goût pour le raffinement et peut-être dans une stimulation orgueilleuse l'ambition de se dépasser les uns les autres.

Nées des arcs, les *mouqarnas* sont des niches minuscules, ou demi-niches, qui se superposent les unes aux autres et se déclinent en multiples facettes. Ils tapissent les surfaces courbes des palais et des mosquées (mosquée Lutfallah d'Ispahan), couvrent le fond supérieur des voûtes (salle des Deux Sœurs et salle des Abencérages, à l'Alhambra) et des *mihrabs* de mosquées, comme ce fut le cas dans la *madrassa* de Grenade, construite par Yusuf Ier, au XIVe siècle. On les trouve également sur certaines trompes descendantes (colonnes de la cour des Lions, Alhambra) ou revêtant la partie extérieure de certains minarets ainsi que les panneaux d'entrée, les fenêtres, les portails majestueux de quelques palais. Le scintillement des *mouqarnas* illustre, par antithèse peut-on dire, le principe inverse de la « peur du vide » que certains attribuent à l'art musulman. Il est facile d'imaginer au contraire que les voûtes, les coupoles et les *mouqarnas* ne sont qu'une reprise à l'infini de la forme conique du dôme. En dupliquant dans leurs palais le dôme des mosquées, les commanditaires, qu'ils soient vizirs, princes ou califes, ne faisaient que renforcer leur soumission à l'autorité divine. En Asie musulmane, la coupole est dressée sur un *iwan*, une pièce carrée ou rectangulaire, ouverte sur un ou trois côtés, ce qui assure le passage aux autres lieux de l'édifice. Souvent l'*iwan*, que l'on traduit par auvent, est un patio, ou une nef ouverte.

Arcs et coupoles *Voir :* ARCHITECTURE

Arts d'islam

La plupart des arts d'islam sont abstraits. D'après un présupposé – négatif – selon lequel la religion de Mohammed interdirait l'image et la représentation de tout être inanimé, les artistes se sont cantonnés à traduire par le trait et la forme géométrique les ressources encore inexplorées de l'âme arabe. Cet interdit a eu des conséquences extrêmement néfastes sur la corporation des artistes et des illustrateurs, que les théologiens ont tôt fait de stigmatiser au nom d'une pureté qui n'a jamais existé. Ainsi, suspectés de déformer la création de Dieu et de dévoyer la parole prophétique, les peintres arabes et sémites en général (voir comment Chagall, au siècle dernier, a été conspué par ses coreligionnaires), les portraitistes et les sculpteurs ont été maudits et marginalisés. En revanche, ce ne fut pas le cas des artisans, pour peu qu'ils s'en tiennent évidemment à leurs céramiques et à leurs inoffensifs travaux de maçonnerie, d'ébénisterie ou d'orfèvrerie. Seuls les architectes parvinrent à s'émanciper du diktat de la censure, par la nature même de leur activité, la construction de magnifiques « Maisons de Dieu », élevées à la gloire de l'islam sur tout son territoire. A l'architecture, il faut ajouter la calligraphie*, la mosaïque et la miniature* persane ou, plus précisément, indo-mongole et persane. La calligraphie qui fut à l'origine un art sacré est devenue l'une des disciplines les plus prisées par les cercles profanes de la société, à commencer par le palais et surtout par son *diwan**, l'administration califale. L'enluminure, le travail du bois ou du cuivre, le maniement des stucs et le recours à l'arabesque* n'avaient pour autre objet que de sublimer Allah et sa création. On peut du reste se demander si l'architecture habituellement considérée comme un art à part entière ne relève pas en islam du seul domaine de la foi, l'art n'ayant là rien à voir. N'est-elle pas vouée seulement à magnifier la ferveur des croyants et montrer la grandeur incommensurable de Dieu ?

Il faut cependant s'arrêter sur la miniature persane, car cette discipline a contourné la loi coranique : elle a représenté des animaux et des humains sans se soucier de l'avis des imams. En cette période tardive de l'histoire, l'affranchissement de certains princes au dogme strict mais surtout l'esprit éclairé des dynasties iraniennes et andalouses ont favorisé la création artistique, ce qui explique la vogue paradoxale de la miniature et de la décoration intérieure dans ces deux régions du monde musulman où le niveau de vie s'était sensiblement amélioré. Comme la calligraphie ou les manuscrits*, les miniatures turco-mongole et persane ont voulu ignorer cette frontière visuelle qui opposait les dévots aux autres, comme on opposerait le jour à la nuit. Le sort de la miniature en fut scellé. Longtemps, la miniature persane a été le seul langage visuel du monde arabo-musulman, prouvant ainsi que l'islam n'était pas irrémédiablement iconoclaste. La miniature persane fut le souffle de liberté de l'artiste musulman, même si, à l'évidence, cet artiste ne pouvait s'exprimer, par le passé, de manière identique en milieu chi'ite et en milieu sunnite.

La réflexion peut maintenant s'élargir au concept d'un Dieu interdicteur. En effet, si Dieu, en Islam, demeure l'irreprésentable absolu, cela veut-il dire qu'il n'y ait pas de questionnement lié à son image ? On peut s'interroger aussi au sujet du diable qui, n'ayant pas d'image « officielle », ni bonne ni mauvaise (ce qui prouve en partie son existence céleste et quelque part sacrée), peut revendiquer un droit à la beauté dans sa représentation par les humains. Qu'en sera-t-il de sa beauté et de son rôle en islam le jour où le démon sera aussi beau aux yeux des hommes qu'un ange ?

Si l'islam n'a pas formellement prohibé les images d'êtres vivants, il n'en demeure pas moins que la Tradition, pour avoir dénigré si longtemps la représentation humaine, l'a rendue impossible. Au premier rang de l'interdit se trouve la représentation du Créateur Allah, ainsi que celle de son prophète, car le fait d'y toucher pousse son contrevenant dans les affres de l'hérésie inconsciente et de la folie. Puis viennent les figures archangéliques et les autres prophètes, les compagnons du Prophète. On ne sait toujours pas quel était l'aspect physique d'Abu Bakr, ni celui d'Omar, d'Othman, d'Ali, les quatre premiers califes de l'Islam, pas plus d'ailleurs qu'on ne sait comment étaient Aïcha, la femme du Prophète, Fatima, sa fille...

Les plus virulents à cet égard furent les théologiens sunnites, en particulier les inflexibles hanbalites. Leur rejet de toute figuration des êtres vivants a progressivement influencé les autres doctrines, considérées plus laxistes, comme le malikisme et le chafi'isme, et dans une certaine mesure le chi'isme. Cette dernière doctrine semble moins rigoriste, son système d'évaluation philosophique ayant emprunté des voies distinctes, indiennes principalement, mais aussi mazdéennes, grecques et phéniciennes. Et la miniature, *al-munamnama*, si emblématique de la société indo-persane, a donné, tout au long des siècles, en particulier au temps de la période classique de l'art indo-turco-iranien (XVe-XVIe siècle), ses lettres de noblesse à la représentation humaine, sans affaiblir pour autant ni la foi des mollahs, ni celle des croyants...

La calligraphie, la mosaïque et l'architecture sont élevées au rang d'art sacré en islam, de cette sorte d'art qui apaise la curiosité de l'homme en proie au doute en l'apaisant, et ménage une grande place à la sublimation de l'entité divine (Allah). Grâce à cela, une possible vénération de l'Unique reste non seulement plausible mais recommandée.

Pour les théologiens les plus rigoristes, la beauté est une damnation, qu'il faut en permanence tenir en suspicion, voire diaboliser. Il y va de la tranquillité des âmes pieuses et du repos de leur corps et de leurs sens. Face aux chantres de la laideur – le laid a son utilité sociale, dans la mesure où il concentre sur lui toutes les inquiétudes, en radicalisant une partie des tensions enfouies –, le beau est subversif et il faut le mettre à l'écart, le brider, l'annihiler. Les théologiens les plus stricts feignent alors d'oublier ce propos prophétique (*hadith**) qui énonce que « Dieu est beau et [Il] aime la beauté ».

Vu d'islam, le Créateur Dieu ne peut être que beau. Aimer la beauté est presque de trop, car tout ce qu'Il réalise est d'une magnificence absolue, supérieure, incomparable au point que l'on peut dire que Sa Majesté ne pourrait presque pas aimer la beauté plus que la laideur, car les deux lui appartiennent. Et partant, la notion de beauté serait un argument supplémentaire pour se faire adorer par cet homme rebelle qu'Il a créé, nourri et finalement chassé d'auprès de Lui, le plongeant en un tourment singulier, qui est devenu l'Histoire.

Si l'interdit de la figuration humaine en islam n'est pas à sa manière un contournement du beau humain, une sorte d'iconolâtrie inavouée par le clergé musulman, à quoi servirait-il ? *A contrario*, si l'homme est plus beau que toute création, surgissent alors toutes les questions liées à l'anthropomorphisme divin, et peut-être aussi à l'existence de Dieu. L'homme qui s'adorerait lui-même, non pas pour s'opposer à Dieu, mais tout simplement pour communier avec son intimité propre ! Par respect de la singularité sienne, qui est également la singularité de la Création en tant que tout, et par conséquent aussi celle de Dieu, ainsi qu'elle est définie par Karl Gerstner dans *Les Formes des couleurs* : « Derrière cet art superbe se dissimule un principe superbement élémentaire [...] Dans ce que nous tenons pour la réalité, l'Islam ne voit que l'ombre de la réalité, qui est réelle ; qui est faite de divin, de spirituel. Exprimer cela, tel est le sens de l'art islamique. »

Astrolabe

Il n'est aucun ouvrage traitant du monde arabe qui ne fasse figurer l'une de ses découvertes les plus célèbres, l'astrolabe, *asturlab*. En réalité, cet instrument de navigation, ajouré et précieux, était déjà connu sous une forme très rudimentaire dans l'Antiquité. Mais ce sont des ingénieurs de la fin du xe siècle qui l'ont développé pour en faire l'astrolabe arabe. Quel en est le principe ? L'astrolabe est formé de deux plans circulaires et plats (*asturlab as-sathi*), généralement en cuivre ou en bronze, articulés l'un à l'autre et qui, par un jeu de croisements et de correspondances, fixent, à partir d'un lieu donné, la position d'une planète, sa hauteur, et par conséquent l'avancée de la journée. Le premier plan est appelé la mère, le second plan, qui glisse sur le premier, est dit l'araignée ou le filet, *chabaka* en arabe.

Abu Abd Allah Mohammed ibn Jabiri ibn Sinan Al-Battani (858-929), plus connu sous le nom d'Al-bategnus (ou Albatenius), auteur d'un *Traité sur les tables astronomiques* encore appelé *Az-Zij'*, compte parmi les premiers astronomes musulmans – il était à

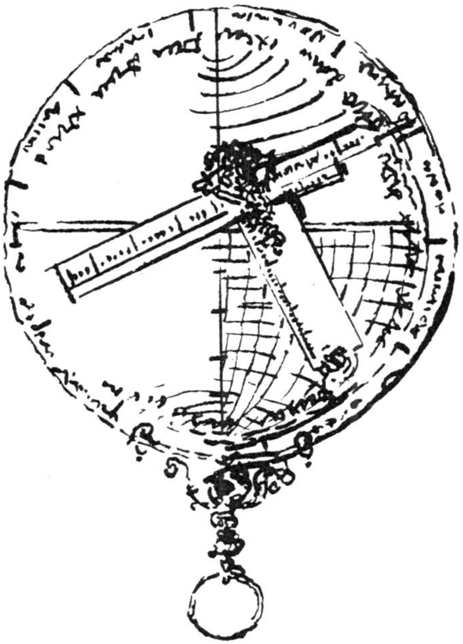

l'origine un Sabéen – à avoir utilisé opportunément l'astrolabe. Il en est de même de l'astronome iranien Abul-Hussayn Abd ar-Rahman as-Sufi (903-986), connu au Moyen Age sous son nom latin Azophi, qui a repris et enrichi le travail d'Hipparque (v. 180-120 av. J.-C.), astronome et mathématicien grec, et même de Ptolémée (v. 100-170) sur la localisation des étoiles. Le plus ancien astrolabe arabe connu remonte au milieu du Xe siècle, en 959, mais c'est un siècle plus tard, au XIe, que Zarqali, l'Azarquiel des Latins médiévaux (vers 1029-1089), astronome et mathématicien de Tolède, lui donna sa forme définitive. La « saphée » d'Azarquiel avait la particularité d'être utilisable partout, alors qu'auparavant il fallait une sorte de tablette, *sahifa*, afin de déterminer au sol la position de l'observateur et en déduire après coup les résultats obtenus. Dès 1263, cette amélioration de l'astrolabe par Zarqali a assuré son succès auprès des marins du monde entier. L'astrolabe ne s'est jamais démodé au moins jusqu'à l'invention du télescope moderne. Plus tard, l'invention des astrolabes sphériques a permis de visualiser la voûte céleste et identifier avec exactitude la plupart des constellations. Plusieurs astrolabes sphériques d'époque sont encore conservés dans les musées. Les plus fameux sont conservés au Museum of History of Science à Oxford ; ils étaient utilisés pour mesurer l'altitude des étoiles. L'un d'eux, un globe céleste placé sur un trépied, est attribué à Ibrahim Ibn Saïd as-Sahli, ce qui lui donne plus de douze siècles d'âge. Un astrolabe en relief du XIIe siècle est conservé à Istanbul, d'autres encore sont fabriqués aujourd'hui par des artisans maghrébins ou levantins qui n'ont rien perdu du savoir de leurs ancêtres.

Aumône

L'aumône est de deux sortes en islam : la première, appelée *zakat*, est la plus importante. Elle constitue une part infime de la fortune du musulman offerte une fois par an aux nécessiteux, aux membres de la famille qui vivent dans le besoin ou aux associations caritatives. Cette aumône fait partie des cinq piliers de l'islam*. La seconde, dite *çadaqa*, est un simple don que l'on fait librement et dont le montant est laissé à la convenance du donneur. Le Coran emploie plusieurs autres termes pour désigner le don légal, qu'il soit librement consenti ou imposé par un texte, *haqq* (droit), *nassib* ou *nisba* (barême, quote-part), *infaq* (dépense au profit de quelqu'un). La symbolique de l'aumône en islam est claire car, tout en consolidant la solidarité entre les croyants, elle contribue à purifier, ne fût-ce que spirituellement, leurs biens. La notion de purification des biens est d'ailleurs comprise dans l'étymologie du mot *zakat*, puisque le verbe purifier (*yuzakki*, se purifier, *tazakka*) a la même racine que donner une aumône. Au plan social, on peut avancer que la *zakat* fonctionne comme un ciment qui structure la communauté, en donnant un sentiment positif d'elle-même.

Averroès

Averroès (1126-1198), le philosophe arabe le plus admiré en Occident, est d'abord, pour les musulmans, un grand juriste et un cheikh, un connaissant, un érudit. Mais ce grand cheikh, un savant au sens actuel du terme, est méconnu dans le monde arabe, hormis par quelques intellectuels rationalistes. Averroès reçoit une formation extrêmement poussée en matière religieuse, d'abord sa jurisprudence (*fiqh*), puis son *hadith** et son Coran, enfin, sa philosophie (*kalam*). Abul-Walid Mohammed ibn Ahmed ibn Mohammed al-Hafid ibn Rochd, dit Averroès, naquit à Cordoue en 1126. Il mourut à la fin du siècle, en 1198, à Marrakech, à un moment où les princes almohades ont déjà conquis l'Espagne et tout le Maghreb central. Marrakech, qui fut leur capitale, abrita le siège des souverains régnants, Abu Ya'qub Yusuf (1163-1184) et Abu Yusuf Ya'qub al-Mansur Billah (1184-1199), tous deux protecteurs d'Averroès. Après un premier séjour à Marrakech, Ibn Rochd fut nommé cadi (rite malikite) de Séville et de Cordoue. Il occupa la fonction de médecin principal du souverain almohade Abu Ya'qub Yusuf, succédant ainsi à un autre médecin-philosophe très connu, Ibn Tufaïl, l'Abubacer des Latins (1100-1185). Averroès a écrit de nombreux traités sur l'âme, l'essence de Dieu, la nature de la religion et ses liens inextricables avec la philosophie. Dieu est-il éternel ? Quelle est la Vérité transcendantale ? L'homme et son libre arbitre ? Quelle opposition y a-t-il entre révélation et philosophie ?

Malgré les critiques virulentes contre certains de ses prédécesseurs (l'un de ses ouvrages appelé *Tahafut at-tahafut* – « Incohérence de l'incohérence » – était destiné à répondre à Ghazzali, mort en 1111, qui avait critiqué la philosophie rationnelle), Averroès fut un musulman très pieux et qui ne manquait aucune prière. Si sa notoriété comme philosophe est restée modeste dans tout le monde arabe et musulman, en raison du discrédit mortel dans lequel il fut tenu par les théologiens doctrinaires du Maghreb, l'Occident médiéval se fit une fête de ses œuvres qui contribuèrent, entre autres, à sauver de l'oubli l'héritage grec, en particulier l'œuvre d'Aristote. En tant que cadi malikite, Averroès ne se distinguera en rien de ses prédécesseurs (son père était lui aussi cadi), ni même en tant que médecin ou astronome, activité qu'il voulut approfondir sans jamais y parvenir. En revanche, son talent allait pleinement s'épanouir dans son étude de l'hellénisme et de l'aristotélisme. Son apport marquera durablement les études philosophiques en Occident, où son œuvre est enseignée, au lendemain de sa mort, dans la plupart des universités européennes, notamment par le philosophe Siger de Brabant (1235-1281) qui fut enseignant en Sorbonne. Mais l'averroïsme fut combattu par saint Thomas d'Aquin, en même temps que Siger de Brabant enseignait la théologie à Paris, avant d'être condamné une première fois par l'Eglise, en 1240, puis par Léon X en 1513. Depuis lors, l'averroïsme est l'affaire de philosophes professant des vues semblables sur des questions de l'âme et de l'intellect et ne débordera jamais les cercles d'érudits, même avant le XVIIIe siècle où de nombreuses thèses lui étaient encore consacrées. Averroès était persuadé que la connaissance devait être réservée à quelques-uns seulement, à l'élite, justement, car la masse n'entend rien aux spéculations théoriques. Selon lui, ce type de connaissance, dont le but ultime est bien de faire connaître l'Artisan suprême, c'est-à-dire Dieu, ne pouvait être exposé aux hommes en général, et encore moins au vulgaire, mais seulement aux philosophes. Au XIXe siècle, Ernest Renan, professeur au Collège de France, a écrit un livre très documenté sur sa philosophie, *Averroès et l'averroïsme*. A bien des égards, ce livre demeure encore le plus documenté et le plus abouti de tous ceux qui furent consacrés à l'un des plus célèbres philosophes musulmans du Moyen Age.

Avicenne

Abu Ali Hussaïn ibn Abdallah al-Hassan Ali Ibn Sina, dit Avicenne (980-1037), est né à Afshana, près de Bukhara, dans l'Ouzbékistan actuel. Son père était originaire de Balkh, une ville située dans l'Afghanistan actuel, qui était alors un centre commercial important. Pour des raisons différentes, chaque peuple de la région, arabe, turc ou persan, s'est approprié le plus célèbre des médecins musulmans. Les Turcs prétendent qu'Avicenne est né dans le Turkménistan et ne peut donc être que turc. Pour les Persans, le séjour prolongé d'Avicenne lui confère la nationalité du pays. Les Arabes estiment, quant à eux, que dans la mesure où Avicenne s'exprimait dans leur langue, il ne pouvait être qu'arabe.

Dans son *Canon de la médecine*, son œuvre la plus célèbre, Avicenne recense sept cent soixante remèdes, indications thérapeutiques à l'appui, considérés tous comme étant moins toxiques que ceux de Galien (131-201) et de Dioscoride (Ier siècle apr. J.-C.). Son poème sur la médecine, qui est un résumé très condensé de ce traité, résume amplement sa philosophie, son goût pour le diagnostic tempéré et surtout l'impérieuse nécessité de procéder à de multiples manipulations avant d'approcher le corps malade, précaution d'autant plus utile que l'on manquait de tous les moyens d'investigations dont dispose aujourd'hui cette discipline, ni microscope, ni vaccin, ni laboratoire. Son *Canon de la médecine*, qui fut tantôt pillé, tantôt enseigné dans les académies européennes de médecine et dont l'autorité scientifique n'a eu d'égale que l'œuvre de Razi, le Rhazès des Occidentaux (850-925), son aîné de peu, une autre sommité médicale de l'époque, constitue aujourd'hui un document inestimable pour tous ceux qui s'intéressent à l'histoire de la médecine. Mais Avicenne était plus qu'un simple médecin musulman de grande renommée. Il cumulait les attributs de soufi* duodécimain, de philosophe, de savant, de juriste et même de poète. En tant que soufi, il a d'ailleurs dénoncé le commerce que des bigots faisaient de leurs références à Dieu : « L'ascétisme et la piété chez d'autres que le "connaissant" [*'ârif*] sont une sorte d'opération commerciale, qui consiste à acheter avec les biens de ce monde ceux de l'autre vie. Chez le *'ârif*, c'est une abstention de ce qui distrairait de la vérité l'intime de son être et un mépris de tout ce qui n'est pas vérité » (*De la connaissance*).

Ayatollah

Littéralement *Ayat Ullah*, c'est-à-dire la Manifestation d'Allah, le Signe de Dieu. Depuis la fin du XVIe siècle, ce titre était resté honorifique, attribué aux seuls théologiens reconnus du chi'isme* duodécimain, lequel est pratiqué surtout en Iran et en Irak. Au début du XXe siècle, trois ou quatre grands imams dirigent les centres religieux de Tabriz, Qom, Mashhad, en Iran, et de Nadjaf, situé sur le territoire irakien. Ces ayatollahs sont entourés de mollahs* appelés *hujjat al-islam*, littéralement la Preuve de la religion, eux-mêmes assistés d'une multitude de mollahs sans grade particulier, des aspirants. Cette hiérarchie fait dire que l'islam chi'ite, contrairement à l'islam sunnite, dispose bel et bien d'un clergé, avec son synode, ses conciles et pratiquement son « pape invisible », en l'espèce l'Imam caché. Tout change avec l'arrivée au pouvoir de l'imam Khomeyni (1902-1989). Désormais, le titre d'ayatollah est assimilé à sa seule valeur spirituelle, ce qui en d'autres termes signifie que l'imam Khomeyni incarne le dirigeant suprême dont les actes et les paroles sont irrécusables, car inspirés par Dieu lui-même. Et c'est bien sous cette identité que le grand timonier de l'islam iranien apparaît, à sa descente d'avion en 1979, devant les foules galvanisées de Téhéran et d'ailleurs. Selon les nouveaux termes de la Constitution édictée la même année et bâtie de toutes pièces pour centraliser tous les leviers du pouvoir, la souveraineté politique revient de droit au *Faqih*, le théologien le plus gradé dans la hiérarchie religieuse, en l'occurrence l'ayatollah Khomeyni. Mais le grand espoir soulevé par Khomeyni après quatorze années d'exil, en Irak d'abord, puis en France à Neauphle-le-Château, son retour sous l'acclamation de quatre millions d'Iraniens, et surtout l'exil du shah d'Iran (16 janvier 1979), qui décédera peu de temps après en Egypte, se sont transformés en cauchemar pour la majeure partie de la population. Les libertés publiques abolies, la presse muselée, les femmes voilées furent les premiers signes de la dictature religieuse. Khomeyni lui-même, qui passait pourtant pour être « infaillible » selon la doctrine chi'ite, se révélera à la fin de sa vie un autocrate inflexible qui n'acceptait ni critique ni contestation. L'utopie d'un Etat islamique parfait, tel qu'il fut conçu des milliers de fois par le grand imam durant les quatorze années de son exil, avait montré ses limites.

Quinze ans après la mort de l'imam Khomeyni, le *Velayat-e faqih*, littéralement le gouvernement du savant religieux, point nodal de l'Etat islamique, est théoriquement encore en vigueur en ce début du XXIe siècle. Mais son étoile a considérablement pâli en raison de la popularité du président Muhammad Khatami, lequel, à soixante ans – il est né en 1943 –, est considéré comme un moderniste que les jeunes et les femmes ont plébiscité en 1997 lors des élections présidentielles où il a recueilli 70 % des suffrages exprimés, mais aussi en 2000 lors des élections législatives. Il faudrait une crise importante, une guerre, un embargo pétrolier ou encore des émeutes dans tout le pays, pour envisager le moindre retour des religieux sur la scène politique. Pour l'heure, l'Iran des ayatollahs est dans une phase de reconquête et cherche un nouveau souffle auprès de la population. Il reste que la crédibilité de ce courant est toujours fonction de la stabilité de la région, qu'il dépend de l'adhésion des jeunes qui sont nombreux en Iran et de la classe moyenne qui montre désormais des signes d'impatience.

Voir : SABRE ET TURBAN

Lorsque le lion vieillit, les chiens aboient dessus

(proverbe libyen).

Bagdad

En avril 2003, Bagdad est détruite pour la troisième fois de son histoire, que dis-je, pour l'énième. Je ne parle pas ici de ses murailles, écrasées sous les chenilles des blindés américains, ni des mosquées aux mosaïques bleues et vertes, ni des célèbres *madrassas* abbassides, ni même des musées pillés et encore moins évidemment des palais présidentiels, plutôt kitsch à mon goût, mais de l'esprit de Bagdad, de son âme. Souvenons-nous qu'aux IXe et Xe siècles cette ville fut le cœur palpitant d'une dynastie – splendide à tous égards – qui descendait en droite ligne de l'oncle du prophète Mohammed, Abou al-Abbas dit « Al-Saffah », un surnom peu flatteur signifiant le « Sanguinaire » ou l'« Exécuteur des basses besognes », lequel y mourut, dit-on, de la petite vérole...

En 750, les Abbassides avaient eu l'insigne privilège de soumettre les Omeyyades de Damas, faisant ainsi basculer l'islam d'une religion quasi ethnique, « familiale », dont la souveraineté aurait été donnée en héritage de père en fils (à l'instar des Ibn Saoud d'aujourd'hui), au rang de religion universelle, affranchie de ses racines géographiques. Quoi qu'on ait pu leur reprocher par la suite, ce sont bien les Abbassides qui ont « débédouinisé » l'islam !

Et c'est en cette ville, solaire et canaille tout à la fois, que cela se produisit. C'est à Bagdad que les Persans, puînés des Arabes aux yeux des musulmans d'alors, et par là même coupés de tout héritage spirituel, transgressèrent l'Œdipe majestueux qui leur barrait le chemin du symbolique et s'imposèrent sur un terrain qui n'était pas le leur. Si, de nos jours, la terminologie a changé, la lame de fond demeure.

La Baldach des Européens – c'est par cette déformation de son appellation chinoise que les voyageurs désignèrent Bagdad jusqu'à la fin du XVIIIe siècle – n'est donc plus aujourd'hui que ruines, pillage et désespérance. Une ville secondaire, provinciale, presque une non-ville. Pourtant, Bagdad avait été puissante au temps d'Haroun al-Rachid*, vainqueur à plusieurs reprises des Byzantins, dont le règne s'étendit entre 786 et 809, celui qui fit de sa table un banquet sans fin, où le poète n'était pas moins honoré que le grand vizir, tandis que la danseuse était applaudie et le jongleur récompensé. Tel est en tout cas le portrait du calife que les *Mille et Une Nuits** nous en ont fait à l'envi. Haroun al-Rachid, le plus brillant de sa dynastie, avait aussi établi des liens durables avec la Chine des Tang, à l'est, avec la chrétienté, à l'ouest, et peut-être même avec son contemporain Charlemagne, cet « empereur illettré » – comme le moque l'historien belge Henri Pirenne (1862-1935) – qui prenait cependant tant de plaisir à cultiver les arts et les lettres.

Et Bagdad, sous le règne d'Haroun al-Rachid, vit naître, outre l'astronomie, l'alchimie et l'hydraulique, l'administration fiscale, la diplomatie et le service des postes... La cité était peuplée de centaines de savants et d'auteurs versés dans toutes les disciplines alors connues : grammaire, mathématiques, droit, philosophie, histoire, musique, gastronomie, herboristerie et j'en passe, sans oublier la chirurgie, la pharmacie et la médecine dont Razi* (865-925) sut faire un art en même temps qu'une science en germe. Al-Jahiz*, natif de Bassora (776-869), l'observateur pointu des mœurs irakiennes, y côtoyait le grand Abu Nuwas* (762-815), amateur éclairé – ou débauché, c'est selon ! – de poésie bachique et commensal attitré du souverain. Plus tard, Nizam al-Mulk (1018-1092), vizir redouté des grands Seldjoukides, et Ghazzali* (1058-1111), théologien et soufi*, y menèrent de concert leurs réformes politique et religieuse. Chacun à sa manière avait choisi Bagdad pour y bâtir un monde meilleur, plus juste, plus inventif, en un mot plus humain. Outre les quelques rimeurs appointés par le Palais, les poètes traçaient un sillon indélébile dans l'univers poétique arabe, tels Ibn Muqaffa, traducteur inspiré des fables indiennes, Ibn Burd, l'aveugle visionnaire (décapité en 783 pour avoir frayé avec les mazdéens) ou Al-Moutanabbi, « Celui qui prétendit être prophète ».

Il y a 746 ans, en 1258, Bagdad fut mise à sac pour la première fois par les Mongols commandés alors par Hûlagû Khan. Ces cavaliers arrivèrent en hordes conquérantes de leurs steppes lointaines, non sans avoir régné un temps sur la Perse. Dans la fureur de l'assaut, le corps à corps des archers et des lanciers favorisa les conquérants, plus aguerris que les citadins repus de richesses, d'autant que le calife n'était pas d'un tempérament belliqueux. Il avait d'ailleurs transféré son *diwan** de Bagdad à Samarra, dans sa résidence d'été, alors réputée pour son climat, afin de n'avoir plus à subir les longues chevauchées que lui imposait, à l'occasion de chaque conseil, un protocole soigneusement codifié.

Un siècle et demi plus tard, en 1401, ce fut un autre conquérant venu de l'étranger, le général turco-mongol Tamerlan* (Timur-Lang, littéralement : « Timur le Boiteux », car il avait perdu une jambe au combat – 1336-1406) qui dévasta la glorieuse cité.

Telle est Bagdad : une ville de contes et légendes inscrite au cœur de la modernité. La ville assiégée par Cyrus et par les Assyriens, avant lui. Violentée depuis peu par les Américains qui, sitôt débarqués, et alors que leur œuvre de destruction n'était pas encore terminée, pensaient déjà à la reconstruire. Sacrilège immense, commis sur une cité où la vie ne revient qu'à la tombée de jour, pour échapper à l'écrasante chaleur et humer la fragrance des roses.

Est-il possible de brûler une telle ville, de l'écraser sous les bombes ? Bagdad a toujours dicté à ses assaillants son rythme et imposé son tempo. Certes son nom est sali un moment et son destin outragé, mais son esprit demeurera vivant, tel le phénix renaissant de ses cendres. C'est pourquoi Bagdad ne sera sans doute jamais détruite. Construite par les Abbassides, une dynastie à la fois tolérante et intolérante, douce et cruelle, iranienne et arabe, juive et chrétienne, elle leur a survécu. Mieux, elle a enterré ses nombreux envahisseurs, Hûlagû Khan, Tamerlan, Bush.

La tragédie des hommes surpuissants, Bagdad la connaît par cœur. Aujourd'hui comme hier, et sans doute aussi demain, Bagdad reste digne et fière, d'autant que la disparition de ce berceau de notre civilisation laisserait inconsolable l'*Homo sapiens*, le genre humain dans son ensemble.

Bain maure *Voir :* HAMMAM

Bajazet, de Racine

Le nom Bajazet, titre d'une tragédie de Racine montée en 1672, est la francisation de Bayazit (ou Bayazid), le fils de Soliman* le Magnifique, capturé et mis à mort par le roi de Perse. Racine s'est inspiré de sa fin macabre pour écrire sa pièce dont le cheminement est typique des intrigues en vogue à l'époque des rois de France. Le sultan Amurat (ou Acomat) sur le point de partir à la guerre confie avant son départ une mission extrêmement étrange à Roxane, sa favorite : assassiner son frère Bajazet. N'est-il pas vrai qu'« un vizir aux sultans fit toujours quelque ombrage » (acte I, scène I) ?

Mais Roxane est amoureuse de Bajazet. Elle lui révèle alors le complot ourdi contre lui et le persuade de tuer le sultan. En échange de quoi, elle l'épousera et fera de lui le seul maître du pays. Hélas, Bajazet en aime une autre. Il s'agit d'Atalide, la cousine d'Amurat pour qui il éprouve une telle passion que son cœur et son esprit ne songent qu'à elle. Mais pour avoir la vie sauve, Bajazet doit tuer Atalide. Il s'y refuse énergiquement, préférant sa propre mort à celle de son amour. A la fin, on apprend que Roxane elle-même va suivre dans sa tombe l'homme pour qui elle avait trahi son roi. Elle est en effet exécutée par un messager d'Amurat. De dépit et de chagrin, Atalide se donne la mort, car son unique espérance est désormais noyée dans son désespoir (acte I, scène IV).

Telle est la rencontre de l'Orient et de l'Occident vue au XVIIe siècle. Peut-on déjà parler d'un enrichissement mutuel ? Quoi qu'il en soit, entre Racine, Voltaire, Montesquieu et Verdi – et d'autres, cela va sans dire –, bien des résonances levantines, douces et colorées, ont nourri l'imaginaire des Occidentaux, que ce soit dans l'univers des contes de fées, ou dans celui de la musique, de la chorégraphie, de la parfumerie et plus récemment encore de la cuisine. Il y aura d'autres Roxane, d'autres Amurat et d'autres Bayazid.

Bakchich

« Rien ne vaut de courir, il faut partir à temps », telle pourrait être la devise secrète des commerçants égyptiens ou marocains à l'arrivée d'un car de touristes sur l'une des places de Khan al-Khalili, le fameux souk du Caire, à Abou Simbel, dans la vallée des Reines ou place Jama' Al-Fna, à Marrakech. Pour le coup, tous leurs homologues arabes et non arabes, que ce soit en Tunisie, à Istanbul, à Damas, à Tabriz, à Shiraz ou à Sanaâ, seront d'accord avec eux : si le prix d'une entrée au musée finit toujours dans les caisses de l'Etat – lorsque l'administration n'est pas corrompue –, en revanche, le guide, lui, n'a rien. Son salaire de misère lui suffit à peine pour se rendre tous les matins à la rencontre des visiteurs, dans un vieux bus bringuebalant. Or, avec la manie des Occidentaux de rédiger des guides de plus en plus détaillés sur les mille et un sites à visiter *en priorité*, les jeunes rechignent à exercer le métier de guide. C'est pourquoi les guides ont maintenant plus besoin des touristes que les touristes n'ont besoin d'eux. Avec les routes et le téléphone satellite, même l'Amazonie finit par déclarer forfait et congédie ses guides indiens. D'où le grand retour du bakchich. Une institution de droit divin, ce bakchich ! Personne ne peut échapper à l'œil vigilant du grand prêtre collecteur de fonds, car aucun rite de la vieille ville, la médina, avec ses chicanes, ses meurtrières et ses initiations secrètes, ne se laisse dévoiler sans bakchich. Le guide, lui, évalue sa collaboration aux dividendes que son action est susceptible de lui rapporter. Il investit, il prend des risques. Le voyageur est un croyant. En tant que tel, il lui faut donner son obole à la grande Eglise du Voyage, une façon comme une autre de participer à l'économie des pays en voie de développement. Et quand bien même : ainsi encouragé, le guide ne tarit pas d'éloges sur son mécène. Psychologue-né, il l'entoure de ses confidences, de douceurs, de flatteries, de subterfuges. Il est aussi tour à tour garde du corps, interprète, parfois même informateur à la solde des régimes despotiques qui le mettent tant au pain sec.

Quelle est la terre de naissance du bakchich ? L'Egypte sans doute ; elle a tout inventé avant tous les autres, même si l'étymologie du mot renvoie plutôt à la Perse, plusieurs lexicographes l'ayant relevé, dont Dozy dans son *Supplément aux Dictionnaires arabes* où il note que *bakhchich* vient du persan et signifie pourboire, étrennes, gratification. Il se fonde surtout sur un texte des *Mille et Une Nuits* où apparaît pour la première fois ce vocable et prend dès cette période éloignée le sens de « petite libéralité ». Le Grand Robert s'appuie sur l'étymologie persane du mot et donne bakchis (1846), bacchich (1858), bakchich (1877), qui viennent du turc *baksis*, lequel dériverait de *bahsis*, mot persan signifiant « don ».

Mais les Turcs peuvent aussi prétendre au génie de cette redistribution de la richesse, eu égard évidemment à la structure du mot et aux phonèmes qui le constituent : bak...chiche. Chiche, on comprend, mais bak, bakh..., bakhkh, c'est plus dur à prononcer. Quoi qu'il en soit, le bakchich est incontestablement le limon des petits métiers, le ferment d'une relation singulière entre touristes étrangers et autochtones, à condition évidemment qu'elle ne devienne pas un dépeçage en règle du premier par le second.

Baraka

Le mot baraka, qui signifie bénédiction ou grâce divine, est entré dans la langue française. Il désigne toute situation subite d'enrichissement (la notion d'enrichissement fait partie des acceptions du mot arabe), toute réussite ou succès qui auraient été impossibles sans ce petit plus de magie qui caractérise les moments exceptionnels de la vie, la bonne conjonction des planètes. Ainsi est considérée comme une baraka la moindre faveur de circonstance, pour peu qu'elle réponde à deux critères : être inexpliquée et relever d'une force surnaturelle. Parmi les formules de politesse que les musulmans se disent lorsqu'ils se rencontrent, l'expression « Que Dieu vous rende bénéfique votre journée/vos biens » revient le plus souvent. Lorsqu'un cheikh dit à son interlocuteur : « *Baraka Allahu fik* », cela signifie qu'il lui accorde toute son amitié, sa confiance et que son geste mérite considération. C'est véritablement une formule d'admiration. Lorsqu'un paysan fait une récolte exceptionnelle, son entourage lui dit : « C'est Dieu qui a fait fructifier ton bien » (*baraka Allahu rizquka*). La bénédiction divine s'exprime également à travers les enfants. Lorsqu'ils sont beaux et qu'ils réussissent à l'école, cela veut dire que la famille est touchée par la grâce divine. En effet, dans la conception musulmane, le Dieu amour – version chrétienne – est surtout un Dieu bienfaisant, généreux et miséricordieux. Au fond, la baraka n'est rien d'autre que l'expression du désir divin traduit dans le vocabulaire des hommes. C'est ainsi que Dieu regarde avec bienveillance Sa Création.

Basmala

La *basmala* est la formule rituelle que les musulmans prononcent avant leurs ablutions et leurs prières. Il s'agit d'une prescription coranique qui rappelle l'engagement du croyant et sa foi. Cette *Bism-Allah*, littéralement « Au nom de Dieu », clément et miséricordieux, est également prononcée au début de chaque repas. Les voyageurs, les pèlerins, les commerçants et tous ceux qui sont amenés à faire des affaires, partager, donner ou recevoir, prononcent cette formule en vue d'obtenir la faveur du ciel. L'immolation d'une bête requiert, elle aussi, la *basmala*. Le coryphée des anges protège alors la personne de tout risque et de toute attaque maléfique, le nom de Dieu ayant cette vertu de repousser Satan. Contrer l'attaque du démon est un acte héroïque dans l'esprit musulman car Satan incarne l'insoumission à Dieu et un refus manifeste de la croyance. Les musulmans prononcent la formule également pour se protéger contre la magie noire, la *jettatura*, et la machination d'éventuels adversaires. Jaloux du bonheur de leur victime, ces mécréants sont tapis dans l'ombre et attendent le moindre oubli, la moindre omission de la *basmala* pour fondre sur elle, car elle est sans défense.

Bayadères

Voir : ALMÉES, CONCUBINES ET BAYADÈRES

Bazar

« Quel bazar, quel souk ! » Ces deux synonymes, l'un persan, l'autre arabe, qui désignent le « marché », traduisent la façon toute singulière des commerçants arabes de se livrer à leur jeu social favori : le négoce. La démarche consiste à déposer devant le client le plus grand nombre de marchandises possible avant de le laisser apprécier par lui-même tant leur variété que leur qualité. Mais la concurrence est rude. Il faut donc héler le badaud, convaincre, gesticuler, appâter. Né avant l'avènement de l'islam, le bazar sera, après la prédication de Mohammed, le meilleur soutien de la nouvelle religion. Les premiers zélotes de l'islam, la jeune religion du Dieu unique, y recueilleront les réactions, parfois très vives, de leurs contemporains. Mais ils tenteront aussi d'en convaincre quelques-uns, en particulier les plus démunis.

Le développement des échanges commerciaux a entraîné la naissance de villes entières consacrées à cette activité. Désormais, au sein de ces villes, des quartiers ou des bâtiments (*kaïsariya*) sont voués au dieu dollar. Le mot dollar prend ici tout son sens, puisqu'il est la monnaie la plus universellement échangée, avec certaines monnaies nationales et avant l'arrivée de l'euro, dans la plupart des pays musulmans. Partout, on peut sortir le billet vert pour payer ses achats. Il arrive même que le commerçant le réclame, surtout s'il a compris que vous êtes de passage, étranger, touriste, journaliste, étudiant ou travailleur immigré.

Mais le bazar n'est pas simplement une structure (la société de bazar d'Iran par exemple), il est également un esprit. Laissez à l'abandon quelques années seulement une ville musulmane prospère, avec ses fondations culturelles, sa cinémathèque, son théâtre, ses services d'hygiène et de communication, et vous retrouverez un véritable bazar, avec ses magasins « mutants » qui vendent aussi bien de la vaisselle, des jouets d'enfant, des téléphones mobiles et des vêtements, des bibelots et des couvertures. Cet « esprit bazar » est celui qui prévaut actuellement, sans doute aussi parce qu'il est le plus anciennement ancré dans la mentalité. Il suffit de visiter telle ou telle ville moderne, pour réaliser combien le bibelot a envahi les étals de magasins dans tout l'univers de l'islam.

Bibliothèque

Avec ses 700 000 ouvrages supposés, la première bibliothèque d'Alexandrie, fondée par Ptolémée Sôter au IIIe siècle avant Jésus-Christ, est la plus importante – et la plus fameuse – des réalisations culturelles du monde antique. Il est vrai qu'elle accueillit les plus grands philosophes et les plus grands savants, lesquels venaient de tout le monde connu : Grèce et Rome bien sûr, mais aussi Ethiopie, Perse, Babylone, Assyrie, Phénicie et Inde. Archimède, Callimaque de Cyrène, Euclide, Théocrite et Apollonios de Rhodes ont étudié dans ses murs, Démétrios de Phalère l'a conçue, et Zénodote d'Ephèse a été son premier directeur. Le deuxième fut Apollonios de Rhodes avant Aristophane de Byzance. Considérée à l'époque comme l'un des phares de la civilisation hellénistique, elle a survécu à toutes les conquêtes jusqu'au moment où elle fut détruite et incendiée. Aujourd'hui, après six années de travaux, la Bibliothèque d'Alexandrie, qui a coûté plusieurs milliers de dollars, renaît de ses cendres. Elle a été reconstruite dans la même perspective humaniste et universaliste que son aînée, dotée de plusieurs millions d'ouvrages, de techniques électroniques sophistiquées. C'est un bâtiment novateur désireux de s'inscrire dans la modernité. De nouveau, on peut s'attendre au retour des philosophes, des mathématiciens, des médecins, des astronomes, des grammairiens, des géomètres, des traducteurs et des copistes, car tels étaient les métiers qu'exerçaient les savants du passé. A ce premier contingent, vont se joindre les étudiants en langues étrangères, les informaticiens, les économistes, les chercheurs de toutes les disciplines, les étudiants en sciences politiques, les psychologues, les sociologues, les enseignants, les fous de littérature.

Amr ibn al-'As (mort en 663), le général musulman conquérant de l'Egypte pour le calife Umar, a-t-il ou non détruit la première bibliothèque d'Alexandrie ? Chacun se plaît à renvoyer sur autrui la profanation d'un lieu aussi prestigieux, un immense sacrilège que les uns et les autres brandissent comme une menace effrayante. Face à une telle question, l'esprit s'est souvent accommodé de vérités arrangeantes. Au XIXe siècle, César Vimercati, auteur d'un ouvrage sur Constantinople et l'Egypte, ne s'embarrasse pas de formules de courtoisie : « 'Amr ayant demandé au calife Umar ce qu'on devait faire de cette quantité immense de manuscrits renfermés dans la bibliothèque [d'Alexandrie], le calife répondit avec le barbare dilemme du fanatisme et de l'ignorance : "Si ces livres ne contiennent que ce qui est dans le livre de Dieu, le Coran, ce dernier nous suffit ; s'ils contiennent quelque chose de contraire au saint livre, ils sont pernicieux ; dans les deux cas, brûle-les." »

Au fur et à mesure, l'oubli ayant fait son œuvre, la construction de l'esprit, la conquête du savoir et surtout l'amour des livres ont retrouvé leur place dans le cœur des musulmans.

Or, en Islam, la bibliothèque idéale, *al-khizana*, désormais *Al-Maktaba*, est surtout composée de corans et de recueils de *hadiths**, ces paroles pieuses du Prophète collationnées et commentées. On y trouve aussi une foule d'écrits canoniques (*charia*), d'ouvrages de jurisprudence (*fiqh*), de grammaire, de rhétorique, de poésie et d'ouvrages médicaux. Les livres d'exégèse coranique, d'interprétation, mais surtout de comparaison doctrinale entre les différentes écoles doctrinales sont légion.

Dans l'Asie musulmane, on appelle *kitab-khana* l'atelier-bibliothèque où se retrouvent les copistes du Coran, les enlumineurs et les relieurs. Leur support de prédilection est le manuscrit rare, la pièce unique du Coran, le grand registre. Au temps du Maghreb médiéval, la bibliothèque du sultan almohade Abou Ya'coub s'appelait *al-khizana al-'ilmiyya* (littéralement la « Bibliothèque scientifique ») et réunissait toutes les œuvres disponibles en matière de *fiqh*, la jurisprudence islamique, de *hadiths** et de corans, mais le fait qu'elle se trouvait au sein du palais limitait considérablement le nombre de lecteurs potentiels.

Sans doute, les amoureux de Marrakech* ne savent-ils pas que la Koutoubia (1147), la fameuse mosquée almohade qui se dresse au cœur de la ville, et dont le minaret est, à maints égards, emblématique de la tolérance marocaine, est ainsi appelée en raison d'un marché aux livres qui se tenait aux alentours.

Bijoux

Les bijoux ont une âme, dit-on. Elle est si forte et si présente qu'en regardant une femme se parer de tels ornements, on pourrait soudain s'en saisir. D'ailleurs, la passion des femmes arabes pour les bijoux n'a d'égale que l'interdiction coranique – et plus largement islamique – de les porter. *Vanitas vanitatum*, rappelle l'Ecclésiaste. On peut même parler d'une « obsession » du bijou tant sa quête est marquée du triple sceau du joaillier qui redouble d'ingéniosité, du galant qui débourse sans compter et de l'heureuse bénéficiaire qui les collectionne. Cette fascination de la femme pour les bijoux remonte à l'Antiquité, et peut-être plus loin encore. Les Egyptiens semblent avoir été nos maîtres en la matière, ayant inventé la bague, le collier et la broche, mais plusieurs autres peuples, les Mésopotamiens surtout, les Sumériens ou les Akkadiens, peuvent leur disputer cette paternité. L'incorruptibilité prétendue de l'or et des pierres précieuses, surtout rubis, diamant, saphir et émeraude, s'accommode du goût des belles choses, de l'apparence, de la coquetterie, du désir de plaire, de l'amour. Plus que les pierres précieuses, souvent employées en joaillerie occidentale, le bijou en or est le compagnon intime, familier du corps féminin, le confident de tous les émois éprouvés par les belles

Orientales. En cherchant à interdire le bijou, en jetant l'opprobre sur celles qui le portent et en les qualifiant de légères, les théologiens musulmans ont voulu souligner leur obéissance à l'esprit de l'islam, sacrifier à une sorte de liturgie de la privation. Mais dans son désir d'émerveiller son compagnon, la jeune amoureuse aura triomphé de toutes les sourates. Grâce à quoi elle a résisté à toutes les polices de l'esprit et évacué toute interprétation démoralisante. Il n'est aujourd'hui aucune autorité religieuse pour contrer ces deux puissants penchants de l'être humain : le commerce et la beauté. En outre, dans l'esprit du moment, condamner la coquetterie des femmes équivaut à mettre au chômage des milliers de bijoutiers. Une telle perspective est donc exclue car la mosquée ne peut se priver d'une partie de ses argentiers. Aussi, les coquettes de Tadjoura et de Sanaa, celles du golfe Persique ou de l'Atlas, les Indonésiennes comme les Bengladeshies peuvent-elles dormir tranquilles, la cabale contre les porteuses de diadème est renvoyée *sine die*. Il ne se trouvera aucun religieux pour stigmatiser leur débordement on ne peut plus – mais faut-il le dire – païen.

Boabdil et les Abencérages

Rien n'est plus tragique que de perdre la terre de ses ancêtres, quitter le pays où l'on a vécu enfant, en abandonnant derrière soi jusqu'à ses souvenirs les plus enfouis. Honte et damnation sur celui qui est déchiré entre sa mère patrie, l'Andalousie, charnelle et maternelle, presque oblative, et sa terre d'accueil, le Maroc, l'Algérie et même la Turquie, que rien n'avait préparée à une telle éventualité. Telle est pourtant l'histoire des derniers Abencérages d'Espagne, les Banu Sarraj du royaume défunt de Grenade (xve siècle), lorsque Isabelle la Catholique, reine de Castille (1475-1504), et Ferdinand II d'Aragon (1452-1516), son époux, défirent les armées musulmanes et se rendirent maîtres de la Citadelle rouge, l'Alhambra*. Le maître des lieux, Boabdil, soit Abu Abdallah Mohammed XI (mort au Maroc en 1527), était bien jeune à cette époque, trop jeune pour affronter une telle épreuve. Grenade livrée aux catholiques, et avec elle toute l'Espagne musulmane, comment ne pas ressentir un grand frisson ? Bien sûr, depuis deux siècles, des guerres intestines entre petits rois locaux, les Taïfas (*Muluk at-tawa'ïf*), avaient transformé la grande Espagne andalouse en une mosaïque d'Etats séditieux et ingouvernables. La gangrène gagnait du terrain et les jours pleuraient du sang des ancêtres. Boabdil lui-même n'ignorait pas la sinistre fatalité qui allait s'abattre sur lui, jusqu'à ce goût de cendre qu'il ressentait après chaque conseil du *diwan**. N'était-ce pas le signe annonciateur de la tragédie ? Déjà, le palais bruissait des intrigues qui parcouraient la dernière province capitale d'empire. Boabdil s'était emparé illégalement du trône de son père avant d'être capturé par les rois castillans. Grenade, scandaleuse résistante depuis plusieurs décennies, était leur objectif et la libération de Boabdil devait leur faciliter la tâche. Or, une fois libéré, celui-ci se ravisa et refusa d'abdiquer, ce qui entraîna le long siège de la ville-fruit par Ferdinand II à la tête de plus de cinquante mille soldats et cavaliers. La prise de Grenade qui eut lieu le 2 janvier 1492, l'année où Christophe Colomb allait découvrir l'Amérique, signe alors les derniers jours de l'Espagne andalouse, tout en amorçant le début de la Renaissance européenne.

Al-Maqqari (vers 1577-1632), auteur d'une relation historique de la ville en dix volumes, *Nafh at-Tayb*, a décrit par le menu la gloire de la maison des Abencérages, et sa chute inéluctable. Il s'est appuyé sur des sources arabes authentiques parmi lesquelles la monographie sur Grenade de Lissan ad-Din Ibn Al-Khatib (1313-1375). Ce dernier était l'un des vizirs les plus respectés de la dynastie nasride, le meilleur historien de Grenade, mais aussi un érudit raffiné. Plus tard, en croisant l'ensemble des sources arabes et espagnoles, des auteurs occidentaux ont mis en lumière la plupart des aspects cachés de cette période fort agitée. L'écrivain et voyageur américain Washington Irving (1783-1859) a été pendant quatre années ambassadeur de son pays auprès de la couronne espagnole. Il a écrit plusieurs ouvrages sur l'Alhambra et sur ses mystères. Dans ses *Contes de l'Alhambra* (1831), il relatait la fin de Boabdil. A la même époque, Chateaubriand (1768-1848) rédigeait une nouvelle intitulée *Les Aventures du dernier Aben-*

cérage, dans laquelle il a décrit Boabdil quittant son fief isolé et austère lors de sa fuite vers le Maghreb. Si les trois quarts de la nouvelle, qui est une fiction amoureuse, sont le produit de l'imagination du vicomte, le début mérite d'être rapporté car il rend bien le désarroi du jeune souverain déchu : « Lorsque Boabdil, dernier roi de Grenade, fut obligé d'abandonner le royaume de ses pères, il s'arrêta au sommet du mont Padul. De ce lieu élevé, on découvrait la mer où l'infortuné monarque allait s'embarquer pour l'Afrique ; on apercevait aussi Grenade, la Véga et le Xénil, au bord duquel s'élevaient les tentes de Ferdinand et d'Isabelle. A la vue de ce beau pays et des cyprès qui marquaient encore çà et là les tombeaux des musulmans, Boabdil se prit à verser des larmes. La sultane Aïxa, sa mère [en fait Fatima, Aïcha était la femme du Prophète], qui l'accompagnait dans son exil avec les grands qui composaient jadis sa cour, lui dit : "Pleure maintenant comme une femme un royaume que tu n'as pas su défendre comme un homme." Ils descendirent de la montagne, et Grenade disparut à leurs yeux pour toujours... » Cette montagne, le mont Padul, a aujourd'hui un autre nom, le Soupir du Maure ou *El Suspiro del Moro*. Il est représenté sur une toile conservée au Prado et datant de 1892. Le mont Padul aux contreforts de la Sierra Nevada, à 860 mètres d'altitude, symbolise à jamais la chute de l'islam en terre espagnole et le triomphe spectaculaire – peut-être son réveil – du catholicisme.

Bouzkachi

« Un bouzkachi là-bas... le plus grand... par-delà l'Hindou Kouch, derrière les hautes, les immenses montagnes qui, au sud, barraient tout l'horizon... à Kaboul, la grande ville, la Cité du Roi. » Ainsi s'ouvrent *Les Cavaliers* (1967) avec, sous la plume experte de Joseph Kessel (1898-1979), la plus belle description en langue française du bouzkachi, l'ancien sport royal d'Afghanistan. C'était dans les temps anciens une simple expédition à laquelle participaient les meilleurs cavaliers du pays, les *tchopendoz*, pour se rendre à Kaboul où se tenaient chaque année les jeux du stade sous l'égide des rois d'Afghanistan. Dans les années soixante, la compétition se fait sous le contrôle de Zâher Chah (1933-1973) devant qui se produisent notamment Ouroz, venu de Mazar-i Charif, le puissant Toursène, un *tchopendoz* accompli, et les concurrents de toutes les provinces, sans oublier leurs chevaux, autres héros de ces rencontres.

Le bouzkachi est un sport débridé mais rythmé comme une horloge. Il se déroule sur un temps aléatoire et parfois échevelé, et la règle du jeu est simple : après s'être emparé de la dépouille d'un animal, le cavalier doit décrire un itinéraire dans un espace convenu, qui le conduira à la victoire. Mais il est difficile de conserver le trophée que les autres cavaliers convoitent aussi et tentent de reprendre. Toutes ces manœuvres exacerbent les qualités sportives des concurrents ; leur dextérité et leur courage, mais aussi la maîtrise de leur monture, leur force au poignet et leur sens tactique. Citons encore Joseph Kessel qui raconte ici l'ouverture du jeu : « Puis, d'un seul coup, les lanières lestées de plomb se levèrent comme un peuple de reptiles sifflants au-dessus des bonnets de fourrure, un hurlement d'une sauvagerie démente, alliage de toutes les clameurs, déferla sur le plateau et la dépouille animale fut recouverte par la masse des hommes et des bêtes. » Sous un aspect déréglé, le bouzkachi forme un ballet dont la complexité apparente ne permet pas au premier abord de saisir tout le déroulement et la logique du jeu : « Par une transformation si soudaine que personne n'en avait pu saisir l'instant, continue Kessel, la troupe ordonnée et solennelle n'était plus que tumultes, frénésie, prodigieux tourbillon. Huées, invectives, menaces inarticulées [...] cravaches qui cinglaient, déchiraient naseaux et visages [...] Flux et reflux [...] Chevaux cabrés de toute leur hauteur sur l'enchevêtrement des corps et des poitrails [...] Tchopendoz accrochés, suspendus au flanc de leur monture, le front dans la poussière, les ongles griffant, raclant le sol pierreux, afin de trouver le bouc décapité, et le saisir, et l'arracher. » Pour qui ne connaît pas la règle du bouzkachi, la surprise est grande devant ce bouillonnement de chevaux excités par leurs cavaliers qui sont prêts à tout pour s'emparer de la dépouille. S'étant saisi du trophée, le presque vainqueur doit encore contourner le premier mât puis le second, avant de le déposer triomphalement devant le trône royal. « Mais à peine l'un d'eux y avait-il réussi que d'autres mains, aussi féroces, aussi puissantes, lui dérobaient la carcasse. Elle passait et repassait par-dessus l'encolure des chevaux, devant leurs yeux, sous leur ventre et retombait à terre. Alors comme un fond d'une onde bouillonnante, surgissait un flot nouveau de poitrails, de crinières, de bonnets, de cravaches qui dispersait le précédent et à son tour devenait une haute lame, faite d'étoffes, de corps, de coups, et sur elle-même enroulée. » La victoire du *tchopendoz* fera rejaillir sur sa province tout le prestige et la noblesse liés à ce sport.

Interdit par les talibans, le bouzkachi a été remis à l'honneur depuis leur défaite. Passerelle intemporelle entre la modernité et l'ancien monde, le bouzkachi donne toute la mesure des peuples qui constituent le monde afghan, un peu comme la tauromachie en Espagne trahit l'identité collective des Espagnols.

Voir : POLO.

La force est aux jeunes,
ce que la raison est aux vieux

(sagesse syrienne).

Café

Les peuples ont les usages qui leur ressemblent, et la grande variété des cafés parle souvent le mieux d'eux. Les Italiens par exemple préfèrent la note de tête, la première à venir. Ils visent la quintessence du geste, son expression pure. Leur café, qui est un savant condensé de saveurs, se compte en gouttes, servi au fond d'un verre étroit et conique. A cet égard, on peut dire qu'il est la boisson nationale au pays de la botte, son champagne. Les Américains allongent leur café dans une telle quantité d'eau qu'ils en fabriquent autre chose, un café mutant, un néo-concept. Ils le boivent long, et vite, sans doute par souci d'efficacité. Que cherchent-ils à dissoudre dans ce café dont la phonétique est tellement arabe : café, *qahwa*, moka, arabica, yémen ? Rares sont ceux qui aiment les deux à la fois. Aussi, quand un amateur de café européen voyage en Amérique, il cherche instinctivement le quartier italien, dans l'espoir de se voir servir la note la plus fine et en même temps la plus extrême du café. Dans cette métaphysique de la boisson, la vérité ultime du nectar croise alors les sens aiguisés par l'attente.

A l'inverse, le café turc (*kahvé*, *cofa* en perse) pourrait servir d'assommoir à un éléphant excité. Il est si gras et si lourd que le récipient lui-même semble participer à la consistance du produit. Pourtant, il n'en fut pas toujours de même. Dans sa *Physiologie du goût*, Brillat-Savarin (1755-1826) notait que les Turcs étaient les maîtres de l'Europe dans ce domaine. Pour montrer la supériorité du café turc, il procéda à l'expérience qui consistait à comparer les deux techniques, la française qui employait le moulin à café, et la turque qui consistait à utiliser le mortier. Résultat : « J'ai goûté ce café et l'ai fait déguster par les plus gros bonnets, écrit-il. L'opinion unanime a été que celui qui résultait de la poudre pilée (café turc) était évidemment supérieur à celui provenu de la poudre moulue (café français). » Au Maghreb, en Egypte et dans tout le Proche-Orient, c'est ce café-là qu'on boit. Même ceux qui ont goûté au café italien doutent déjà de sa perfection. Que le rituel soit éla-

boré et assez cérémoniel ou, au contraire, complètement rustique, la nature du café cuit et bouilli le rend inapte à toute forme d'évolution. Un marc de café n'est bon nulle part, pas même à Moka où, semble-t-il, la légende est née. Moka (on écrit aussi Mokha, Mokka) est une ville du Yémen située à l'entrée du détroit de Bab al-Mandeb. Le café y est produit au mois de mai, parfois à l'automne.

Les Arabes attribuent à Chadili (XIIe siècle), fondateur de l'ordre mystique de la *chadiliya*, d'avoir découvert, après de longues nuits de méditation, les vertus excitantes des grains de café, le *Coffea arabica L.*, de la famille des rubiacées. A Ghomara, en Tunisie, il arrive que l'on donne encore au café le nom de *chadiliya*. Mais on explique la naissance du café par bien d'autres légendes. Dans l'ordre, Salomon, l'ange Gabriel et Mahomet sont convoqués à tort, mais la raison n'a jamais nulle part affermi son pouvoir face à la croyance populaire. Ce que l'on sait avec certitude, c'est le territoire probable où le café a été cultivé : le sud du Hedjaz et le Hadramawt. On sait aussi que la drupe de café n'a aucun effet stimulant si elle n'est pas torréfiée. Enfin, les chimistes se sont penchés sur la graine elle-même, sa composition. Résultat : l'on trouve des protéines, de l'acide chlorogénique et de nombreux acides aminés : arginine, cystéine, lysine, sérine, théornine.

Après Moka et l'Ethiopie, le café gagne Le Caire au début du XVIe siècle et se répand très vite, puisqu'on compte plus de 600 établissements de café au milieu du siècle suivant. De là, il gagne tout l'Empire ottoman, et notamment Istanbul à partir de 1554. Les premiers cafés européens ouvrent à Londres en 1652 et à Paris en 1672.

L'essor du café dans le monde arabe a bien sûr profité de la prohibition religieuse du vin et de toute boisson alcoolisée. Le café offre un excellent compromis entre l'interdit légal et la recherche d'une euphorie proche de la transgression.

L'excitation est à son comble au cours du XVIIIe siècle. Lorsque les premiers voyageurs occidentaux découvrent l'Orient, ils mesurent tout le chemin qu'il leur reste à parcourir en matière de sociabilité urbaine. En effet, les cafés des grandes villes orientales, leur charme trouble, leur atmosphère glauque, leur magie les enchantent. Théophile Gautier le dit dans son *Constantinople*, l'une des villes qui comptaient le plus grand nombre de cafés, en particulier autour de la Corne d'Or, Pierre Loti le rappelle dans *Aziyadé*, mais aussi, avant eux, Jean Potocki (1761-1815) dans son *Voyage en Turquie et en Egypte*, et Maxime Du Camp (1822-1894), leur contemporain.

Voici comment ce dernier parle des habitants de Constantinople : « La belle vie que celle des Turcs ! Ils sont heureux sous leur ciel immuable ; ils fument de fin tabac dans de longues pipes odorantes, boivent du café savoureux, pensent au Harem mystérieux qui renferme leurs favorites, cherchent l'ombre pour y dormir, se couchent avec la nuit, se lèvent avec le jour, font les cinq prières ordonnées et roulent sous leurs doigts le chapelet sacré en songeant aux fleuves de lait, aux bracelets d'or, aux éternellement vierges qui les attendent après leur mort. Partout où se trouve le Turc, il fait son *kief*, c'est-à-dire que tenant son *chibouk* d'une main et sa tasse de café de l'autre, il reste perdu dans d'absorbantes rêveries » (in *Souvenirs et Paysages d'Orient*). Une telle description aussi lyrique, combien d'Occidentaux en mal d'exotisme ne la prennent-ils pas encore aujourd'hui pour argent comptant !

Calendrier

Le début du calendrier musulman, appelé calendrier hégirien (et symbolisé par un H), est fixé au 16 juillet 622 de l'ère chrétienne – certains disent 24 septembre –, ce qui correspond aujourd'hui à l'an 1425 de l'ère hégirienne, en sachant évidemment que l'année musulmane est de 354 jours seulement. Le monde musulman est donc au milieu de son XVe siècle, comme on est au milieu du gué. Du mot arabe *hijra* qui signifie exil, fuite, émigration, avec l'idée de « grand départ » et d'expatriation, l'hégire est évoqué dans trois sourates différentes du Coran :

« Le butin » (VIII, 30), « L'immunité » (IX, 40) et « Le récit » (XXVIII, 85). Il rappelle la fuite forcée – et non voulue – du Prophète avec ses premiers compagnons, les *Muhajirun* (littéralement, les Emigrants), lorsque la pression des Qoreïchites, la tribu régnante à La Mecque, devint trop dangereuse pour leur vie. Le départ fut brusque et massif, l'équivalent de celui, pour d'autres raisons évidemment, des Irlandais qui, au siècle dernier, quittèrent en masse leur île verte pour peupler l'Amérique. C'est en l'an 16 de l'hégire que le calendrier musulman est institué, sous l'autorité du calife Umar, soit en 637 apr. J.-C.

Pour sa liturgie propre, l'islam utilise le calendrier hégirien, qui est rythmé par les lunaisons. Pour le commencement du jeûne annuel, rappelle le Coran, il faut d'abord voir le croissant de lune. A l'opposé, les gouvernements actuels utilisent le calendrier grégorien. Ce qui explique que dans certains pays, les ouvriers bénéficient d'un cumul de fêtes qui compense le nombre d'heures travaillées dans la semaine et l'âge tardif du départ en retraite. Hormis quelques cas, comme l'Arabie, le calendrier hégirien est partout abandonné au profit du calendrier julien. Beaucoup de pays, dont l'Algérie, la Libye, l'Arabie Saoudite, ont cependant conservé – ou redécouvert – la semaine ouvrée débutant le samedi et s'achevant le vendredi, jour de la prière commune et jour du repos hebdomadaire.

L'année hégirienne comporte douze mois lunaires, de vingt-neuf ou trente jours chacun. Le total des jours de l'année lunaire est de 354 jours, 8 heures et 48 minutes. Etant inférieur à celui de l'année grégorienne de 10 jours (365 jours), l'ensemble des dates liturgiques de l'année musulmane se trouvent ainsi décalées en amont d'autant, ce qui explique que le mois du jeûne*, par exemple, puisse faire une rotation dans le sens inverse des aiguilles d'une montre pour tomber une fois en hiver et une fois en été tous les 36 ans. Aux yeux des musulmans, quatre mois de l'année sont sacrés : muharram (à cause du premier jour de l'année musulmane), chuwwal (le mois de la chasse), dhul-qa'dah (littéralement : mois du repos) et dhul-hijjah (mois du pèlerinage à La Mecque). L'année hégirienne se décline selon les activités des musulmans d'autrefois :

1. *Muharram* (mois sacré) ; 2. *Safar* (mois vide/ mois du voyage) ; 3. *Rabi' al-awwal* (premier printemps) ; 4. *Rabi' at-thani* (second printemps) ; 5. *Jumada al-ula* (premier mois de la sécheresse) ; 6. *Jumada at-thaniyya* (second mois de la sécheresse) ; 7. *Rajab* (mois révéré) ; 8. *Cha'ban* (mois de la division) ; 9. *Ramadan** (mois de la grande chaleur) ; 10. *Chuwwal* (mois de la chasse) ; 11. *Dhul-qa'dah* (mois du repos) ; 12. *Dhul-hijjah* (mois du pèlerinage).

Sur cette base, plusieurs fêtes musulmanes sont organisées tout au long de l'année : Le 1er de muharram correspond à la nouvelle année islamique qui est peu fêtée, sinon dans les mosquées et dans certaines grandes familles pieuses. La *'achura* correspond au 10 de muharram. C'est une fête ambivalente, bénéfique chez les sunnites et maléfique chez les chi'ites où elle symbolise le martyre de Kerbala, deuxième ville sainte du chi'isme irakien après Nadjaf. En l'an 680, mourut Hussein, le fils cadet d'Ali, quatrième calife. Cette fin tragique fut suivie par celle de Hassan, son frère aîné. La commémoration de *'achura* donne lieu à des scènes de flagellation très spectaculaires (la télévision semblait les découvrir avec la « libération » de l'Irak), tandis que les rues iraniennes s'enfièvrent dans une ferveur empreinte d'une grande nostalgie. Le 12 de rabi' al-awwal est célébrée la très joyeuse fête de la nativité du Prophète (*al-mawlid an-nabawi*). On allume des bougies, tandis que les mamans distribuent des confiseries aux enfants. Un repas est organisé en soirée. Au 27 de rajab correspond le « voyage nocturne » du Prophète au ciel. Aujourd'hui, elle n'est connue et commémorée que par tel ou tel imam versé dans le domaine coranique. Le 27e jour du mois de ramadan correspond à la fameuse *Laïlat al-qadr*, nuit du Destin, durant laquelle le Coran aurait été révélé aux hommes. La fin solennelle du mois de jeûne (ramadan) est fêtée le premier de chuwwal, le mois suivant. A cette occasion, les musulmans font une prière commune à la mosquée, avant de demander pardon à tous ceux qu'ils ont pu offenser durant l'année écoulée. La fête du Sacrifice (*'Id al-adha*) est organisée tous les 10 de dhul-hijjah, soit à la fin du pèlerinage annuel à La Mecque. Un mouton sacrificiel est égorgé en souvenir du geste d'Abraham* qui voulut immoler son fils, Ismaël. Selon la légende, celui-ci est sauvé *in extremis* par l'ange Gabriel. Le mouton a la préférence des musulmans, mais il n'est pas interdit d'immoler d'autres bêtes à la place.

Calife

Calife ! « Calife à la place du calife ». Mot mythique, prestigieux, presque littéraire, car le calife équivaut à mille rois, sans se réduire à aucun d'eux, surtout à l'époque de sa grandeur. Il est l'empereur des musulmans, leur représentant auprès de Dieu. C'est à la fois un pape et un chef charismatique, presque inaccessible, un demi-dieu. La fortune du mot découle directement de son ennoblissement au temps du Prophète, et tout de suite après sa mort, survenue en juin 632. Depuis lors, est appelé calife tout chef suprême de la communauté musulmane. Dans le Coran (II, 30), il est appliqué à Adam, représentant de Dieu sur terre et son « lieutenant ». Mais ce sont les quatre premiers califes, les « bien guidés », qui incarneront le mieux la fonction et qui lui donneront toute sa plénitude.

Abu Bakr (mort en 634) est le premier compagnon du Prophète à être désigné unanimement au titre de *khalifat rassul Allah*, « remplaçant du Prophète », son substitut. Umar ibn Al-Khattab (mort en 644) fut le deuxième calife « bien guidé ». Uthman ibn Affan (mort en 656) est le troisième et Ali Ibn Abi Taleb, le gendre du Prophète, mort en 661, le quatrième.

A la mort d'Ali, qui fut violente – il est assassiné à la sortie de la mosquée –, on assiste à la naissance de la première dynastie de l'islam sous l'impulsion de Mu'awiya (mort en 680), fils d'Abi Sufyan, personnage influent de La Mecque, et ancien secrétaire du Prophète. Selon les périodes, les provinces et surtout les ambitions politiques des gouverneurs locaux, furent créés des titres nouveaux, attributs et fonctions qu'il a fallu dénommer : *Amir al-mu'minin*, Emir des croyants, par exemple, est le plus noble. Les Almoravides, une dynastie maghrébine du XIIe et du XIIIe siècle, ont créé le titre d'*Amir al-muslimin*, Emir des musulmans. Il fut notamment porté par l'un de leurs chefs, Yusuf ibn Tashfin. Le chef de la dynastie des Buwayhides (932-1062) se dota du titre pompeux d'*Amir al-umara*, Prince des princes...

Il reste que le mot calife fait rêver. Il est entouré d'une aura et d'un prestige que tous les échecs de l'islam ne sont pas parvenus à lui enlever. L'Orient-Express non plus n'a pas abdiqué devant le TGV, que celui-ci se nomme Thalys, Eurostar. Chaque période a ses secrets de fabrication, sa patine, sa magie.

Calligraphie

La calligraphie (*ilm al-khatt*, littéralement « science du trait » et *khattat*, calligraphe) est un art majeur en Islam, peut-être le seul art qui puisse se mesurer à l'architecture et à la décoration. Pour user d'une métaphore, je dirai que la calligraphie a donné une identité visuelle à l'Islam quand l'architecture lui a donné son identité monumentale. La décoration assure quant à elle la liaison entre les deux, elle est leur médiation, le lieu du passage sensible.

La calligraphie est née de la vénération du Coran ; copier, recopier, multiplier les artifices visuels et les points diacritiques, innover en matière de courbes et d'entrelacs, telle était l'occupation principale du calligraphe officiel, le *khattat*. Il fut un temps où dans les ateliers du palais, le travail du calligraphe ne s'arrêtait jamais. On imagine aisément des sourates du Coran qui s'enlaçaient dans des frises parcheminées, ou encore tel ou tel édit royal, telle ou telle *fetwa**, tel ou tel ordre militaitre. Le savant, le militaire, le grammairien, le juriste, le prédicateur et le moufti*, toutes ces éminentes personnalités avaient besoin de ces petites mains qui savaient enchaîner les lettres les unes aux autres, les enjoliver, les marier et les tresser. L'imprimerie a mis à la retraite scribes et calligraphes, mais la calligraphie lui résiste vaillamment. La poésie* et les apologies des thuriféraires rédigées à l'intention de leur souverain ainsi que les relations d'ambassades étaient confiées à des artistes émérites qui avaient fondé leur autorité sur ce travail délicat et crucial, presque stratégique.

Au-delà de son contenu, on attend toujours du Coran d'être cette œuvre d'art insurpassable, un texte d'une beauté telle que le croyant doit pouvoir s'y projeter comme dans une vasque d'eau. C'est pour ces raisons – historiques et religieuses – que la calligraphie arabe a atteint des sommets artistiques et qu'elle est devenue la discipline la plus aboutie de tous les arts graphiques musulmans. Il faut dire que de grands

calligraphes, essentiellement irakiens, syriens, turcs ottomans et iraniens, lui ont assuré une notoriété jamais égalée.

Quels sont les styles majeurs de la calligraphie arabe ? Tout d'abord le style primitif dit *koufique*, ainsi appelé en raison de son origine, l'ancienne ville irakienne de Koufa, la ville capitale du quatrième calife Ali. Le *koufique* angulaire était le style sommaire des premiers manuscrits, celui du Coran en particulier, mais il fut vite supplanté par des écritures plus souples, sur des bases plus fluides comme le *naskhi*, le *toulouth* (le « tiers »), le *mousalsal* ou le *diwani*. Au Maghreb et en Andalousie, le *koufique* a évolué pour donner l'écriture si caractéristique utilisée par les lettrés à Cordoue, à Séville, à Grenade, mais aussi, plus tard, à Fès, à Tlemcen et dans toutes les villes qui ont accueilli les exilés de la Reconquête.

La calligraphie est enseignée dans des écoles traditionnelles, auprès de maîtres calligraphes. Avec Khachan al-Basri, Ibn Muqla et d'autres, l'école irakienne de calligraphie fut la première et la plus emblématique de toutes les écoles médiévales. Mais sans attendre l'avènement des Buwayhides (ou Bouyides), la dynastie iranienne, il faut se rappeler le génie d'un Ibn Al-Bawwab (mort en 1022 ou 1032), de son vrai nom Ali Ibn Hilal, qui fut le plus grand des artistes calligraphes musulmans de l'époque. Lui-même transmettra son savoir à plusieurs disciples, dont Zinab, une femme calligraphe, et Jamal al-Din Yaqut.

L'école irakienne a été rapidement concurrencée par trois autres écoles, l'école iranienne (style pehlevi), l'école syro-égyptienne et l'école turque. A ces trois centres calligraphiques à forte identité, viennent s'ajouter l'école maghrébine, l'école ottomane, notamment au temps de la Sublime Porte, et l'école indo-pakistanaise. Depuis peu les calligraphes d'Arabie ont fait une entrée remarquée dans cette discipline. Leur prestige tient à l'intérêt grandissant des musulmans pour le pèlerinage. Il leur incombe désormais la tâche de reproduire en fils d'or et d'argent les versets coraniques sur la *kiswa*, le voile qui couvre la Kaaba*.

La calligraphie au Maghreb est, elle aussi, promise à un bel avenir. Déjà au xe siècle un auteur comme Abu Hayan at-Tawhidi (927-1023) avait dénombré pas moins de douze styles différents. Chaque style traduit la sensibilité locale et nationale, parfois l'environnement immédiat de l'artiste : l'*ismaélien*, le *mecquois*, le *syrien*, l'*irakien*, l'*abbasside* (l'iranien), le *baghdadien*, le *moucha'ab*, le *rihani*, le *mujawad*, l'*égyptien*, l'*andalou* et le *médinois*. Selon ce même auteur, le médinois, style apparenté à la ville de Médine, comptait trois genres distincts, mais ceux-ci semblent avoir complètement disparu, à moins qu'ils n'aient fusionné avec des calligraphies plus fortes. Il faut lui ajouter désormais le maghrébi.

Après de nombreux siècles de léthargie, tant dans le domaine de la controverse intellectuelle que dans celui de la création esthétique, la calligraphie renaît de ses cendres, plus inventive qu'elle ne l'a jamais été. De nombreuses créations sont menées actuellement par de jeunes talents. L'intérêt de ce mouvement artistique réside essentiellement dans le fait que la science du trait se marie désormais avec une architecture visuelle plus complète et moins rigide. La calligraphie croise ainsi la peinture, le graphisme et l'art abstrait. Elle participe à des montages, s'immisce dans les logiciels, circule sur internet et dans l'imprimerie. De nouveaux créateurs, couturiers, parfumeurs et designers, s'en inspirent aussi et n'hésitent plus à lui emprunter la souplesse et la volupté de ses lignes.

En dehors du territoire de l'islam, la calligraphie a inspiré au XXe siècle un nouveau vocabulaire visuel à de nouveaux talents : fusion de styles, recherche visuelle, tendance marquée pour la calligraphie en tant qu'art, création de nouvelles formes.

Styles calligraphiques :

Style koufique : ville de Koufa, puis Basra et Bagdad (début VIIIe-IXe siècle).

La Source (Bagdad) : Ibn Muqla (IXe siècle).

Style fatimide et mamlouk (Le Caire) : Shams ad-Din al-Muktatib, Zinad-Din, Chaabane al-Attari (à partir du Xe-XIe siècle).

Style académique (Bagdad) : Ibn al-Bawwab (XIe siècle).

Ecole iranienne : Mir Ali de Tabriz (XIVe siècle). Style *taliq*, *nastaliq*, *chekesté*. L'école iranienne influence également l'Afghanistan et le Pakistan, lesquels subissent par ailleurs la conception visuelle de l'Inde.

Style ottoman : Istanbul (XVIe-XVIIIe siècle).

Style maghrebi (calligraphie du Maghreb et de l'Andalousie, XIe-XXe siècle) : anonyme.

Caravane

Caravanes et chameaux, chameaux et chameliers, chameliers et négociants. Le triangle d'or, le triangle de la passion. On verra plus loin que le mot caravane a donné caravansérail*, lieu de repos des caravaniers. Dans l'imaginaire occidental, l'homme arabe est d'abord ce caravanier nomade, qui change de lieu selon la nature de son négoce et s'adapte à tous les climats chauds. Les photographes qui fixent aujourd'hui sur leur pellicule une procession de chameaux ne font que remarquer ce qui faisait déjà l'étonnement des voyageurs autrefois. Ceux-ci ont peint ou crayonné ces caravanes, d'autres ont laissé des descriptions pittoresques, tous ont savouré cet exotisme. Le chamelier avec son *keffieh* et son costume traditionnel, souvent noir, impressionne tout particulièrement. On lui prête un monde mystérieux et des

destins extraordinaires. On imagine aussi, à l'abri des regards, les femmes qui voyagent dans cet habitacle clos – le *bassour* ou *mahmal* –, sanglé sur le chameau par des lanières de cuir. Elles profitent ainsi du confort de cette petite habitation dont la hauteur lui donne un peu de fraîcheur. A l'origine, les chameaux transportaient seulement des denrées vitales, principalement du sel, des grains, des épices et du miel. Aujourd'hui, l'évolution spectaculaire des marchés dans les grandes villes a contraint les caravaniers à s'adapter. La gomme arabique ou l'oliban – une épice – ne font plus depuis longtemps le gros de leurs chargements ; désormais les chameaux transportent les postes de radio, les téléviseurs trinitron de marque japonaise, des montres de contrefaçon et des vêtements *made in China*.

Caravansérail

Le mot est magique, littéralement envoûtant : caravan-sérail. Il est la promesse d'une rencontre imprévue sur une route caravanière ou celle d'un souk perdu dans le désert. Face à l'étendue désertique, angoissante et oppressante pour l'étranger, le chamelier à la tête de la caravane qui peut faire parfois plusieurs centaines de kilomètres connaît tous les caravansérails. Territoire de rêve pour les poètes, le caravansérail (du persan *karwan*, « voyageurs », et *saraï*, « hostellerie »), équivalent du *khan* en arabe, ou *bordj* ou même *funduq* (du grec *pandocheion*), est d'abord un lieu de vie et de commerce, et dans le grand désert, un lieu de survie. Le caravansérail est né du besoin de repos et de sécurité. Il offre l'hôtellerie, la restauration, la mosquée, la meilleure Bourse aux valeurs et l'information la plus sûre, en particulier sur les points d'eau qui jalonnent le parcours. Les bêtes s'y reposent, loin du cuisant soleil. Police, services des taxes et artisans y accourent, le tout formant parfois une petite bourgade appelée *hiçn*. Par sa situation géographique, le caravansérail offrait bien des avantages et développait des services comme le calcul des distances. La poste de l'Empire saldjukide ou ottoman y trouvait son intérêt mais aussi le cartographe, le voyageur, le brigand. Dans la clandestinité, un négoce parallèle donnait lieu à toutes les avanies, de la petite anicroche au contrat jusqu'à la préparation d'une razzia. Les comploteurs avaient tout loisir de repérer les novices, recueillir les nouvelles, celles qui réjouissaient leur cœur endurci.

Les caravansérails ont la taille de leur balance commerciale. Lorsque l'activité du troc était florissante, même le point de ralliement le plus sommaire offrait bientôt au voyageur tout le confort nécessaire. De nombreux caravansérails ont marqué l'histoire de l'Islam. Qu'auraient été en effet les plateaux anatoliens et les grandes pistes ravinées du haut Euphrate si les caravansérails ne s'y étaient développés ? Aujourd'hui, les nombreuses petites bourgades qui naissent du néant doivent toujours leur essor soudain à quelque commerce devenu prospère. Bien sûr, le semi-remorque s'est depuis fort longtemps substitué au chameau et les petits hôtels, avec leurs sanitaires indépendants, leur eau chaude et leur restaurant panoramique, ont remplacé les chambres monacales des relais anciens.

Casbah

En arabe, *qaçaba* désigne le quartier situé au cœur d'une ville, la forteresse, le fortin protégé de murs ou de remparts. L'architecture fortifiée des casbahs évoque l'histoire mouvementée des villes maghrébines au lendemain de l'islamisation. L'organisation des bâtiments officiels montre que le pouvoir militaire ou politique, le sultan, le souverain occupait le cœur de la casbah. Plus récemment, la vogue du mot en français est venue de la fascination des Français pour les quartiers turco-musulmans d'Alger, notamment les pieds-noirs, mais aussi des voyageurs, des écrivains et cinéastes. Avec un ensoleillement protégé et sa proximité avec la mer, la casbah d'Alger n'a jamais perdu son caractère frivole et convivial. On retrouve l'esprit méditerranéen au cœur de la ville turque, l'âme arabe dans le relief accidenté d'Alger. D'ailleurs, c'est cette imbrication de maisons dressées sur des ruelles inextricables, de voûtes et d'escaliers glissants, de passerelles et d'encorbellements soutenus par des poutres apparentes, de mâchicoulis et de terrasses communiquant les unes avec les autres, qui a donné à la casbah le statut d'une médina, « la ville ».

Caverne d'Ali Baba (La) *Voir :* ALI BABA ET LES 40 VOLEURS

Chafi'i *Voir :* CHARIA

Chahada *Voir :* PROFESSION DE FOI

Chahrazade *Voir :* SHAHRAZADE

Chapelet

Petit, j'étais impressionné par le plaisir indicible qui se dessinait sur le visage de ma grand-mère quand elle manipulait sa *misbaha*. Au coin du feu, elle ne cessait d'en compter les grains ou de l'admirer comme s'il s'agissait du dernier trésor maya. Son chapelet n'était pourtant ni précieux ni rare. Quatre-vingt-dix-neuf grains faits d'une matière qui devait être du bois peint en noir, devenu brillant à force d'être poli. Sur chaque grain était gravé l'un des 99 *Beaux Noms* d'Allah, qui sont autant d'attributs, et ses doigts fins et experts les saisissaient machinalement, tandis que ses lèvres proféraient une courte invocation. Voilà pour le souvenir.

En général, les chapelets sont fabriqués dans des matières nobles, ambre, ivoire, corail, nacre, mais il arrive que le chamelier tresse lui-même son chapelet avec de la laine ou des poils de chameau, ou que les personnes modestes utilisent des chapelets de facture ordinaire. L'origine du chapelet est assez obscure. On n'a aucune trace de chapelet avant l'arrivée de l'islam. Ni les premiers commentateurs du Coran, ni les traditionnistes qui recueillent les paroles pieuses du Prophète ne mentionnent cet objet de dévotion, devenu si populaire qu'il est impensable aujourd'hui de le dissocier de l'islam. Est-il arrivé avec la première croisade chrétienne ou est-ce le caravanier bédouin qui l'a importé des Indes ? Toutes les suppositions sont imaginables, d'autant que l'étymologie grecque du mot (*combologue*, qui signifie « nœud de mots ») élargit sensiblement son point d'origine.

Dans toutes les mosquées du monde musulman, le chapelet est donc en usage, au même titre que le Coran ou le calame qui permet à l'imam de rédiger ses préceptes canoniques. Pendant qu'il le fait glisser entre ses doigts, le fidèle récite des prières entrecoupées de louanges à Allah, parfois il s'agit de répéter ses 99 noms, parfois son seul nom. Pour les puristes, il faut suivre la tradition et réciter le chapelet d'après trois formules. La première « Loué soit le Seigneur » (*Subhan Allah*) est prononcée en égrenant les trente-trois premiers grains ; la deuxième formule : « Il n'y a d'autre Dieu que Dieu » (*La ilaha ila Allah*), ainsi que la troisième « Dieu est le plus Grand » (*Allahu Akbar*) accompagnent les soixante-six autres grains. Lorsque les quatre-vingt-dix-neuf grains du rosaire ont été dévidés, le musulman peut encore satisfaire sa piété en recommençant. Certains fidèles n'hésitent pas à occuper le temps qui les sépare d'une prière à l'autre en récitant, plusieurs centaines de fois de suite, ces trois formules propices à la méditation (*zikr*).

Charia

La *charia* est la loi qu'ont inspirée les textes fondateurs de l'islam, au premier rang desquels se trouve évidemment le Coran. Les musulmans l'appellent la « voie tracée ». A cette voie tracée par les ancêtres, tout musulman sain et croyant doit adhérer avec obéissance et respect. La *charia* n'est pas née d'un seul coup, et elle n'est pas non plus tirée d'une seule doctrine. Il a fallu du temps au corps des juristes pour élaborer ce codex immense qui, au temps du califat, régentait la moitié de la planète connue.

Plusieurs écoles de pensée appartenant au courant majoritaire de l'islam, le sunnisme*, ont participé à son élaboration. Ces écoles théologiques sont au nombre de quatre : hanafisme, école théologique fondée par Abou Hanifa (696-767), hanbalisme, école fondée par Ibn Hanbal (780-855), malikisme, école fondée à Médine par Malek Ibn'Anas (mort en 795 ou 796), chafi'isme, fondée par l'imam Chafi'i (767-820).

La *charia* ne concerne que partiellement le chi'isme représenté aujourd'hui par l'islam iranien, et le kharidjisme ibadite établi au M'Zab algérien, dans le sultanat d'Oman, au Yémen et à Djerba. Ceux-ci disposent de législations complémentaires qui sont autant d'amendements et d'enrichissements du corps législatif initial.

Au sens courant du terme, la *charia* (du verbe arabe, *chara'a*, prescrire) se compose de textes canoniques, essentiellement le Coran et les *hadiths**, mais aussi des interprétations que les théologiens leur ont données au cours du IXe siècle. Aussi, selon l'islam auquel on se réfère, mais surtout selon l'herméneutique du Coran, on aboutit à des lectures différentes d'un même texte. Les législations sur la lapidation, la mise à mort ou la flagellation du voleur, du menteur ou de l'hérétique sont ainsi fonction de la doctrine à laquelle on appartient, mais également des époques. Il arrive que le juge musulman puisse se prévaloir d'un précédent ou d'une coutume ancestrale pour élargir les prévenus ou, au contraire, aggraver leur cas. Aujourd'hui, il y a encore des pays musulmans – Arabie Saoudite, Afghanistan, Pakistan, Soudan – qui décapitent en public tout contrevenant à cette *charia*, mais il existe d'autres législations nationales – pas moins musulmanes que celles de ces derniers pays – qui sont clémentes avec les petits délits.

Au temps où le califat musulman était une réalité physique, la *charia* était son codex, tandis que les différents textes exégétiques étaient considérés comme autant de code Dalloz. La *charia* a longtemps régulé la vie quotidienne de la communauté, aussi bien les questions relatives à l'intimité et à la morale que celles qui portaient sur les échanges commerciaux, sur les baux, les transactions, l'héritage, la succession ou le lien à autrui. La femme avec ses rythmes biologiques particuliers a inspiré une bonne partie des dispositifs juridiques musulmans. Elle fut souvent donnée comme exemple dans des domaines aussi divers que la pureté et l'impureté (menstruations), les conditions d'observance du jeûne et de la prière, la fréquentation de la mosquée, le mariage, l'héritage, la filiation, etc.

Tout en codifiant la vie des musulmans, la *charia* est censée s'adapter aux pratiques collectives du moment. Mais la peur des changements avec sa part de risque déstabilisatrice explique que la partie la plus réactionnaire du clergé musulman (en particulier les imams de la mosquée-université d'Al-Azhar, au Caire, et la conférence des théologiens de La Mecque) n'a le plus souvent aucun mal à imposer ses vues.

Pour se donner une idée de l'échelle de valeur fixée par la *charia*, voici les principaux points de repère classés selon un ordre allant de l'interdit au permis :

Haram : acte strictement interdit. Exemple : vol, meurtre et tout acte réprouvé par la conscience humaine.

Makruh : acte déconseillé, mal vu. Exemple : calomnier quelqu'un.

Mubah : acceptable. Exemple : donner une aumône obligatoire à quelqu'un de sa famille, désargenté ou pauvre.

Mustahabb : recommandé, sans être obligatoire.

Wajib : obligation du premier degré. Exemple : aumône légale.

Fard : obligation religieuse stricte. Prière, ablutions, jeûne, etc.

Toute infraction à la *charia* est analysée en fonction de cette grille. Lorsqu'une faute est commise, mais que son évaluation est complexe, on demande avis à une autorité religieuse indépendante ou à une commission d'imams qui établissent en leur âme et conscience un décret argumenté. C'est ce qu'on appelle la *fetwa**. Il arrive cependant que les textes, souvent muets sur certains sujets d'actualité, soient en décalage complet avec l'évolution des mentalités. Dans ce cas, c'est la bonne intention du musulman qui doit primer. Du moins, momentanément. On peut affirmer aujourd'hui que l'avènement d'un islam « hors les murs » est de nature à compliquer un peu plus la tâche des docteurs de la foi. L'islam tel qu'il est vécu en Europe et dans le reste du monde chrétien suscite des questions nouvelles qui interpellent les musulmans. De leur capacité à régler ces problèmes dépendra une partie de l'intégration des musulmans dans les pays non islamiques.

Chasse

La chasse exige un vrai savoir-faire, le goût de l'effort et de la concentration, beaucoup de dextérité et autant de ruse. Autrefois, le maniement de l'arc était essentiel, ce qui laissait au guerrier plus de chances de rapporter du gibier qu'au simple dilettante. Puis le fusil a remplacé l'arc et la lance, véritables armes de prédilection pour la chasse au corps à corps, comme celle du paysan avec le sanglier. Le cheval était fortement impliqué, mais c'était le chien qui jouait le premier rôle. Par sa vélocité et son flair, le sloughi (lévrier d'Afrique) était dressé pour affronter toutes les situations qu'implique la chasse. Avant qu'elle ne perde ses marques aristocratiques, la chasse était une véritable école de vie, la quintessence de l'homme accompli, notamment pour les princes et les futurs généraux de l'armée. Des formations spéciales leur étaient destinées, avec leurs sessions, leurs campagnes et toute la logistique royale. Dès le XIe siècle, et outre ce que l'on pouvait glaner dans les *Mille et Une Nuits*, il existe des relations détaillées sur le type de chasse pratiqué en Syrie et en Palestine. Osama Ibn Monqidh (1095-1188), contemporain de Saladin, a décrit les superbes chasses au faucon que son père organisait une fois tous les trois jours, tandis que les autres jours, cet érudit les consacrait à jeûner ou à recopier le Coran – il en fit de ses propres mains quarante-six copies complètes, dont deux entièrement en lettres d'or. Plus tard, Ibn Mangli a expliqué dans son traité sur la chasse (XIVe siècle) que celle-ci développe dix fonctions essentielles. L'entraînement des chevaux, surtout ceux que l'on utilisait durant la guerre et les razzias. La gymnastique de l'esprit, au sens justement où la chasse nécessite des aptitudes à l'anticipation, de la précision dans le jugement, une bonne acuité visuelle, et de l'intuition. C'est une activité de plein air qui donne du plaisir, un plaisir corporel et mental lié au courage, à la saine fatigue ressentie après l'effort et finalement à la sociabilité. Ibn Mangli relève d'autres critères qui marquent davantage le caractère privilégié de la classe sociale qui s'adonnait à ce sport. Parmi ces critères, celui de l'oisiveté est encore valable aujourd'hui, mais la chasse comme discipline pour oublier les chagrins n'est plus de mise, la psychothérapie ayant depuis pris le relais. La littérature arabe abonde en traités de cynégétique dont le plus curieux est sans doute celui d'Abu Ishaq Ibrahim ibn Abd-al-Djabbar (fin XVe siècle) dit Al-Figuigui en raison de son lieu de naissance, la ville de Figuig, à la frontière algéro-marocaine. Il s'agit en réalité d'une petite épître poétique composée de deux cents vers tressés à la manière orientale. Le poète reprend la plupart des arguments d'Ibn Mangli, notamment ceux qui militent pour les vertus de la chasse, mais les arrange selon son tempérament propre, sa sensibilité. Dans cette région semi-désertique peuplée d'outardes, de lièvres, de perdrix, d'antilopes et de faons, le faucon et le cheval, et parfois le méhari – un dromadaire rapide – sont indispensables pour toute chasse d'envergure. Des battues semblables à celles organisées au Moyen Age sont organisées de nos jours, pour y chasser les mêmes sortes de gibier et de faune que par le passé. S'y ajoute désormais la chasse au lion que le général Daumas, au XIXe siècle, avait déjà signalée, ce que Horace Vernet, avec sa *Chasse au lion* (1836), une toile tout en puissance et en mouvement, a su parfaitement rendre pour notre plus grand plaisir. Le parc cynégétique arabe étant très vaste, les amateurs de gros gibier comme le sanglier devraient organiser des voyages à thème au terme desquels ils pourraient rapporter en France et en Europe des cargaisons entières de cet animal, interdit à la consommation chez les musulmans.

Cheval *Voir :* PUR-SANG ARABE

Chi'isme

Le mot dérive directement de *chi'a*, qui veut dire « clan » et fait allusion à Ali, le quatrième calife de l'histoire de l'islam. On appelle chi'ite le musulman qui a choisi de suivre le mouvement impulsé par l'imam Ali, cousin et gendre du Prophète, qui, depuis sa mort – survenue en 661 –, est littéralement divinisé par ses adeptes. Trois événements liés à Ali ont provoqué le grand schisme que connut l'islam dès cette période. Il s'agit d'abord de la perte du califat (succession du Prophète), au profit des califes Umar et Uthman (656). Puis la bataille de Siffin (657) qui opposa les partisans d'Ali à ceux du gouverneur omnipotent de Syrie, Moua'wiya. Enfin, la mort d'Ali, ou plutôt son assassinat qui survint en 661, alors qu'il sortait de la mosquée.

Ali était le fils d'Abu Talib, grand seigneur de la fameuse tribu Qoreïche, à laquelle appartenait le Prophète, et qui régnait sans partage sur La Mecque au moment de la Révélation. Outre qu'il était le cousin du prophète Mohammed, Ali était aussi son gendre par son épouse, Fatima. Tout cela en faisait l'un des hommes les plus puissants de l'entourage prophétique. Malgré ces avantages certains, il ne fut pas choisi pour diriger la première communauté islamique de Médine et de La Mecque. La conséquence immédiate fut que, à la mort du Prophète, le clan d'Ali refusa de reconnaître, ou peu s'en faut, les trois autres califes, les « biens guidés » (Rachidun), Abu Bakr, Umar, Uthman, pourtant désignés à la majorité par la plupart des dignitaires de l'islam. La question de l'héritage du Prophète est cruciale au temps d'Abu Bakr, mort en 634, et d'Umar, mort dix ans plus tard, mais elle s'est aggravée à la mort d'Uthman (en 656), troisième calife, pour éclater au grand jour au temps des premiers califes omeyyades, Mu'awiyya en tête, établis à Damas. Le schisme est pratiquement consommé lorsque Ali est tué par un fanatique partisan kharidjite.

La doctrine initiale du chi'isme a évolué pour devenir l'une des plus importantes branches de l'islam, l'autre étant celle des sunnites, aujourd'hui encore les plus nombreux. Si la doctrine de base est la même, notamment le respect du Livre sacré et la vénération de la personne du Prophète, les règles d'application du chi'isme varient légèrement, en particulier dans le domaine juridique et spirituel.

Les chi'ites se reconnaissent dans plusieurs écoles théologiques et spirituelles. On distingue ainsi les chi'ites imamites, car ils suivent la doctrine des douze Imams, théologiens « infaillibles », dont un *mahdi** (imam caché) qui s'annoncerait à la fin des temps. Ils sont les plus nombreux et les plus anciens. Leur espace géographique traditionnel s'étend essentiellement sur l'Iran et l'Irak, mais une forte minorité se trouve au Liban et au Pakistan. Une diaspora de chi'ites imamites réside en Afghanistan, au Yémen, autour du golfe Persique et dans certaines grandes villes du Proche-Orient, tandis que la branche ismaélienne des Boharas réside à Bombay.

Figurent aussi, parmi les chi'ites, les Alaouites, les Nizarites (de Nizar, fils du calife Al-Mustansir) et les druses, que l'on appelle *Ad-Darazi* en arabe. La secte des Hachachins (assassins), plus activiste et plus militante, était également une branche des ismaéliens, ceux de Syrie et de Perse. Une dynastie célèbre, celle des Fatimides du nom de Fatima, la fille même du Prophète, a régné sur le monde musulman, Proche-Orient et Maghreb, du début du Xe siècle au milieu du XIIe siècle. Le Caire* (anciennement Fostat), qui fut leur capitale, est le joyau de leurs réalisations. Autre création, l'université-mosquée d'Al-Azhar*, la plus importante à nos jours en matière de jurisprudence sunnite. Il faut dire que, parmi les paradoxes de cette expansion des chi'ites en Egypte, en Arabie, en Syrie-Palestine et au Maghreb, les musulmans sont souvent demeurés attachés au sunnisme.

Les chi'ites vénèrent l'imam Ali, sa sagesse, son lien de parenté avec le Prophète – grâce à son mariage avec Fatima, la fille de Mohammed – et la « belle » direction de la communauté musulmane. Aujourd'hui, lors de pèlerinages très spectaculaires, les chi'ites continuent à honorer la mémoire d'Ali et de ses deux fils, Hassan et Hussein, deuxième et troisième imams, après leur père, premier imam du chi'isme. Les mausolées de ces saints personnages sont dispersés à Nadjaf, à Kerbala, au sud de Bagdad, mais aussi, sous forme de Lieux Saints, à Qom et à Mashhad, non loin de Téhéran. Les chi'ites en exil vivent surtout en Angleterre, au Canada et aux Etats-Unis.

Il existe une branche très particulière des chi'ites ismaéliens, les Nizarites, conduits par l'actuel Karim Aga Khan, le quatrième chef spirituel des ismaéliens nizarites dont le nombre est estimé à deux millions dans le monde. Cette diaspora vit surtout en Amérique et en France. L'Agha Khan lui-même réside en France. En Orient, les Nizarites se concentrent principalement en Inde, en Perse, en Afghanistan, en Syrie, sur la côte de Tartûs, en Asie centrale et en Arabie. Karim Aga Khan, qui a étudié à Harvard, est le petit-fils de Muhammad, le troisième chef de la branche ismaélienne, lui-même descendant d'Abul-Hassan Ali Shah, qui fut, en 1818, le premier Aga Khan de la lignée. Né en 1936, le prince Karim Aga Khan est apprécié de toute la communauté musulmane en raison des œuvres de charité qu'il organise au profit des nécessiteux ismaéliens, et plus généralement pour l'ensemble des musulmans. Son action vise à la réunion de tous les musulmans et au développement de leur sens esthétique, notamment grâce à une fondation – l'Aga Khan Trust for Culture (Genève) –, dotée d'un prix – le prix Aga Khan d'architecture, fondé en 1977 et dont l'objectif est de récompenser les meilleurs projets d'architecture réalisés dans l'espace musulman. La devise de la dynastie est inspirée d'un verset coranique où il est question de foi et de solidarité : « Attachez-vous tous, fortement, au pacte de Dieu » (Coran III, 104) et ne vous divisez pas. Unité et solidarité de l'ensemble des musulmans entre eux, d'une part, adhésion au projet d'un Dieu unique d'autre part.

Qom (également dite Ghom ou Qumm) occupe une place à part dans la géographie des chi'ites. Cette ville du nord de l'Iran représente le centre nerveux du chi'isme mondial, grâce notamment à son université théologique et à ses milliers d'étudiants. Plus que Téhéran, capitale administrative et politique de la République islamique d'Iran, Qom est, en effet, le lieu le plus prestigieux d'Iran, après Nadjaf et Kerbala, qui demeurent les Lieux Saints. Qom est fort ancienne, mais il a fallu attendre la révolution khomeyniste de 1979 pour se rappeler qu'elle est demeurée une ville spirituelle de premier plan. L'importance de la ville, déjà significative au temps des Séfévides (XVIe-XVIIe siècle), s'est accrue depuis que les ayatollahs y ont installé leur quartier général. Ainsi, au temps du shah Reza Pahlavi, au début du XXe siècle, et de son fils Mohammed Reza, le clergé chi'ite iranien – qui émanait de Qom – a constamment attisé la résistance au régime occidentalisé de Téhéran. Aujourd'hui encore, et cela malgré l'arrivée des réformateurs à la tête du gouvernement, son rôle dans la définition de la politique extérieure de la République islamique est déterminant.

Cid (Le)

Qui ne connaît le Cid, héros de la chanson de geste du Moyen Age espagnol et valeureux chevalier de la tragi-comédie de Pierre Corneille qui porte son nom ? Qui ne connaît Rodrigue, don Diègue, Chimène ? Rodrigue triomphe de tout, chasse les Maures d'Espagne et conquiert le cœur de Chimène. Intrigues de palais, duels et combats singuliers, chevaliers et grandes dames, certes, mais l'honneur avant tout, l'honneur jusqu'au bout de la folie amoureuse. Nos années de lycée, nos programmes classiques que d'autres générations découvrent en ce moment même. Je le leur souhaite ! Mais qui sait que le Cid est un personnage authentique, un héros espagnol du XIe siècle ? Rodrigo Diaz de Bivar, né en 1043 près de Burgos, à Bivar, donc, est mort en 1099, à Valence.

Le Cid est un héros paradoxal, car il sert tour à tour les Castillans, leurs adversaires chrétiens et même leurs ennemis musulmans. Don Sanche II, qui apparaît dans la pièce de Corneille, laquelle date de 1636, c'est-à-dire plus de plus de cinq siècles après les faits, était le roi chrétien que servait notre héros. Il fut ensuite employé par Alphonse VI, frère ennemi du premier, dont il épousera la cousine, Jimena, c'est-à-dire Chimène. Mais les choses tournent mal pour Rodrigue. Il quitte le palais, erre dans le pays, devient mercenaire pour divers princes chrétiens et sultans musulmans. Sa bravoure et son expérience sont tels que rien ne lui résiste et lui valent le titre de Cid, qui vient de l'arabe *sidi*, et qui veut dire « maître » ou « seigneur » (*sayyid*). Le Cid Campeador est né du croisement entre une culture chrétienne entièrement vouée à la Reconquête de la péninsule et l'univers des Maures d'Espagne. En espagnol, *campeador* veut dire « guerrier illustre ». L'histoire glorieuse d'un grand seigneur est toujours riche d'événements inattendus. Aussi, lorsque en 1094, le Cid réussit au fil de l'épée à soumettre le royaume de Valence, tenu par les musulmans, il s'en proclamera souverain et maître jusqu'à sa mort. Mais la dynastie berbère des Almoravides, qui s'est déjà imposée à Zallaka en 1086 au détriment d'Alphonse VI et de Léon, n'a eu aucun mal à récupérer son royaume après sa mort, lequel retombera dans l'escarcelle des chrétiens en 1238.

Cimetière

Hormis peut-être au Mexique et dans la culture des Antilles, je ne connais pas de cimetières plus joyeux que ceux de l'islam. Les morts s'y reposent, les vivants y passent ou y vivent : alternance de la vie et de la mort, cycle indifférencié de la création, oubli. Tout est mêlé, la partie est dans le tout, lequel peut se réduire à peu de chose. L'islam, fataliste, le voilà qui s'exprime le mieux dans ce cas : qu'importe, pense le musulman avec sagesse et abnégation, que je sois sur terre ou sous terre dès lors que rien ne me dispose à aucun choix, ni celui de la naissance, ni celui de la mort. Voyez le modeste cimetière musulman de Kairouan, attenant à la Grande Mosquée Okba ibn Nafi', voyez le cimetière de Rabat, immense et si bien situé en face de l'Océan, à rendre jaloux bien des mécréants fortunés qui aimeraient exproprier les morts de leur dernière demeure pour y installer un mausolée*, une piscine ou un terrain de golf. Voyez le cimetière des Karamanlis, une famille d'Ottomans ayant occupé la Cyrénaïque avant l'arrivée des Italiens : il est au cœur de la mosquée qui porte leur nom et qui se trouve à l'entrée de la médina de Tripoli, en Libye. Voyez aussi Büyük Mezaristan, cimetière d'Üsküdar, faubourg asiatique d'Istanbul, sans doute le plus grand de tout le pays et de toute la région. Voyez, enfin, la Cité des morts, au Caire, sans doute le cimetière le plus surpeuplé de vivants au monde. Les cimetières sont donc comme les cathédrales : la richesse des ors va aux plus riches, les autres se contentent de talus et de terre meuble. Plus le cimetière est riche, plus il est construit, architecturé, cohérent. Plus il est pauvre, plus il se confond avec la nature. Je me rappelle une touriste dans un pays du Golfe qui me demandait si les Arabes avaient des morts, car elle ne voyait nulle part de cimetières. Par une évidence qui m'a paru flagrante, je lui ai répondu : « Des morts, ils en ont, je suis sûr, mais je ne jure de rien en matière de cimetière. » Le jour même, j'avais vu deux cimetières différents, peu visibles il est vrai, car ils se fondaient dans le paysage calciné de la montagne et la couleur ocre de la roche les avait recouverts. Comment cette dame aurait-elle pu les voir ?

Cinq piliers (de l'islam)

L'islam requiert l'observation stricte et sincère des cinq « piliers de l'islam » appelés *arkan al-islam* : la profession de foi* qui stipule qu'il n'y a qu'un seul Dieu (*Allah*) et que Mohammed est véritablement son prophète, la prière* (*salat*), qui a lieu cinq fois par jour de l'âge de raison jusqu'à la mort, l'aumône* (*zakat*), le jeûne* (*çawm*) et le pèlerinage* (*hajj*) à La Mecque, au moins une fois dans sa vie, à condition que l'impétrant dispose de moyens matériels et physiques suffisants. Il est en outre recommandé au fidèle musulman de demeurer modeste, de veiller à la relation avec autrui (*mu'amala*), d'être compréhensif et tolérant, d'avoir une hygiène impeccable du corps et de l'esprit, et de respecter les autres religions. La foi musulmane comprend ainsi plusieurs cercles de conduites de plus en plus élaborées, selon la piété et dont les piliers ne sont que le fondement nécessaire et premier.

Circoncision

Le bruit mat de la paire de ciseaux vient de faire son office. Mon oreille résonne du vacarme assourdissant des youyous des femmes, complices de l'épreuve capitale, dont elles veulent me priver. Geste bref, précis et sans bavure. Cliniquement pur, *tahara*, dit-on, ou *sunnet*. Etrangement, ce bruit-là était plus net que les autres, moins complaisant, pratiquement sans douleur. Juste un froid qui tombe sur le petit organe bien flasque et comme sans vie. L'opération a duré quelques minutes et le sang qui vient de couler s'est coagulé presque aussitôt. Le médecin vient de me faire passer du monde des incirconcis à celui des circoncis, du monde de l'enfance à celui des hommes affranchis. Monde étrange que celui des circoncis : sur leur chair, volontaires, des millions d'hommes de toutes confessions, de tous pays et de toutes couleurs ont décidé d'offrir à jamais leur prépuce au circonciseur. Celui-ci a beau s'appeler *mohel* ou *moël* chez les Hébreux, *tahhar* ou *khattan* chez les musulmans, barbier ici, chirurgien-urologue là, le résultat est le même : l'ablation sans retour du prépuce, la mise à nu du gland. Le grand nettoyage ! Cette opération s'appelle circoncision, littéralement « couper autour », mais aussi péritomie (du grec *peri*, « autour » et *tomie*, « couper »). Une exérèse. J'ai été circoncis vers 6 ans, peut-être 7. On m'a toujours dit que c'était important pour mon hygiène et ma virilité. Je devenais un homme au milieu d'un amoncellement de cadeaux et de victuailles. La cautérisation ne dure que quelques jours. Mieux, mon intégration sociale semblait conditionnée à cette épreuve. Pourtant, je n'étais atteint ni de phimosis (étroitesse anormale de l'anneau préputial), ni de paraphimosis (lorsque le prépuce devient un piège pour le gland congestionné, qui n'arrive plus à retrouver sa place), car elle est alors recommandée médicalement. Je constate des bouleversements dans la manière de pratiquer ce rite, notamment l'âge auquel les petits enfants y sont soumis. Les Arabes étaient jusqu'alors circoncis à 13 ans, ce qui était une marque significative de l'attachement qu'ils portaient à leurs pieux ancêtres ;

depuis un siècle, on constate un rajeunissement de cette pratique, c'est-à-dire que l'on passe désormais le couteau le plus vite possible. Est-ce une façon de noyer la violence de l'acte dans la précocité de l'âge ?

A l'instar des grands rituels de l'homme, l'origine de la circoncision se perd dans la nuit des temps. On ne connaît pas plus son lieu de naissance, peut-être l'Egypte ou la Corne de l'Afrique, que le moment où elle est instituée. Hérodote lui-même admet son ignorance à ce sujet. Voici ce qu'il écrit dans son immense ouvrage : « Les Colchidiens, les Egyptiens et les Ethiopiens sont les seuls peuples qui aient de tout temps pratiqué la circoncision. Les Phéniciens et les Syriens de Palestine reconnaissent qu'ils tiennent cet usage des Egyptiens ; les Syriens établis dans la vallée du Thermodon déclarent l'avoir depuis peu emprunté aux Colchidiens. Des Egyptiens et des Ethiopiens, je ne saurais dire quel est le peuple qui a pris cette coutume à l'autre, car elle est, de toute évidence, des plus anciennes » (*Histoires*, II, 104). Au XVIIIe siècle, Voltaire se posait la même question : « La circoncision vient-elle des Egyptiens, des Arabes ou des Ethiopiens ? Je n'en sais rien. Que ceux qui le savent le disent. » Toujours est-il que les archéologues ont découvert que des phallus étaient circoncis sous le Nouvel Empire (vers 1500 av. J.-C.). Les activités sacerdotales imposaient aux prêtres, aux pharaons et à leur entourage d'être circoncis. Voulant s'initier aux mystères orphiques, Pythagore, le philosophe grec, avait dû se circoncire pour pouvoir accéder à la partie de la Bibliothèque d'Alexandrie réservée aux membres du clergé. On sait que ces Mystères étaient la base de l'enseignement d'Orphée, personnage légendaire de la Thrace mythique, ainsi que Titus Flavius Clemens, le fameux Clément d'Alexandrie (*circa* 150-215), devait le rapporter. Dans sa *Théogonie phénicienne*, Anchoniaton prétend aussi que Kronos, premier roi phénicien, aurait pratiqué sur ses proches et sur lui-même le rite de la circoncision. La Bible nous apprend que sur les rives du Jourdain et en Samarie, le patriarche Abraham* circoncisait lui-même ses enfants. Pour lui, sacrifier ses propres enfants, c'était comme « le saut inconcevable dans la foi pure » (Kierkegaard). Où Abraham avait-il appris à circoncire ?

Il est rare aujourd'hui que cette opération se fasse en dehors du cadre clinique. Outre le bistouri, on procède à une anesthésie locale, ou générale si l'enfant est trop agité. De petits groupuscules militent aujourd'hui pour l'abolition pure et simple de toute ablation sexuelle, d'abord l'excision* bien sûr, mais aussi la circoncision.

Clou de girofle

Produit par le giroflier, un arbuste de la famille des myrtacées, le clou de girofle nous vient de l'océan Indien, de Zanzibar très exactement, qui, longtemps, est demeuré le premier producteur mondial. Le clou de girofle séché a une couleur de bois brûlé, mais sa saveur est très mystérieuse. D'usage courant dans la cuisine arabe, l'*Eugenia cariophyllus* est également présent dans la pâtisserie et dans la décoration de mets spéciaux, comme ceux que l'on sert volontiers durant les grandes cérémonies familiales. Le clou de girofle est en outre apprécié, au-delà de sa saveur propre, car sa composante principale, l'eugénol, est un bon remède contre la rage de dents et, semble-t-il, aussi contre certaines bronchites légères. En public, le fumeur de kif ou de *chicha* aime arborer quelques clous de girofle ; le jeûneur, pour sa part, en fait un emploi inattendu en armant de clous de girofle les belles oranges *Thompson* qui ressemblent à des grenades dégoupillées, ce qui l'aide à patienter jusqu'à l'*iftar*, la rupture du jeûne, les oranges étant devenues une sorte de proue d'un navire fou qui cherche à accoster dans le premier port. « Parmi les épiceries [d'Algérie], note Venture de Paradis au XVIIIe siècle, il vient une bonne partie de clous de girofle, dont il est fait un usage singulier. Les gens de Biscara [Biskra], ceux du Mozab [M'zab] et dans beaucoup d'autres lieux dans les montagnes, on enfile les clous de girofle en chapelets, et les femmes s'en servent en guise de colliers. » Le collier dont parle ce voyageur s'appelle *skhab*, et est très en vogue au Maghreb. Quelques années plus tard, Ernest Gobert, autre maghrébophile, fait la même constatation pour la Tunisie : « L'orientation des habitudes et des préférences olfactives des Tunisiens vient, en partie, du clou de girofle. » Gobert, Paradis, Maupassant et d'autres ont toutefois constaté que le clou de girofle n'est pas seul à garnir la besace aromatique du Maghrébin. Les boutons d'œillet et de jasmin, que les images d'Epinal nous montrent toujours agrafés à la chéchia du jeune Tunisien – tourisme apaisé oblige ! –, font aussi partie de la panoplie masculine sous ces latitudes.

Cocteau Jean *Voir :* VOCALISES

Comte de Gobineau *Voir :* PATHOLOGIES

Concubines *Voir :* ALMÉES, CONCUBINES ET BAYADÈRES

Confréries

L'islam maghrébin est réputé pour ses confréries, que l'on appelle *zawiyas* (que l'on écrit aussi *zaouia*, anciennement *ribat*, mot qui signifie étymologiquement « angle d'une maison » et qui, donc, désigne aussi le bâtiment lui-même), et pour ses saints éponymes, les marabouts. La première fonction de la confrérie est de cultiver la mémoire du *hajj* fondateur, le grand cheikh. On y mène des exhortations, des méditations, des séances de souvenir, des appels à la clémence divine. Généralement, la *zawiya* a une vocation spirituelle et religieuse, mais ne peut se mêler de politique. Il est rare cependant qu'une *zawiya* se tienne longtemps à l'écart de l'aide sociale et de la grande misère. Grâce à leur sollicitude constante à l'égard des déshérités, les *zawiyas* recrutent aisément leurs jeunes adeptes, ce qui leur permet de contrôler l'ensemble des quartiers d'une ville, d'une région et, autrefois, d'un pays.

L'équivalent de la *zawiya* maghrébine est, au Proche-Orient, la confrérie mystique (*khanqa* ou *islam turuqi*), essentiellement orientée vers le spiritisme et l'ascèse.

Le soufisme*, *at-tasawwûf*, est la partie spirituelle de l'islam. Ses bases, ses règles et ses théoriciens remontent évidemment aux premières années de l'islam, sans doute au temps même du Prophète, même si le Coran lui-même demeure plutôt discret quant à la valeur intrinsèque de la voie. Le mot soufisme vient de *sûf*, la bure de laine dont sont revêtus les adeptes, au temps évidemment où ceux-ci observaient et pratiquaient l'ascétisme, c'est-à-dire le détachement des biens matériels de ce monde. Selon une autre hypothèse, le mot *sûf* dériverait de *saff*, « rang », car les adeptes se mettaient en rangs serrés devant leur maître. Il n'y a évidemment aucune contradiction majeure entre la voie soufie elle-même et la pratique traditionnelle de l'islam, dans la mesure où les deux se fondent sur une seule et même source, le Coran, pour autant que les critères fondamentaux de l'islam soient respectés. Il est clair cependant que le soufisme se présente comme une extrapolation nécessaire, une sorte de contournement de la pratique ordinaire, généralement dogmatique, pour approfondir sa connaissance du divin. Pour cette raison, les mouvements soufis ont été un moment suspectés d'hérésie, ainsi le fait, par exemple, de vouloir entrer en contact avec Dieu par des voies autres que la religion commune. Les écoles du soufisme traditionnel (*tariqa, turûq*) sont nombreuses et s'adaptent aux environnements sociaux dans lesquels elles se manifestent. Chaque école vise à la connaissance approfondie du lien qui conduit à Dieu, en lisant le Coran et en méditant son sens profond – selon certains théologiens, le Coran en compte sept – lors de manifestations de *zikr*. Pour bien faire, l'adepte de la *zawiya* est tenu d'observer, dans sa vie courante, les règles d'une vie faite de pondération et de respect d'autrui, peut-être de sagesse. C'est en cela que le soufisme est la voie intérieure de l'islam, sa dimension mystique. Les premiers soufis, à l'image du premier d'entre eux, le sermonnaire Hassan le Basriote (642-728), se présentaient d'abord, outre leur appel constant et enfiévré au renoncement, comme des hommes sages, doués de clairvoyance, ne médisant sur personne et cherchant par tous les moyens à se conformer à l'esprit de tolérance de l'islam. Après ses premières sources omeyyades, puis irakiennes, le soufisme s'est progressivement étendu en Iran. C'est là qu'il a trouvé le champ le plus vaste et le plus propice pour son épanouissement. Plus tard, en Egypte, au Maghreb et en Andalousie, les soufis trouveront des territoires spirituels nouveaux. Ibn Arabi (1165-1241), le grand mystique de Murcie (Espagne), nous a laissé une œuvre dans laquelle il présente plusieurs centaines de soufis de son temps, qu'il avait connus et fréquentés, ou seulement lus.

Pour accéder à une *zawiya*, le jeune adepte suit une longue formation sur les deux terrains que sont l'obéissance à un maître et la méditation coranique. Ainsi se déploie le quotidien d'une *tariqa*, à laquelle se rattache un couvent, une *zawiya*, et un maître, le cheikh. Plusieurs grands maîtres sont passés à la postérité : outre Ibn Arabi, il faut citer Bayazid al-Bistami (mort en 874), Al-Hallaj (858-922), Al-Ghazzali (1058-1111), Ibn al-Farid (1182-1235), Jalal ad-Din Rumi (mort en 1273), Ibn Ata Allah (mort en 1309). On constate que chaque siècle, y compris le nôtre, produit ses soufis, ses grands maîtres, ses confréries, même si certains se targuent de l'être sans que rien vienne prouver leurs prétentions. Plusieurs mouvements soufis importants sont nés de leurs propres spéculations, dont la *tijaniyya*, la *khalwatiyya*, la *naq-*

chabandiyya, la *qadiriyya* et la *mawlawiya*, dont le rayonnement est surtout turc, car Djalal ad-Din Rumi, son fondateur, a son tombeau à Konya. Cette confrérie mystique est universellement connue pour les danses spectaculaires de ses adeptes, encore appelés derviches tourneurs. En raison de leur position géographique, le Maroc, l'Algérie, la Tunisie, mais aussi la Libye, ont été une terre d'accueil de tous les soufis qui refluaient d'Andalousie, à l'ouest, ou du Machreq, à l'est.

Quels sont les mouvements les plus populaires et les plus anciens ? L'ordre des Chadiliya, celui de la Darqawiyya, celui des 'Isawiyya ou encore la Tijaniyya, qui est fondée au XVIIIe siècle par Abul-Abbas Ahmed at-Tijani, dont on peut encore visiter la tombe à Fès. En Algérie, les 'Alawiya on pu s'implanter durablement autour de Mostaganem et de Tlemcen. Certains groupes se réclamant d'eux vivent en France et en Angleterre. L'Egypte, elle aussi, a été le berceau du soufisme populaire, celui des corporations d'artisans sur lesquelles Louis Massignon avait substantiellement écrit. Le mysticisme musulman jouit aujourd'hui d'une image très positive, grâce notamment à son caractère non-violent, ce qui le place aux antipodes de l'islam politique, très répandu et très actif. C'est d'ailleurs cette image qui a suscité la curiosité des nombreux auteurs français – dont Hanotaux et Letourneux, Duveyrier, Mercier, Rinn, Ney – qui, au XIXe siècle déjà, avait produit tant de documents, de notes plus ou moins farfelues et même des livres sur les quarante-cinq ordres principaux, eux-mêmes divisés en un grand nombre de rameaux qui, des îles de la Sonde jusqu'au Maroc, « détiennent les forces vives de l'islam ». Pour l'Algérie seulement, Depont et Coppolani ont établi que les vingt-trois congrégations représentées réunissent sous leur bannière pas moins de « 349 *zaouïa*, 76 *oukla*, 2 000 *tolba*, 57 *chioukhs*, 2 149 *moqaddim*, 1 512 *chaouchs*, 224 141 *khouans*, 5 894 *derouichs*, 19 821 *ahbab*, 27 172 *khaouniet* (femmes), 36 *khoulafa*, 5 894 *foqara*, 4 000 *khoddam*, au total près de 300 000 adhérents en chiffres ronds. Et ce chiffre est bien au-dessous de la vérité ».

Voir : SOUFI, SOUFISME

Coran

Al-Qur'an, c'est la Récitation, l'Enonciation, le mot sacré, mais c'est aussi le souffle divin exhalé par l'ange Gabriel, soigneusement consigné par le Prophète dans un Livre devenu depuis, aux yeux des musulmans, l'ouvrage le plus sacré de tous les livres existants. Le Coran écrit en arabe est composé de 114 chapitres (les sourates) et de plus de six mille versets, dont les sept premiers, « Al-Fatiha » (« L'ouvrante »), sont les suivants :

Au Nom d'Allah le Très Miséricordieux, le Compatissant.

1. *Louange à Allah, le Maître des mondes,*
2. *Le Très Miséricordieux, le Compatissant,*
3. *Le Roi du jour du jugement !*
4. *C'est Toi que nous servons, c'est Toi dont nous implorons le secours !*
5. *Guide-nous dans la voie droite,*
6. *La voie de ceux en qui Tu Te plais,*

7. *Et non de ceux qui sont l'objet de Ta colère et qui sont dans l'erreur* (traduction Edouard Montet).

A ces versets et aux six mille autres, il n'est aucun musulman pour résister à la puissance illuminative qu'ils dégagent.

Certaines éditions du Coran sont annotées, d'autres sont livrées sans aucun paratexte ni indexation. Le Coran, texte familier, est également ultime dans sa façon d'être appréhendé par les croyants. Il inaugure la vie du bébé, puisque les mamans récitent une courte sourate à sa naissance, il est également le bréviaire du voyageur, du vieillard et du mourant. La dernière formule que l'on prononce sur la tombe d'un croyant est extraite du Coran, souvent tirée de la *fatiha*, d'ailleurs. On peut dire que le Coran gouverne la vie du musulman de bout en bout ; il est son port d'attache existentiel, le lieu où, par une sorte de catharsis orale, il résout des problèmes philosophiques majeurs, comme le doute ou la culpabilité. La fatalité et le destin y sont – dit-on – inscrits, de même que l'heure de notre mort. Les étudiants l'apprennent par cœur : d'abord une série de petites sourates (indispensables pour la prière), puis un dixième, un tiers, un quart, un demi et, pour les plus doués, la totalité des 114 sourates. On appelle cette échéance la *khatma*, le point final à l'apprentissage coranique. Cela donne l'occasion à l'heureux élu d'être fêté comme un véritable savant. Il devient l'érudit de toute la famille, voire du village.

Outre la calligraphie et l'apprentissage, le Coran donne lieu à de nombreuses autres activités annexes. Celle du copiste, qui n'est pas la mieux connue, a perdu de son lustre depuis que les versets sortent directement de l'ordinateur. Jeux d'ordinateur, identification des concepts, traductions ou commentaires, tout est possible pour peu évidemment que la démarche intellectuelle de l'internaute soit respectueuse de l'éthique qui gouverne l'esprit de ce Livre. Mais sans être bibliophile, la plus grande joie du croyant est de posséder le meilleur exemplaire possible, la version reliée ou sous coffret – vert profond ou rouge grenat, peau fine si possible – ou encore celle qui dispose de la plus belle jaquette. Un coran dont on peut s'enorgueillir à la maison, devant les siens, mais également lors de visites d'amis et de proches. Le coran est si vénéré que le bon croyant n'ose pas le toucher avant de s'être lavé les mains plus d'une fois. Il faut dire que l'islam – religion du Livre – porte une fascination toute particulière à la chose écrite. Dans des pays où l'analphabétisme est élevé, posséder un coran est un privilège teinté de mystère, de puissance et de magie. Le coran est l'équivalent d'une icône, posé une fois pour toutes sur l'unique étagère de la bibliothèque familiale. Il côtoie dans le meilleur des cas les quelques livres de jurisprudence et d'histoire islamiques.

Mais le geste le plus touchant est celui de nos grands-mères qui, par peur de piétiner les saints versets de Dieu, ramassaient les moindres bouts de papier écrits en arabe. Dans le contexte de l'immigration, il n'est plus rare de voir dans le métro, le bus ou les jardins publics, des étudiants ou des voyageurs fraîchement arrivés plongés dans un vieux coran jauni, qu'ils lisent ou méditent en s'isolant complètement des bruits extérieurs. Il arrive, parfois, que le coran, notamment en Afrique noire, soit lu partie après partie, de façon à être transporté facilement dans son sac au travail, en voyage et même à la mosquée. Un coran version poche, en quelque sorte. Pour l'érudit, peu importe son enveloppe en cuir ou sa reliure cousue main, le Coran est le point de référence, la source de toutes les connaissances, l'emblème du sacré. L'imam le médite quotidiennement, le prédicateur s'en imprègne avant chaque prêche et le croyant y puise force, énergie et droiture. Le Coran, on le sait, est un livre qui offre une multitude d'entrées. Il est la norme juridique, un codex moral, une constitution sociale et politique, une encyclopédie, une grammaire et, surtout, un *diwan* de poésie*. Poésie est le Coran et Verbe incarné ; le souffle divin a élevé à un niveau jamais atteint la langue arabe, par une profusion de termes, d'images, de métaphores, une mécanique du verbe qui laisse médusés jusqu'aux poètes eux-mêmes. Les plus téméraires, comme Al-Mutanabbi (915-965), ont cherché à l'imiter. Mais aux yeux des musulmans, l'inimitabilité du Coran, *i'jaz*, est l'un des critères de son essence incréée. C'est en cela qu'il est une œuvre divine à l'instar des miracles ici, ou de la Loi mosaïque ailleurs. Certes, la parole prophétique a toujours ses mystères, mais pour le musulman, le Coran en est le plus grand. Le Coran est donc le compagnon fétiche du musulman, celui de ses heures sombres, son talisman contre le mauvais œil, son philtre magique, son baume protecteur. Pour les plus croyants, il n'y a rien dans le Coran qui ne puisse manquer de donner du bien-être à celui qui le cherche.

Une fois, une seule, le Coran fut détourné de sa fonction sacrée. Ce fut en 658, à la bataille de Siffin, qui opposait les prétendants au califat, lors de la guerre de succession politique du Prophète. D'un côté, les partisans d'Ali – il venait d'être intronisé quatrième calife en lieu et place de 'Uthman, mort assassiné –, de l'autre, les partisans de Moua'wiya, le gouverneur de Syrie, qui ne reconnaissait pas la légitimité d'Ali. Alors que la bataille entre les deux chefs était indécise, un général arabe du nom d'Amr ibn al-'As (580-664) eut une idée diabolique. Il fixa des pages du Coran à la pointe des flèches de ses soldats d'élite. Puis, sur son ordre, les archers firent pleuvoir sur leurs adversaires leurs flèches littéralement plantées dans la Parole de Dieu. Surpris par le stratagème, Ali, dont les soldats apeurés le suppliaient déjà de se rendre, se résolut à une trêve. Celle-ci se produisit en juillet 657, qui est depuis la date du premier schisme officiel entre chi'ites* et sunnites* d'une part, mais également entre kharidjites* et chi'ites* d'autre part.

Corbin Henry *Voir :* SAVANTS EUROPÉENS

Cordoue *Voir :* ANDALOUSIE

Cosmétique *Voir :* HENNÉ, KOHEUL

Couples mixtes

Le 21 octobre 1904, à 27 ans, Isabelle Eberhardt se noya, emportée par un torrent de boue à Aïn Sefra (Algérie), alors qu'elle tentait de sauver son mari. On peut dire, dans son cas, qu'elle aura aimé jusqu'à la mort. Après une enfance à Genève, Isabelle Eberhardt avait séjourné à Marseille où elle mena la vie d'une aventurière. Puis elle avait embarqué pour l'Algérie où elle allait passer le reste de sa vie. Elle y fit d'abord la rencontre d'un maréchal des logis, mais leur mariage ne dura pas. Après bien des tribulations, dont une blessure qu'elle hérita d'une rixe à l'épée, elle décida de rejoindre l'arrière-pays algérien où elle fit connaissance de son futur mari. Dans l'un de ses ouvrages posthumes, elle a décrit la passion d'un spahi pour une princesse noire du désert : « Accoudé à son burnous rouge, le spahi contemple sa maîtresse plus ondoyante et plus excitée, à mesure que l'heure s'avance. Il n'a pas bougé et le pli dur de ses sourcils s'est accentué. » Plus loin, elle avait ajouté : « De ce taudis noir s'exhale une sensualité violente, exaspérée jusqu'à la folie et qui finit par devenir profondément troublante. »

C'est une grande naïveté de croire que les êtres d'exception ne vivent que des moments exceptionnels. Pour Isabelle Eberhardt, son quotidien seul suffisait à son bonheur. Elle qui se costumait en homme, montait à cheval comme un cavalier arabe, avait réussi le pari de s'adapter à la rude vie du désert. Un siècle après sa mort, sa vie fascine toujours et son immense talent de conteuse a fait bien des émules.

Sa folie est devenue la nôtre. Moderne, iconoclaste, atypique, sa personne n'en finit pas de nous dérouter et de nous séduire.

Mais Isabelle Eberhardt incarne aussi une figure du mariage mixte et, à travers elle, je veux rendre hommage aux nombreuses Nicole, Christine, Jeanne ou Hélène qui ont aimé et épousé un Arabe ou un musulman, qu'il ait été maghrébin, kabyle, marocain, égyptien ou malien, sénégalais, iranien ou beur. Ces femmes ordinaires sont en réalité des femmes d'exception, car seul l'amour leur permet de franchir le pas, les aide à affronter le réel et, parfois, la désillusion qu'engendre une vie à l'orientale, suave et épicée. Transcender ce réel, s'accrocher à ses rêves les plus fous, voilà ce que ces femmes – et depuis peu des hommes – réussissent tous les jours. Certaines en se mariant à l'étranger n'ont pas quitté cette rive de la Méditerranée, d'autres sont allées plus loin. Elles ont pris un nouveau nom, adopté le costume arabe, changé de religion.

En ce début du troisième millénaire, l'une des réalités les plus étonnantes de l'islam est illustrée par l'existence de ces couples mixtes. Combien sont-ils ? Et ces hommes qui épousent des non-musulmanes sont-ils plus nombreux que les femmes qui épousent les non-musulmans ? Il y a peu, à peine une génération, on se posait les mêmes questions sur les concubins et les unions libres.

Le couple mixte reste une énigme. Non pas que la couleur de l'un et de l'autre rompe en partie le credo de l'unicité du regard, au moins tel qu'il nous a été légué par nos histoires passées, et selon nos propres canons esthétiques, mais cette énigme transcende les énigmes plus spécifiques liées au mariage, à l'union sexuelle, à la fécondation, etc. Il faut sans doute plus d'admiration et plus de sublimation envers l'autre pour qu'un homme ou une femme acceptent de traverser la ligne rouge et élisent leur lieu de perpétuation au-delà des espaces convenus – pas toujours convenables, donc – qui leur avaient été assignés.

S'agit-il d'un amour plus singulier, plus paradoxal et, ce faisant, plus fort ? On ne saurait l'affirmer complètement. Cependant, dans les classes aisées, le couple mixte est davantage accepté, car les partenaires compensent leurs différences par une curiosité non feinte. L'union est plus complexe dans les milieux modestes, car le couple doit affronter préjugés et quiproquos, y compris ceux qui ont trait au sexe. Si, dans un cas, les apports culturels sont la richesse du couple et viennent enrichir leurs sentiments, dans l'autre cas, ces mêmes sentiments sont peu soutenus par la disposition intellectuelle.

L'éducation religieuse des enfants est un premier test pour ce couple mixte. Le problème se situe dans l'invisible divin, la foi, la croyance irraisonnée et tout ce qui relève de l'ineffable. Chacun doit-il accepter la croyance de l'autre, ou chercher à infléchir ses convictions jusqu'à le faire se convertir, ou encore les ignorer ? Choix éminemment délicat, voire destructeur pour le couple lorsque la tentation de l'un, le musulman par exemple, est de convertir l'autre à la religion de ses parents. La raison invoquée est celle du lien viscéral que l'Arabe entretient avec son milieu d'origine, à commencer par sa parentèle directe. Mais il est sûr aussi que l'homme arabe jouit d'une liberté supérieure par rapport à la femme musulmane, et d'une autorité telle qu'il peut choisir en dehors de son cercle *naturel* une partenaire occidentale. Il n'en reste pas moins que le couple mixte est mis à l'épreuve sur les questions comme la circoncision du petit garçon, l'usage du voile pour sa jeune sœur, le choix du pays de résidence, etc. Mais tout cela n'est rien à côté de cet obstacle majeur qu'est la forte résistance de l'islam à ses mixités culturelles qui tournent souvent à l'agnosticisme de compromis, voire à un athéisme plus ou moins affiché.

Crimes d'honneur

Brûlées vives, séquestrées, violées, poussées au suicide : ce ne sont là que quelques sévices parmi ceux que subissent régulièrement des femmes qualifiées de « libres » (sous-entendu : libertines, effrontées, de mauvaise vie) dans certaines régions orientales encore fortement imprégnées par une tradition des plus obscurantistes.

Le primat de la fécondité a longtemps contraint la femme à veiller sur son honneur. La jeune promise doit aussi faire preuve de modestie et donner des gages de soumission à la belle-famille. Elle doit en particulier respecter le patriarche qui veille sur le clan ou la tribu. Celui-ci se confond souvent avec le beau-père, père ou tuteur du mari en ce qu'il est aussi la manifestation du *vir*, l'axe central symbolisant la continuité et la solidité de la grande famille (*al-'ayla*). Mais c'est par les femmes que passent un certain nombre de valeurs qui ont trait à la stabilité et la cohésion du groupe. L'honneur en fait partie, car il est la pièce maîtresse de la respectabilité du nom, véritable « force de vente » aux yeux de la belle-famille potentielle et des éventuels prétendants.

Certaines relations amoureuses ne tourneraient guère au drame, aux crimes de sang ainsi qu'on l'a vu en Jordanie avec l'assassinat de jeunes femmes « émancipées », si l'honneur de la victime n'engageait pas également celui du père, de la fratrie, de la famille, du clan, et par vagues successives, celui des hommes du village ou de la ville, du pays et finalement de toute la communauté islamique. C'est dire la dimension cataclysmique de la moindre faute à caractère sexuel car elle implique plus que la victime. C'est alors une question de fatalité supra-individuelle, une sorte de châtiment divin qui engage son père (comme garant social), mais aussi son frère qui, au nom de ces mêmes convenances non écrites, est investi du redoutable rôle de chaperon. Si la sœur est arrivée vierge au mariage, le frère a tôt fait de tirer une gloire de cet événement au prétexte qu'il a mis un soin particulier à la chaperonner. Redoutable duègne que le frère en terre arabe, car la virginité qu'il convoite chez les autres filles se transforme chez sa sœur en un fantasme de pureté et chasteté quasi biblique mais vital pour l'honneur du groupe.

En fait, la question de l'honneur touche à deux sphères distinctes. D'un côté, la coutume l'arrime à des notions de pudeur collective, d'affront à laver, de vengeance et de loi du talion ; de l'autre, elle obéit à un arsenal de lois plus ou moins conformes à l'esprit de l'islam. Résultat, dans les sociétés les plus archaïques, l'autorité ethnique et surtout patriarcale a nié à la femme toute revendication égalitaire tant au plan de la foi qu'au plan de ses sentiments.

Croisades

On ne comprendra rien, ou peu s'en faut, à la complexité des rapports entre le monde chrétien et le monde de l'islam sans avoir en tête l'histoire des huit croisades qui se déroula sur deux siècles, de 1095 jusqu'à 1291, mais n'en finit pas de se rappeler à notre souvenir, lequel est souvent fantasmé, il faut le préciser. Et d'abord son motif déclaré : libérer les Lieux saints de la récente invasion par les armées syriennes et sarrasines (1078). Pour la chrétienté, l'urgence était d'autant plus impérieuse que le Saint-Sépulcre était en train de brûler. Bien des siècles plus tard, un penseur non conformiste comme Voltaire doutera des supposées bonnes intentions du pape Grégoire VII, qualifié sous sa plume de « moine audacieux, fourbe, fanatique, chimérique, dangereux et ennemi de tous les rois », ôtant ainsi tout crédit à la rechristianisation des Lieux saints. Mais le peuple chrétien d'alors était convaincu qu'il fallait tout faire pour sauver le Saint-Sépulcre, et par la même occasion faire respecter une Eglise déjà divisée entre sa branche romaine et latine et sa branche gréco-orientale. La « fureur épidémique », pour reprendre encore un mot de Voltaire, suffira à mobiliser les masses paysannes qui s'engagèrent derrière les grands seigneurs croisés. L'avarice, l'inquiétude, la politique et le commerce firent le reste. Chaque seigneur, chaque châtelain, chaque marchand renchérissait sur son voisin, offrant même parfois à l'Eglise le soin de racheter à vil prix les terres qu'ils abandonnaient pour la croisade.

Mais revenons aux faits, car, pour l'heure, le calife fatimide al-Hakim Ibn Amr Al-Allah (996-1021) menace de mettre le feu aux Lieux saints. Des nouvelles alarmantes assurent même que ce fanatique a déjà mis le feu à certains sites sacrés, d'autant que, sur d'autres fronts, les défenses amies sont en train de céder. Non loin de là, en effet, la Turquie byzantine est tombée entre les mains des musulmans lors de la bataille de Manzikert (1071). Le pape Urbain II est de plus en plus inquiet. Il convoque en France, à Plaisance, puis à Clermont-Ferrand, un concile où le plan des croisades est définitivement arrêté. Pendant ce temps, sur place, deux factions musulmanes, les Saldjukides et les Fatimides, se disputent Jérusalem. L'appel aux croisades lancé le 27 novembre 1095 est entendu : des milliers de personnes venues de toute l'Europe déferlent sur les routes pour Jérusalem. Puis c'est au tour des armées franques engagées pour restaurer l'ordre et de la cohésion dans cet ensemble plutôt disparate. Ils font route vers Jérusalem. Au début, tout se passe plutôt bien pour les chrétiens. Ils enlèvent Nicée aux Saldjukides (juin 1097), puis Edesse (septembre 1097), puis Antioche (1098), puis Jérusalem (1099). Puis la roue tourne. Godefroi de Bouillon meurt le 18 juillet 1100. En face, la situation ne paraît plus aussi désespérée, malgré les divisions, surtout depuis l'arrivée d'un général musulman puissant et décidé, Salah ad-Din al-Ayyubi (1138-1193), plus connu sous le nom mythique de Saladin*, qui a entrepris la reconquête des terres musulmanes perdues par ses prédécesseurs. Lors de la bataille de Hattin, il prend possession de la région de Tibériade, avant de signer avec les rois chrétiens un traité qui stipule que son domaine englobe la Syrie, son fief, et la Palestine intérieure.

Les croisades furent un moment terrible de l'histoire religieuse, le « tombeau de plus de deux millions d'Européens », selon certaines estimations. Qu'à cela ne tienne, le pape Urbain II les a d'avance délivrés de tous leurs péchés : « A tous ceux qui y partiront et qui mourront en route, que ce soit sur terre ou sur mer, ou qui perdront la vie en combattant les païens, la rémission de leurs péchés sera accordée. » L'Histoire a conservé le souvenir de nombreux quiproquos entre les musulmans et les chrétiens, mais aussi de leurs fructueux échanges, à commencer par la gastronomie et la poésie*.

Que de découvertes mutuelles, que de passions ! Les terres des croisades devinrent en quelques décennies le lieu où toutes les modes se faisaient et se défaisaient. A Acre, au temps où régnait Philippe Auguste, roi de France, l'Orient s'emparait lentement du cœur des croisés ; les chrétiens lui trouvaient de l'allure et peu à peu succombèrent à sa conception joyeuse de la vie terrestre aux antipodes de ce que l'on avait pu leur enseigner jusque-là. Car la douceur de vivre, un certain « farniente » et une fatalité à toute épreuve donnaient du piquant à la vie, la rendaient ludique et légère, ce qui n'était pas du goût de l'Eglise. Tant pis, les soldats se laissèrent aller avec une délectation d'autant plus grande que leur conduite était profanatrice. Il arriva que des chrétiens, croisant pour la première fois des soldats musulmans, se prennent à louer leur âme, leurs beaux gestes. Ils réinventèrent parfois le sentiment de l'homme pour les siens et pour le monde terrestre qui faisait si largement défaut à saint Bernard, abbé de Clairvaux, à Godefroi de Bouillon, à l'Anglais Richard Cœur de Lion et même à Saint Louis, qui mourut de la peste non loin de Tunis, en 1270, alors qu'il tentait de convertir un sultan musulman. Il n'est donc pas tout à fait étonnant que, plus près de nous, au XIXe siècle, Stendhal ait affirmé tranquillement que l'Occident devait sa noblesse et son raffinement aux croisades et aux Arabes d'Andalousie, les « Maures d'Espagne ». Le mot de la fin revient cependant à Nietzsche qui a écrit dans *L'Antéchrist* : « Les croisés combattirent plus tard quelque chose devant quoi ils auraient mieux fait de se prosterner dans la poussière... »

Croissant

Après « Croisades », il était naturel que je fasse figurer le croissant, *hilâl*, car il reste le symbole de cette période troublée, et néanmoins fructueuse, puisque telle est l'hypothèse que je défends ici. Depuis des siècles, le croissant est le symbole le plus connu de l'islam, sans doute en raison de son importance liturgique. Le Coran rappelle d'ailleurs que le jeûne légal ne peut commencer que si l'observation du croissant est rendue possible, soit parce que la lunaison est bien engagée, soit parce qu'un musulman digne de foi l'a vu en un quelconque coin de la terre mahométane : « Quiconque d'entre vous verra la lune, précise le Coran, jeûnera le mois entier. »

Au XVIIIe siècle, il suffisait de dire le « Croissant » ou « religion du Croissant » pour parler de l'islam, du monde musulman et surtout de la Turquie. La crainte de l'Empire ottoman était telle que le croissant n'inspira plus que terreur ou effroi. Le vieil adversaire austro-hongrois qui a longtemps eu maille à partir avec la Sublime Porte, s'en souviendra très longtemps. Peut-être même la défiance européenne actuelle vis-à-vis de la Turquie musulmane n'est-elle qu'une résurgence de l'ancienne expérience en pays balkans. Pour les Occidentaux, le croissant sera longtemps un symbole de mort, attaché à la guerre sainte. Au XIXe siècle, la littérature s'en emparera à travers l'évocation du cimeterre musulman, ce sabre oriental à large lame recourbée dont la forme rappelle le croissant.

Qui aurait pensé que la lumière douce et vaporeuse du croissant de lune ait masqué autant de malentendus ?

Cuisine

En 1572, Michel Eyquem de Montaigne écrivit dans ses *Essais* : « Je voudrois bien, pour en juger, avoir eu ma part de l'art de ces cuisiniers qui savent assaisonner les odeurs étrangères avec la saveur des viandes, comme singulièrement on remarqua au service de ce Roy de Thynes [Tunis] qui, de notre âge, prit terre à Naples pour s'aboucher avec l'Empereur Charles. On farcissait ses viandes de drogues odoriférantes, de telle somptuosité qu'un paon et deux faisans revenaient à cent ducats, pour les apprester selon leur manière : et, quand on les dépeçoit, remplissoient, non seulement la salle, mais toutes les chambres de son palais, et jusques aux maisons du voisinage, d'une très souëfve vapeur qui ne se perdroit pas si tost. » Je voulais consacrer à la cuisine une entrée d'abord pour rappeler que les musulmans aiment par-dessus tout partager les mets les plus savoureux, mais aussi pour faire montre, si besoin est, de leur savoir-faire dans ce domaine. Un autre argument, beaucoup plus objectif, est celui du miroir. En effet, toute civilisation a, par vocation, des points forts et des points faibles. Il en est qui valorisent plutôt le savoir que la pratique, d'autres la cogitation que l'expérience. Il en est aussi qui privilégient les nourritures célestes aux nourritures terrestres. Tel est le cas des moines vivant dans leurs monastères, des ermites, des cénobites et des anachorètes. Mais d'autres peuples et d'autres civilisations accordent une importance égale au corps comme à l'esprit, à l'un et à l'autre, ensemble. C'est le cas pour la culture arabo-musulmane, autant celle des *Mille et Une Nuits*, qui puise abondamment dans l'univers de l'alimentation, que celle de Jahiz (776-869), qui a laissé un nombre appréciable d'annotations sur le manger et le boire, de Mas'ûdi (893-956), auteur des *Prairies d'or*, une chronique sociale également riche en indications culinaires, ou encore d'Al-Isfahani (897-967), dont le *Livre des chansons* (*Kitab al-Aghani*) restitue l'ambiance des réjouissances au début de l'islam.

Quel lien y a-t-il entre le mezzé libanais, le houmous ou le foul égyptiens, le tagine marocain, le couscous tuniso-algérien et le méchoui (viande grillée) qui sont cuisinés sur la rive sud de la Méditerranée ? Le lien se trouve dans la richesse du bien vivre des peuples, leur degré de raffinement et surtout leur prédisposition à la jouissance immédiate, avec son côté païen et sa robustesse.

N'ont-ils pas déjà, et à profusion, s'il vous plaît, les essences les plus rares, le safran et la cardamome, le poivre blanc et la muscade, le cumin et la cannelle, le gingembre et le carvi ? N'ont-ils pas les légumes les plus variés, les eaux les plus suaves, le soleil qui nourrit leurs fruits, les dattes de lumière, les poivrons géants, le muscat et l'amande douce, l'olive vierge et le miel empourpré ?

D

Je ne me suis jamais
repenti de mes silences
mais de mes paroles
trop vite prononcées

(pensée maghrébine).

Danse du ventre

Il y a longtemps, Le Caire, 21 heures. La chaleur est à son comble. Des arbres s'échappent des senteurs capiteuses qui flottent sur le Nil. Le tamaris frissonne sous le souffle d'une brise qui vient du fleuve, tandis qu'une bande de moineaux pépie dans les branches.

Le bonheur de vivre ! Les gavroches du Vieux Caire ont envahi les beaux quartiers et bradent leurs colliers de jasmin. Ils abordent les passants, nonchalants, leur font l'article de bouquets en tresses en arborant de grands sourires. Fuyant les badauds, je quitte un instant le café où j'ai siroté une boisson fraîche et gagne une ruelle située en contrebas. Au moment où je débouche sur une place encombrée de marchands, une foule joyeuse entraînée par un petit orchestre arrive par une autre rue. L'un des gaillards en *gallabiya* (longue tunique égyptienne) me harponne alors que j'amorce un repli tactique sous un porche, et me place d'autorité au cœur de la bacchanale. Je demande s'il s'agit d'une noce ou d'une circoncision. Il me répond gaiement, dans une langue tonifiante : « *Ya zayyak, Ya Ustad ? Tafaddal, tafaddal* » (« Hello ! Comment allez-vous, messire ? Venez voir, venez ! ») Une manière comme une autre de m'inviter à me mêler à une noce populaire, avec danseuse du ventre et cornemuse à la clé. Point n'est besoin d'insister.

« Danse du ventre ». On est choqué aujourd'hui, dans certains milieux, d'entendre ce mot et les femmes vous toisent de haut en bas lorsque vous l'utilisez devant elles. Pourtant, cette danse est née dans un cabaret. Et ce nom est celui que la soldatesque coloniale a donné à une gestuelle élaborée que pratiquaient déjà les prostituées arabes et juives dans les villes de garnison d'Afrique du Nord. D'ailleurs, l'origine est sûrement indienne, cette partie du corps dévoilée qui laisse entrevoir par-delà la gaze transparente le nombril n'est pas sans évoquer les sculptures des temples sacrés du sous-continent.

Nous grimpons déjà les marches d'une demeure

cossue. Un couple de jeunes mariés, l'air rayonnant, ouvre la marche. Derrière eux, en maître de céans, le trompettiste souffle rageusement dans son hautbois traditionnel (*zorna*), les joues en ballon de rugby et les yeux exorbités. Sous son couvre-chef, deux fortes broussailles de sourcils poivre et sel garnissent ce qui lui reste de visage. A ces côtés, deux acolytes jouent l'un sur un petit tambour sans clochettes (*daff*), l'autre sur un instrument à percussion muni de grelots en métal appelé *tar*, en alternant des coups mats avec des coups haut de gorge. Ils font virevolter leurs instruments usés au bout de leurs mains expertes et tournent en girouette autour du trompettiste qui semble n'en avoir cure. Quelle compagnie ! Du sang de pharaon coule dans leurs veines. Il y avait là toute une faune hétéroclite : des déesses callipyges, quelques bourgeois du Caire tout droit sortis des *Fils de la médina* du prix Nobel de littérature Naguib Mahfouz, avec leurs moustaches à la turque, leur fez rouge, leur broche en or, leur chaînette et leur montre à gousset. Les autres, encore plus débonnaires, d'un âge indéfinissable, arborent leur opulente corpulence, sans qu'elle soit disgracieuse.

Des mots de *La Fête arabe* des frères Tharaud me viennent à l'esprit. La musique devient lancinante et plaintive, presque une supplique. Les convives retiennent leur souffle car le moment est solennel : la danse du ventre débute. Deux danseuses, de jeunes Nubiennes, bientôt suivies d'une troisième, avancent au milieu de la scène. Ostensiblement, elles offrent au public un déhanchement provocateur et complice, avant de s'élancer dans une danse frénétique, régulièrement ponctuée de coups de bassin destinés à l'assistance.

L'une des trois danseuses, qui m'a semblé plus cuivrée que les autres, est en réalité nettement plus blanche. Est-ce une gitane cairote qui se serait introduite dans la formation ? Le trio est habillé dans la pure tradition de l'estaminet arabe : ceintures pailletées en forme de diadèmes, faux diamants, émeraudes de pacotille, maillots de corps, gazes transparentes, mousselines, strass, bleuch, koheul, rouge à lèvres carmin, fond de teint, faux cils et ainsi de suite. Aux doigts, un nombre significatif de bijoux et sur la tête des tiares princières. Un régal pour les yeux !

La danseuse vedette se met à aguicher les hommes de l'assemblée, sachant, la scélérate, que sa blancheur l'autorise à des excès que nulle autre dans l'assemblée ne saurait lui contester. Elle vient au-devant, fait onduler son bassin dans des rotations allusives et repart vers d'autres fronts. Son visage reste impassible, comme figé sur un sourire de circonstance. Seuls les billets de banque que des mains généreuses glissent dans son soutien-gorge paraissent la sortir de son extase. Tout en elle pourrait être interprété de manière équivoque, ses clins d'œil, sa démarche, l'incandescence de ses dons éphémères, les zones choisies de son corps qu'elle a savamment dénudées, mais pourtant rien ne vient jamais récompenser l'idolâtre !

Soudain, la jeune fille entame un étrange exercice : postée au centre de l'estrade, les jambes légèrement fléchies, elle fait imprimer à ses seins un mouvement de rotation de droite à gauche, de gauche à droite, de bas en haut et de haut en bas, sans quitter un seul instant son air hiératique. Lorsque l'ambiance est chauffée à blanc, et que l'euphorie des participants atteint son sommet, elle conçoit le projet incroyable d'envoyer un sein vers son épaule, puis le second, puis de nouveau le premier, alternativement en solo et en duo, tout en épousant au plus près le rythme endiablé des instruments.

Lorsqu'elle arrive au terme de son numéro, non sans avoir au préalable essayé de faire mouvoir ses seins dans le sens opposé, elle fait mine de « ramasser » sa très éloquente poitrine, la ramène sur ses épaules en esquissant de la main un geste faussement hautain, et quitte triomphalement la scène en claudiquant à la manière de Charlie Chaplin. C'est d'un drôle !

Maintenant, le public exulte. Les femmes applaudissent sans retenue, quant aux hommes, ils sifflent et crient à tue-tête. Comme à la Comédie-Française, ces sultanes de la nuit sont rappelées à plusieurs reprises, couvertes de fleurs, en un mot adulées. Paradoxe de l'art, lorsqu'il est libre. Cette scène je l'ai vue il y a longtemps, la reverrai-je un jour ?

La contradiction sociale, elle aussi, est à son comble : ici, au cœur de la morale la plus rigoriste, à quelques encablures de l'autodafé où l'on jeta les très libertines *Mille et Une Nuits*, assister à une telle soirée au clair de lune, je n'en revenais pas !

Toute danseuse du ventre émérite doit ainsi pouvoir maîtriser le balancement saccadé, symétrique ou asymétrique, de ses hanches, imprimer à ses bras et à ses épaules une synchronisation déliée et souple, sans délaisser le port de la tête ; ces trois « étages du corps » composant cette architecture visuelle somptueuse qui subjugue le spectateur.

La poitrine, par son pouvoir d'attraction, et le nombril sont les points névralgiques de toutes les rotations du corps. Les déhanchements se présentent comme un déplacement continu et répété du nombril (en forme de 8 disent les danseuses), le centre de gravité du corps de la danseuse. Le bassin contribue à lui donner un caractère voluptueux, plus hardi.

Pirouettes, arrêts esquissés sur un demi-temps, faux départs et tant d'autres pas – dont le « pas du chameau », l'un des plus difficiles à exécuter – font partie des mouvements de base exécutés par toute bonne danseuse. Le corps de la danseuse acquiert avec la pratique une fulgurance impétueuse propre aux jeunes volcans. Mais, que l'on ne s'y trompe pas, seule la danseuse qui a su mesurer l'importance du dialogue sensuel qui se joue avec ses admirateurs peut trouver les mots pour le leur dire.

La popularité de la danse du ventre est due au cinéma égyptien. Les célèbres danseuses égyptiennes, comme Samia Gamal, Tahya Karioka ou Nabawiya Moustapha, ont ainsi connu la gloire. Aujourd'hui, on ne jure que par Fifi Abdou, Sherihane et Dina. Les grands noms de la chanson arabe eux-mêmes se sont laissé séduire. Ils composèrent tantôt pour les artistes elles-mêmes, tantôt pour le night-club. Un bref tour d'horizon du marché musical actuel montre combien l'imaginaire de cette danse traverse la chanson arabe : toutes les grandes stars de la chanson, les frères Rahbani, Farid al-Atrache, Mohammed Abdelwahab, Ahmad Rami y figurent. Dans ce film culte que fut *Abi fawq chajarah* (« Mon Père sur la branche »), les millions de fans d'Abdelhalim Hafaz découvrirent soudain son regard de braise hypnotisé par le nombril pailleté de sa compagne. Vinrent la *Belly Dance* et ses succédanés, *Dance of Harem*, *Exotic Oriental Dance*, *Belly Dance Fever*, *Belly Dance for Ever*, autant de titres dont le succès dépassa toutes les espérances.

Exportée-importée, la danse du ventre allait suivre

la migration des Arabes vers les grandes métropoles européennes et américaines. Aujourd'hui, on assiste, à côté de petites formations méthodiques, à une inflation de stages sur les origines sacrées de ladite danse du ventre que la société laïque a désacralisée. Certaines jeunes artistes arabes tentent désormais de la sortir de son image licencieuse originelle pour la rendre plus acceptable, la faire ainsi passer, de la danse voluptueuse destinée à un public d'hommes, à la chorégraphie.

La vogue de la danse va bien avec les frivolités de notre temps. Ce qui explique qu'on l'emploie parfois au service de spéculations sordides où l'argent le dispute à la vulgarité. Que ce soit au Caire, à Hammamet, à Londres ou sur les bords de Seine, la danse du ventre est devenue aussi le symbole d'un univers indigent et misérable, où le dieu argent règne en maître. Pourtant, à l'instar du flamenco et du tango, la danse du ventre témoigne d'une culture vivante, riche et complexe où le corps n'est ni isolé, ni consommé comme une marchandise. Il est ornement, certes, mais de ces ornements touchés par la grâce qui sont, dit opportunément Salah Abou Seif, le cinéaste égyptien, « inventés pour améliorer le quotidien ».

Dar al-islam

Littéralement, la « Demeure de l'islam », car *dar* signifie maison et demeure. Cette expression reprend la terminologie classique selon laquelle l'empire du calife était divisé en trois parties : la Demeure de l'islam bien sûr, la Demeure de la négociation et de la paix (*Dar as-sulh*) et la Demeure de la guerre (*Dar al-harb*). Certains auteurs contemporains voient dans l'accueil des immigrés musulmans en Europe et dans le monde une réinvention du concept de « Demeure de la paix ». La notion de *Dar al-islam*, qui, donc, inclut dans ses acceptions la notion de paix, fut popularisée au moment des croisades. Elle accompagne l'expansion de l'islam, sa civilisation, ses populations et ses conquêtes pacifiques. Par extension, on a appelé *Dar al-imara* le lieu où se prennent les décisions de l'autorité politique, soit le palais du calife lui-même ou son équivalent. La notion de *Dar al-islam* doit être comprise comme cet espace ultime que les premiers conquérants musulmans ont voulu donner à leur calife. En d'autres termes, il s'agit bien d'une hégémonie, un espace ouvert à la prédication des armées et de leurs différents chefs. Il faut dire que la continuité avec laquelle les musulmans ont voulu marquer leur territoire est époustouflante de rigueur et de constance.

Les étrangers qui aujourd'hui franchissent le détroit de Gibraltar, ceux qui aiment Istanbul, ceux qui achètent une maison à Essaouira ou à Nabeul, les amoureux du Sahara algérien, ainsi que les touristes d'Egypte, d'Indonésie, des Comores et des îles de l'océan Indien sont des faiseurs de paix et par conséquent rentrent dans la catégorie du *Dar as-sulh*. En revanche, les kamikazes, les idéologues doctrinaires, les pousse-au-crime qui forment des soldats et des terroristes sont les défenseurs du territoire de la guerre.

Dans la mesure où l'islam n'a plus de « demeure » fixe et que les musulmans vivent partout sur la surface du globe, il est peut-être temps d'accorder à tous ceux qui les côtoient et qui vivent avec eux en bonne intelligence un doctorat *honoris causa* collectif par lequel on reconnaîtrait publiquement leur humanisme et leur bonté. Une façon comme une autre de ne pas laisser le champ libre aux intégristes, ceux d'ici et ceux de là-bas, qui vivent surtout de la désunion, de l'ignorance et du manque de communication entre les gens de bonne volonté.

Décolonisation

En 1931, est publiée à Paris, à la Librairie d'art Louis Reynaud, une superbe collection de soixante-six planches en noir et blanc regroupées sous le sobre intitulé *Le Bas-Relief du musée des Colonies*, œuvre du sculpteur Alfred Jannot. Le musée des Colonies est l'ancien nom de l'actuel musée des Arts africains et océaniens, situé à la Porte Dorée, à Paris. En une fresque gigantesque, rendue avec la minutie du style d'alors, expressif et naturaliste, le sculpteur a littéralement sublimé l'œuvre coloniale de la France. L'Afrique noire y occupe une place de choix. On peut y admirer des planches évoquant les fastes de l'ex-AOF (Soudan, Côte-d'Ivoire, Dahomey, Afrique équatoriale, Oubangui, Congo, Tchad, Gabon). Parmi les pays les plus prisés, il faut citer dans l'ordre le Dahomey, le Soudan, le Congo, la Côte-d'Ivoire et Madagascar. L'Afrique du Nord, largement photographiée au moment du centenaire de la colonisation (1830), a ici la portion congrue.

Evidemment, ces pays n'ont d'autre valeur aux yeux des Européens que celle que produisent alors leur sol ou leur sous-sol. A défaut de faire figurer toutes ces richesses de l'Empire, l'artiste les cite tout simplement : bois, huile, coton, riz, gomme, café, kola, huile de palme ou de coco, poivre, canne à sucre, vanille, caoutchouc, charbon, soie, artisanat, etc.

Sous le ciseau de Jannot, les personnages du bas-relief sont aussi emblématiques que possible. Il faut dire à sa décharge que l'Empire est vaste puisqu'il couvre un espace qui va de l'Atlas aux confins du Tonkin, en passant par l'Indochine, Tahiti, les Antilles, la Réunion et les îles du Pacifique. Tous, hommes ou femmes, ont le torse dénudé. Les hommes font montre d'une force herculéenne, les femmes souriantes arborent des mamelles ostentatoires. En représentant les mâles sous cet aspect caricatural, en exhibant les formes féminines à l'image des Vénus callipyges aux seins triomphants, Jannot ne fait là que magnifier l'œuvre émancipatrice de la France. A l'époque, c'est un point crucial, les Britanniques ne font d'ailleurs pas autre chose. Les thèmes puisés dans un patrimoine mythologique familier aux Européens sont tour à tour déclinés : la paix, l'océan, l'abondance, la liberté. Cérès côtoie le Soleil, et les vaisseaux sanguins de l'Empire sont figurés par des bateaux qui sillonnent les mers du Sud et dont les ports d'attache sont en métropole : Bordeaux, Le Havre, Marseille... Tout va bien.

A l'époque de l'Exposition universelle de Paris, et surtout au moment du centenaire de la colonisation de l'Algérie, personne ne peut se douter que cet « élan civilisateur », alors à son apogée, va être brisé net. Le vent de la décolonisation va bientôt souffler fort, très fort, relayé ici et là par des mouvements de résistance nationale, notamment en Algérie. Progressivement, le Maroc et la Tunisie, mais aussi le Liban, la Libye, l'Egypte et l'Afrique noire vont acquérir une large autonomie. Poussée à son extrême par les intérêts divergents des élites coloniales, la contradiction algérienne débouchera finalement sur la terrible guerre d'indépendance à laquelle mettra fin le référendum d'autodétermination le 1er juillet 1962.

Dans les années soixante et soixante-dix, le mot décolonisation figure sur la plupart des manchettes de journaux, mobilisant sans relâche les intellectuels, les philosophes et tous les hommes politiques. Qu'en est-il aujourd'hui de cette décolonisation, notamment dans les pays arabes et musulmans ? La question mérite d'être posée, notamment en matière de développement économique mais aussi politique si l'on en juge par la nature des régimes, souvent immatures, qui ont pris le relais. « La décolonisation a-t-elle été un bien ? » se demandent souvent les anciens colonisés. Par quels paradoxes la démocratisation des régimes postcoloniaux devra-t-elle passer pour accoucher de Constitutions solides et surtout d'Etats pérennes ?

Désert

Cliché pour les uns, mythe pour les autres, le désert fait partie de ces images d'Epinal que l'on ressasse sans fin, à la manière inconsidérée d'un rite. D'où nous vient cette fascination ? Du sable ; de l'insolation, des mirages ou de la simple quiétude trouvée dans une oasis du bout du monde ? Le désert est par définition un lieu de l'extrême ; il est la solitude, l'isolement, le vide : à perte de vue, pas un arbre, pas un animal, en un mot pas âme qui vive, si l'on excepte les tamaris qui font tourner la tête aux humains et quelques touffes d'herbes rachitiques, un viatique pour le dromadaire, ce « vaisseau du désert ».

Le désert ne laisse jamais indifférent. Le dilettante y met à l'épreuve ses rêves d'enfant ; il s'y livre à corps perdu, rempli d'espérance dans sa quête absolue d'un pur silence. A cet esthète d'un temps infini, il faut parler d'immensités vides, de passion irrépressible et de philosophie zen, lui en vanter les mérites comme le ferait un catalogue touristique. Si le désert est presque devenu un concept, c'est qu'il est avant tout une invention occidentale : ni les Arabes, ni les bédouins, ni les Libyens, ni les Touaregs n'éprouvent de réelle fascination pour lui. Ils le subissent, comme on subit un compagnon revêche et hostile. Ce grand ennemi des hommes peut-il être amadoué ? Cela ne semble pas impossible, à lire les études faites sur les épopées guerrières des Touaregs et les razzias des anciens bédouins. Mais leur intimité avec le désert n'est jamais totale ; elle conserve une part de prudence, parfois de suspicion ; elle n'encourage pas non plus la témérité sauf en cas de péril. Et la tragédie n'est jamais plus éloignée que la dune toute proche, *sayf*, le sabre en arabe, comme l'appellent les Tunisiens, sa mobilité demeurant une énigme impénétrable.

La dimension esthétique du désert est venue des premiers périples entrepris au XIXe siècle par quelques aventuriers. Au voyageur des contrées humides, l'autochtone a enseigné la grâce, la beauté de son paysage. Tout l'imaginaire occidental s'en est nourri, particulièrement ces deux derniers siècles, le XIXe et le XXe siècle : depuis Wilfred Thesiger, auquel on doit *Le Désert des déserts* dans la célèbre collection « Terre humaine », à Jean-Marie Le Clézio, en passant par Volney, Loti, Maupassant, Nerval, Fromentin, Bertrand, Lamartine et Balzac – il n'y a jamais mis les pieds, mais sa phrase est restée : « Le désert, c'est Dieu sans les hommes » –, combien de desseins littéraires se sont révélés à l'ombre des palmeraies du Sud algérien, en Libye, dans le Grand Erg oriental, à Timimoun, à Tadjoura, à Muscat ? Des premiers chrétiens de Syrie à Jean Monod en passant par Vincent Monteil, personne n'a résisté à l'appel des vents dans le désert, à sa lumière si caractéristique et aux effroyables tempêtes de sable ; Chateaubriand lui-même s'est laissé convaincre et son *Itinéraire de Paris à Jérusalem* a ouvert la route à beaucoup d'autres voyageurs que la foi emmenait jusqu'aux Lieux saints, à Pétra, à Saint-Jean-d'Acre, au Sinaï. De son côté, la comtesse de Gasparin (1813-1894) s'évertua à marier la lecture de la Bible à l'exaltation laiteuse des nuits étoilées. Elle lisait les Psaumes à voix haute : « Il mena son peuple au désert, car éternel est Son amour » (CXXXV, 16). Bonté du Christ, l'Invisible effrayant se transforme en gage d'amour. Un amour que Charles de Foucauld* s'en alla partager avec ses nomades de Tamanrasset, à l'Assekrem, pour y mourir en leur compagnie.

Le désert renvoie à l'Origine. Les moines y vivent en reclus dans des couvents, occupés à méditer l'Evangile, bien loin des contraintes mondaines. On croise de nombreux missionnaires et autant de soldats, notamment ceux qui sont en poste aux frontières – frontière dans un désert, une équation à combien d'inconnues ? Ces vigiles solitaires doivent à l'armée leur bizutage du désert. Certes, pour la commodité du séjour, ils ont appris les violences calcinées du *djerid*, noté sur leur carnet de bord leurs singulières découvertes, et ont eu tout le loisir de méditer sur le sirocco et le khamsin*. La « Grande Muette » s'est inclinée devant le « Grand Solitaire », surtout lorsque celui-ci est à la lisière du monde, au Sahara, à Gaggadé ou au Fezzan.

Moins noble est la version contemporaine du promeneur, bruyante même lorsqu'il s'agit des concurrents du Paris-Dakar. Il n'est plus rare de surprendre des touristes en goguette, casquette vissée sur le crâne et caméra au poing, pavoisant sur un chameau ou bivouaquant non loin de Tozeur ; pour eux, l'appel du désert est aussi séducteur que les sirènes d'Ulysse. Il faut y prendre garde pourtant, car il est mortel.

Le Sahara, dont le sens étymologique pourrait être « espace lumineux, jaunâtre », devient alors couleur cendre. Et les tourbillons de sable jettent la panique dans le cœur des bêtes. Comment être dupe des méfaits de celui que les Arabes d'Arabie nomment le Rub' al-khali, le « Grand Quart vide » ou le « Quartier vide », ce qui renvoie aux croissants de la lune. La montagne relie, le désert installe, affecte. On dit du Rub' al-khali qu'il occupe une vaste cuvette allant du djebel Toweig au nord jusqu'au Hadramawt (Yémen), au sud, du sultanat d'Oman* à l'est jusqu'aux principautés du Golfe. En tout, 300 000 kilomètres carrés. Une immensité qui prolonge au-delà de la mer Rouge toute la bande jaunâtre du grand Sahara.

Mais le rêve ne craint jamais la mort : tous les ans, une expédition nouvelle, un rallye tentent de vaincre le désert en le traversant de part en part. On a vu les savants qui somnolent dans le défaut d'une dune, le chapeau rapporté sur leur visage, en attendant que le soleil se couche, on se rappelle une belle expédition Citroën, on a vu des bolides perçant l'horizon à plus de 200 kilomètres à l'heure, on a vu des traversées en ballon, mais les traversées en solitaire ou à vélo sont peut-être pour demain. Et pourquoi pas des traversées en char à voile et en minibus climatisé !

Dhimmis

Littéralement « protégés ». Le mot désigne les juifs et les chrétiens qui, au temps de l'Empire musulman, vivaient sous la protection du calife. Ce statut, créé par Umar, le deuxième calife de l'islam, est codifié par des règles claires et plutôt strictes. On appelle *Ahl ad-Dhimma* ceux qui entraient dans cette catégorie : en échange de leur protection par l'Etat musulman, le califat, ils payaient un tribut peu pénalisant et variable selon les époques. Le statut de la *dhimma* autorisait les *dhimmis* à observer en toute liberté leur culte, à exercer le métier de leur choix et à participer pleinement à la vie économique. En revanche, ils étaient dispensés de mener la guerre au nom de l'islam, ce qui aurait été une absurdité.

Pour excuser l'offense qu'ils auraient pu subir de la part de certains musulmans, zélés ou bornés, les juifs et les chrétiens, comme tous les *dhimmis*, devraient aujourd'hui recevoir le pardon de l'islam. Bien sûr, aucune autorité locale ou régionale n'est habilitée à formuler ce pardon, et comme l'islam n'a pas vraiment de clergé, on s'en tient à une sorte d'amende honorable que chaque musulman accorde à son voisin juif ou chrétien, à son partenaire de travail, etc.

Divan occidental-oriental *Voir :* GOETHE ET L'ORIENT

Diwan

Le mot persan *diwan* a donné divan – le divan du psychanalyste – et très probablement aussi douane (en arabe *diwana*), ce qui n'est pas rien. Mais, il y a mieux. Dans la culture musulmane, le mot *diwan* est synonyme de livre, de recueil ou d'anthologie, à l'instar des *diwans* poétiques de Hafiz, d'Antara, de Jarir, etc. Dans un registre politique, il a longtemps désigné le domaine administratif ou financier, parfois tel ou tel conseils affiliés au palais et plus généralement l'administration qui en avait la charge. Aujourd'hui, seule l'acception littéraire n'a pas évolué. On parle du *diwan* d'Imrou al-Qaïss, de Moutanabbi, de Farazdaq, de Hafiz, de Nizami. C'est l'équivalent de notre collection de la Pléiade. Il faut dire que tous les poètes arabes ont leur *diwan* et il n'est aucun libraire arabe, aucun étudiant qui ne se targuent d'en posséder plusieurs. L'édition libanaise ayant inondé le marché du livre avec autant de *diwans* que de littérateurs, il faut, avant d'en acheter un, veiller à trois détails importants : que le *diwan* soit donné dans sa version intégrale, qu'il soit accompagné d'une solide introduction signée par un connaisseur et qu'il comporte un appareil critique et de nombreux index. Reste la couverture : elle est parfois reliée, la version brochée, elle, est souvent illustrée – avec plus ou moins de goût.

Djahiz

On l'a comparé aux plus grands, à Brummel pour l'élégance de son style, à La Bruyère pour sa peinture des mœurs, et puis aussi à Restif de La Bretonne, Voltaire, La Fontaine, Erasme, Molière, Descartes... Mais Djahiz (775-868) a aussi l'étoffe des plus célèbres défenseurs de la liberté et de la libre parole, celle aussi des meilleurs humoristes, car son œuvre est souvent drôle. Les Arabes l'appellent aujourd'hui al-Djahiz, « l'Exorbité », d'après son sobriquet, plutôt péjoratif, donné en raison d'une cornée saillante, assez disgracieuse qui lui faisait un air hagard. En réalité, il s'appelait Abu Uthman 'Amr ibn Bakr ben Mahbub al-Kinani al-Fukaïmi al-Basri – le patronyme arabe déclinant à la fois l'identité, la parenté par le père, le lieu de naissance et même la ville : c'est une véritable adresse postale.

Djahiz est né entre 775 et 777, à Bassora, dans le delta du Tigre et de l'Euphrate, une ville qui doit son essor au commerce florissant qu'elle eut par le passé avec les côtes de l'Afrique orientale et de l'océan Indien. Il est issu d'un milieu plutôt aisé, mais la lignée à laquelle notre auteur appartient compte d'anciens esclaves affranchis, une marque d'infamie que Djahiz n'effacera jamais complètement. Non-Arabe d'origine, il entend bien, malgré tout, se faire dans l'Etat abbasside et la civilisation de l'islam une place au moins égale à celle des familles aristocratiques de l'Arabie. Durant le siècle des Abbassides, Djahiz assiste à la naissance du cycle des *Mille et Une Nuits*, ainsi qu'à l'ouverture de maisons de la sagesse où philosophes et docteurs débattent en toute liberté de tous les sujets. L'appui de grands califes, dont Haroun al-Rachid (766-809) et son fils Al-Mamun (783-833), deux mécènes épris des lettres, favorise, il est vrai, le mouvement général des idées. L'époque est à l'effervescence intellectuelle : la pensée grecque – *La République* de Platon, les réflexions de Socrate, d'Epicure ou d'Aristote – est depuis peu traduite en arabe. En 820, le premier observatoire astronomique est construit à Bagdad. Les controverses théologiques des *mu'tazilites*, mouvement de libres penseurs musulmans né à la fin du VIIIe siècle, sont lues en cachette et passent de main en main. Ces derniers ne manquent pas d'audace : pour la première fois, des penseurs musulmans revendiquent haut et fort le droit d'exercer leur raison dans tous les secteurs de la vie quotidienne, y compris dans celui de la religion. Dans ce contexte stimulant, Djahiz se taille une place d'envergure : son franc-parler est notoire mais ses écrits sont encore plus cinglants. Car lui aussi est *mu'tazilite*. Ses critiques de la société et de la religion sont particulièrement redoutées.

Son acuité intellectuelle, sa curiosité, son éducation ont fait de Djahiz le meilleur observateur de la société basriote et bagdadienne de son temps et, plus généralement, l'un des plus grands peintres de l'âme arabe et musulmane des deux premiers siècles de l'islam. Il nous a laissé plusieurs centaines d'opuscules philosophiques, des notules, des épîtres et des discours. Beaucoup ont été plagiés sans vergogne.

On rapporte deux anecdotes qui éclairent d'un jour singulier sa personnalité. La première a trait à son physique. 'Amr ibn Bahr, qui n'était pas d'une beauté renversante, fut un moment pressenti comme précepteur du prince, charge que le calife al-Mutawakkil'Atta Allah (822-861) cherchait à pourvoir. Mais sa candidature fut écartée, le calife ayant jugé que le philosophe était trop repoussant pour une telle fonction. L'autre anecdote, et tous les lettrés arabes aiment à la raconter, est tout aussi significative. Un jour, alors qu'il recevait ses amis, les rayonnages de sa bibliothèque s'affaissèrent sur leur hôte tant et si bien que ses compagnons le crurent mort. « Djahiz s'est *enlivré* ! » se seraient-ils écriés. En 868 (ou 869), Djahiz mourut à la suite d'une longue maladie.

L'œuvre de Djahiz est immense. On dit aussi de lui que c'est l'inventeur de la prose arabe, *al-adab*. Mais son vrai mérite est d'avoir su structurer, organiser la pensée de son époque en privilégiant l'esprit critique. Avec Djahiz, et quelques contemporains, la langue arabe a cessé d'être le sanctuaire du seul Coran. Et s'il a bénéficié d'une époque clémente, cela ne diminue en rien le courage qu'il montra à désacraliser l'univers où il vivait, en exprimant librement ses idées surtout lorsqu'elles étaient sacrilèges.

Djihad

Deux sens distincts sont généralement donnés à la notion de *djihad*. Le premier sens est guerrier : la *djihad* évoque alors la guerre sainte, pour autant qu'une guerre puisse être sainte. C'est le sens qui a prédominé aux premiers siècles de l'islam, au moins jusqu'au règne d'Haroun al-Rachid* qui mit fin à l'idée de mener la guerre à toute l'humanité, en signant un traité de non-agression mutuelle avec Charlemagne. Par la suite, les souverains qui eurent la charge de l'Empire musulman, notamment les Aghlabides de Kairouan et les Fatimides, eurent tôt fait de rompre cette trêve pour lancer de nouvelles attaques contre les places fortes de la chrétienté dans les îles méditerranéennes. Un autre exemple de paix islamo-chrétienne est, au XIIIe siècle, l'établissement de véritables relations diplomatiques entre Byzance au temps de Michel VIII Paléologue et l'Egypte des sultans mamluks, Baibars et Qala'un.

Les pays à conquérir et leurs habitants, considérés comme infidèles ou païens, hérétiques et mécréants dans les pays où l'islam est déjà établi, ainsi que certains souverains arabes récalcitrants, furent tous combattus au nom de cette première *djihad*. Si l'on se réfère au *Sahih*, *l'Authentique*, l'œuvre monumentale d'El-Bokhari (810-870), on réalise combien la guerre sainte occupe les esprits des premiers musulmans. Toutes leurs batailles y sont mentionnées. L'une d'elles fut plus importante que les autres. Elle a lieu en l'an II de l'hégire (624 après J.-C.) près d'un puits nommé Badr, une halte obligée sur les pistes du désert. Les caravanes devaient en effet s'y arrêter pour désaltérer les bêtes. Des informateurs avaient indiqué au Prophète l'imminence d'une caravane de Mecquois, conduite par Abu Sufiane lui-même, puissant oligarque de La Mecque, et bien sûr adversaire résolu de la prédication mohammédienne. On fit poster des gardes, une rangée de soldats en première ligne et une autre à l'arrière, tous prêts à en découdre.

En face, l'armée ennemie était dix fois plus nombreuse, équipée, entraînée et tout aussi résolue que son maître. La bataille s'annonçait aisée, quasiment un exercice d'entraînement. Et pourtant. L'esprit des Mecquois était d'une tout autre nature que celui des forces mohammédiennes : d'un côté, la suffisance que donne le nombre, le relâchement d'une armée peu soudée, payée rubis sur l'ongle et composée essentiellement de mercenaires ; de l'autre, une discipline de fer, la motivation, le don de soi, le sacrifice. Que se passa-t-il ? L'armée des Qoreïchites fut taillée en pièces, mise en déroute, humiliée. En revanche, le clan du Prophète en sortit renforcé, grandi, acclamé à son arrivée par la population médinoise qui attendait impatiemment. Le Coran lui-même s'est fait l'écho de cette bataille dans une sourate qui porte bien son nom, « Le butin » (« al-Anfal ») : « Ce n'est pas vous qui les avez tués ; mais Dieu les a tués. » Ainsi, la guerre sainte est une illustration de la puissance divine. Plus encore, selon le Livre sacré, si les musulmans constants ou endurants (*sabirûn*) sont au nombre de cent, ils vaincront les incroyants qui sont le double ; lorsqu'ils sont au nombre de mille, ils viendront à bout d'une soldatesque de deux mille (Coran VIII, 66). L'apologie de la guerre sainte est née là, dans le feu de l'action. Ses inspirateurs en sont les premiers musulmans conduits par le Prophète en personne. Dans un style propre à la littérature thuriféraire, El-Bokhari épelle le nom des quarante-cinq protagonistes de la bataille de Badr, désormais emblématique. Pour faire bonne mesure, les quatre premiers califes, Abu Bakr, Umar, Uthman et Ali, sont tous présents, aux côtés du Prophète. Mais on y trouve encore Bilal, ancien esclave affranchi devenu le premier muezzin de l'islam, Hamza, l'oncle paternel du Prophète, et un grand nombre de jeunes recrues des clans des Ansars, de Qoreïch et des Ibn Awf. A lire ces noms qui défilent, on se croirait dans un cimetière de généraux américains – la même sacralité.

Reste, et c'est le second sens de la *djihad*, ce *hadith** du Prophète qui, regagnant Médine après avoir vaincu une nouvelle attaque ennemie, dit à ses proches compagnons : « Certes, oui, nous avons remporté une victoire, mais ce n'est que la petite (*al-djihad al-asghar*), la vraie et grande victoire (*al-djihad al-akbar*) nous attend. Elle est celle que nous mènerons aux dépens de nos faiblesses et de notre ignorance. » C'est le combat du pot de terre contre le pot de fer, la parole de Mohammed – à cette date déjà respecté comme jamais prophète ne le fut – contre celle du Coran, parole divine s'il en est. Un *hadith** vaut-il un verset coranique ? Indubitablement, la puissance des versets coraniques qui sanctifient la guerre, et lui associent cette bénédiction particulière liée à la sainteté d'un acte divin, honoré d'avance, va fasciner durablement les jeunes musulmans, certains s'offrant en sacrifice ultime, dans un acte suicidaire qui est pourtant réprouvé par la *doxa*.

Aujourd'hui, la plupart des exégètes et des commentateurs du Coran estiment que le temps est venu de lire autrement les sourates coraniques, de privilégier la parole de Mohammed. Mais périodiquement, et bien qu'il soit souvent considéré comme réactionnaire et fondamentaliste, le parti qui réfute, au nom d'une lecture littérale du Coran, toute extrapolation historique trouve de nombreux défenseurs. Pour ceux-ci, défendre Dieu partout où il est profané est un acte de foi. Un tel engagement n'est donc pas personnel car il est inscrit dans le corps même du texte sacré, ce qui lui donne davantage de crédit. A l'inverse, d'autres musulmans, dans une perspective plus contemporaine, encouragent une lecture symbolique de la guerre sainte comme dépassement de soi, convaincus du fait que plusieurs siècles de non-guerre ont permis à l'islam d'atteindre une splendeur qu'aucune guerre ne lui apportera jamais. Ceux-là s'inscrivent dans un mouvement universel de maîtrise de soi, prônant des comportements de sagesse et de paix intérieure. Cette attitude est dans la lignée des grandes philosophies classiques. Le Grec Euripide (480-405 av. J.-C.) haïssait celui qui, se disant sage, ne l'est pas d'abord pour lui-même, et l'adage de Delphes, qui a conquis Socrate, semble lui donner raison : « Connais-toi toi-même. » Cette même idée était déjà formulée par le Chinois Lao Tseu (570-490 av. J.-C.) : « Connaître les autres, c'est sagesse. Se connaître soi-même, c'est sagesse supérieure. »

Djinns

Les djinns (*djenoun* en réalité, car *djinn* est du singulier) sont de retour ! Certains sont croyants et obéissants. Ce sont des djinns positifs, bienfaisants pour l'homme. D'autres comme Satan (*Chaytan*) sont méchants, en un mot ennemis de l'homme. Pour autant, sont-ils responsables ? Rien n'est moins sûr. Car au-dessus d'eux, il y a le maître des djinns, l'*Ozraïn*, patron de l'enfer, ou *Iblis*, le plus grand des Satan. Mais attention ! Un djinn est bon quand il n'est pas mauvais, ce qui lui donne une entité double, prompte à séduire ou à tromper. Pour le Coran, ces « êtres subtils » vivent dans un monde parallèle à celui des hommes, mais restent invisibles. Ils sont « créés de feu » (LI, 56 ; LXXII, 1-15). On dit *maskoun* pour qualifier celui qui est « habité, hanté », du moins est-ce comme cela qu'il est appelé par le *taleb*, le charlatan. Souvent il s'agit d'un pauvre hère, un *homeless* dirait-on aujourd'hui, qui délire tout seul dans la rue, faute de n'avoir personne à qui présenter ses doléances.

A Constantine, où j'étais étudiant, j'ai un jour rencontré un homme étrange : il avait, prétendait-il, le don de chasser les djinns du corps des possédés. Un exorciste ! C'était un personnage effacé et tranquille, et personne n'aurait imaginé que cet olibrius originaire de Mila, une ville du Nord constantinois, était un expert de l'irrationnel. Il m'expliqua avec force détails que le djinn malfaisant quittait le corps par les orteils. Cette libération était obtenue lors d'un tressaillement général ou plutôt un séisme corporel. Cette étrange façon de parler des esprits me fit penser aux contes des *Mille et Une Nuits* que Victor Hugo, dans *Les Orientales*, a su résumer d'un seul trait :

C'est l'essaim des Djinns qui passe
Et tourbillonne en sifflant.
Les ifs que leur vol fracasse
Craquent comme un pin brûlant.

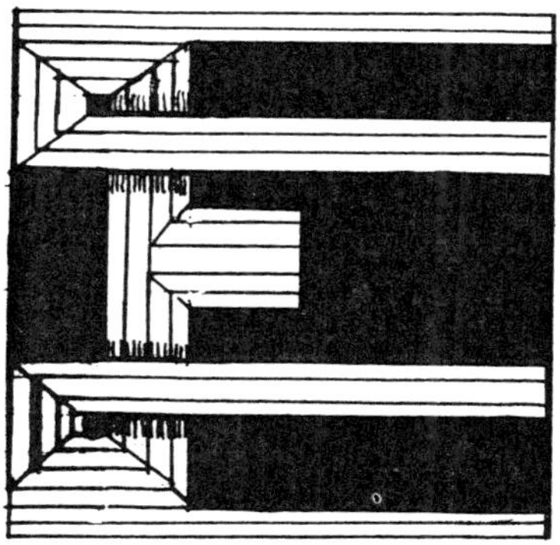

« — Quoi de neuf ?
— Rien de neuf.
— Dieu soit loué ! »

(formule de salutation mauritanienne).

Echecs

Avec leurs trente-deux pièces, les échecs, *chitrandj* en arabe, sont un jeu d'origine indo-persane. C'est un jeu mental et complexe à la manière de tous ceux qui ont été inventés en Chine, en Inde, dans l'Asie spirituelle en général. Il nécessite du savoir-faire, la faculté d'analyser d'un seul coup d'œil l'échiquier et un bon sens de l'anticipation. Les *aficionados* n'abandonnent jamais une partie en cours, c'est sacrilège. Lorsqu'on est « échec et mat », on s'incline devant l'adversaire. S'il gagne quelques tournois, il est aussitôt respecté comme un maître, sans réserve. Le même univers de courtoisie entourait déjà les musiciens des époques classiques. Les échecs furent longtemps un divertissement royal. D'ailleurs, n'est pas échiquéphile qui veut. Ainsi je n'en suis pas un. J'ai pourtant essayé, mais la patience m'a toujours fait défaut...

De quelle origine sont les échecs ? Indienne, iranienne, chinoise, mongole, toutes les provenances sont bonnes à prendre pourvu que le mystère demeure intact. Seul Ibn Khaldoun attribue l'invention des échecs à l'Indien Sassa ben Dahir, mais sans donner de date précise. Le monde arabe et, *a fortiori*, l'islam ont donné une place différente aux jeux. Le jeu des échecs faisait, avec le polo, la chasse au faucon, les jeux de cirque et d'acrobatie, la magie et l'adresse, les délices des califes. On mandait le prestidigitateur en début de soirée, mais on gardait le joueur d'échecs pour la longue nuit qui suivait le banquet. Ce penchant aristocratique s'est longtemps maintenu, et à la fin du XVe siècle, Jean-Léon l'Africain admet que le jeu d'échecs est réservé aux classes supérieures de la population : « Entre gens bien élevés et d'un bon milieu, il n'est pas d'autre jeu en usage que les échecs, suivant la coutume des anciens », écrit-il de manière lapidaire.

Entourant le prince le plus en vue, il y a toujours un grammairien confirmé, le poète officiel, le musicien, la danseuse, le conteur et l'amuseur public. Plats divers et confiseries circulent parmi les convives,

ainsi que des boissons fraîches. Au Moyen Age, les échecs constituaient aussi l'activité principale des dilettantes et des mécènes. Les plus virtuoses, comme l'historien As-Suli (IXe siècle), étaient admis dans l'entourage du souverain, et parfois initiaient les princes aux secrets de ce jeu. C'est en tout cas l'opinion de Mas'udi (mort en 956), auteur des *Prairies d'or*, une chronique fleuve sur les mœurs abbassides. L'auteur s'attarde longuement sur la place des échecs dans cette société et fait réciter en leur nom un poème par tel poète de cour. Des tournois étaient organisés entre les élèves sous la surveillance de leurs maîtres, assis en retrait mais toujours vigilants. De temps à autre, ils venaient à la rescousse de leurs poulains, trop flattés de les sortir en un tournemain d'une passe difficile. L'astronome Al-Biruni (973-1050), qui fut par ailleurs un éminent géographe et, partant, le plus grand connaisseur de l'Inde, a décrit par le menu les règles du jeu d'échecs. Il nomme les pions (*baydaq*), l'éléphant (*fil*), la reine (*firzan*), le roi (*shah*), la tour (*rokh*) et le cavalier (*faras*) ; il précise leur rôle, leur valeur et leur circulation sur l'échiquier, le cavalier par rapport à la tour, la tour par rapport à la reine, etc. Au cours des siècles suivants, au XIe siècle en particulier, beaucoup de poètes andalous, Ibn Muqana, Ibn al-Labbana, Ibn Ammar et bien d'autres, chantèrent les mérites de ce jeu palatial si prisé.

Les échecs ont excité toutes les imaginations, et les histoires les plus extraordinaires courent à leur sujet. Ainsi, cette anecdote rapportée par l'historien maghrébin Abdelwahid al-Marrakechi au XIIe siècle, où l'on apprend le rôle diplomatique des échecs dans l'histoire des relations islamo-chrétiennes en Andalousie, à l'instar de celui que jouèrent le basket ou le football dans le dégel des relations sino-américaines ou américano-soviétiques au temps de la guerre froide. Sur les ordres du poète andalou Ibn Ammar (XIe siècle), un échiquier d'une remarquable qualité fut fabriqué, tel qu'aucun roi n'en possédait de pareil. Les pièces en bois d'ébène, d'aloès et de santal étaient incrustées d'or ; le casier lui-même était de toute beauté. Un jour, ce poète se rendit en qualité d'envoyé de Mu'tamid (le calife abbasside de Séville, mort en 1091) auprès d'Alphonse VI dit le Vaillant (1042-1109). Le rendez-vous avait été fixé à la frontière du territoire musulman et le prince chrétien le reçut comme il l'aurait fait pour un vizir ou un ambassadeur des Maures de Séville. Alphonse VI qui avait eu vent du fameux échiquier d'Ibn Ammar demanda à le voir. « Je te l'apporterai, lui répondit le poète, mais à condition que nous y fassions une partie ensemble : si tu gagnes, il t'appartient ; si tu perds, je gagne une discrétion » (c'est-à-dire lever le siège et ne plus envisager de conquérir les musulmans). Le roi chrétien ayant accepté le défi, « le vizir demanda alors qu'on constituât comme témoins des nobles qu'il cita. Alphonse les fit venir et la partie s'engagea. Or, nous l'avons dit, Ibn Ammar était d'une force telle que personne en Espagne ne pouvait le gagner, de sorte que, cette fois encore, il battit complètement son adversaire, qui ne put faire un seul coup »... Ainsi prirent fin – temporairement – les visées expansionnistes d'Alphonse VI. Une trêve, certes, avant la défaite almohade à Las Navas de Tolosa, en 1212, et la reprise de Séville en 1248 par les chrétiens...

Epices

Il n'y a rien de plus universel que les épices. Ces petits condiments sont devenus les francs-tireurs de la cuisine, à l'échelle mondiale. Opiniâtres et résistants, ils ont traversé les siècles et les pays, s'emparant sans scrupules de nombreux terroirs culinaires, prenant place sans vergogne dans la plupart des recettes élaborées. Au IXe siècle, déjà, Ibn Khurdadba, un voyageur musulman né en Perse, évoquait les épices que les négociants de son temps rapportaient dans son pays : « Ils rapportent de Chine du musc, du bois d'aloès, du camphre, de la cannelle et d'autres épices. Ils reviennent à Qulzum, puis transportent leurs marchandises à Farama, avant de s'embarquer sur la mer Occidentale. »

Les épices qui transitent au Caire depuis des siècles proviennent de tous les pays connus, ou peu s'en faut : les poivres noir ou blanc venaient de Ceylan et de Malabar ; le poivre gawrie de Cochin ; le poivre long de Sumatra et de Java ; le clou de girofle des Moluques, de Malacca et des Amboines ; la noix de muscade des Moluques et de Banda ; la cardamome de Malabar ; le gingembre de l'Inde ; le tamarin du Soudan et de l'Abyssinie ; la scamomonée, une gomme purgative, de Syrie ; le camphre de Chine, de Bornéo et de Sumatra ; le santal de Ceylan, de Timor, d'Indochine et de l'Inde ; le benjoin de Sumatra ; l'encens d'Arabie et d'Abyssinie ; et la plupart des gommes de la péninsule Arabique, notamment d'Oman et du Yémen, parfois du Soudan

Les *Mille et Une Nuits* décrivent des personnages sentant le safran, l'ambre, le musc et le santal. Les marchés y regorgent d'épices et de condiments. L'une des plus importantes routes des épices passe par la côte orientale africaine : Mogadiscio, Mombasa, Zanzibar, surtout Zanzibar et, plus bas encore, les Seychelles, Madagascar, l'île de la Réunion.

Espagne musulmane *Voir :* ANDALOUSIE

Etranger

« Ah ! Ah ! Monsieur est Persan ! C'est une chose bien extraordinaire ! Comment peut-on être Persan ? » disait déjà, au début du XVIIIe siècle, un personnage de Montesquieu dans les *Lettres persanes*. Une telle curiosité bienveillante est-elle possible encore aujourd'hui en France et en Europe ? Qu'auraient pensé Montesquieu, Voltaire ou Chateaubriand de l'évolution sémantique du mot étranger, l'*extraneus* des Latins ? Tchouang-Tseu, le philosophe chinois, disait : « Tout le monde connaît l'utilité de l'utile, mais personne ne sait l'utilité de l'inutile. » Inutile, l'étranger ? L'étranger est, par définition, celui qui ne s'étonne de rien, ayant quitté le cocon d'un village ou d'un pays où il pouvait s'exaspérer de tout. Plus paradoxalement, il y a des nationaux qui se sentent des étrangers. L'attitude des jeunes Français d'origine musulmane face aux élections s'inscrit dans cette logique : nationaux par la naissance, ils demeurent peu intégrés au tissu social au point d'oublier de s'inscrire sur les listes électorales. Il faut du temps pour faire oublier à l'étranger son histoire, lui en octroyer une autre.

Le statut de l'étranger est bien vague, parfois si peu consistant qu'on peine à le saisir. Ainsi le mot n'est pas cité dans la Déclaration des droits de l'homme, et la littérature en est à peu près exempte. Exception notable, *L'Etranger* d'Albert Camus, mais l'angle existentialiste du livre masque la condition réelle de l'étranger. De fait, si Meursault, le personnage principal du roman de Camus, est confronté à l'événement le plus banal, y compris celui de tuer, ce qui le sortira de sa singularité en en faisant un meurtrier, il n'en est pas de même des Arabes du livre, que l'auteur cite mais en les privant de prénoms. Cette manière d'associer l'étrangeté métaphysique de Meursault à l'anonymat des autochtones algériens, croisés en prison, nous rappelle que chaque étranger est l'étranger de l'autre.

Telle est d'ailleurs l'approche du Lévitique où l'étranger est ce héros absent, à l'image du peuple juif mis en servitude par Pharaon. Promu à un destin époustouflant, le peuple juif fera sienne cette expérience unique, qui demeure en grande partie initiatique : « L'étranger qui réside avec vous sera pour vous comme un compatriote et tu l'aimeras comme toi-même, car vous avez été étrangers au pays d'Egypte » (Lévitique XIX, 24).

On doit à la Grèce antique d'avoir placé le curseur à l'endroit où il se trouve aujourd'hui : l'étranger, le *xenos* (d'où le mot xénophobie) est celui qui n'est pas grec. Non pas qu'il soit spécialement inférieur, tels le Perse ou l'Egyptien, mais ne pas maîtriser la langue d'Homère suffisait à en faire un Autre, peut-être un adversaire ou un ennemi.

L'étranger est selon la tradition coranique le seul *dhimmi** (le protégé), celui qui n'a pas la même religion, car pour le reste, la langue, la couleur de peau ou l'origine géographique n'ont aucune espèce d'importance ou du moins ils ne font pas le pedigree de l'étranger. Mais, en terre d'islam comme ailleurs, aujourd'hui, on ne parle plus de *dhimmis*, mais d'immigrés, de citoyens d'une autre nation, de voyageurs, de touristes. L'étranger continue à nous interpeller ; nous, on continue à l'ignorer.

Eunuques *Voir :* TRAITÉ DES EUNUQUES (LE)

Excision

Parmi toutes les ablations sexuelles, l'excision (*khitan*) est celle qui répugne le plus au musulman. Il en va de même de l'infibulation (d'*infibulatio* et *fibula*, anneau), cette autre opération ancestrale qui consiste à coudre ensemble les parties génitales de la femme pour empêcher l'intromission du pénis, et de la clitoridectomie, l'ablation du clitoris. La plus barbare de toutes ces pratiques est l'excision dite pharaonique, qui consiste en l'ablation du chapeau du clitoris et des grandes lèvres. Si l'islam n'a, certes, jamais rien interdit explicitement dans ce domaine, il n'a, en aucun cas, encouragé une telle pratique qui lui était antérieure dans le temps, et étrangère par la géographie. Au même titre que la circoncision, qui s'est imposée à l'ensemble des pratiquants musulmans au motif d'accroître l'hygiène génitale, l'excision, dont le but jamais avoué est de limiter le plaisir sexuel des femmes, est laissée à l'appréciation des autorités religieuses et des médecins.

On a constaté que les populations africaines qui pratiquent l'excision avaient été récemment islamisées et se situent aux marges de l'islam orthodoxe. Et dans les régions où l'islam est installé depuis longtemps, ces pratiques se perpétuent toujours parmi la population qui conserve jalousement les traditions, là où l'on y recrute le plus de partisans. D'ailleurs, certains théologiens conservateurs – et misogynes –

présentent l'excision comme un acte recommandable et bénéfique (*makrama*), et se fondent sur un *hadith** du Prophète. C'est le cas d'Ibn Abi Zayd al-Qayrawani, au Xe siècle, soit quatre siècles après l'avènement de l'islam, qui l'a consigné dans son épître (la *Risala*) sur le dogme musulman. Une opinion que détiennent, encore aujourd'hui, certains muftis d'Egypte, officiant à la mosquée Al-Azhar au Caire, lesquels préconisent l'excision sur des fillettes à peine nubiles, voire plus jeunes encore.

Il reste que, dans beaucoup trop d'endroits du monde arabe – Soudan, mer Rouge, Mali, Nubie et toute l'Egypte du Sud, Yémen –, l'excision est toujours pratiquée en cachette. Pour expliquer la survivance de cette pratique barbare, on invoque généralement la chasteté des femmes – elles doivent rester vierges jusqu'au mariage – et surtout l'ignorance des populations. A ces deux maux, un seul remède : l'éducation. Celle-ci doit d'abord s'en prendre à cette fausse croyance qui associe l'excision à l'islam lorsque la circoncision elle-même n'est même pas obligatoire pour être un bon musulman. La promotion des femmes dans les pays arabes et musulmans conjuguée à une bonne communication – médicale et religieuse – constituent actuellement les seules voies possibles pour endiguer cette tradition. Mais une telle évolution est à l'image de l'inertie orientale : elle prend forcément du temps.

Exhibitionnisme *Voir :* PATHOLOGIES

Exil

Entreprise solitaire, l'exil se présente comme un tao singulier et unique, une ascèse seulement comprise et appréciée par ceux qui l'ont vécue. Il faut dire que les grandes victoires de l'exil sont amères et toujours incomplètes comme le sont les paradis perdus de l'enfance. Toutes paroles sur l'exil s'apparentent donc à une mise à nu. La *saudade*, une notion étrangère que le dictionnaire français ne devrait pas bouder, évoque bien la déchirure irrémédiable qui sépare le présent de l'exilé de son passé fœtal où il a pris forme. On peut toujours pleurer, rappeler que la nostalgie est un mal du pays (*algia* ne signifie-t-il pas maladie ?) ou vider son corps tout entier du chagrin qu'il traîne comme une mauvaise peine, on ne fera jamais revivre les jours de son enfance. Tous les exilés savent discerner entre tous les possibles celui qui leur convient le mieux. Ils savent aussi fuir les forteresses de chagrin dans lesquelles ils risquent de dépérir. Je ne puis prétendre à ce privilège, car mon exil est pour partie imposé et pour partie désiré. Il est comme la marâtre antique qui finit par aimer ceux que le destin a réduits à sa merci.

Il est une façon distanciée et froide d'entreprendre un discours sur l'exil : consulter le dictionnaire. Il est par définition le reflet exact de la réalité, même et surtout si elle est douloureuse ; il ne triche pas et ne compose pas. Au mot « exil », il évoque tour à tour la déportation, le bannissement, l'expatriation, l'expulsion, la proscription, la relégation. On convoque Mme de Staël. Elle a écrit : « L'exil est quelquefois, pour les caractères vifs et sensibles, un supplice beaucoup plus cruel que la mort. » Il y a donc de la cruauté dans l'exil. De fil en aiguille, le dictionnaire égrène des horreurs. L'exilé doit s'acquitter symboliquement du tribut que la société lui réclame, la dette d'un amour trahi. Il semble mauvais en tout, y compris dans la reconnaissance qu'il n'a pas su manifester envers les siens, ceux-là mêmes qu'il a dû quitter. D'ailleurs un exilé heureux est suspect car, en rompant la logique de l'alibi, il donne au bannissement un caractère salvateur, balsamique. Il n'y a pas de vertu à ruminer sans cesse les effets de l'exil, tout épicé qu'il peut être. L'exilé ne rend pas supportable la peine des proches qu'il a laissés sous prétexte que la sienne est connue, planifiée.

Combien sont-ils à être exilés, déportés, bannis dans le monde ? Tous les écrivains indociles, tous les philosophes novateurs, les médecins fous, les poètes maudits, les religieux illuminés, les libres penseurs sans religion aucune, les militants des causes perdues... Combien sont-ils à avoir rêvé de New York, cette Terre promise ?

Les civilisés se sont exilés autant que les Barbares. Citons-en quelques-uns. Au milieu du XVIIe siècle, Thomas Hobbes s'est exilé d'Angleterre en France ; un siècle plus tard, c'est son compatriote Georges Bryan Brummel, qui mourut en France, non sans avoir perdu la tête. Sénèque a été exilé en Corse, mais aussi Ovide et, surtout, pour ce qui nous concerne, Mohammed qui quitta La Mecque pour Médine, avec quelques compagnons. On les appelle les *muhadjirun*, les « exilés », les « partants ». Exil, *hijra* ou hégire marquent le début d'une ère nouvelle, le début officiel de l'islam. En 622 après J.-C., lorsque le Prophète est chassé de sa ville natale, il se réfugie donc à Médine, qui s'appelle alors Yathrib. Cette oasis de taille moyenne va, par la présence de la délégation mecquoise, « s'illuminer » : *Al-Madina al-munawara*, la Ville illuminée. On appelle Ançars les premiers partisans médinois de Mohammed, ceux qui vont l'accueillir, le loger et le nourrir le temps qu'il organise la première communauté du jeune islam. L'Exil prend fin à Médine, l'hégire* commence.

Extase *Voir :* MYSTIQUE

Pardonner par erreur me plaît davantage que punir à tort

(Saladin).

Fairouz

Elle est la plus grande chanteuse libanaise, la plus vénérée de toutes les divas arabes d'aujourd'hui. Celle qui a chanté Al-Qods (Jérusalem) émeut comme personne le monde arabe, fait vibrer des centaines de milliers d'exilés libanais, à Paris, à Londres, à New York et ailleurs. Elle accumule au fil de sa carrière tous les titres de gloire, tandis que l'amour que lui portent ses fans est immodéré. Fairouz se situe quelque part entre la Callas, dont elle a la classe et la puissance de voix, et Edith Piaf, entretenant comme elle une relation unique avec son public. Je me rappelle des scènes de transe qui accueillirent sa dernière prestation, à Paris-Bercy, où elle fut acclamée par soixante mille personnes, dont la plupart ne la voyaient pas plus grande qu'un oiseau blanc posé sur la scène qui, tel un immense radeau de la *Méduse*, lui donnait un air de tragédienne grecque. Je me rappelle des soirées entières où nous écoutions ses disques au temps où les 33 tours étaient encore la norme de la grande chanson classique. Depuis quelques années, pourtant, cette colombe de paix demeure silencieuse : la voilà enveloppée de son silence, barricadée, inexpugnable.

Fakir

Du mot arabe *faqir*, littéralement « pauvre », ou plus exactement « pauvre *en Dieu* ». Le fakir, comme le soufi* du couvent, est celui qui atteint l'esseulement mystique, un équivalent du *vacare deo*, cette attitude qui vise à faire le vide en soi pour mieux accueillir Dieu. Le fakir qui est aussi le derviche (*darviche*) n'est donc pas riche matériellement, mais il a gagné par sa promiscuité avec son Créateur une *baraka**. C'est une figure paradoxale des villes arabes et indiennes car aucune obligation de pauvreté n'est faite aux croyants, hormis un court passage du Coran où il est précisé que l'être humain est « pauvre » au regard de la richesse de Dieu : « Dieu est celui qui se suffit à Lui-même, tandis que vous êtes pauvres », lit-on sourate XLVII (« Mohammed »), verset 38. Certains mystiques musulmans ont pris prétexte de ce verset pour s'isoler dans les couvents, imitant ainsi les moines chrétiens du Croissant fertile, reclus dans l'esprit de saint Matthieu : « Heureux ceux qui ont une âme de pauvre, parce que le royaume des Cieux leur appartient » (V, 3).

Cette philosophie de la pauvreté matérielle en opposition à la richesse spirituelle est l'un des aspects de l'islam intérieur. Elle ne se révèle que dans l'exercice quotidien d'une ascèse ouverte aux mystiques des différentes voies (*turuq*) et hermétiquement fermée à toutes les autres. Le caractère élitiste de cette quête est si fort que bon nombre de théologiens musulmans l'ont combattue ouvertement.

Fanatisme/Fondamentalisme

Le fanatisme a changé de camp. Au XIXe siècle, on qualifiait de fanatique le zèle dénaturé et outré de ceux qui, en Occident, imposaient leur foi par la force, en recourant à la fureur des armes au lieu de prôner l'amour du prochain à l'exemple du Christ. Un siècle auparavant, en 1752, Diderot et d'Alembert définissaient déjà le fanatisme comme « un zèle aveugle et passionné qui naît des opinions superstitieuses, et fait commettre des actions ridicules, injustes et cruelles, non seulement sans honte et sans remords, mais encore avec une sorte de joie et de consolation ». Presque au même moment Voltaire (1694-1778), qui combattait avec la même vigueur la superstition et l'intolérance, parlant à propos du fanatisme, disait qu'il était une folie religieuse et même « une maladie de l'esprit qui se gagne comme la petite vérole ».

Il en va ainsi en islam qui secrète du fanatisme chaque fois qu'il est en recul. Je ne parle pas ici d'un recul démographique ou politique, disons spatial, mais spirituel, psychologique, intellectuel. Une trop grande frustration économique des masses musulmanes peut paraître plus douce et se résorber s'il existe quelques fanatiques pour les convaincre que l'islam est dévoyé par les puissants, peu respecté par les souverains ou profané par les plus riches. C'est dire que le fanatisme naît de multiples souches, parmi lesquelles on trouve la pauvreté, l'injustice, le despotisme, la tyrannie et, surtout, l'ignorance. Il en est de même du fondamentalisme qui se caractérise par son extrême rigidité dans l'observance d'une doctrine ou d'un précepte religieux. Vouloir revenir au sens littéral du texte coranique, tel qu'il a été dicté par le Prophète, c'est faire fi de quatorze siècles de mutations, de réflexions, d'interrogations et surtout de toutes les exégèses de ce texte. Pourtant, anticipant les extrapolations faites au nom d'Allah, une sourate du Coran intitulée « Les djinns » (LXXII, 18) précise : « Les mosquées appartiennent à Dieu : n'invoquez personne à côté de Dieu. »

Or cet anachronisme touche une large frange de la population musulmane, sans compter que plusieurs pays comme l'Arabie Saoudite, le Soudan, le Pakistan, l'Afghanistan, le Yémen, le Nigeria et l'Egypte se singularisent désormais par leur lecture littérale du texte coranique, comme si le temps historique coulait sur eux sans les toucher. La tentation d'imposer aux autres cette lecture – qui n'est au fond qu'une interprétation du texte sacré parmi d'autres – a peu à peu légitimé la violence qui éclate partout dans le monde. C'est pourtant ignorer que la violence ne peut apporter de réponse aux problèmes de la foi et de l'incroyance. Mais, en revanche, elle est un symptôme qui est toujours d'essence politique, c'est-à-dire humaine. Et c'est à l'homme d'en assumer les conséquences, dès lors que ses lois demeurent insuffisantes pour canaliser cette violence et la convertir en négociation, en partenariat, en dialogue et, à un niveau plus élevé, en parlementarisme et en démocratie.

Concernant le fondamentalisme en Arabie, il suffit de citer les quelques lignes qu'Albert Londres, grand reporter disparu en 1932 dans l'incendie d'un paquebot qui le ramenait de Chine, a consacrées à la question dans ses *Pêcheurs de perles*. Arrivé depuis peu à Djeddah, et à défaut de pénétrer dans l'enceinte sacrée et inviolable de La Mecque interdite aux non-musulmans, Albert Londres relate sa rencontre avec un messager mandaté par la très docte « Commission chargée de recommander la vertu et de déconseiller les mauvaises actions » pour attirer son attention sur ses éventuels écarts de conduite sur tout le territoire du Nedjed et du Hedjaz. Il lui remit un document contenant un certain nombre d'articles dont voici les plus significatifs :

Article I. « A l'heure de l'appel de la prière, toute personne se trouvant au souk, dans un magasin ou dans un café maure doit se dépêcher vers la mosquée. Quiconque, après avoir entendu l'appel, ne s'est pas rendu à la mosquée, sera puni conformément à la *charia**, car la prière est le pilier de la religion, et toute personne qui ne l'accomplit pas n'a pas de religion. »

Article II. « Il est interdit d'injurier la religion, d'être imprudent en employant des mots ou des expressions inconvenants, ou de jurer par autre chose que par Dieu. Quiconque se rend coupable d'un pareil délit est puni conformément à la *charia.* »

Article III. « Toute réunion en vue de se distraire par n'importe quel moyen (jeu, instruments de musique, cinématographe, phonographe, TSF) est légalement interdite, ces moyens étant considérés comme néfastes pour l'esprit public. »

Article IV. « L'absorption des boissons alcoolisées est interdite. »

Article V. « Il est interdit de se raser la barbe, et le coiffeur qui aura collaboré à pareil acte sera puni conformément à la *charia* et verra sa maison de coiffure fermée. »

Article VI. « Il est interdit de fumer du tabac. Quiconque se rend coupable de ce délit sera réprimandé et, en cas de récidive, puni. »

Articles VII et VIII. « Il est interdit de pousser des cris et des lamentations à la mort de quelqu'un (VIII) et de dépenser de l'argent à cette occasion. »

Article IX. « Il est interdit aux hommes et aux femmes de se mêler les uns aux autres, en temps normal comme en temps de fête. »

Article X. « Il est interdit de dire la bonne aventure, de prévoir l'avenir en traçant des lignes sur le sable et tous actes de ce genre saugrenu et tenant du fabuleux. »

Article XI. « Il est interdit aux hommes de se parer de bijoux en or ou en argent et de s'habiller d'étoffes de soie pure. »

Article XII. « Il est interdit de laisser à découvert, dans les lieux destinés aux ablutions, la partie du corps comprise entre le nombril et les genoux. »

Article XIII. « Tous les commerçants et les artisans sont sévèrement invités à ne pas tromper sur la qualité de la marchandise non plus que sur la quantité et l'origine. »

Article XIV. « Interdiction aux femmes de se promener vêtues de beaux habits et parfumées, et de rechercher les hommes. Elles ne peuvent, davantage, sortir la nuit, sinon dans les cas urgents, et accompagnées d'un proche parent. »

Article XV. « Les cheikhs des quartiers sont responsables de ce qui se produit chez eux en fait d'actes réprouvés. »

« J'étais au pays de la Vertu », commente laconiquement Albert Londres. A Kaboul, au temps des talibans, au nom de la même commission (élevée au rang de ministère) pour la Vertu et contre le Vice, on interdisait aussi les cerfs-volants, les cours de gymnastique, le football, la musique, le cinéma et, d'une manière générale, tous les divertissements. Evidemment, il n'était pas question pour les femmes de sortir sans *purdah*, la tête nue, ou de fréquenter un quelconque homme à l'extérieur du foyer, fût-il le père, le frère ou le mari. Il était interdit de se maquiller, de pratiquer un art ou d'enseigner. Les univers du négoce, de la politique et de la religion étaient fermés aux femmes, sinon pour se soumettre au diktat des hommes et valider leurs décisions. Tel est le fondamentalisme. Un ordre moral sévère, une dictature qui n'en a pas le nom.

Entre le fanatisme et le fondamentalisme, il n'y a qu'un pas. Peut-être même une telle évolution n'est-elle qu'un continuum imperceptible et progressif. Pour tous ceux qui tiennent les musulmans pour des fanatiques, il faut conseiller la lecture d'un court extrait d'un livre sur *Les Religions et les Philosophies de l'Asie centrale* (1865) du comte de Gobineau qui, ayant traversé tout l'Orient, en a rapporté un récit détaillé de ses usages saisis au plus près de leur réalité. Partant de l'opinion d'un certain soufi* lui confiant que, selon lui, la Perse ne contenait pas un seul musulman absolu, l'auteur en déduisit que « le fanatisme, en tant que représentant une persuasion exclusive d'une religion quelconque, était un phénomène antipathique à l'esprit des Orientaux et n'existait pas chez eux ». Ce qui suit relève de l'anthologie : « Comme il n'y a pas là de foi entière, il n'y a pas non plus de préoccupation exclusive. Comme il n'y a pas de groupe suffisamment considérable uni par les liens d'une doctrine strictement acceptée, il n'y a pas non plus d'enthousiasme collectif, ni de haine commune déterminée. Ce qui existe, ce sont des individualités ou de petites réunions dans lesquelles on entre et d'où l'on sort sans éclat et sans bruit, qui se considèrent comme sachant la vérité en toutes choses et ne voulant pas la dire, mais la laissant échapper malgré elles, méprisantes pour ce qui ne cadre pas avec leurs idées du moment, contribuant ainsi à propager l'esprit de secte et de personnalité égoïste, grande raison d'être de la débilité politique des Orientaux, et ne présentant à l'œil de l'observateur qu'un bouillonnement, une ondulation incessante des doctrines les plus diverses, ballottées, mélangées par des influences ambiantes, et, en somme, beaucoup trop faibles et trop occupées de se défendre pour avoir le loisir, les grands desseins, la témérité et la résolution implacable qui constituent le fanatisme. »

Si sur de nombreux points d'appréciation immédiate, le comte de Gobineau a mille fois raison, notamment dans ce passage sur l'archaïsme des Orientaux attaché à la pseudo-respectabilité de la personne, le *nif*, l'histoire lui a malheureusement donné tort pour tout le reste. Un siècle plus tard, il faut se rendre à l'évidence : les pays musulmans sont capables de fabriquer ce monstre froid du fanatisme, celui-là même qui leur était viscéralement étranger au temps de Gobineau. Aujourd'hui, après le long cycle de dépersonnalisation des masses musulmanes qui s'est prolongé sur plusieurs siècles, après la débâcle du XXe siècle où l'Islam était partout soit colonisé et inféodé à une volonté extérieure, soit assujetti à des protectorats et des dominions affligeants, le monde musulman est entré de plain-pied dans une phase de violence politique et de fanatisme. La politisation de la religion, menée à la fois par des potentats laïcs et par des imams peu scrupuleux, a fait de la douce Asie musulmane le lieu de toutes les luttes tribales, la terre du rapt d'étrangers et du troc de marchandises illicites. La culture du pavot, la contrefaçon et la terreur règnent dans de nombreux pays. Au Maghreb et en Egypte, le phénomène avait pris, il y a encore quelques années, des proportions jamais égalées. Il faut que le sentiment religieux soit bien faible pour conduire la communauté musulmane à de tels excès.

Fatwa *Voir :* FETWA

Fellah *Voir :* AGRICULTURE

Felouque

Le mot felouque est d'origine arabe, et vient de l'espagnol *faluca*. Il n'est pas seulement une invention des prospectus de voyage pour touristes désireux de faire une croisière sur le Nil. Le Robert et le Larousse, qui lui accordent une petite place, le définissent comme une embarcation méditerranéenne ou nilotique, un bâtiment du même genre que la cange ou la galiote, et dont la caractéristique est d'être longue, légère et étroite. Munie de deux voiles triangulaires qui donnent l'impression d'être renversées,

l'une sur l'arbre de mestre, l'autre sur l'arbre de trinquet, la felouque progresse grâce au vent. Mais certaines felouques sont munies d'avirons, au nombre de douze ou de vingt-quatre. Par le passé, la felouque était armée de canons. Bien qu'elle soit surtout employée pour le cabotage, la felouque fait partie de la famille des boutres, ces petits navires de la mer Rouge, utilisés notamment par les pêcheurs de perles, les voyageurs des mers chaudes et par les brigands qui écument encore ces régions.

Femme

La femme et l'islam, la femme en Islam : des beaux sujets de polémiques et de controverses, beaux sujets de sociologie moderne. Alors ? Qu'en dit le Coran ? Le Prophète avait avoué ne rien aimer autant que les femmes, les parfums et la prière, une confession solennelle qui aurait dû inciter les musulmans à faire davantage de place à la femme au sein de la communauté. Il n'en fut rien. Certes, à l'avènement de l'islam, la condition de la femme enregistra d'immenses progrès. Je pense en particulier au sort tragique des petites filles sacrifiées ou enterrées vivantes selon les coutumes des païens pour qui les femmes, lorsqu'elles n'étaient pas utiles, n'étaient qu'une charge économique. Le fait que le Coran condamna clairement ces infanticides prouve combien ils devaient être une pratique courante : « Ne tuez pas vos enfants par crainte de la pauvreté. Nous leur accorderons leur subsistance avec la vôtre » (XVII, 31). Ce verset dont bien des musulmans ignorent l'origine historique est interprété aujourd'hui comme une injonction à condamner la régulation des naissances, et *a fortiori* la légalisation de l'avortement.

La condition de la femme est déterminée par son époque et son lieu de vie mais aussi par les traditions. Dans ce domaine, la musulmane ne fut pas une exception et son sort valait celui des autres femmes dans nombre de sociétés, jusqu'au XXe siècle. Pas plus enviable que celui des chrétiennes ou des juives. Aujourd'hui, la place des musulmanes varie selon la région, le pays, le milieu social et même leur degré d'instruction. Les femmes qui sont nées dans des milieux aisés et cultivés ont la garantie d'une grande

liberté dès leur naissance, nonobstant évidemment le contrôle discret qu'exerce sur elles un clergé invisible mais réel et, faut-il le préciser, toujours prompt à sévir. L'immense majorité des femmes, asservies par les difficultés matérielles de leur milieu social, sont des croyantes sincères et soumises qui, sans aucune possibilité de s'affranchir de la tutelle masculine, subissent leur vie sans se rebeller contre leur diktat, acceptant leur condition et la perpétuant même auprès de leurs filles. Le plus souvent, qu'elles soient secrétaire, avocate, rentière, ouvrière, étudiante, bigote, battante ou assistée, les femmes continuent d'observer rigoureusement une étiquette d'apparat et toutes sont solidaires de leur environnement familial, social ou culturel sans que des débats proprement féministes ne suscitent en elles de révolte. Il n'empêche que des questions essentielles de leur affranchissement subsistent : le voile*, si tant est qu'elles le considèrent comme un asservissement, la polygamie*, la liberté d'action et de mouvement, etc.

Au XXe siècle, des mouvements de libération de la femme ont eu lieu, en Tunisie, notamment, et dans certains milieux privilégiés d'Egypte, d'Algérie, d'Irak et de Turquie. Dans les années soixante et soixante-dix, la femme irakienne avait acquis un niveau appréciable de développement et d'autonomie. Il en fut de même au Liban et dans quelques sultanats du Golfe, comme Oman. De vifs débats opposaient encore les défenseurs d'un *statu quo* à ceux qui militaient pour un bouleversement radical des mentalités. Aujourd'hui, le débat est au point mort, caduc presque quand il n'est pas devenu hors de propos. Dans les pays qui ne vivent pas sous un régime de terreur, la femme musulmane est désormais au croisement de deux orientations distinctes, voire opposées : sacrifier sa liberté au nom d'une lecture orthodoxe du Coran, ou renforcer ses premières conquêtes, durement acquises, par un engagement politique qui passe par un recours plus fréquent à la loi. Changer la loi, c'est souvent le déclic nécessaire pour que l'image sociale de la femme, aujourd'hui déficitaire, puisse s'améliorer. Pour les musulmanes, le combat continue et la femme doit y jouer un rôle de premier plan contre l'immobilisme des politiques, les mentalités rétrogrades et souvent l'iniquité de traitement en matière de travail et d'instruction.

Je veux aussi consacrer ici un paragraphe à part sur la représentation de la femme orientale telle qu'elle a été donnée en Occident, notamment par la peinture orientaliste des XVIIIe et XIXe siècles. Dans l'esprit des Occidentaux, la femme musulmane, aujourd'hui arabe, hier maure, perse ou turque, fut longtemps réduite à un quintette de personnages féminins fantasmés par les artistes, les voyageurs et même les cinéastes hollywoodiens : la femme au bain, l'esclave, la danseuse, la prostituée et l'odalisque*. Certaines d'entre elles sont un mélange de toutes celles-là. Ces visions fausses ont donné une image stéréotypée de l'Orientale dont l'impact fut considérable sur les mentalités collectives. C'est notamment le cas de la *Danse des abeilles* de Vincenzo Marinelli peinte en 1862 et conservée aujourd'hui au musée de Capodimonte, à Naples. On y voit un potentat oriental d'un âge mûr entouré de son harem, lequel compte plusieurs dizaines de femmes et même un orchestre de chambre composé de quatre joueuses de rebab, tar, kamendja et luth. Au centre du tableau, deux danseuses, une blanche et une noire, ont les seins découverts et sont allongées dans une position alanguie. Tout est dit ici du fantasme exotique européen. Moins impressionnant, mais tout aussi caricatural, est le tableau de Paul-Louis Bouchard, intitulé *Les Almées* (1893), qui montre cette fois un pacha épais et lourd juché sur son sofa et qu'amuse une courtisane soumise pendant qu'un orchestre de jeunes filles joue de la musique.

Aujourd'hui encore, la sensualité supposée de l'Orientale, souvent « brune et farouche », « mystérieuse et inaccessible », « belle sauvage au regard incendiaire », remonte à cette époque. Un cliché qui a la vie dure et emprisonne plus qu'on ne le croit la jeune femme musulmane.

Femmes du Prophète

A plus d'un titre, la première femme du Prophète, Khadidja, fille de Khuwaylid, un grand dignitaire mecquois, est le modèle en islam de la femme. Elle est vénérée par les musulmans, à la fois comme épouse et comme première croyante. Mais sa personnalité a aussi suscité l'admiration auprès des musulmanes qui se sont identifiées à elle avec passion.

Khadidja est une femme de caractère. A la tête de son entreprise de caravaniers, elle est d'abord l'employeuse du jeune Mohammed. Puis, et alors même qu'elle est issue du clan qoreïchite, elle brave les conventions en épousant un homme de condition inférieure. Enfin, elle est la première adepte de l'islam. Jusqu'à sa mort en 619, Khadidja sera la seule et unique femme du Prophète. Ensemble, ils auront une fille, Fatima, qui épousera plus tard Ali. Mohammed se remarie quelque temps après la mort de Khadidja. Il va épouser plusieurs femmes, toutes plus jeunes que lui et certaines en premières noces. La première de toutes est 'Aïcha qui fait l'objet d'une demande en bonne et due forme, adressée à son père, Abu Bakr, le compagnon de toujours et futur premier calife.

L'histoire d''Aïcha marquera l'islam presque autant que celle de Khadidja, mais leurs relations à Mohammed sont très différentes. Khadidja a connu l'homme, le simple caravanier, et vu naître le prophète en lui. Elle a été de toutes ses joies et surtout de tous ses tourments. Elle fut la compagne et la complice de ses premières prédications. Lorsque 'Aïcha se marie avec Mohammed, il n'est plus depuis longtemps un homme ordinaire : il est devenu prophète, respecté et vénéré.

Par la suite, et comme c'était l'usage alors, Mohammed contracte des mariages qui consolident ses alliances au sein du cercle historique des premiers musulmans et des grands chefs de tribus. Le Prophète épousera Zainab réputée pour sa beauté, Hafça, une alliance politique, Oum Salama, une parente éloignée, Habiba, fille d'Abu Sufyan, l'un de ses généraux, Marya la Copte, Raïhana, la captive de guerre qui préféra être concubine plutôt qu'épouse. Enfin, Jouwaïrya et Sawda, deux femmes de religion juive que certains auteurs citent et d'autres non. Avec Marya, la Copte qui lui fut adressée par Mukawkis, le roi byzantin d'Alexandrie, il eut le fils tant attendu, Ibrahim, mais celui-ci ne vivra pas. Le Prophète ne laissera aucun héritier mâle, ce qui sera la cause des crises et des guerres de succession qui suivront sa mort. Sa fille Fatima épousera Ali qui, certes, deviendra le quatrième calife mais sera aussi et, à son corps défendant, à l'origine du schisme entre sunnites et chi'ites.

A la mort du Prophète, son harem comptait, selon les sources les plus sûres, neuf femmes. Parmi elles, deux furent répudiées sans que l'union ait été consommée. Six étaient des veuves ou divorcées épousées en deuxièmes ou en troisièmes noces (Khadidja, Zainab, Hafça, Oum Salama, Habiba, Maymouna), les deux femmes juives étaient des captives de guerre. Sur Marya la Copte, la tradition raconte une histoire qui plaira à la presse du cœur –

et de charme. Lorsque le prophète Mohammed reçut son cadeau royal Marya la Copte, on prétend qu'ils se sont enfermés pendant vingt-neuf nuits consécutives, ce qui fut une entorse au protocole du harem*. Vingt-neuf nuits successives ! Le pari était tellement osé que ses deux épouses 'Aïcha et Hafça, bien situées dans la hiérarchie discrète du harem, protestèrent énergiquement.

Fêtes

Les fêtes sont nécessaires à la cohésion de la communauté musulmane absorbée en temps ordinaire par ses problèmes quotidiens. Les musulmans sont en effet sensibles au bien-être qu'ils éprouvent lors de ces moments privilégiés du calendrier liturgique annuel. En outre, il n'est pas impossible que ces fêtes rendent leurs participants plus chaleureux et plus tolérants. Certaines d'entre elles sont cruciales, car elles marquent une rupture dans le temps. Il s'agit en l'occurrence de la commémoration du geste d'Abraham qui, en voulant sacrifier son enfant Ismaël, a reconnu la souveraineté divine. Depuis, le rite sacrificiel s'est structuré autour du mouton devenu cet animal bénéfique. Lors de l'*Aïd el-Kébir*, littéralement la Grande Fête, appelée aussi *Aïd al-Adha*, la fête de l'Immolation, la famille se réunit autour du patriarche, symbole de continuité familiale et de stabilité. On tue le mouton, on en mange la moitié, et l'on offre si possible l'autre moitié aux pauvres. Dans les régions bédouines où vivent les camélidés, il est admis de sacrifier un chameau, surtout si la tribu compte de nombreux clans. Au Maghreb, le mouton et le chevreau ont la préférence des croyants. En Arabie, cette fête intervient au moment où la communauté musulmane se donne annuellement rendez-vous à La Mecque pour le grand pèlerinage. L'Aïd el-Kébir est appelé *grand bayram* en Egypte, *kurban bayram* en Turquie et en Asie, *tabaski* en Afrique noire.

Une autre fête importante est celle qui clôt le mois du jeûne sacré, l'*Aïd al-Fitr*, littéralement la fête de la Rupture du jeûne, dite également *Aïd as-Saghir*, la Petite Fête, par opposition à l'Aïd el-Kébir. C'est surtout une fête pour les enfants, qui sont en habits de fête, choyés et amusés. Ces deux fêtes comportent traditionnellement une prière collective qui a lieu à la mosquée la plus proche. Le calendrier annuel musulman comprend une troisième fête importante, la fête de la Nativité du prophète Mohammed, dite *al-Mawlid*, très exactement *al-Mawlid an-nabayi*, qui intervient tous les 12 du mois de *rabi' al-awwal*, le premier mois de printemps. C'est une fête plus intérieure, plus méditative. Des séances d'oraisons mystiques et de lectures du Coran sont organisées à cette occasion. La fête du dixième jour de muharram, premier mois calendaire, est appelée *achoura*. Elle équivaut au nouvel an. Mais si les sunnites l'accueillent avec beaucoup de joie, les chi'ites, eux, en font une journée de deuil, *tazieh*, en souvenir du martyre de Kerbala où Hussein, le fils de l'imam Ali, est supposé avoir subi son martyre.

A ces grandes fêtes, reconnues et suivies par tous les croyants, il faut ajouter des fêtes régionales, locales et même païennes. Au Maghreb, les plus importantes sont les *moussems* au Maroc, les *zerdas* en Algérie et en Tunisie. D'autres fêtes empruntent aux deux registres, sacral et profane à la fois ; les *moussems* que l'on vient d'évoquer sont des fêtes saisonnières : aux rites agraires se mêlent diverses évocations maraboutiques dédiées à un saint local, voire à une force tutélaire, ce qui place les officiants à la limite du syncrétisme religieux. Ainsi s'explique cet « islam populaire » orchestré par des marabouts doués de *baraka** et qui est à l'origine d'agapes licencieuses durant lesquelles on immole des bêtes sacrificielles pour les manger au cours de gigantesques banquets. Il faut encore signaler les nombreux rituels de bénédiction au début des semailles, à la pêche, à la chasse et pour les cueillettes. Enfin, certaines confréries ont leurs réjouissances propres. Tout ce réseau informel de fêtes, en apparence peu conformes à l'islam authentique, joue un rôle de ferment social déterminant. L'islam présente ainsi plusieurs facettes, dont certaines remontent à une période antérieure à la Révélation du Coran. Parmi toutes ces facettes, la dimension festive est la moins corsetée, la moins entravée.

Fetwa/Fatwa

La *fetwa** – ou *fatwa* – est un avis juridique donné par une autorité religieuse habilitée, appelée naguère *Cheikh al-Islam*, l'équivalent d'un jurisconsulte éminent ou d'un ministre des Cultes. Il peut s'agir du plus grand imam du pays, du mufti d'une Grande Mosquée, voire d'un collège de théologiens agissant au nom d'une doctrine précise. A l'origine, la *fetwa** avait une fonction régulatrice : elle visait à contrôler les agissements des califes et des gouverneurs selon les préceptes coraniques et leur compréhension en un temps *T*. Pour chaque décision impliquant la communauté musulmane dans son ensemble, lors de guerre sainte ou de faillibilité du pouvoir temporel d'un souverain, mais surtout pour tous les nouveaux cas de figure, on mandait l'avis du grand mufti en place ou de la plus vénérable des autorités centrales de l'islam. Après consultation, le mufti émettait un avis clair mais argumenté pouvant se résumer en un mot : permis (*dja'iz*) ou interdit (*la yadjuz*). En Turquie ottomane par exemple, où la *fetwa** était d'un recours fréquent par les princes, les jurisconsultes disaient tout simplement : *olur*, « il est permis » ou *olmaz*, « il n'est pas permis ». Ils disaient aussi *caiz* (licite) ou *mesrudur* (valable, légitime). Souvent, le mufti achevait son plaidoyer par l'expression : *Allahu a'lam*, Dieu est le plus savant. Aujourd'hui pourrait-on imaginer que l'introduction de l'informatique dans les administrations soit interdite, car non conforme à l'islam ? Et le téléphone mobile, le scanner, l'électroencéphalogramme, la photographique numérique, etc. Pourtant toutes ces innovations auraient dû être sanctionnées par des *fatawi* (pluriel de *fetwa**), un avis de théologiens dûment mandatés.

De tout temps, cependant, l'usage de la *fetwa** est resté ambigu, complexe, l'islam ne faisant pas de distinction entre le pouvoir temporel et son pouvoir intemporel, même si celui-ci est très souvent délégué à un imam. Ainsi, il fut un temps où des *fetwas** interdisant formellement aux femmes de gouverner furent émises à La Mecque pour empêcher que les sultanats musulmans d'Asie, en Indonésie et ailleurs, ne soient trop longtemps gouvernés par des femmes.

La *fetwa** a joué un rôle déterminant pour toutes les questions liées à la jurisprudence, aux problèmes quotidiens et mineurs, mais aussi à la politique : ainsi, par exemple, à la question de savoir s'il fallait laisser tel sultan devenu fou agir à sa guise, le Conseil de la *fetwa** décréta son incapacité à gouverner ses administrés. Il fut alors déposé dans la journée, sans qu'aucune révolte sérieuse vînt perturber la décision des hiérarques. Lors de la nationalisation du pétrole en Iran, la dynastie Pahlavi a dû s'appuyer sur la *fetwa** de plusieurs savants chi'ites pour s'attirer la faveur de la population et rendre crédible un choix qui s'avéra stratégique. De même, ce sont encore les autorités religieuses, en l'occurrence celles de la Grande Mosquée Al-Azhar, au Caire, qui ont condamné par une *fetwa**, le 17 novembre 1954, le mouvement des Frères musulmans égyptiens, auteur en 1981 de l'assassinat d'Anouar el-Sadate. D'autres questions enfin se posent à la conscience du musulman : la traduction du Coran est-elle ou non conforme à la doctrine islamique ? Faut-il accepter tout ou partie du communisme, dès lors qu'il ne s'oppose pas à l'islam ? La cryogénie, la crémation, la conservation du sperme humain, la fécondation *in vitro*, l'insémination artificielle, les mères porteuses sont-elles licites ?

Lorsque les *fatawi* sont trop nombreuses, leurs auteurs finissent par les consigner dans des ouvrages qui font jurisprudence pour les générations futures. Le théologien hanbalite syrien Ibn Taymiyya (1263-1328), une grande figure de l'islam traditionnel, était opposé à tous les courants réformateurs, en particulier aux ash'arites. Il dénonçait la superstition et l'idolâtrie que les croyants témoignaient aux tombeaux des saints, à commencer par ceux des soufis*. Si toutes ses prises de position étaient autant d'avis argumentés, et répondaient en effet à la définition de la *fetwa**, elles étaient loin de satisfaire les oligarques en place. Se sentant menacés par ses avis tranchés, ils ne cessèrent de le discréditer aux yeux du calife qui finit par le jeter en prison. Mais du fond de sa geôle, où il mourut, il continuait à professer un islam apuré et authentique, deux qualités qui remettaient en question le mode de vie de ses contemporains.

Certaines *fatawi* sont l'œuvre de réformateurs de l'islam. Mohammed Abduh (1849-1905) par exemple, le théologien égyptien, n'a cessé de rédiger des avis qui, en leur temps, firent grand bruit. Parmi ses *fatawi*, plusieurs furent vivement contestées. D'abord celle qui autorisait les musulmans à consommer une viande égorgée par les Juifs, mais aussi celle qui rendait licite le dépôt d'un peu d'argent à la Caisse d'épargne avec un intérêt modéré.

Plus près de nous, la *fetwa** de l'imam Khomeiny* contre l'écrivain anglo-indien Rushdie, la *fetwa** du mollah Omar, les nombreuses *fatawi* de Ben Laden et même celles de certaines autorités religieuses égyptiennes, comme le cheikh At-Tantawi, ont défrayé la chronique. Et laissé en suspens cette question : à qui confier l'autorité morale, à l'autorité politique dûment élue ou à l'autorité religieuse, décrédibilisée par son manque de transparence ?

Fin du monde

Se fondant sur un propos du Prophète, la tradition arabe, plutôt fantaisiste, décrit les signes avant-coureurs de l'Apocalypse. Ils sont au nombre de dix :

1. Une épaisse fumée enveloppe la terre,
2. Le retour de l'Antéchrist (Dajjal),
3. L'apparition d'une bête monstrueuse appelée al-Jassassa (l'Espionne) ou al-'Arada (la Taupe, le Termite),
4. Le soleil se lève à l'ouest,
5. La résurrection de Jésus-Christ (*al-Massih*),
6. Gog et Magog (*Yajuj wa Majuj*) se manifestent à travers leurs avatars,
7. L'Orient s'écroule et disparaît,
8. L'Occident s'écroule et disparaît,
9. L'Arabie est chamboulée,
10. Un incendie gigantesque embrase la planète.

Certaines sources donnent également le retour du Mahdi, l'imam caché, cher aux musulmans chi'ites. Les textes ne précisent pas clairement si cette fin du monde sera associée à l'examen final des âmes, à leur pesée et à des sanctions divines. Le purgatoire, qui n'est jamais mentionné par le Coran, est cependant prévu après le premier interrogatoire de la tombe appelé encore « peine de la tombe » (*'adab al-qabr*). Puis des milliers d'années s'écouleront avant que le jour du Jugement dernier ne soit décrété. Entre-temps auront lieu la lecture des livres où les actes des humains sont consignés, la balance céleste, le pont étroit, *sirat al-mustaqim*, appelé *Cinvat* dans le mazdéisme. Après quoi, les uns seront dirigés vers l'enfer : « Le Jour où nous dirons à la Géhenne : “Es-tu remplie ?”, elle dira : “Peut-on en ajouter encore ?” » (Coran L, 30) ; les autres seront dirigés vers le paradis : « Le Jardin sera rapproché de ceux qui craignent Dieu : “Voici ce qui vous a été promis ainsi qu'à tout homme qui revient souvent vers Dieu, qui garde ses commandements, qui redoute le Miséricordieux en son mystère et qui revient vers lui avec un cœur contrit” » (Coran L, 31-33).

Dieu peut éviter l'enfer aux réprouvés, tandis que le Prophète a pour prérogative d'intercéder en leur faveur. Un lieu intermédiaire appelé *barzakh* ou *a'raf* (les hauteurs) sépare les deux destinations finales. C'est un lieu de repos et d'attente qui permet à ceux dont le sort n'est pas fixé de se purifier de leurs péchés : « Un voile épais est placé entre le Paradis et la Géhenne, annonce le Coran : des hommes, se connaissant les uns et les autres d'après leurs traits distinctifs, seront sur les *a'raf.* Ils crieront aux hôtes du Paradis : “Salut sur vous !” mais ils n'y entreront pas, bien qu'ils le veuillent » (VII, 46).

La fin du monde se manifeste également par la crainte de l'eau et du feu, qui, à l'instar du déluge de Noé ou de tel incendie gigantesque, feront périr toute l'humanité. Sur cette question, se sont penchés des numérologistes, des astrologues et autres devins musulmans pour alimenter une controverse qui remonte aux premiers siècles de l'islam. Les penseurs rationalistes de l'islam, à l'instar d'Al-Biruni ou d'Ibn Khaldoun, ont démontré les limites de toutes ces spéculations, qui ne reposent la plupart du temps sur aucun argument objectif.

Fondamentalisme *Voir :* FANATISME/ FONDAMENTALISME

Foucauld Charles de

Strasbourgeois de naissance, Charles de Foucauld (1858-1916) incarne la plus grande figure, à la manière aristocratique – ce qu'il était à l'origine –, de l'action missionnaire catholique en terre islamique. Ce vicomte, ancien officier de l'armée française avant d'embrasser la prêtrise, était précis, secret et d'une puissance de travail herculéenne. On lui doit un *Dictionnaire français-touareg* et une grammaire du *tamacheq*, encore jamais égalés. En exploration au Maroc, un pays qui était alors complètement inconnu à l'armée française, l'officier Foucauld s'était déguisé en rabbin et vécut avec les Berbères de l'Atlas durant deux années, de 1883 à 1884. Après avoir cartographié plus de 2 000 kilomètres de pistes, il se retira à Notre-Dame-des-Neiges (Ardèche) où il prit l'habit. C'est alors que débutent les différents séjours qu'il fit en Palestine, en Syrie, en Algérie, d'abord à Béni Abbès, et finalement au Sahara.

Lorsque après deux ou trois heures de routes caillouteuses et crevassées, on arrive à l'Ermitage du père de Foucauld, dans l'Assekrem, aux environs de Tamanrasset, on comprend à quel dénuement profond et austère peut pousser l'ascèse. D'une certaine façon, le père Charles de Foucauld illustre ici, sur cette terre calcinée et lunaire, quoique d'une beauté mystérieuse et peut-être écrasante, une vertu non seulement chrétienne, mais plus largement humaine. Alors que rien ne l'y obligeait, par son attitude piétiste et naturellement proche des gens le père de Foucauld s'est comporté comme le meilleur défenseur du monothéisme chrétien, ce qui le rapprocha des tribus touaregs, qui aspiraient comme lui à l'éternité. L'Eglise du Christ en est sortie grandie, mais, paradoxalement, l'islam aussi. Charles de Foucauld est, depuis lors, resté un modèle d'abnégation et de simplicité que les Touaregs, dans leur extrême majorité, ont salué et saluent encore avec une émotion dans la voix. C'est sans doute pour cette raison qu'il fut assassiné par des pillards venus de Libye, des brigands qui, pendant longtemps, ont écumé la région, en particulier le tronçon de dunes et de roches calcinées situé entre Djanet et Tamanrasset. Le respect qu'inspire toujours le nom du père Charles de Foucauld, qui admet avoir été profondément séduit par la piété musulmane, est en soi un symbole de rencontre fraternelle et positive entre les deux grandes religions du monothéisme abrahamique.

Le meilleur des princes est celui
qui fréquente les savants,
le pire des savants
est celui qui fréquente les princes

(sagesse persane).

Généalogies

Bien avant l'islam, les Arabes étaient des généalogistes émérites. Ils connaissaient l'origine des familles depuis plusieurs générations et savaient parler à tel ou tel voyageur rencontré par hasard uniquement en décomposant son nom de famille, en retraçant ses liens de parenté. Leur obsession des origines avait poussé certains clans à classer la généalogie parmi les disciplines nobles que tout parfait gentilhomme était censé maîtriser à la perfection. Souvent, d'ailleurs, le simple nom décliné valait sauf-conduit, *aman*, une lettre de recommandation.

Voici l'arbre généalogique traditionnel du prophète Mohammed tel qu'il est donné par Aboul-Feda : Abou'l-Qaçim Mohammed était fils d'Abdallah, fils d'Abd al-Mouttalib, fils de Hachim, fils d'Abd-Menaf, fils de Kossaï, fils de Kaleb, fils de Morrah, fils de Ka'b, fils de Louwaï, fils de Ghaleb, fils de Fakhr ou Qoraïche, fils de Malek, fils de Nadhr, fils de Kenana, fils de Khozaïma, fils de Moudraka, fils d'Ilyas, fils de Modhar, fils de Nezar, fils de Ma'd, fils d'Adnan lequel est un descendant direct d'Ismaïl, fils d'Abraham.

Mohammed a aussi donné son nom à la quarante-septième sourate du Coran et à plusieurs millions de musulmans qui s'appellent Mohammed, en hommage à son action prophétique.

Gérard de Crémone

L'Occident latin doit beaucoup à Gérard de Crémone (1114-1187), ecclésiastique italien (Gerardus Cremonensis), érudit, polyglotte et traducteur inspiré de la plupart des œuvres arabes en latin médiéval. Les travaux préférés de Gérard de Crémone étaient ceux qui avaient trait aux domaines scientifique et philosophique. Cet immense savant aux mérites considérables n'est plus cité dans les dictionnaires actuels, lui dont l'intelligence les a alimentés par tant de concepts originaux. Sa ville natale est Crémone, une cité lombarde d'Italie septentrionale, plus connue pour ses célèbres luthiers qui, dès le XVIe siècle, imposèrent leur savoir-faire à toute l'Europe. Rien ne nous rappelle donc l'existence d'un certain Gérard de Crémone, contemporain d'Averroès* et de Maïmonide. Lui n'était ni musulman, ni juif, il était chrétien. Ayant vécu à Cordoue et voyagé en Andalousie, c'est à Tolède qu'il s'installa finalement pour devenir, selon Pareja, « le plus grand des traducteurs de toutes les époques ». Son œuvre est aussi importante pour la chrétienté que celles d'un Hunaïn Ibn Ishaq (809-873) et de son fils Ishaq Ibn Hunaïn (v. 840-910) l'avaient été pour l'islam. En effet, deux siècles plus tôt, ces deux érudits chrétiens d'expression arabe avaient traduit de grandes œuvres scientifiques et philosophiques, mais cette fois-ci du grec et du syriaque vers l'arabe. Les traductions de Gérard de Crémone sont à la base de l'école de Tolède (XIIe siècle). Elles servirent notamment de source à la plupart des universités européennes, dont, bien sûr, la Sorbonne. On doit notamment à Gérard de Crémone d'avoir rendu un grand service à toutes les facultés de médecine, aux professeurs comme aux étudiants, en traduisant de l'arabe au latin le très justement célèbre *Canon de la médecine* d'Avicenne* (980-1037), ce qui a permis à la médecine occidentale de prendre un nouvel essor. Les historiens lui attribuent également la traduction du *Livre de géométrie* des trois frères Banu Musa ben Shakir (IXe siècle), rendu en latin sous le titre *Liber trium fratrum de geometria*. Il traduisit enfin les *Tables tolédanes*, un ouvrage d'astronomie d'Abu Ishaq az-Zarqali (vers 1029-1087), auteur plus connu en Occident sous son nom médiéval d'Azarquiel ou Arzachel.

Ghazzali

Pour tous les musulmans, Ghazzali (1058-1111) est considéré comme une autorité incontestable de l'islam traditionnel. De son nom complet Abu Hamid Muhammed al-Ghazzali, ce grand philosophe musulman, également juriste (*faqih*) et mystique (*soufi*), est né dans la ville perse de Tus (on l'appelle parfois At-Tusi), située dans le Khorassan iranien, au nord-est du pays, non loin de Mechhad. D'ailleurs, c'est à Nichapur, un peu plus au sud, qu'il suivra l'enseignement de son maître Al-Juwayni (1028-1085), autre soufi* important, et c'est là aussi que, plus tard, il délivrera son propre enseignement mystique à ses adeptes. Durant toute sa vie, Ghazzali a été un *mujtahid*, un homme de science et de culture religieuses, un professeur émérite, notamment lors de son séjour à la Nizamiya de Baghdad, la Sorbonne de l'époque. Protégé par de puissants vizirs, il mena dans cette ville de rêve une activité philosophique de tout premier plan.

Son œuvre écrite est immense et en même temps décisive. On lui doit d'avoir structuré la pensée islamique, inaugurant un cycle où l'illumination ésotérique se marie parfaitement à la controverse intellectuelle, au débat d'idées. Les ouvrages les plus importants de Ghazzali – pas moins de soixante-dix – sont, dans l'ordre, *Ihya Ulum ad-Din*, la *Revivification des sciences de la religion*, au cœur duquel il établit un lien puissant entre foi et expérience. Selon lui, le bon soufi est celui qui, au fil d'un parcours progressif, tente de se rapprocher le plus possible du

Créateur dans une démarche d'amour et de piété extrêmes. Dans un autre ouvrage, *Al-Munqidh min ad-dalal*, *La Délivrance de l'erreur*, Ghazzali montre combien le monde sensible est un monde trompeur. L'idéal soufi est donc de le quitter pour atteindre le Monde vrai, celui de l'adhésion au projet divin et cela au moyen d'une ascèse particulière, le soufisme. Cette autobiographie a été comparée aux *Confessions* de saint Augustin (354-430) ou à l'*Apologia pro vita sua,* de l'anglican John Henry Newman (1801-1890). Enfin, avec *Tahafut al Falasifa*, sa *Réfutation des philosophes*, Ghazzali pose les jalons d'une vraie controverse en matière religieuse. Pour lui, la connaissance de Dieu ne passe pas par la raison, mais par l'intuition, la voie du cœur qui est aussi celle de la foi. Moins de cinquante années plus tard, cette critique sera réfutée par Averroès*, qui n'était pas né au moment où l'ouvrage de Ghazzali a été publié, dans son livre fameux *Tahafut at-tahafut*, *Critique de la critique*.

L'importance de Ghazzali dépasse largement la portée de ses livres. Ses travaux sont devenus avec le temps des références du classicisme philosophique et de la spiritualité en Islam et il n'est aucun théologien aujourd'hui pour oser remettre en question l'apport du grand maître. Son attitude pondérée, sa recherche d'un équilibre entre les différentes factions du pouvoir théologico-politique et surtout son extraordinaire ouverture d'esprit lui ont permis de marquer son temps, tout en incarnant un modèle, en ouvrant une voie. Cette propension au dépassement de soi, parfois au doute et à la compréhension intime des phénomènes les plus complexes par le biais de la *sufiya* lui valut parfois d'être en délicatesse avec le pouvoir en place, notamment après la mort de son ami et protecteur Nizam al-Mulk, en 1092, le puissant vizir des sultans saldjukides Alp Arslan et Malik Shah. Il faut de la trempe pour abandonner des charges honorifiques et prestigieuses, perdre le compagnonnage des puissants de l'Empire et partir se réfugier dans des couvents de Syrie.

Aux périodes sombres du fondamentalisme religieux, la pensée de Ghazzali est toujours suspectée de progressisme. Lui-même était sans doute en avance sur son époque. Ainsi, au temps des Almoravides (XIe-XIIe siècle), ses livres furent brûlés sur la place publique. On s'en prit surtout à l'*Ihya Ulum ad-Din*, son œuvre monumentale qui inaugurait le renouveau de la pensée philosophique en islam.

Gibraltar

Depuis la victoire anglaise en 1704, le municipe de Gibraltar, avec sa puissante base aéronavale, appartient à Sa Gracieuse Majesté d'Angleterre. Régulièrement revendiqué par l'Espagne, ce gigantesque piton rocheux est l'un des plus célèbres du monde, avec la principauté de Monaco. Mille ans plus tôt, jour pour jour, Gibraltar était conquis par les armées musulmanes fraîchement débarquées des côtes africaines. A leur tête, Tariq ibn Ziyad, le général berbère, combattait aux ordres de Musa ibn Nusayr (640-717), chef arabe suprême, lequel, au nom de la maison des Omeyyades, a conquis l'Andalousie. Gibraltar est en effet une déformation du nom de Tariq ibn Ziyad, littéralement *Djebel Tariq*.

Ce rocher fascine aujourd'hui les jeunes travailleurs marocains ou africains prêts à tout pour le rejoindre, à bord d'embarcations de fortune. La Terre promise commence là, et plus précisément dans le voisinage, à Tarifa ou à Algésira (en arabe l'« Ile »), l'une des destinations espagnoles les plus fantasmées.

Goethe et l'Orient

Hormis quelques relations de voyages, nous savons peu du lien que les Allemands entretiennent avec la culture et la civilisation arabo-musulmanes. Je ne compte pas les différentes guerres impériales entre la Turquie ottomane et l'Empire austro-hongrois, qui ont donné lieu à de nombreux récits de bataille. Bien sûr, il y eut quelques missions menées par des diplomates, des messagers, des hommes du monde. Au XIXe siècle, Mehren, un arabisant d'origine allemande, a même découvert une correspondance entre le philosophe soufi* Ibn Sab'in Abd al-Haqq et l'empereur Frédéric II Hohenstaufen, mais leurs échanges sont demeurés lapidaires et sans suivi. Aux XVIIIe et XIXe siècles, des relations plus ténues semblent se nouer. Dans son *Divan occidental-oriental*, *Westöstlicher Diwan*, Johann Wolfgang von Goethe (1749-1832) tente de s'affranchir de toutes les inhibitions liées à l'histoire mouvementée de ces deux civilisations, guerres comprises, pour se mesurer au *Diwan** du poète persan Hafiz*, mort en 1389 mais dont la traduction allemande venait tout juste de paraître (1813-1814). Goethe était attiré depuis longtemps par l'Orient et il avait consacré au Prophète un poème quelques années plus tôt (1773). Dans ce recueil poétique, celui qui « domina la littérature allemande pendant un demi-siècle » (*dixit* Napoléon) voulait traduire la renaissance sensorielle et le rajeunissement physique et spirituel d'un homme déjà mûr – Goethe avait alors 70 ans – épris de passion pour Marianne von Willemer. Conçu comme le voyage poétique d'un Occidental en Orient, un peu à la manière des *Lettres persanes* mais à l'inverse, son *Divan occidental-oriental*, écrit en 1819, est, selon les propres termes de Goethe, une « seconde puberté », tandis que Heinrich Heine, son contemporain, prétendait qu'il était « la chaleur du sein de l'Orient » que l'Occident recherche car il est dégoûté de sa faible et froide spiritualité. Il faut dire que la rédaction de l'œuvre, qui correspondait aussi à un retour du poète aux sources de son enfance en Rhénanie, transcende le cycle ordinaire de la passion pour s'élever à un niveau d'universalité que n'ont pas les autres écrits de Goethe : « Fuis donc vers le pur Orient/Goûter à l'air des patriaches. » L'un des aspects de cette universalité du *Divan* de Goethe fut sa continuité dans le temps. En effet, le Punjabi Mohammed Iqbal (1873-1938), grand réformateur de l'islam, a écrit une suite persane au dialogue que Goethe avait imaginé avec Hafiz. Cette suite s'appelle *Message de l'Orient* (*Payam-i-Mashriq*). Il s'agit d'un long poème qui vise à redonner à l'homme tout le prestige dont il a été trop souvent dépossédé.

Ne fais pas de fête sur le rivage
Où se meurt doucement la mélodie de la vie :
Plonge dans la mer, lutte avec les vagues ;
L'immortalité est le prix d'un combat (Iqbal).

Et puisque j'ai évoqué la culture allemande, on ne sait pas grand-chose non plus des liens entre l'Autriche et le monde arabe, hormis évidemment l'intérêt que Sigmund Freud (1856-1939) manifeste pour l'Orient, encore que la civilisation pharaonique l'ait bien plus inspiré que l'islam ou le monde arabe.

Grand Turc

On a tous en tête ces deux expressions. La première est « fort comme un Turc ». Elle est presque devenue discriminatoire, à tout le moins surréaliste. Pourtant il n'en est rien, puisque le mot *türk*, et partant turc, turque, etc., qui est la dénomination que plusieurs peuplades se sont donnée librement, signifie « fort » ! Dire d'un Turc qu'il est fort, c'est comme si l'on disait à un Français qu'il est Gaulois ou qu'un Suisse est un Helvète. C'est un pléonasme. L'autre expression, en usage notamment au XVIIIe siècle, est *Grand Turc*. Turc, je comprends, mais pourquoi « Grand » ? Autre pléonasme sûrement, redondance ou flagornerie ? Sans doute un peu tout cela, car les deux plus importantes dynasties, les Saldjukides et les Ottomans, qui avaient du sang turc dans les veines, ont été prestigieuses, l'une pour sa culture, son esthétique et son rayonnement humaniste, l'autre pour son art militaire, son administration impériale et sa puissance. Aujourd'hui, la richesse de la Turquie ne réside pas dans ses centrales hydroélectriques ou son pétrole ; elle n'est pas non plus liée à son tourisme florissant. Non, ce qui fait la force de la Turquie séculaire, c'est sa géographie. Grâce à ce pays gigantesque, à la tête de bouledogue, avec une partie orientale et une partie occidentale – à la fois européenne et asiatique –, la Turquie forme le trait d'union le plus acceptable entre ces deux mondes. Les Turcs le savent et en jouent à la perfection. Périodiquement, quand l'islam est en ébullition, la partie orientale ne manque pas de rappeler au monde que le passé belliqueux des Turcs, ou celui de leurs ancêtres, n'est pas mort. Mais, en même temps, la partie occidentale de la Turquie, plus laïque, s'effraie d'une telle réaction émise en son sein, car un Etat moderne, même bifide, ne peut se permettre de brandir en menace des souvenirs comme la conquête ottomane dans les Balkans ou l'imposante Sublime Porte et ses farouches janissaires.

L'histoire turque compte. Pendant plusieurs siècles, l'Empire califal a tenu en respect deux dynasties européennes du Nord, dont la russe, et plusieurs petits peuples désorganisés au Sud. Les Ottomans* ont inventé en effet un style de gouvernement califien (on ne disait pas encore islamique) qui a fait merveille. Reprenant l'œuvre inachevée des Saldjukides, ils l'ont développée en renforçant l'Empire musulman alors en décadence et en « déshellénisant » (René Grousset) le plateau anatolien, lieu de naissance de la Turquie actuelle. On ne peut parler des Ottomans sans parler des Ouïgours, lesquels auraient – semble-t-il – une souche encore plus ancienne, peut-être indo-mongole. Pendant des siècles, et cela jusqu'à la fin – calamiteuse – de la guerre russo-turque de 1768-1774, la Sublime Porte fut le point de mire de la plupart des capitales européennes. On y envoyait des ambassadeurs chargés de présents pour ses souverains. Aucun d'entre eux ne franchissait le grand *Diwan* sans quelques appréhensions, car les califes étaient non seulement admirés et respectés, mais redoutés : on savait leur cruauté à l'intérieur de leur domaine, et leurs victoires arrachées à leurs adversaires par des potentats sanguinaires, sans foi ni loi. Evidemment, vu du côté chrétien, l'islam se confondait avec cet Empire et n'était en rien estimable, sauf s'il était vaincu.

La Turquie nous travaille intérieurement plus qu'on ne le croit. Beaucoup de notions liées à l'islam y prennent leur source, aussi bien en théologie – mufti, sultan, califat, etc. – que dans la vie quotidienne – sérail, harem, bain turc, odalisque, esclaves-chanteuses, costumes, fleurs et jardins, etc. Il y eut une époque où le *turkish way of life* était l'une des conditions de perfection du parfait gentilhomme, le critère de la modernité.

Et l'on repose encore la question : la Turquie est-elle européenne, asiatique ou seulement (c'est-à-dire viscéralement) musulmane ? L'Europe qui lorgne surtout sur la dot turque, à savoir le détroit des Dardanelles et l'isthme du Bosphore, et par-delà les richesses de la mer Noire (également convoitées par les Russes et les Américains), est fort embarrassée par cette Turquie musulmane, même modérée. Il lui reste peut-être une façon d'envisager sereinement un avenir commun avec les Turcs, c'est de l'encourager à sacraliser la laïcité au point qu'aucun leader islamiste ne puisse même envisager de la remettre en question. Après quoi, on ne craindra plus ni le Grand Turc, ni la Sublime Porte, ni même ses janissaires.

Grenade

Sur cette ville, rien n'a été écrit d'aussi précieux que ces quelques vers de Victor Hugo, dans *Les Orientales* :

Soit lointaine, soit voisine,
Espagnole ou sarrasine,
Il n'est pas une cité
Qui dispute sans folie
A Grenade la jolie
La pomme de la beauté,
Et qui, gracieuse, étale
Plus de pompes orientales
Sous un ciel plus enchanté...

Travaille pour ton monde comme si
tu devais vivre éternellement,
travaille pour ton Au-delà comme si
tu allais mourir demain

(sagesse prophétique).

Habous

C'est un terme difficile à définir, connu en Egypte sous le nom de *waqf* (pluriel *awqaf*). Fondation pieuse dont le but déclaré est de gérer un établissement religieux, avec ses dépendances, sa trésorerie, son idéologie, son personnel et, bien sûr, les œuvres caritatives qui lui servent de source de financement.

Hadith

Après le Coran, la source du droit musulman est le *hadith**. Ce mot recouvre les faits et gestes du Prophète et, *a fortiori*, ses paroles ou les commentaires qu'il aurait émis au sujet de tel ou tel événement de la vie courante, ses interprétations du Coran, ses interrogations ou encore ses décisions en matière de justice. En général, le *hadith** a force de loi, au moins chez les sunnites. Mais il y a des conditions. Il faut que le *hadith** ait été recueilli par un savant reconnu, qu'il ait été validé par plusieurs témoins, le tout devant encore être confirmé par d'autres penseurs. Le *hadith** parfait est celui qui, clairement énoncé par le Prophète, a été recueilli par écrit au moment où il le prononçait. Ce ne fut pas souvent le cas, évidemment, puisque le Prophète n'était pas censé écrire, bien qu'il ait eu assez vite des secrétaires chargés de sa correspondance et de ses directives. Reste l'oral. Mais l'oral est fragile, volatil. Pour réduire tous risques d'erreurs, les musulmans ont créé une charge importante : recueillir les *hadiths** et les consigner par écrit. Un grand nombre de théologiens et de juristes musulmans se sont ainsi lancés dans la collecte et la vérification des milliers de *hadiths**. Parmi cette pléiade de savants, l'islam en a gardé quatorze. Et sur les quatorze, les plus célèbres sont El-Bokhari (810-870) et Mouslim (821-875). Tous deux sont devenus peu à peu des références en la matière, bien qu'ils aient vécu deux siècles après les faits rapportés... Plusieurs milliers de *hadiths**, plus ou moins circonstanciés, leur sont attribués. Parfois, il s'agit seulement de variantes d'une même idée, mais rapportées par plusieurs personnes à la fois. Cette méthode particulière qui consiste à recueillir le propos entendu d'une personne donnée qui, elle-même, l'a recueilli de la bouche d'une troisième personne laquelle, à son tour, se fonde sur le témoignage d'une quatrième personne, ainsi de suite, s'appelle *isnad*. La chaîne de tous les garants, qui va de l'auteur, ici El-Bokhari ou Mouslim, jusqu'au Prophète, est appelée *silsila*. Elle a été soumise à des vérifications extrêmement pointues et sérieuses, toute faiblesse dans la transmission étant sanctionnée par le rejet du *hadith**.

Comment le *hadith** a-t-il acquis cette force quasi religieuse ? Tout simplement parce qu'il fonde le droit musulman (*charia*), au même titre que le Coran, ce que d'ailleurs les chi'ites contestent en partie : pour eux, seul le Coran est vraiment incontestable.

Hafiz/Hafez

Le plus grand poète lyrique persan, Shams ad-Din Muhammed Hafiz (1320-1389), littéralement « le Soleil de la religion », *sham-od-din*, est né à Chiraz, une ville qu'il ne quittera pratiquement jamais, sinon à l'occasion de tel ou tel pèlerinage qu'il effectuera en l'honneur de saints locaux, à Machhad et ailleurs. Hafiz signifie « celui qui a appris le Coran ». C'est dire que nous avons affaire à un lettré, versé aussi bien dans la théologie et la langue arabe que dans l'exégèse coranique et la jurisprudence. Mais il n'en fera jamais mention, en tout cas explicitement, hormis peut-être lorsqu'il devint professeur d'exégèse coranique. Hafiz est l'auteur d'un *diwan** fameux, une anthologie de poèmes d'amour (*ghazal*), où se combinent l'approche littéraire et le symbolisme ésotérique. On lui doit aussi des poèmes bachiques et d'autres, plus humanistes et philosophiques. Ses thèmes favoris sont la vanité du monde ici-bas, ses joies (amères), la brièveté de la vie, son incertitude : « Ne donne pas ton cœur à ce monde, note-t-il, nul n'en mangera le miel sans subir sa piqûre ; et nul en ce verger ne peut cueillir les dattes sans subir les épines. »

A son propos, Goethe* a écrit ceci :

L'Orient a somptueusement traversé la Méditerranée.
Seul qui connaît et aime Hafiz sait ce que Calderon a chanté.

Par-delà les siècles, la connivence intellectuelle de ces deux grands poètes est perceptible, comme si le chrétien austère s'était épanoui au contact du chi'ite atypique et joyeux que fut Hafiz.

Hajj *Voir :* PÈLERINAGE

Hammam

C'est d'abord une histoire d'eaux. Eaux vives et suaves, me rappelant l'enfance. Mais le charme résiste au temps et se manifeste dans la moiteur enveloppante qui accueille le visiteur dès qu'il a franchi la porte d'entrée. Le bruissement sonore de l'eau bienfaisante et les jeux lumineux qui se succèdent s'affrontent dans un combat inutile. Au coucher du soleil, l'écoulement des gouttes sur un plan d'eau résonne étrangement, plus encore que la fureur urbaine que l'on fuit pour se réfugier dans ces entrailles paisibles. Il y a quelque chose de mystérieux dans le hammam. Un char romain emporte les plus rêveurs vers d'autres cieux. C'est une ascension au firmament des fantaisies : on regarde et on se laisse voir. Plaisir de l'ego lorsqu'il est confronté à son semblable : « Suis-je meilleur ? » Narcisse se mirant dans sa vasque trompeuse. Se déshabiller au hammam, il le faut. Nudité des corps. Enigme des silhouettes qui vous frôlent sans vraiment vous toucher.

Avec le patio, le hammam demeure le lieu le plus aristocratique de la ville arabe. Bains maures* ! Il flotte une séduction libre, prenante, nerveuse. Rien au hammam ne vient s'opposer à la consommation visuelle dont un théologien a fait la frontière imaginaire du fantasme sexuel, le « coït visuel », *niqah al-'aïn*. Et plus encore, si affinités. Car, lorsqu'on a connu les masseurs turcs de Konya et d'Istanbul, on ne sait plus si le massage est un art ou une lutte. La plate-forme où œuvre le *mumassid*, masseur professionnel, également appelée *dellak* et *kessal – ovma* et *ovusturma* en Turquie –, est à peine chauffée. Elle est polie et glissante, ce qui favorise les élongations, les étirements, les frictions, les manipulations, les aplatissements, les pétrissures, le barattage des chairs, le malaxage des articulations, les caresses et les frôlements. Le massage est à la fois physique et mental ; il faut pouvoir résister à l'anéantissement total. Selon la conception arabe, seul l'homme peut masser l'homme, et seule la femme peut masser la femme. Il n'y a aucun doute à ce sujet...

Les voyageurs et les peintres se sont plu à représenter les bains arabes, car seul cet endroit – avec le lupanar – permet aux femmes de se dévoiler, de déposer le masque. Dans *Le Grand Bain de Bursa* (1885), Jean-Léon Gérôme est peut-être le plus évocateur de toute cette génération de peintres orientalistes dans le souci du détail et la précision presque diabolique avec laquelle il a rendu les traits des personnages, le grain de leur peau, le velouté de leurs joues. Les deux pièces majeures de Jean-Auguste Dominique Ingres, *Le Bain turc* (1832) et *Le Bain* (1880-1885), sont plus connues, mais je les trouve plus communes, car leur notoriété, loin de les sublimer – comme c'est le cas pour *La Joconde* –, les a banalisées. Dans la même famille, il faut citer deux autres tableaux puissants, *La Jongleuse dans un harem* de Filippo Barratti, qui date de 1889, et *Le Massage, scène de hammam* (1883) d'Edouard Debat-Ponsan, actuellement au musée des Augustins à Toulouse.

Mais que pensent les femmes de ce lieu chargé d'érotisme et auquel les hommes semblent accorder tant d'importance ? J'ai choisi deux témoignages rapportés par deux femmes différentes, une Algérienne d'Alger en rupture de ban, Zoubeïda Bittari, et une Anglaise, lady Mary Montagu, la femme de l'ambassadeur en poste à Istanbul en 1717, au moment de la Sublime Porte. Née à Alger, Zoubeïda Bittari raconte sa vie quotidienne de manière à la fois naïve et efficace. On y découvre pas à pas l'ensemble des séquences qui feront d'elle une épouse, puis une mère et puis une femme répudiée. Sa description de la coutume du bain avant la nuit de noces est hallucinante. Au nom de la tradition, le voyeurisme s'affranchit de toutes limites, et l'impudeur reste indifférente au spectacle qui se donne devant toutes les autres femmes : dénuder une jeune femme effarouchée, la laver à grande eau avant de l'épiler, la masser, la parfumer et la rhabiller de nouveau. Le bain prend ici l'allure d'une claustration. A Istanbul, la scène se déroule à l'identique deux siècles auparavant : « J'ai été, il y a trois jours, dans l'un des bains les plus beaux de la ville, note lady Mary Montagu, et j'ai eu l'occasion de voir la réception d'une mariée turque, avec toutes les cérémonies qu'il y a à cette occasion ; elles m'ont rappelé l'épithalame d'Hélène par Théocrite, les coutumes se sont perpétuées [...] C'était une belle jeune fille d'environ dix-sept ans, très richement habillée et étincelante de pierreries, mais elles [ses suivantes] la ramenèrent aussitôt à l'état de nature : deux autres remplirent de parfum des pots de vermeil et commencèrent la procession, les autres suivaient deux par deux, trente en tout. Celles qui conduisaient chantèrent un épithalame, repris par les autres en chœur, et les deux dernières conduisirent la belle mariée, les yeux baissés avec une charmante affectation de modestie. C'est dans cet ordre qu'elles firent le tour des trois grandes salles du bain. Il est difficile de vous représenter la beauté de la scène ; la plupart des femmes étaient bien proportionnées et avaient la peau très blanche, d'une douceur et d'un brillant parfaits, grâce à l'usage fréquent des bains... » (in *L'Islam au péril des femmes*.)

Haramayn ou les Lieux interdits de l'islam *Voir :* VOYAGEURS

Harem

Le harem est moribond et rien ne semble pouvoir le sauver du plus grand péril de son histoire, l'égalitarisme entre homme et femme. Aujourd'hui, outre la morale qui impose une monogamie de plus en plus sourcilleuse, aucun musulman n'a suffisamment de moyens pour entretenir les quatre femmes légitimes que les sultans de jadis, ottomans en particulier, entretenaient, sans compter les dizaines de serviteurs et les centaines de concubines.

Mot à mot, le terme harem signifie interdit (*haram*), en fait ce qui est interdit aux mâles étrangers à la famille proche. En arabe, on dit *harim* pour le lieu consacré aux femmes, l'équivalent du gynécée de la Grèce antique. Seuls, le mari, le fils ou le frère de ces femmes peuvent entrer au sein du harem. Dans un verset singulier (XXIV, 31), le Coran établit avec précision la ligne rouge qu'aucun homme extérieur au clan ne peut franchir : « Dis aux croyantes de baisser leurs regards, d'être chastes, de ne montrer que l'extérieur de leurs atours, de rabattre leurs voiles sur leur poitrine, de ne montrer leurs atours qu'à leurs époux, ou à leurs pères, ou aux pères de leurs époux, ou à leurs fils, ou aux fils de leurs époux, ou à leurs frères, ou aux fils de leurs frères, ou aux fils de leurs sœurs, ou à leurs servantes ou à leurs esclaves, ou à leurs serviteurs mâles incapables d'actes sexuels ou aux garçons impubères. » Cette ligne précise en creux le tabou de l'inceste, le voilement des femmes, l'espace de la mixité et l'honneur du clan que chaque membre de la famille était censé défendre, dans le temps passé, au prix de son sang.

Les musulmans distinguent deux types de harem, le harem prophétique d'une part (*voir* Femmes du Prophète) – il est quasiment de droit divin – et le harem ordinaire, à peine toléré bien qu'il ait résisté à tous les bouleversements sociaux jusqu'au XXe siècle.

François Lepaulle (1804-1886) a peint le harem idéal. Il y a mis tout ce que l'on attend d'un tel lieu : une musicienne de *kouitra*, une sorte de luth au son nasillard et sec, des coépouses éplorées, un homme qui a les traits d'Abd el-Kader, un divan éclairé par une baie donnant sur un belvédère, avec au loin une oasis bien feuillue, et une préposée à l'éventail. Devant la favorite, à l'air stupide, un chibouk froid qui semble n'avoir jamais servi. Tous sont vautrés sur un amoncellement de tapis de soie – richesse oblige ! – d'une couleur grave et symbolique, le grenat. Avec le hammam, le harem est le lieu (interdit) qui a le plus excité l'intérêt des Occidentaux. En Orient, le harem n'a pas suscité autant de peinture ni de littérature que le hammam, car une inhibition conventionnelle a toujours freiné jusqu'à présent tous ceux qui voulaient s'affranchir de la tutelle morale de la société. Jusqu'à présent ?

Haroun Rachid

Immortel ou presque. Sinon comment expliquer la notoriété multiséculaire de ce souverain, le cinquième des Abbassides de Bagdad ? Sans aucun doute les *Mille et Une Nuits* ont fait de lui le monarque éclairé que les Arabes n'avaient pas encore eu, ou du moins pas avec ce panache ni ce sens de la vie. Monarque éclairé, curieux et tolérant, en effet, il le fut et sans réserve, sauf lorsqu'il constata que ses vizirs, les Baramika, ou Barmékides, qu'il avait nommés ou conservés à leur poste de secrétaires, ne s'embarrassaient pas de scrupules, en particulier avec son propre entourage féminin. Dépité, Haroun Rachid (766-809) avait sévi violemment. Démasqués, les traîtres furent démis de toutes leurs fonctions en janvier 803, l'un décapité – Ja'far le père –, les autres jetés en prison – les fils Yahya et Al-Fadl. Les deux facettes de la personnalité du calife ont laissé de lui une image exceptionnelle.

Durant la première partie de sa vie, Haroun Rachid était resté en dehors de la succession au trône ; c'était la mort subite de son frère Al-Hadi qui lui avait ouvert la voie du califat. La seconde partie de sa vie sera celle du potentat éclairé et du mécène, amoureux des arts et des lettres, passionné de controverses philosophiques, de poésie bachique, de vin bien sûr, et de mignons. On l'a dit homosexuel ? La question peut se poser, sans qu'elle soit d'ailleurs aussi importante qu'on pourrait le penser car, à l'époque, l'islam, mais aussi les musulmans, n'étaient pas aussi bigots qu'ils le sont aujourd'hui, au moins une partie d'entre eux.

Le règne d'Haroun Rachid a représenté un âge d'or auquel se réfèrent, encore aujourd'hui, de nombreux souverains. Veulent-ils pour autant faire croire que le faste de Bagdad au temps des Abbassides peut, à lui seul, gommer la déliquescence de la plupart des régimes qu'ils ont instaurés aujourd'hui ?

Haschich

Si le mot *haschich*, chanvre indien, vient de l'arabe et signifie herbe, au sens banal du terme, il n'en est pas de même de la fonction que revêt la consommation d'une telle drogue parmi les jeunes. Car s'agit-il d'une drogue qu'il faut extirper des usages locaux ou, au contraire, s'agit-il d'une pratique socialisée, comme le qat yéménite ou le narghilé*, qui, bon an mal an, font plus d'exaltés que de malades, plus de somnambules que de violents et plus encore de dilettantes que de délinquants ? La question ne relève pas seulement de casuistique médicale ou d'écologie, elle est importante en termes d'économie sociale, d'éducation et surtout pour les principes.

Haschich est resté attaché aux Assassins que commandait le Vieux de la Montagne, Cheikh el-Jabal ou Hassan As-Sabah*, au XIe siècle. Ses mercenaires étaient habitués à consommer une grande quantité d'herbes hallucinogènes, ce qui les aidait à mener leurs expéditions punitives (souvent kamikazes) à l'encontre des gouvernants impies de l'époque.

Le paisible fumeur de narghilé (du turc *nàrjil*, à moins que ce soit *narghilleh,* un mot d'origine persane), personnage clé du folklore urbain arabe, continue à fasciner les voyageurs et les élites. Ses lieux de prédilection sont les arrière-salles de cafés, les fumeries au bord de l'eau ou le devant des boutiques d'artisans, surtout dans les médinas des grandes villes du Proche-Orient. Contemplatif et philosophe, le fumeur de narghilé pose avec son compagnon, le chibouk, cette longue pipe turque ou syrienne reliée à un flacon de verre transparent ou en céramique rempli au préalable d'une eau aromatisée. La fumée de la pâte qui se consume au sommet de l'instrument traverse le corps du chibouk en se chargeant de sa saveur corsée. Le chibouk (du turc *tchiboucq*, qui veut dire tuyau) conduit dans des volutes aromatisées la rêverie du fumeur au hasard de ses escapades dans l'irréel. Plusieurs peintres orientalistes, Jean-Léon Gérôme, Filippo Baratti, Ludwig Deutsch, ont saisi le fumeur de narghilé. Il y est toujours présenté sous son meilleur jour, un peu comme si sa seule évocation faisait surgir mille et une images plus ou moins irréelles ou délirantes. Jules Migouney a peint une *Femme arabe au narghilé* (1909) à la fois tendre et vraie. Cela montre au moins que les modèles des peintres ne fument pas ou, si elles fument, elles gardent leur air d'enfant, leur douceur.

La consommation de drogues n'est plus aussi libre que par le passé. En effet, ayant constaté les ravages occasionnés par l'usage des drogues en Occident, beaucoup de législations nationales ont durci leurs peines sans que, dans la réalité, elles soient appliquées avec sévérité.

Hassan As-Sabah

La promesse de paradis a été couramment un motif de propagande des autocrates, des missionnaires et des chefs de juntes militaires musulmanes au cours des siècles qui viennent de s'écouler. D'ailleurs, le fait que l'on promette, aujourd'hui encore, le paradis aux mudjahidin, pour défendre des régimes sanguinaires ou des idéaux opaques, relève de la même mystification. « Refouler » la réalité semble être ainsi le refuge de tous les enfants-soldats qui ne veulent pas affronter la vie sur terre.

Un exemple historique est celui du Vieux de la Montagne, du nom d'Hassan As-Sabah, mort en 1124. C'est une illustration assez terrifiante d'une combinaison sordide entre sexualité, religion et fanatisme politique. Un siècle après, Marco Polo décrira la légende du Maître d'Alamut et son château-citadelle de l'Elbrouz, au nord de Qazvin, dans l'Iran actuel. Le voyageur vénitien s'est attardé sur le savoir amoureux des houris. « Il [le Vieux] avait fait faire maintes charmantes fontaines, répondant aux diverses façades des palais, et toutes avaient dedans de petites conduites, où couraient, en l'une vin, en d'autres lait, en d'autres miel et en d'autres l'eau la plus claire. Là habitaient les dames et demoiselles les plus belles du monde, lesquelles savaient très bien sonner de tous instruments, chanter mélodieusement, danser autour de ces fontaines mieux que toutes autres femmes, et par-dessus tout, bien instruites à faire aux hommes toutes caresses et privautés imaginables. Leur rôle était d'offrir tous délices et plaisirs aux jeunes hommes qu'on mettait là. Il y avait multitude de nippes, literie et victuailles, et toutes choses désirables. De nulle vilaine chose ne devait être parlé, et point n'était permis de passer le temps autrement qu'à jeux, amours et ébats. Ainsi ces damoiselles magnifiquement parées de soie et d'or allaient s'ébattant à toute heure dans les jardins et les palais ; car les femmes qui les servaient demeuraient enfermées et oncques n'étaient vues en plein air. Le Vieux donnait à entendre à ses hommes que ce jardin était le paradis [...] Quand les jeunes gens, étant éveillés, se trouvent dans un si merveilleux endroit, et voient toutes ces choses que je vous ai dites, faites tout juste comme le dit la loi de Mahomet, et les dames et les damoiselles toujours à l'entour de chacun, tout le jour chantant, folâtrant et leur faisant toutes les caresses et grâces qu'ils peuvent imaginer, leur servant le manger et les vins les plus délicats, ravis en extase par tant de plaisirs et par les ruisseaux de lait et de vin, ils se croient vraiment au Paradis » (in Marco Polo, *Le Devisement du monde*).

Hégire *Voir :* CALENDRIER

Henné

Parmi tous les artifices de cosmétiques employés par la coquette musulmane, il faut accorder une place particulière au henné, le *Lawsonia inermis L.* de la famille des lythrariées, que les Berbères, à la suite

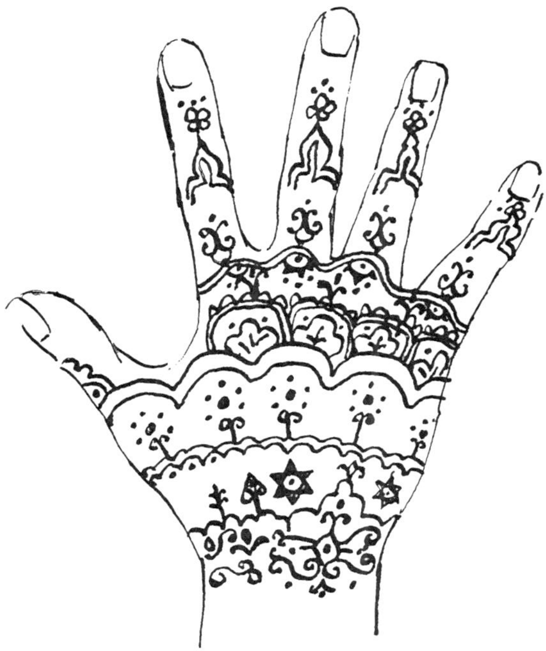

des croyances musulmanes, tiennent pour une plante venant du paradis, *al-henna trab al-jenna*. Cette poudre tinctoriale, aussi vieille que le monde, a réussi à franchir l'Atlas, le détroit de Gibraltar et la Méditerranée orientale, pour s'imposer dans tous les salons de la Goutte-d'Or, à Paris, mais aussi à Marseille, en Italie, en Espagne et même en Amérique, au Canada, au Brésil, etc. Son origine antique pourrait être le Balouchistan, mais toute la région située entre l'Indus et la Mésopotamie aurait pu être son berceau, étant entendu que cette partie du monde (avec l'Egypte) a inventé la plupart des soins de beauté. Aujourd'hui, il n'est aucune fête d'envergure sans que les femmes se parent de henné, tout en initiant les petites filles à cet art consommé de la mise en scène typiquement orientale. Le phénomène est surtout connu dans les pays allant du Maroc à l'Egypte, en passant par la Mauritanie, l'Algérie, le Mali et la Libye. Au Maroc, le henné est un produit que l'on offre à l'occasion des cérémonies de mariage, il fait partie de la dot. Si le marié ne fait que tremper le petit doigt, la mariée, elle, s'applique à se teindre une grande partie de la paume des deux mains, parfois même la plante des pieds.

Selon la croyance locale, le henné a des vertus esthétiques, thérapeutiques et prophylactiques. Il est sûrement aussi un talisman contre le mauvais œil et un médicament qui éloigne certains cafards, nettoie le dessous des ongles, réduit les gerçures, et assouplit les cheveux. La peau sur laquelle on applique cette pâte est aussitôt lisse et douce. De là à considérer le henné comme une panacée, il n'y a qu'un pas que les masseuses des hammams et les matrones ont vite franchi, puisqu'elles l'indiquent pour toutes sortes de problèmes de peau, à la fois comme antibactérien, mais aussi comme adjuvant et fortifiant.

Voir : KOHEUL

Hérésie

En islam, l'hérésie (*zandaqa*) commence avec la libre pensée... Les sujets qui peuvent conduire un hérétique (*zindiq*) sur l'échafaud sont nombreux, les plus importants étant ceux où l'existence de Dieu est remise en question, niée. Car, un tel doute jette aussitôt une suspicion sur la prophétie de Mohammed, et *a fortiori* sur la divinité du Coran.

La notion d'hérésie est relative à l'époque où l'on se situe. L'hérésiographie n'a jamais existé sous forme de discipline historique particulière, mais seulement comme une dénomination – péjorative – appliquée initialement au manichéisme et au zoroastrisme. Cette étude était donc vague et imprécise, ce qui était de nature à plaire aux différents autocrates empressés de classer dans la catégorie des apostats et des hérétiques tous ceux, libres penseurs, marginaux, panthéistes, libertins et même certains poètes, raffinés et excentriques, qui s'écartaient de la norme la plus orthodoxe.

Lorsque les Almoravides conquirent l'Andalousie, appelés au secours par les roitelets locaux (*muluk at-tawa'ïf*), ils établirent un ordre d'une sévérité extrême. Rigides, orthodoxes, austères, ces nouveaux conquérants avaient le vent du désert dans les sabots de leurs robustes chevaux. La plupart étaient originaires du Sud marocain, leur tribu mère ayant été par le passé celle des Lamtuna, clan des Sanhadja. Ils furent choqués par la débauche qui régnait dans les différentes cours andalouses et y mirent fin radicalement. On ferma les débits de boisson, on exigea plus de tenue des femmes ; une morale nouvelle se mit en place. Par sa rigueur, elle était en tout point semblable à celle qui fut en usage au Caire sous le souverain fatimide Al-Hakim (985-1021). Certains ouvrages furent considérés comme attentatoires à l'islam ; la censure ne s'attarda pas seulement sur des ouvrages de poésie bachique, mais aussi sur des textes fondateurs de la doctrine islamique. L'œuvre principale de Ghazzali par exemple, l'*Ihya*, qui est une somme théologique sérieuse et imposante encore consultée par les étudiants d'aujourd'hui, fut jugée hérétique. On brûla l'ouvrage à Cordoue et dans d'autres villes et sa lecture en fut prohibée pour tout musulman. Tout manquement à la règle était alors puni de mort.

Il faut préciser que cet esprit d'intolérance remonte aux premiers temps de l'islam, lorsque l'autorité centrale était contestée. L'ouvrage de l'hérésiographe Al-Shahrastani (1076-1153), *Kitab al-Milal wal-nihal*, qui est un traité des sectes et des opinions philosophiques, inventorie les sectes dissidentes durant les quatre premiers siècles de l'islam, à commencer par les mu'tazilites, les déterministes, les anthropomorphistes, les chi'ites extrémistes, les murji'ites et les ismaéliens. A ces mouvements, il faudrait ajouter la plupart des mystiques musulmans (soufis*) qui, selon les tenants de la *doxa*, ont toujours pratiqué un islam déviant et suspect.

Hermaphrodites et mignons

Rappelons le point de vue tranché du juriste baghdadi Abu-l-Hassan Ali El-Mawerdi (XIe siècle) : « L'imam ne peut être du sexe féminin, ni hermaphrodite (*khunta*), ni muet, ni affligé d'un défaut de prononciation. Si une femme ou un hermaphrodite sert d'imam, la prière des hommes ou des hermaphrodites dirigés est viciée. »

Le statut de l'hermaphrodite en Islam (*mukhannat*, *khunta*) est inférieur à celui de la femme, lequel est inférieur à celui de l'enfant, lequel est inférieur à celui de l'homme.

Ghulam, mignon (pluriel *ghulamiya*), ce mot a suscité diverses traductions. Dans son introduction au livre de la poésie et des poètes d'Ibn Qotaïba, Maurice Gaudefroy-Demombynes le rend par « amoureux transi » ou « amoureux fou », Henri Lammens le traduit par « giton », tandis que le mot pourrait signifier « ni mâle ni femelle », ou encore « efféminé, sans qualité virile, langoureux, inverti ».

Le mignon inspire une attirance homosexuelle plus forte que le simple garçonnet (*fata*), en raison de son apparence efféminée. Les mignons se distinguent autant par leur allure que par le duvet soyeux qui couvre leur visage : ce sont des *mu'addirin.* Cette apparence a largement conquis les amateurs, tandis que les poètes perses et arabes l'ont vantée comme un puissant aphrodisiaque.

Le registre lexical est en fait spécifiquement oriental. Empruntant à la poésie bédouine, il est aussi mixte, enrichi de notions étrangères à son univers originel. Il sent l'épice et la cannelle, il est fait de sucre candi, de miel et de caramel. Et c'est à la culture persane qu'il puise principalement, tous les poèmes adressés aux garçons en sont truffés. Ainsi cette ode d'Abu Nuwas* :

Car c'est du safran, c'est du musc, te dis-je,
qui pousse sous tes boucles de cheveux !
Pourquoi me priver de mordre tes joues,
et de sucer ta salive de miel ?

La fréquence des mots faon, faon coquet, jouvenceau, imberbe, jeune garçon, accroche-cœur est à ce point de vue tout à fait étonnante. « Ses deux accroche-cœur sur ses tempes se cabrent », a traduit avec délice Vincent Monteil. D'autres allusions ne sont pas moins directes : tentation de Satan, le bien-aimé, cheval de race, jeune poulain, le garçon-fille, l'androgyne, yeux de gazelle, amoureux transi. Tout est bon pour celui qui sait goûter à la coupe du jeune vin fougueux...

Hidjab *Voir :* VOILE

Histoire d'amour

La plus belle histoire d'amour du Coran est contrariée, malheureuse. C'est sans conteste celle de Joseph et Zoulaïkha, empruntée à la Bible. Joseph est l'aîné de Jacob et de Rachel ; il est le plus aimé de la fratrie. Ses dix frères, qui sont jaloux de l'affection que lui porte leur père, décident de l'enfermer dans un puits (ou une citerne), avant de changer d'avis quand ils aperçoivent une caravane de bédouins qui se dirige vers la ville. Ils le vendent comme esclave. Plus tard, les caravaniers le cèdent au grand prêtre Putiphar, moyennant une forte récompense. Putiphar, grand intendant auprès du roi, ramène son esclave à la maison et le présente à sa femme, Zoulaïkha. Il vivra désormais au palais de Pharaon. Mais Joseph, qui est d'une beauté foudroyante, suscite bientôt le désir de Zoulaïkha. Celle-ci s'éprend de lui au point de perdre toute raison. Adieu retenue, adieu pudeur ! Mais Joseph s'en défend ; il est devenu le confident du maître, son serviteur zélé. Il se refuse à le trahir, encore moins à le tromper avec sa propre femme.

Voici comment le Coran rapporte l'affaire : « Celle qui l'avait reçu dans sa maison s'éprit de lui. Elle referma les portes et elle dit : "Me voici à toi (*haïta lak*)." Joseph lui répondit alors : "Que Dieu me protège ! Mon maître m'a fait un excellent accueil ; mais les injustes ne sont pas heureux." [...] Elle pensait certainement à lui et il aurait pensé à elle s'il n'avait pas vu la claire manifestation de son Seigneur [...] Tous deux coururent à la porte : elle déchira au dos la tunique de Joseph ; ils trouvèrent son mari à la porte ; elle dit alors : "Que mérite celui qui a voulu nuire à ta famille ? La prison, ou un douloureux châtiment ?" Joseph se défendit : "C'est elle qui s'est éprise de moi !" Un homme de la famille de Zoulaïkha intervint : "Si la tunique a été déchirée par-derrière, la femme a menti et l'homme est sincère." Lorsque le maître vit la tunique déchirée au dos, il dit : "Voilà vraiment une de vos ruses féminines ; votre ruse est immense !" » (Coran, 23-24, 25-28). L'affaire aurait pu en rester là. Mais voilà, sur cet incident, qui est vite ébruité, s'opère la métastase urbaine, se répandent le cancan et la rumeur. Ceux-ci proviennent essentiellement des femmes de la bourgeoisie lesquelles, jalouses de ne pas approcher de plus près le beau Joseph, s'en prennent à Zoulaïkha, moquant sa passion pour son esclave. « La femme du Grand Intendant s'est éprise de son serviteur : il l'a rendue éperdument amoureuse de lui ; nous la voyons complètement égarée ! » Or, un jour Zoulaïkha, excédée de les entendre la calomnier sans connaître l'objet de ses tourments, décida d'organiser un repas auquel elle convia ses rivales. A toutes, elle distribua un couteau. A la fin du repas, au moment où elles épluchaient un fruit, elle fit entrer Joseph. Subjuguées, fascinées, la bouche entr'ouverte, toutes les femmes se tailladèrent les mains : « Quand elles le virent, elles le trouvèrent si beau qu'elles se firent des coupures aux mains » (XII, 31) ; elles en restèrent médusées : « A Dieu ne plaise ! Celui-ci n'est pas un mortel ; ce ne peut être qu'un ange plein de noblesse... »

Revanche froide de Zoulaïkha : tel est l'homme dont je me suis éprise et qui est resté chaste. Mon offense de femme ne se comprend-elle pas à sa constance de saint, car Joseph est aussi beau que pur ? (Genèse, XXXVII-L). Après toutes ces péripéties au service de Putiphar, on décida de laver l'affront de la grande dame en jetant Joseph en prison. Mais le Sémite avait un don fort utile, la divination. Tous les prisonniers bénéficièrent ainsi de ses illuminations et celles-ci s'avérèrent si précises que Pharaon, alerté par le prodige de ce prisonnier hors du commun, le fit venir. Il lui demanda d'expliquer ses songes, fort étranges, qu'aucun interprète stipendié de la cour n'avait su démêler. Ici s'achève la belle histoire d'amour contrarié entre Joseph et Zoulaïkha, là commence le destin exceptionnel du devin royal, le futur ministre de Pharaon. Mais c'est une autre histoire.

Homme

En islam, l'homme accompli, l'homme d'honneur, le preux chevalier ou le grand seigneur au temps des dynasties musulmanes, réunit les dix qualités suivantes : la générosité (*jud*), la bravoure (*shaja'a*), la connaissance des règles de l'équitation (*furusiyya*), la beauté du corps (*jamal*), le talent poétique (*chi'r*), l'éloquence (*khitaba*), la force physique (*chidda*), l'art de manier la lance (*ta'n*) et le sabre (*darb*), la maîtrise de l'arc (*rimaya*). Il semble que Sa'ïd ibn Judi, un grand seigneur du XIe siècle andalou, possédait tous ces dons.

Le courage est une vertu bédouine, que l'islam a faite sienne. En effet, les querelles entre partisans et détracteurs du Prophète exigeaient des premiers musulmans de la constance et de l'entregent. L'homme accompli dans l'univers musulman est d'abord le défenseur de la terre d'Islam, le valeureux chef de clan, le soldat émérite, le héros des champs de bataille. Les qualités de l'homme accompli exigent donc qu'il soit à la fois fin lettré et guerrier courageux. Le travail de la terre et l'élevage lui sont proscrits, en revanche, son habileté à versifier et son éloquence lui permettent d'exceller dans le domaine de la galanterie, ce que du reste la beauté physique favorise amplement.

C'est bien cette éducation chevaleresque que préconise aussi Nizam al-Mulk (XIe siècle) lorsqu'il écrit qu'une bonne administration ne saurait se permettre de confondre les attributions du marchand avec celles de l'émir, et inversement. Il précise, à juste titre, que « lorsqu'un personnage célèbre ou un inconnu seront sur le même rang et que le titre, donné au savant, sera le même que celui qui est accordé à l'ignorant, il n'y aura que confusion ».

Homosexualité

Le Maghreb, le monde arabe et l'islam en général sont foncièrement homophobes. Ignorance ou simple absence de dialogue ? Il s'agit d'une homophobie radicale, difficile à réduire et dont le caractère irraisonné semble assumé, par cette société tout entière, comme une donnée intrinsèque. Les textes, les attitudes et les représentations, tout concourt à donner de l'homosexualité une image négative, sale et impure. *A fortiori*, antireligieuse. On peut d'ailleurs se poser autrement la question : pourquoi le Maghreb, le monde arabe et l'islam sont-ils à ce point homophobes et pour tout dire intolérants, lorsque la réalité nous a laissé de belles amours antiques et que la figure d'un Alcibiade s'auréolait par le passé de l'intérêt que certains princes lui portaient ?

L'homosexualité est condamnée par les textes sacrés, le Coran et les *hadiths**, ainsi que par la Tradition (*Sunna*). Au quotidien, l'homosexualité est déniée par les musulmans. Aussi, l'imprécation du clergé musulman à l'endroit de ce détournement charnel pourrait s'exprimer ainsi : « Honni soit celui qui de son corps fait un commerce illégal ou l'utilise à des fins impures. Il déplaît à Allah et à ses saints. »

L'interdit homosexuel touche toutes les formes de consommation, que celles-ci aient trait au consentement mutuel entre adultes ou à la pédophilie. Dans leur volonté d'être précis, les premiers historiens musulmans ont cherché à établir la date de ces premiers émois entre hommes. Selon eux, ils auraient eu lieu du vivant même du Prophète. En effet, les longues expéditions militaires auraient été propices aux égarements de la chair, et en l'absence de femmes l'homosexualité aurait pu se développer sans retenue.

En souvenir du peuple de Loth, qui consomma l'acte interdit et « se vautra dans la débauche », l'homosexualité proprement dite s'appelle *luthiya/luathiya*, *tasabbub* ou *'ata, 'itaya*. Pas moins de trente-cinq versets coraniques, disséminés sur sept sourates (VII, XI, XXI, XXII, XXVI, XXVII, XXIV) lui sont consacrés. Sourate VII, verset 80 : « Vous livrez-vous à cette abomination – ou turpitude – que nul, parmi les mondes, n'a commise avant vous ? »

Faisant fi de toutes préventions religieuses, la littérature classique ancienne, notamment les textes bachiques et érotiques, fait la distinction entre le *luwat khurassani*, littéralement l'homosexuel du Khorassan, une région du nord de l'Iran, et l'homosexuel ordinaire : il serait plus précieux, semble-t-il, un genre de dandy.

L'homosexualité féminine ne nous est guère familière, si l'on excepte les quelques évocations littéraires qui lui sont consacrées sous l'appellation générique de *fassiqa* (de *fusk*) ou *fahicha* (de *fuhcha*). Le sentiment homosexuel masculin nous est plus connu. Il faut préciser que la relation charnelle proprement dite n'est décrite qu'exceptionnellement, ce qui, d'ores et déjà, met la tentation pornographique en dehors de notre champ d'études. Au-delà même du rapport actif-passif (*'amal/ma'mul fih*), plutôt classique, des spécialités amoureuses plus subtiles, centrées autour de l'adoration du « jouvenceau », tour à tour appelé *ghulam* (mignon), *khunta* (bardache, hermaphrodite) ou *saqui* (échanson), ont été cultivées par bien des princes oisifs et tout-puissants.

Mais l'exaltation de l'homosexualité, dans sa période d'apogée (Xᵉ-XIIᵉ siècle), rime toujours avec privilège de classe. Malgré cela, elle ne cessera d'être considérée, au moins par les jurisconsultes et les théologiens orthodoxes, comme une déviance. A ce titre, elle tombe sous le coup des péchés que l'islam prohibe sous le nom de *zina*, fornication. Enfin, et selon l'opinion de Plutarque – « Quant au vrai amour, les femmes n'y ont aucune part » –, les Arabes considèrent le lesbianisme comme une perturbation singulière et passagère de la sexualité féminine. N'étant ni dangereux, ni suffisamment public à leurs yeux, il n'est pas réprimé, sinon par une éducation morale précoce.

L'homosexualité des classes populaires, quant à elle, n'est jamais évoquée hormis quelques réflexions évasives dans les relations de voyageurs occidentaux.

Parmi tous les refoulés de la conscience arabe, l'homosexualité est celui qui s'exprime avec le plus d'éloquence. C'est une corde de lyre que chaque brise fait résonner comme une trompette, un grain de sable qui détourne l'ouragan, une pulsion extraordinaire qui déstabilise et qui bouscule un grand nombre de convictions bien chevillées. Ce refoulé est exquis et impur à la fois. Aussi tout en étant caché, il n'en est pas moins extrêmement visible.

Pour beaucoup, les Orientaux sont devenus homosexuels par frustration et en raison du manque de contact avec des partenaires de l'autre sexe. « Les jeunes mâles, dans l'impossibilité, ou presque, d'éteindre avec des personnes du sexe féminin le feu de leurs premières ardeurs dépensent autrement le trop-plein de leur riche nature orientale », note Rebreyend dans un livre sur la sexualité au Maroc.

Mais, en soutenant cette thèse qui n'a aucune valeur scientifique, ces auteurs reprennent des poncifs et méconnaissent totalement l'étiologie de l'homosexualité.

Idem pour les lesbiennes. Elles le seraient devenues par la « faute » des mâles du harem qui auraient délaissé leurs compagnes au profit de leurs mignons ou encore, comme le dit si naïvement Guy de Maupassant, les riches notables les ont toutes achetées et séquestrées chez eux, entraînant une raréfaction préjudiciable pour le couple hétérosexuel et jetant ainsi dans les bras de quelques lesbiennes de jeunes vierges effarouchées. Voici comment, dans *Le Mal d'Orient*, Kesnin-Bey resitue ce propos dans le cadre général du harem de Constantinople : « Puisque nous avons effleuré le chapitre des vices contre nature, disons un mot de l'immoralité entre femmes ; c'est un dévergondage symétrique du précédent – la pédérastie – [...] Il apparaîtrait assez prouvé que cette terrible névrose est venue d'Orient où elle existe depuis longtemps. Elle est la conséquence naturelle de la vie molle, sensuelle et oisive dans les harems. Toutes ces femmes ardentes et mal élevées, privées de toute occupation intelligente, négligées parfois par leur seigneur et forcées de vivre continuellement avec des esclaves de leur sexe, ne devraient-elles pas arriver à ces dissolutions usantes ? Ainsi, suivant toute probabilité, ces dégradantes amours de chaque sexe pour lui-même sont encore un cadeau de l'Orient... »

Restons à Constantinople. Paul de Régla, qui a signé un livre sur les lois secrètes de l'amour d'après le témoignage d'un cheikh, le *khodja* Abu Uthman Omar Haleby, défend ainsi l'honneur des femmes turques : « Le saphisme est-il plus répandu en Orient qu'en Occident ? Telle est la question qui m'a été souvent posée par des moralistes chrétiens. A cette question, j'ai toujours répondu : “Non !” Quant à la justification de cela, la voilà : “Les pratiques de Sapho, communes chez les jeunes filles et les femmes grecques et arméniennes, ne se rencontrent que très rarement chez la Turque. Cette dernière, dont les sentiments sont généralement droits et honnêtes, est trop portée sur l'homme et le coït naturel, pour qu'elle puisse se contenter de plaisirs buccaux. Quand, par exception, elle s'y adonne, c'est en compagnie d'une amie, une délaissée, ou une jeune veuve comme elle, qui, armée d'un phallus artificiel, attaché par une ceinture autour de la taille, remplit le rôle d'homme, d'amant et d'époux. La musulmane ne peut comprendre l'onanisme buccal. Jamais elle ne consentira à le pratiquer sur l'homme ; elle pourra se prêter, dans certains cas, à la pédérastie, mais c'est tout.” »

Un autre argument, plus sommaire encore, le climat. Lorsque le voyageur européen arrive à la belle saison dans un pays du Maghreb ou au Sahara, sa première impression est d'être dans une étuve. Pendant des jours, il tente de s'acclimater à la chaleur enveloppante du Sud par une grande consommation d'eau, ce qui engendre une forte sudation. L'indolence et la paresse l'envahissent peu à peu, le prennent au corps, le freinent dans ses déplacements. C'est alors que toutes les voluptés lui apparaissent dans un halo de vapeurs et de mirages. Or le voyageur occidental est un rationnel, il veut comprendre, tout comprendre. Et l'explication ne tarde pas à venir : « Peut-être aussi l'ardeur du climat, qui exaspère les désirs sensuels, a-t-elle émoussé chez ces hommes de tempérament violent la délicatesse, la finesse, la propreté intellectuelle qui nous préservent des habitudes et des contacts répugnants », note Guy de Maupassant, dans *Au soleil.*

Hôpital *Voir :* MÉDECINE

Hospitalité

Vertu bédouine par excellence, et, sans doute aussi, par nécessité, l'hospitalité passe pour être le trait dominant du grand seigneur. Un vers du poète andalou Ibn Ammar le traduit bien. Parlant d'al-Mu'tamid, souverain-poète andalou du XIe siècle, il dit : « Chez lui, le silex du briquet de la gloire ne laisse éteindre le feu de la guerre que pour allumer celui de l'hospitalité » (in H. Pérès, *La Poésie andalouse arabe classique au* XIe *siècle*). L'hospitalité est ainsi élevée au rang de vertu cardinale. Pour les pauvres, être musulman, c'est d'abord être généreux, hospitalier, sensible à la difficulté de l'autre et à la dignité perdue de celui qui perd son chemin, le voyageur, ou ses parents, l'orphelin. Des passages explicites du Coran montrent l'importance que requièrent une attitude magnanime, le sens de l'hospitalité et de l'entraide. Mais si les grands seigneurs peuvent se permettre d'égorger un ou deux moutons, voire un chameau, afin de manifester leur estime pour le visiteur, que peut faire le pauvre ?

Houris

Voir : VIERGES DU PARADIS

Humour

Tout porte à croire que le musulman des deux premiers siècles qui ont suivi la prédication mohammédienne riait beaucoup, et plus que celui du XXIe siècle. Les lettrés d'alors étaient-ils à ce point affranchis des conventions qui tuent la spontanéité et l'humour, moins engoncés dans leurs certitudes ? Ou bien, et c'est l'hypothèse la plus courante, le dogme musulman n'étant pas encore totalement fixé, on ne savait pas trop où se situait la frontière entre la plaisanterie et le sérieux, *kalam al-hazl* et *kalam al-jidd*, et l'on en jouait...

Le Prophète lui-même avait-il ri et de quoi avait-il ri ? Cette question revient dans la littérature religieuse et constitue un point de préoccupation important pour les théologiens, car en l'absence de versets coraniques autorisant explicitement le rire – le rire et le démon ne font plus qu'un depuis l'établissement du droit religieux –, il fallait bien adapter son comportement sur celui du Prophète face à des situations amusantes ou franchement hilarantes. Dans son *Humor in Early Islam*, Franz Rosenthal montre que la plupart des ouvrages comportant des scènes comiques, des anecdotes visant le délassement ou relatant les faits les plus spectaculaires des bouffons datent du IXe siècle, c'est-à-dire deux à trois siècles après la Révélation. A cette époque, dit-il, les auteurs n'hésitaient pas à dresser des listes de saltimbanques, d'amuseurs publics, de fous du roi et autres farceurs (*slapstick artists*) auprès des familles de vizirs ou dans le palais même du calife. Trois auteurs importants, tout à la fois chroniqueurs et observateurs privilégiés, Djahiz*, Mas'udi et Al-Isbahani, constituent la source principale d'information sur cette époque. D'une richesse inouïe, leurs ouvrages sont connus dans tout le monde arabe et sont souvent pillés en toute tranquillité selon un usage arabe ancien voulant que la discipline narrative, répétitive par essence, doive être imitée et prolongée. En croisant les différentes listes établies par les auteurs anciens, on en arrive à plus de trente amuseurs publics célèbres, qu'ils aient ou non réellement existé. L'exemple le plus flagrant est celui de Juha (ou Djeha). On s'accorde à dire qu'il n'a jamais existé, qu'il incarnait à lui seul l'humour arabe mais aussi turc et oriental. D'ailleurs, les appellations souvent se croisent : Abu Damdam, un bouffon cité dans le *Fihrist*, une somme biographique immense du Xe siècle, est appelé aussi Damdam al-Madini. Est-ce le même bateleur (*battal*), le même bouffon (*mudhik*) ?

Aujourd'hui, le rire dans les pays arabes et musulmans est protéiforme. C'est, par exemple, un rire complètement désengagé de tout, presque infantile, à la télévision égyptienne, avec ses interminables séries à l'eau de rose. C'est un rire sarcastique dans la littérature arabe du même pays ou dans les caricatures des journaux libanais. C'est un rire militant dans la rue arabe, là où le badaud, les jeunes exclus sont majoritaires. Enfin, il existe des rires plus élaborés, comme celui de l'Algérien Mohammed Fellag, en France, ou de l'Anglaise Shazia Mirza, d'origine pakistanaise, à Londres : ils sont d'une verdeur et d'une causticité qui ne cessent de nous surprendre. Mais l'humour arabe aujourd'hui doit composer avec les absurdités d'un monde arabe à la traîne des innovations et le retour fiévreux du fondamentalisme : tous ces rires sont toujours l'expression manifeste d'une immense catharsis.

Aghba min, Djeha, « Plus sot que Djeha » est une expression populaire pour indiquer que tel individu est complètement niais, soit qu'il l'est véritablement, soit qu'il joue à l'imbécile et au sot, auquel cas l'expression est plutôt affectueuse.

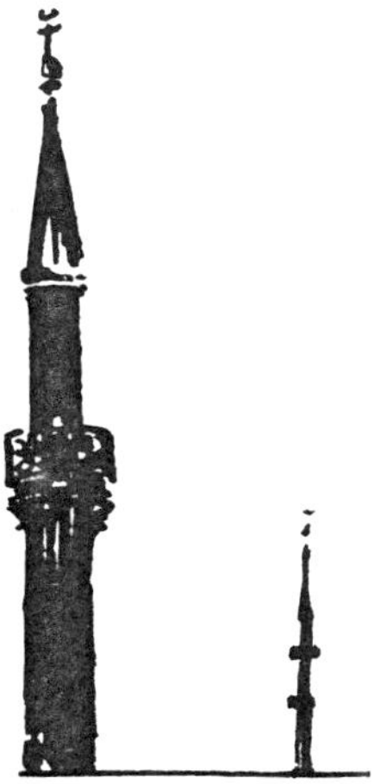

Tu ne seras pas construit,
tant que tu ne seras pas en ruine

(Yunus Emré, poète turc).

Ibn Battuta *Voir :* VOYAGE

Ibn Hanbal *Voir :* CHARIA

Ibn Khaldoun

Que dire encore sur cet auteur prolifique qui n'ait été déjà dit et redit ? Peut-être rappeler que le plus fameux des observateurs maghrébins a bénéficié d'une faveur particulière liée à l'histoire de son siècle, et sûrement aussi à la dynastie des Hafsides qu'il servit avec plus ou moins de bonheur. Etait-il le seul dans ce cas ou est-ce l'histoire littéraire – injuste comme chacun sait, au moins à l'endroit des plus doués – qui a été partiale, en ne retenant d'autre nom que le sien ? Quoi qu'il en soit, Ibn Khaldoun (1332-1406), littéralement le fils de l'Eternisant, de son nom arabe complet Abu Zayd Abd ar-Rahman Ibn Mohammed ibn Khaldoun, était un savant, un philosophe et un politique aussi accompli dans l'une et l'autre de ces trois disciplines où il excella : l'histoire, l'anthropologie arabe et la diplomatie.

Né à Tunis et mort au Caire, Ibn Khaldoun a brillé dans l'exercice de ses charges officielles, mais c'est en histoire qu'il imposa le mieux ses vues. Son œuvre, monumentale à tous égards, est à la fois riche et entravée. Riche, parce qu'elle comporte nombre de travaux, dont l'un, *Les Prolégomènes*, *Al-Mouqaddima*, est proprement herculéen. Mais c'est une œuvre entravée, par manque de temps. Ibn Khaldoun exerçait en effet le double métier de cadi malikite au Caire, c'est-à-dire juriste de la Tradition, et surtout de conseiller auprès d'Abu Ishaq II, prince de la dynastie hafside (1350-1359), et auprès d'Abu Inan (1329-1358), le fameux prince mérinide au Maroc, un amateur d'art éclairé et protecteur des gens de lettres.

Reconnu ici, Ibn Khaldoun n'occupe pas plus de place auprès des intellectuels musulmans qu'un Haroun Rachid*, un Djahiz*, Al-Mutanabbi, Ibn al-Muqaffa ou encore Averroès*, Ghazzali*, etc. Sans doute parce qu'il a été un homme de pouvoir, grave et peu enclin à la légèreté, aux tournures d'esprit faciles et à la mondanité. Ibn Khaldoun, malgré son œuvre pourtant déterminante, demeure un inconnu du grand public, un personnage vénéré des seuls universitaires.

Ibn Rochd *Voir :* AVERROÈS

Ibn Taymiyya *Voir :* FETWA

Idrissi

Il s'appelle Abu Abd Allah Mohammed al-Idrissi mais le plus fameux géographe musulman du XIIe siècle nous est connu par son patronyme direct, Idrissi (vers 1100-vers 1166). A la demande de Roger II de Sicile, petit-fils de Tancrède de Hauteville, au pouvoir entre 1105 et 1154, Idrissi réalise la première mappemonde encyclopédique où figurent tous les continents, les climats (ou latitudes), les mers et les océans. Dans son ouvrage sur *Les Pérégrinations à travers le monde*, *Kitab nuzhat al-mushtaq fi-khtiraq al-afaq*, devenu célèbre sous le titre *Kitab*

Rujar, Le Livre de Roger, Idrissi fait l'inventaire de tous les « climats » de la terre. Chose étonnante, en lisant les passages consacrés à la France, on a l'impression que le XIIe siècle s'invite soudainement dans notre XXIe, car non seulement toutes les villes y sont, mais aussi leurs particularités, le tempérament de leurs habitants, leurs petits conflits de territoire, leurs activités économiques : « Nantes est une ville du bord de mer sise au fond d'un golfe. Elle marque le début de la Bretagne ; elle est grande, prospère, bien peuplée et entourée de champs [...] A partir de là, la mer forme de nombreux golfes vers le nord... » La plupart des villes de l'ouest de la France, de la Touraine et de Bourgogne sont ainsi replacées dans leur contexte géographique et économique : Rennes, Saint-Michel, Redon, Vannes, Quimper, Lannion, Saint-Malo, Dinan, Dol, Le Mans, Chartres, Angers, Tours, Nevers, Dijon, Langres, Troyes, Châtellerault, Orléans, Chalons, Mâcon, Meaux, Reims... Je ne résiste pas au plaisir de donner leurs noms en arabe ; Qashtal, Finsh, Arlyash, Tursh, Malish, Ranus, etc. Après cela, Idrissi décrit l'est de la France (Besançon, Verdun, Metz, Arras, etc.) en passant par Paris (Ibriz, Ibrish) et l'Ile-de-France, puis la Suisse, l'Allemagne, la Belgique, la Hongrie, la Pologne, la Russie.

Au XIIe siècle, la première grande fresque géographique de l'Europe – et donc de l'Occident chrétien – est ainsi faite par un captif musulman du nom d'Idrissi. S'il ne fallait donner qu'un seul exemple de la collaboration fructueuse entre les cultures chrétienne et musulmane autour de la Méditerranée, Idrissi paraîtrait le plus emblématique de tous. Même Léon l'Africain, autre musulman célèbre converti au christianisme, n'aurait pas désavoué cette œuvre humaniste et universelle qui a si bien su relier les deux rives de la mer Méditerranée, appelée autrefois *Al-Bahr as-Chami*, littéralement la mer de Syrie ou mer Orientale. Quand on sait que l'océan Atlantique s'appelait, lui, l'océan Ténébreux, on se dit que nos ancêtres étaient très imaginatifs...

Ifriqiya

Littéralement : Afrique. Le mot arabe dérive du latin *Africa* et désigne un territoire pouvant être celui du Grand Maghreb actuel, c'est-à-dire allant des frontières libyennes à l'est jusqu'en Mauritanie à l'ouest, en passant par le Maroc, l'Algérie et la Tunisie. Il est donc légèrement plus vaste que l'espace connu sous le nom d'Afrique romaine, qui se limitait à la Numidie, c'est-à-dire à la partie orientale de l'Algérie. La meilleure description de l'Afrique romaine est celle de Charles-André Julien, tandis que l'Afrique musulmane, en dépit de quelques tentatives, attend toujours son grand historien.

Ijtihad

S'il y a un seul mot arabe indispensable en islam, c'est celui d'*ijtihad*. Son sens premier, « effort de compréhension », a été vite dépassé par un second sens, celui de l'interprétation des textes canoniques de l'islam, c'est-à-dire leur adaptation à la marche du temps. Dans ce domaine, les ouvertures dogmatiques ont suivi une évolution en dents de scie, l'interprétation des textes sacrés ayant été souvent soumise à de nombreux aléas. En un mot, lorsque l'islam enregistre des progrès en ce qui concerne le maintien de la paix, le développement de la culture et l'enrichissement matériel, l'*ijtihad* est progressiste et moderne ; lorsque les crises politiques ou sociales se multiplient, l'*ijtihad* se replie sur ses bases traditionnelles, privilégiant les interprétations les plus consensuelles. L'*ijtihad* est de ce point de vue un bon indice des valeurs de l'islam à une époque donnée.

Le challenge n'est jamais gagné d'avance. « Ijtihader l'islam » aujourd'hui signifie rien moins que le faire évoluer au point de le rendre attractif pour tous les croyants encore hésitants, adapter le message de la mosquée à l'air du temps, sortir les perles vives de leur gangue vieillotte et surannée. Le travail est immense, long et aléatoire car il est soumis aux pesanteurs extérieures, parmi lesquelles la réaction farouche de la plupart des imams et du « clergé moral », invisible, qui gouverne la société par-delà les autorités elles-mêmes.

Pourquoi est-il si difficile de réformer l'islam ? Parce que le Coran a toujours été lu et interprété d'après l'œuvre des grands théologiens sunnites du passé, l'imam Malik (mort en 795), Abu Hanifa (mort en 767), Chafi'î (mort en 820) et Ibn Hanbal (mort en 855), qui fixèrent à jamais son sens et même la frontière d'une éventuelle ouverture, très modérée au demeurant. Ainsi, par exemple, l'œuvre d'Ibn Hanbal, le quatrième théologien du sunnisme traditionnel, est la référence en Arabie Saoudite, et dans les pays du Golfe. Or, dans son interprétation du Coran, Ibn Hanbal, sans doute le plus orthodoxe des grands théologiens, réfute tous les aménagements futurs, les innovations qui s'ajouteraient aux siennes fixées *ad vitam aeternam*... Quiconque veut se lancer dans une interprétation du Coran doit donc avoir la trempe nécessaire et un solide savoir théologique pour déconstruire les blocages inhérents à la lecture doctrinale, c'est-à-dire s'opposer parfois à des autorités aussi charismatiques qu'Ibn Hanbal ou encore, plus tardifs, Ghazzali* (1058-1111), Ibn Taymiyya* (1263-1328), etc. Pour ne pas s'attirer les foudres des autorités religieuses, il arrive que des chercheurs patentés préfèrent s'autocensurer ou évitent ces domaines difficiles de la théologie, comme la divinité du Coran, la validité du message du Prophète, etc. Aujourd'hui, tous les musulmans sont à la croisée des chemins : faut-il interpréter le texte sacré en vue de lui trouver quelques vérités adaptables à notre temps ou considérer qu'il est parfaitement inapte à répondre à la moindre interrogation actuelle ?

Dilemme terrible. Hélas, beaucoup de musulmans doivent choisir entre ces deux camps, entre le parti qui vénère un Coran immuable, un Coran qui a tout prédit et ne suppose aucune variante, et cet autre parti pour qui le Coran est, comme tous les grands textes religieux, une exhortation au bien et une allégorie de la société juste, surtout pas une charte définitive et inchangée. Le monde musulman est ainsi divisé, sans espoir – actuellement – de rapprochement. Au quotidien, le mouvement de l'*ijtihad*, notamment en matière de droit civil et de comportements sociaux ordinaires, en appelle à un esprit de réforme. Mais celui-ci ne soufflera que lorsque l'identité musulmane sera plus apaisée qu'elle ne l'est aujourd'hui. Si l'on est objectif, on peut affirmer que beaucoup d'eau aura coulé sous le pont de l'islam avant que cet *ijtihad*-là ne soit d'actualité car la lecture fondamentaliste de l'islam ne cesse de gagner du terrain.

Voir : RÉFORMISME MUSULMAN

Imam

Ce mot arabe désigne le dignitaire musulman qui, dans le cadre de la prière menée dans une mosquée, conduit l'office en se plaçant devant les fidèles. L'imam est l'équivalent arabe de ce que les Latins appellent *antistes* (Herbelot), celui qui précède les autres. Pour diriger la prière, l'imam se place en effet dans une niche appelée *mihrab*, située symboliquement dans l'orientation de La Mecque* (*voir* Qibla). L'imam est celui qui se place devant, *amama*, conduit, en chef incontesté, l'office public et parfois fait le prêche. Une telle fonction requiert donc une formation théologique très poussée, d'autant que la multiplicité des tâches qui lui incombent le reste du temps et la simultanéité des offices de la prière canonique l'empêchent de servir dans deux mosquées différentes. En outre, on attend d'un imam une bonne diction, aucun défaut d'élocution ne lui est permis, par exemple. Enfin, il connaît sur le bout du doigt les différentes phases de la prière collective, son tempo particulier et ses multiples variantes.

Depuis le VIIIe siècle, le sens du mot imam s'est enrichi d'une acception nouvelle. Alors que chez les sunnites, il n'est qu'un titre donné parmi d'autres à toute personne ayant vocation à diriger la prière collective, il est, chez les chi'ites, réservé aux seuls grands dignitaires du système imamite ou duodécimain. Leur hiérarchie théologique est structurée autour de l'avènement du douzième imam, l'Imam caché, qui est censé clore, à la fin des temps, le cycle incarné par les onze imams précédents. Dans le chi'isme, la fonction de l'imam n'est pas tant de conduire la prière que l'âme des fidèles, leur adhésion au culte, leur orientation spirituelle.

Khomeiny* fut imam, non seulement en raison de ses connaissances religieuses, mais surtout parce qu'il était le chef politique du chi'isme sous sa forme actuelle. Par le passé, l'imam était crédité d'une infaillibilité qui le rapprochait nettement du Prophète et qui, de fait, l'éloignait du simple quidam en prière parmi les fidèles. Cette thèse politique de l'imamat – le fait d'être à la fois infaillible en tant que chef temporel et chef spirituel – a donné lieu à des spéculations philosophiques d'une extrême complexité. Les chi'ites et les kharidjites (voir ce mot) demeurent profondément attachés à ce modèle de gouvernement théocratique, prêts même à le défendre les armes à la main.

Chez les sunnites, le titre, qui fut naguère porté par le calife lui-même, a perdu tout prestige et s'est complètement banalisé, notamment depuis la séparation discrète – et seulement dans les faits – des deux pouvoirs, temporel et spirituel. Après la chute du califat ottoman, au début du XXe siècle, le mot imam n'a plus désigné que le préposé à la prière chaque vendredi, au moment du grand rassemblement hebdomadaire.

In Challah *Voir :* ISLAM

Interdits alimentaires

Parmi les pratiques d'une religion, celles qui touchent aux interdits alimentaires restent, pour l'homme moderne, aussi mystérieuses que peut l'être, pour un agnostique ou un athée, la foi en Dieu.

Outre la viande de porc et toutes autres viandes non immolées au nom d'Allah, l'islam interdit la consommation de boissons alcoolisées, même si leur degré de fermentation est minime. Il en est ainsi, par exemple, des apéritifs, des vins (*khamr*), même sous forme de résidus, des gâteaux où une larme d'alcool aurait coulé, des chocolats fourrés, des sirops, des civets arrosés, trempés ou parfumés à l'alcool, des extraits de raisin qui se seraient vinifiés avec le temps. Même le vin de dattes, le *nabidh*, est prohibé : « On t'interrogera sur le vin et le jeu de hasard, réponds : "Il y a dans l'un et l'autre un grave péché et des avantages pour les hommes. Mais le péché l'emporte sur les avantages." » (Coran II, 219.)

Ces prescriptions alimentaires s'inscrivent dans un ensemble plus vaste d'interdits et d'obligations formelles (souvent des interdits voilés) qui donnent forme au dogme, car il n'est de dogme que par l'interdit qu'il impose. C'est pourquoi l'islam condamne aussi les jeux de hasard (*maïsir*), les gains illicites, les jeux à gages et les prêts à intérêts (*riba)*, réprouve les bénéfices obtenus grâce au loto, au loto sportif, aux jeux à gages et au casino. Toute façon d'obtenir de l'argent, notamment par un artifice nouveau, doit être soumise à l'étude des instances religieuses, qui délibèrent et décident de son autorisation ou de son interdiction. En raison de la peur panique que constitue l'innovation en islam, *al-bid'a*, l'interdit l'emporte souvent sur l'autorisation...

Islam

Islam est le nom que le prophète Mohammed a donné à la Révélation qui lui a été dictée par l'ange Gabriel. Islam vient de *aslama*, qui veut dire « se soumettre », mais il peut également avoir le sens de « donner le salut », « soumission confiante », « acceptation de la Volonté supérieure de Dieu ».

Le choix des mots n'est jamais indifférent et les nombreuses étymologies d'islam sont toujours caractéristiques de débats existant au sein d'une religion qui compte aujourd'hui un milliard deux cents millions de fidèles à travers le monde. Ils sont 90 % de sunnites*, 9 % de chi'ites* et 1 % de kharidjites*. Les ismaéliens, les druzes, les nizarites, les alévis, les bahaïs, les alaouites sont extrêmement minoritaires, même si la classification est souvent rendue plus complexe en raison des obédiences, des appellations et du système confrérique qui structure la vie d'une bonne partie des musulmans. L'Irak est le seul pays qui compte presque autant de chi'ites que de sunnites. Les chi'ites sont représentés également au Yémen et surtout en Iran où ils sont majoritaires. Les kharidjites, aussi appelés ibadites (à cause de leur ancêtre éponyme, Ibn Abbad), forment des communautés à Oman, à Zanzibar, à Djerba (Tunisie) et au M'Zab, en Algérie.

L'islam a amplement démontré sa capacité à réaliser ses rêves, à mettre en scène son enchantement. Sa civilisation est empreinte d'un humanisme discret et de beaucoup de générosité, qui se reflètent dans sa faculté à transcender le monde à travers ses œuvres de l'esprit, son art, sa poésie, sa philosophie ou sa littérature. L'islam, bien sûr, et la question vient à l'esprit immédiatement, mais quel islam ? Celui des fondamentalistes qui interdisent tout ou celui, plus lumineux et plus joyeux, des cours palatiales, des dynasties nasrides ou des ambassades ottomanes ? Et que dire encore de cet autre islam au temps des Abbassides et des Saldjukides, celui des poètes et des érudits, celui des astronomes, des grammairiens et des philosophes ? Personnellement, je suis partisan d'un islam progressiste, respectueux de sa doctrine mais une doctrine fondée sur la foi dans une démarche individuelle désintéressée et qui ne pèse sur aucune conscience. Il s'agit donc d'un islam tempéré et mobile, pluriel dans ses inspirations mais singulier dans son expression rituelle et publique.

Islamique ou musulman ? La question se pose en effet quelquefois. Pour ma part, j'emploie le terme islamique pour qualifier ce qui est inanimé ou ce qui concerne des travaux, des conférences, des lieux de vie : une architecture islamique, la Conférence islamique ; la Banque islamique du développement, etc. ; mais je donne le mot musulman aux personnes et aux collectivités humaines en général : un architecte musulman, un penseur musulman, un ouvrier musulman.

Ismaël

Ce personnage biblique (Genèse XVI, XXI, 14-20), en hébreu *Ishmaël*, qui signifie littéralement « Dieu entend » et en arabe *Isma'ïl*, est le fils aîné d'Abraham* et d'Agar, la suivante du patriarche biblique renvoyée après la naissance d'Isaac. Ismaël est considéré comme l'ancêtre éponyme des Arabes bédouins, le Père de leur nation. Selon le Coran, c'est Ismaël, et non Isaac comme cela est écrit dans la Genèse (XXII, 1-14), qui aurait fait l'objet du troc archangélique lors du sacrifice d'Abraham (Coran XXXVII, 100-113). C'est en tout cas ce que soutiennent la plupart des exégètes traditionnels du Coran, parmi lesquels Tabari (838-923), auteur d'un *Commentaire du Coran* (*tafsir*) réputé. En outre, une tradition ancestrale reconnaît à Ismaël le fait d'être venu en aide à son père lorsque celui-ci, voyant que le Temple sacré de la Kaaba* menaçait de tomber en ruine, avait dû le reconstruire de ses propres mains.

Istanbul

On l'appela d'abord Constantinople (330), ville de Constantin, empereur chrétien et héritier des Romains, puis Byzance jusqu'en 1453, date à laquelle les Ottomans lui substituèrent le nom de Stamboul, un nom qu'affectionnaient également les Arabes. Toutes ces appellations eurent une fortune inespérée. Il faut dire qu'Istanbul s'offre le luxe d'être célèbre uniquement par sa position géographique : pas un chef d'état-major de la marine qui ignore son mythique Bosphore, passage obligé entre les deux continents, l'Europe et l'Asie, et que la grande cité relie fièrement. Au-delà de son histoire propre, Istanbul, à l'instar de Suez ou Tanger, appartient autant aux étrangers qui la visitent qu'à ceux qui y vivent. Nécessaires, indispensables par vocation, ces villes aux confins de la terre musulmane sont d'une vitalité extraordinaire aux plans économique et humain, et, à n'en pas douter, retrouveront un jour leur place dans la création culturelle.

Isthmes et détroits

L'Islam est une puissance continentale. Sa parfaite maîtrise de la guerre lui a permis une rapide expansion facilitée par ceux qu'on appelait les cavaliers d'Allah. De puissance terrestre, l'Islam allait devenir, grâce à la témérité de certains de ses généraux (Tariq ibn Ziyad), une véritable puissance maritime, essentiellement méditerranéenne. Les incursions des boutres omanais et yéménites qui sillonnèrent les routes indo-persanes et somaliennes avaient joué un rôle commercial précurseur, mais l'histoire économique connut un vrai tournant aux temps des derniers califes omeyyades (au VIIIe siècle) et chez les premiers Abbassides, à partir du IXe siècle. Les isthmes, les canaux et les détroits prennent alors une importance stratégique considérable. L'un de ces détroits, Bab el-Mandab, littéralement la porte des Lamentations, commandait l'accès aux territoires du Hedjaz en Arabie, berceau des *haramayn*, aux lieux les plus sacrés de l'Islam.

Multiple est le mensonge,
unique est la vérité.

(sagesse berbère).

Jardin

L'espace arabo-persan est composé d'une succession de bandes subdésertiques, de terres calcinées et sèches et de quelques massifs montagneux situés en bordure de mer. L'eau y est rare et précieuse, tandis que les forêts sont pratiquement inexistantes, hormis dans l'Atlas marocain, un peu en Algérie et dans les contreforts de la mer Caspienne. Très tôt, pour surmonter ce climat aride, les musulmans apprennent à développer des techniques de captage et de distribution de l'eau. La ressource si précieuse est acheminée jusque dans les mosquées pour alimenter des fontaines placées au centre d'un jardin conçu comme un complément indispensable au lieu de culte.

Dans le Coran, en effet, le jardin est une allégorie du paradis promis par Allah à ses adorateurs. L'archétype de cette *terra sacra* est décrit dans cinquante sourates et près de quatre-vingt-dix versets : « Voici la description du Jardin promis à ceux qui craignent Dieu. Il y aura là des fleuves dont l'eau est incorruptible, des fleuves de lait au goût inaltérable, des fleuves de vin, délices pour ceux qui en boivent, des fleuves de miel purifié... » (Coran XLVII, 15) ou encore : « Image du jardin qui a été promis aux pieux : des ruisseaux couleront au bas ; ses fruits s'offriront sans trêve ainsi que son ombre. Voilà la fin de ceux qui auront été croyants, alors que la fin de ceux qui auront été impies sera le feu » (Coran CIII, 35). Eau incorruptible, fleuves de lait et de vin, miel purifié, d'évidence la dimension symbolique l'emporte sur la réalité.

Chaque parcelle du jardin ici-bas tente d'évoquer au mieux ce jardin de l'au-delà, le jardin de tous les délices, mais également l'Eden perdu au début de l'histoire humaine par Adam et Eve. Ce paradis *a minima* sera également une source d'inspiration pour les artistes, le thème de chaque motif mural, des frises des palais, du moindre belvédère, patio et même des tapis de prière, et cela partout en Islam, de la chaîne de l'Elbrouz, à l'est, jusqu'à la Sierra Nevada, à l'ouest. Mais chaque région, chaque époque offriront des variantes. A Shiraz et à Ispahan en Perse, le jardin n'est plus un *riyad* ou un *janan*, mais *stan*, dont le modèle est illustré dans le *Golestan*, littéralement *Le Jardin de roses*, la célèbre anthologie poétique de Saadi, ou dans le *Bustan*, *Le Verger*, une autre œuvre symbolique consacrée au jardin. Le jardin figure sur la plupart des miniatures persanes et turco-mongoles qui jalonnent les XIIIe, XIVe et XVe siècles. A partir du XVe siècle, cet art emblématique de l'Islam asiatique est encore enrichi et développé par les Timurides et les Safavides d'Iran, notamment à Hérat et à Boukhara. Après son islamisation, l'Inde musulmane joue, elle aussi, un rôle important dans l'histoire du jardin. Elle y apportera sa propre conception des cours royales bordées d'enceintes avec ses jeux de plein air. La Turquie ottomane n'est pas non plus en reste. Ses plus beaux jardins agrémentent les palais d'été bâtis sur les berges du Bosphore.

Le jardin oriental est né de l'oasis, de la nostalgie de l'oasis. Il faut remonter loin, aux débuts de la civilisation arabe pour réaliser ses nombreux emprunts à l'*Arabia Felix**, la fameuse Arabie Heureuse avec ses foires et ses caravanes aux produits si prisés alors, l'encens, l'oliban, la myrrhe. Les simples points d'eau perdus dans le désert sont devenus, au fil du temps et le commerce aidant, de belles oasis dont la vocation était d'agrémenter les premiers caravansérails. Plus tard, ces oasis seront des bourgs, bientôt des villes.

Pourtant, c'est en ville que le jardin oriental a connu le succès. Ainsi, le palais de tout grand seigneur arabe possède un jardin dont la magnificence et la rareté des essences supplantent celui d'une demeure bourgeoise ordinaire. Parfois, des espaces en forme de carrés y sont plantés d'arbres fruitiers, surtout des citronniers, des cognassiers, des grenadiers et des orangers. Mais on y trouve aussi des fleurs comme la jonquille, la marjolaine, la camomille, le myrte, la violette, la giroflée, la lavande, l'œillet et le mimosa. Quelques arbustes sauvages, du laurier-rose, du genêt d'Espagne ou des rangées de figues de Barbarie, achèvent de compléter l'ensemble qui trouve ainsi son harmonie. L'amandier y est aussi fort prisé à cause de sa belle floraison. Enfin, le jardin privatif comme certains jardins publics comprennent toujours une ou plusieurs plantes de jasmin, un arbuste étrange, avec ses sarments faméliques et tordus, qui délivre un parfum exquis et envoûtant.

Aux xᵉ et xıᵉ siècles, le schéma général du jardin idéal est fixé. La meilleure illustration en est le jardin andalou. Traditionnellement formé d'un enclos plus ou moins ouvert, il prend des formes d'arabesques ou se découpe en damiers, avec des arbres en fleur, des rigoles et beaucoup de plans d'eau, que ce soit des bassins, des fontaines de marbre blanc venu de Carrare, ou de petites vasques débordant de vitalité. Dans les grands palais, les jardins sont souvent construits en bordure de mer, comme à Istanbul, ou le long du fleuve, à Bagdad ou au Caire, et deviennent les lieux de rendez-vous de la jeunesse dorée des grandes villes. Le jardin andalou au temps de l'amour courtois dépasse le simple parterre fleuri et ombragé (étymologie du mot *ar-riyad*), mais offre un cadre idyllique aux amants, un lieu de détente privilégié. Ajoutant à la magie des lieux, les fragrances délicates des fleurs conjuguent savamment leurs parfums et font tourner la tête.

De Samarra à la Ja'fariyya sur le Tigre, en passant

par Le Caire des Fatimides, Kairouan et Mahdia en Tunisie, Tlemcen en Algérie, Fès et Marrakech au Maroc, les cités impériales de l'Islam sont agrémentées de jardins somptueux, arrosés à grande eau par des jardiniers attentifs. En Andalousie, Séville, Grenade, avec son Généralife, littéralement *Jannat al-Arif*, le Jardin de l'Architecte, au palais de l'Alhambra, Haïr az-Zaffali à Cordoue, mais aussi à Badajoz, Jaen, Saragosse, Almeria, Malaga, Ronda, Murcie, Merida, Tolède, Valence, aux Baléares...

Bâtie sur les rives du Quadalquivir, littéralement *El-Oued al-Kabir*, le Grand Fleuve, Cordoue a connu, dès 756, sous l'émirat d'Abd ar-Rahman Ier, un éclat particulier dû essentiellement au développement harmonieux de ses différentes minorités religieuses et à l'attrait assez remarquable qu'elle a exercé sur tant de savants, d'artistes et de philosophes. C'est à Cordoue, patrie de Sénèque et d'Averroès*, dans les jardins du palais de Roçafa, créé par Abd ar-Rahman Ier lui-même, qu'étaient cultivées les grenades *safari*, les plus juteuses et les plus parfumées du monde musulman d'alors. Au temps de sa splendeur, Cordoue disposait de deux types de jardins, les uns situés à l'intérieur des murailles, les autres aux alentours, dans les faubourgs de la ville. En ville, le plus beau jardin était attenant à la Grande Mosquée, la Mezquita actuelle ; il était réservé aux croyants qui affluaient vers la « cour des orangers », à l'occasion de la prière du vendredi. Hors les murs de la cité, le jardin le plus spectaculaire se situait à plusieurs kilomètres, dans l'antique *Madinat az-Zahira*, littéralement la ville des Fleurs ou encore la ville de Vénus aujourd'hui en ruine, mais qui abritait, dès le milieu du xe siècle, la résidence califale. On peut encore admirer la richesse d'ornementation de ses colonnades, la beauté de ses mosaïques et la liberté des artistes qui donnaient libre cours à leur imagination dans des scènes champêtres.

L'eau des jardins est acheminée des montagnes avoisinantes au moyen d'aqueducs (*qanat*). L'hiver, elle est stockée dans des bacs et dans de vastes citernes, et puisée en fonction des besoins. En saison sèche, l'eau est immédiatement conduite au pied des arbustes. On doit ce progrès à deux corporations d'artisans dynamiques, celle des jardiniers du palais d'une part, celle des ingénieurs en hydraulique et bâtisseurs d'autre part. En améliorant les techniques d'acheminement de l'eau, grâce aux aqueducs et à des canalisations souterraines de façon à éviter une trop grande déperdition due à l'évaporation, les ingénieurs musulmans en ont assuré sa conservation et sa distribution. En Arabie et au Yémen, tout comme sur les bords du Nil et de l'Euphrate, on dit que le jardinier le plus recherché est celui qui prie Dieu avec prodigalité et arrose ses plantes avec soin et amour. Et lorsqu'il s'agit d'arroser le jardin ou de donner à boire à son cheval, personne ne songe jamais aux restrictions.

Entre le Xe et le XIe siècles, au temps de l'Andalousie musulmane, le jardin est l'indispensable ornement du bien-vivre oriental, du farniente et de l'oisiveté, le symbole de l'homme riche et cultivé. Cette douceur de vivre centrée sur le jardin fleuri et ses jeux d'eau se retrouve sur tout le pourtour de la Méditerranée, dans le Maghreb et, de là, jusqu'aux confins du désert libyen. Elle gagne aussi l'intérieur des villes. Depuis plusieurs siècles, les aguedals ornent les cités de l'Atlas, tandis qu'à Tunis, à Bougie, à Tlemcen et dans les palmeraies de Biskra et d'ailleurs embaument les fleurs aux odeurs lourdes et aux couleurs d'argent. Rapidement, les parcs, les jardins botaniques et autres carrés de verdure ont occupé les espaces verts existants. En convive de choix, le jardin borde la mosquée et la *medersas* (bibliothèque-université), ainsi que le hammam. A ses abords, de véritables colonies d'oiseaux sont nourries et choyées. Elles ajoutent leurs gazouillis cristallins aux bruits mats et étouffés de la médina.

Depuis longtemps, dans la médina, justement, la corporation des parfumeurs, appelée Al-Attarine, a fondé sa fortune et sa popularité sur la culture et le commerce des fleurs séchées, des différentes drogues (*saïdaliya*, *'aqaqir*) et surtout sur les concentrés de parfums, ambre, patchouli, musc, vanille, gardénia, nard, jasmin, oud, fleurs d'oranger. De Tunis à Djerba, de Fès à Marrakech, dans toutes les grandes villes arabes, comme c'est aussi le cas à Khan al-Khalili, au Caire, à la Souiqa de Constantine ou à la Casbah de Tanger, un quartier spécial leur est réservé.

Le jardin musulman a fait l'objet d'une littérature abondante. A l'instar du sévillan Ibn Awwam (XIIIe siècle), auteur du *Traité de l'agriculture* (*Kitab al-Filaha*), des agronomes arabes, des horticulteurs et des savants ont rédigé de nombreux ouvrages sur la question. La plupart ont disparu. Mais quelques-uns ont fait le tour de l'immense empire musulman de l'époque, avant d'être traduits en latin et en d'autres langues. Georges Marçais, qui a rédigé une étude sur le jardin au Maghreb, rappelle, par exemple, que le mot *tefejjej* désigne l'âme dilatée et le bien-être du Maghrébin après une belle journée passée dans un jardin, au milieu des volières, dans la fraîcheur des fontaines bruissantes, avec ses mosaïques et ses jasmins odorants. Le poète persan Qatran (XIe siècle) parle du lis et du narcisse qui répandent une odeur d'ambre gris. Son contemporain Azraqui évoque la ramure de l'églantier qu'il compare à du bois d'aloès. Ailleurs, des images aussi étonnantes que le rubis, l'étoffe chinoise, la perle ou le croissant de lune parlent du jardin et des fleurs, ainsi que de l'atmosphère conviviale et précieuse qui s'en dégage. Au Maghreb et en Andalousie, où justement sont nés les deux genres de la poésie arabe que sont les *nawriyat*, littéralement des poèmes floraux, et les *rawdiyat* (de *rawd*, jardin), directement inspirés de l'art du jardin, leurs auteurs, pour louer la beauté du corps féminin, puisaient dans le registre végétal leurs images les plus évocatrices.

Les fleurs... que serait un jardin sans ses fleurs ! On y apprécie le rosier plus que l'arbre fruitier et la rose, reine de toutes les fleurs, jouit d'une véritable mythologie, avec ses rituels et ses admirateurs. On évoque son odeur, sa forme, le velouté de ses pétales. La rose de Damas et la rose d'Ispahan ont conquis toutes les roseraies du monde et lorsque le sultan ottoman Mehmet II le Conquérant prend la pose pour une miniature, il est représenté avec une rose dans les mains. Dans la réalité, les goûts sont plus diversifiés. Au XIe siècle, un poète d'Almeria, de passage à Séville, regrette d'avoir laissé chez lui sa « plante de basilic », plus désirable à ses yeux que le paradis lui-même !

Avec ses fontaines, ses volières, ses déambulatoires, son labyrinthe de chemins croisés et l'immense variété de ses fleurs odoriférantes, le jardin est un miroir où se reflète l'organisation de la cité islamique. Durant tout le Moyen Age, le monde arabo-perse musulman a considéré le jardin comme un lieu paradoxal : par son évocation poétique et la geste profane qu'il inspire, il s'oppose à la mosquée, mais, dans le même temps, il représente ce qui ressemble le mieux à l'Eden inaccessible du Coran. De tous les aspects de la civilisation orientale, et bien que demeuré en retrait de ses autres réalisations notamment architecturales, gastronomiques et musicales, le jardin est l'un de ses symboles les plus précieux.

Jardin parfumé et *Collier de la colombe*

On l'a surnommé le *Kama Sutra* arabe, mais *Le Jardin parfumé*, seule et unique œuvre du Tunisien Abou Abdallah Mohammed ben Omar an-Nafzaoui (XVe siècle), est loin de valoir le chef-d'œuvre indien ni par sa hauteur de vue, ni par le récit. L'idée dominante du *Kama Sutra* est d'élever les âmes par une saine connaissance du corps et de ses arcanes ; l'idée principale du *Jardin parfumé* est de supprimer les cogitations inutiles au profit d'une consommation immédiate de la chair. Il y a du baroque dans le premier, du fantasque dans le second. Toutefois, ce dernier offre un véritable festin de l'amour sensuel. Il est joyeux quand le *Kama Sutra*, trop compassé, nous enlève tout rêve.

Autre méprise, *Le Collier de la colombe*, du juriste zahiriste andalou Ibn Hazm (993-1064), dont le titre arabe serait mieux rendu par *De l'amour et des amants*. A vrai dire, les traductions sont supérieures à l'original, de sorte que le lecteur du *Tawq al-hamama* a davantage de plaisir à le découvrir en français ou en anglais qu'en arabe. Si j'en parle ici, c'est que ces deux œuvres sont complémentaires. Dans la première, on y parle de pénis en érection et de femmes au bord de la syncope du désir, alors que la seconde, celle du zahirite andalou, propose une psychologie amoureuse de bon aloi. Tout en les précédant de plusieurs siècles, Ibn Hazm se situe à mi-chemin entre Kierkegaard (*Journal d'un séducteur*) et Stendhal (*Le Rouge et le Noir*), mais il n'est ni sombre comme le premier, ni florentin comme le second.

Jérusalem

S'il est une ville au lourd passé et que l'histoire a trop marquée, c'est bien Jérusalem, la cité du roi David. Demandez un Livre saint, des parchemins anciens, des manuscrits précieux, des mosquées, des églises, des synagogues, Jérusalem les abrite tous, et les met à vos pieds s'il vous plaît. C'est son offrande à elle. Demandez encore des prophètes, des ermites, des rêveurs, des utopistes. Demandez des légendes, des épopées, des batailles, des guerres, des conflits actuels ou anciens, les murs de la cité témoignent de son passé singulier, tremblent parfois devant tous ces séismes humains. Demandez la paix, les contes pour enfants, les histoires d'amour. A Jérusalem, Salomon a aimé la reine Balqis. Salomon de Jérusalem, l'héritier du trône de David, le bâtisseur du Temple, a aimé l'ensorceleuse Balqis, la Yéménite venue du pays de Saba, dont le génie politique se nourrissait de la sagesse salomonique. La plus belle des plus anciennes histoires d'amour.

Jérusalem. Mosquée Al Aqsa et dôme du Rocher

Certaines villes ont joué leur existence en quelques mois, parfois même en quelques semaines. Jérusalem, elle, a inventé la longue durée. C'est le cran au-dessus ; comptez ces milliers d'années qu'elle a déjà vécues, imaginez les milliers d'années à venir. Parfois, la ville est très vieille : elle se souvient alors de la désolation et de la ruine qu'elle a connues car elle a été plusieurs fois détruite, puis reconstruite, puis détruite à nouveau. Aucun peuple étranger ne l'a épargnée, ni au temps de Babylone, ni au temps des Grecs, ni au temps de Rome. Il lui a fallu résister, se défendre, survivre, car tel était son double destin, la ville de la paix (*Uru Shalom*) et la ville de l'abnégation et du courage. Les sables mouvants, les marécages et le désert ont fini par engloutir Babylone – la Babel antique –, emportant au passage sa fameuse Tour, si bien réinventée par Breughel, ainsi que ses jardins suspendus. La Grèce, on le sait, s'est essoufflée au contact de Rome. Ni l'une ni l'autre n'avaient démérité. Mythologies, épopées, littérature, philosophie, médecine, droit, administration, l'imagination était féconde dans ces terres dessinées par des eaux azurées. Le berceau de l'*Iliade* et de l'*Odyssée,* la patrie de Zeus et son Olympe, la géographie des légendes infernales. Rome est demeurée languide, avec ses ruines inachevées, une sorte d'esquisse de peintre, son forum béant et sombre, ses bas-fonds silencieux et son amoncellement de richesse picturale et architecturale.

Jérusalem est, aux yeux des musulmans, la troisième ville sainte de l'Islam, mais aussi la « première *qibla** », des années 622 à 624, et le regard des musulmans de Médine ou de La Mecque se tournait dans sa direction à chaque prière. Dans le Coran, elle est désignée sous le terme *Masjid al-Aqsa,* ou Mosquée éloignée, en fait, le Temple de Jérusalem. On lit dans le Coran : « Gloire à Celui qui a transporté son serviteur, la nuit, de la Mosquée sacrée à la Mosquée très éloignée, dont nous avons béni l'enceinte, afin de lui faire voir certains de nos Signes. Il est l'Audient, le Clairvoyant » (XVII, 1). Un peu plus loin, dans cette sourate, il nous est raconté le « voyage nocturne » du Prophète. Un voyage mystique durant lequel Mohammed s'est élevé au ciel en chevauchant Buraq, une jument ailée à tête de femme. Au cours de cette ascension, Jérusalem constitua sa première étape, le lieu où il effectua une prière. Depuis lors, Jérusalem figure parmi les trois villes saintes de l'islam, après La Mecque et Médine.

Vers où, vers quoi s'oriente aujourd'hui la Mère des cités ? Peut-elle avoir un avenir autre que le déchirement, le conflit qui naît souvent de ces paroles jamais tenues ? Est-elle juive, arabe, laïque, plurielle, internationale ? Telle est Jérusalem, la ville des hommes bénie par les dieux, mais qui n'a jamais connu le répit.

Jésus

Pour ne pas oser une interprétation de type humaniste, on peut dire, en nous appuyant sur la psychanalyse, que Moïse incarne la figure du Père acceptable, car fait de chair et de sang : il est vibrant, luttant et souffrant. En revanche, tout en étant le patriarche grandiose, Abraham semble évanescent, fuyant dans ses émotions et peu accessible pour l'homme moderne. Abraham est victime de sa vocation de fondateur unique du monothéisme, ou plus exactement des trois monothéismes qui lui succéderont. Jésus, ce prophète idéal, qui ne peut être suspecté de faiblesse ou de déficience, est lointain, presque inatteignable pour le commun des mortels. Ce qui le rend aussi plus consensuel, sans incarnation politique directe. A sa manière, Jésus passe aux yeux des musulmans pour ce grand frère aîné sur lequel ne pèsent aucun souci d'ordre terrestre, ni la nécessité de conduire une cité vers son triomphe (Abraham), son peuple en exil (Moïse) ou la guerre sainte contre le paganisme (Mohammed). Jésus est un prophète angélique à la fois par sa naissance, qui est miraculeuse, et par sa vie atypique, dans la forme et le fond. Si les miracles qu'il a accomplis sont reconnus comme tels, la tradition musulmane n'a pas en revanche conservé la dimension tragique de sa vie.

Aux yeux des musulmans, *'Isâ,* Jésus, devient lointain et incompréhensible à partir du moment où la grâce élective du Dieu Un, devenu trine, s'incarne en lui. Jésus est un prophète estimé mais incompris ! A plusieurs reprises, le Coran revient d'ailleurs sur cette question épineuse et la rejette, sans vraiment l'examiner ; le fait d'être serviteur de Dieu ne signifie en rien qu'il en soit le fils, qualité, il est vrai, on ne peut plus problématique. On lit dans le Coran : « Oui, le Messie, Jésus, fils de Marie, est le Prophète de Dieu, sa Parole qu'il a jetée en Marie, un Esprit émanant de lui. Croyez donc en Dieu et en ses prophètes. Ne dites pas : "Trois" (Dieu est unique ! Gloire à Lui ! Comment aurait-Il un fils ? » (Coran IV, 171). De même, l'Immaculée Conception a intrigué les docteurs musulmans plus qu'elle ne les a choqués. Le

Coran va jusqu'à confirmer la pureté de Marie (III, 42) et, à demi-mot, la naissance virginale du messie chrétien. En outre, le Livre saint s'approprie la dimension prophétique de Jésus en lui attribuant une prémonition capitale pour l'islam, celle d'avoir anticipé la venue du prophète Mohammed. La manière même dont le propos est formulé est intéressante : « Jésus, fils de Marie, dit : "O fils d'Israël ! Je suis, en vérité, le prophète de Dieu envoyé vers vous pour confirmer ce qui, de la Torah, existait avant moi ; pour vous annoncer la bonne nouvelle d'un Prophète qui viendra après moi et dont le nom sera Ahmed" » (LXI, 6). Plusieurs générations de commentateurs et de traducteurs du Coran ont glosé sur ce personnage, plutôt énigmatique, appelé Ahmod, ce qui signifie littéralement « le Très Glorieux », et qui n'apparaît qu'une seule fois dans le texte (hapax). Est-ce Mohammed ? L'exégèse la plus courante situe Jésus dans la continuité abrahamique mais aussi dans son contexte historique : ils en font l'emblème du sacré à une époque où la puissance des armes – Rome gouvernait le monde ou tant s'en faut – ne laissait aucune place au divin.

Jeûne

Çawm, littéralement « la privation de ». Le jeûne est une obligation canonique de l'islam (*voir* Cinq piliers [de l'Islam]) qui a lieu durant le mois de ramadan, d'où le nom qui lui est donné parfois. Il impose une interdiction totale de manger et de boire du lever du jour jusqu'à la tombée de la nuit, et cela pendant tout un mois lunaire (29 ou 30 jours). Toute activité sexuelle ou le fait de fumer, par exemple, sont prohibés durant la journée, ainsi que la prise de médicaments, sauf évidemment en cas d'hospitalisation grave ou lorsque le médicament est vital. Le mois du jeûne est décidé par l'autorité religieuse la plus éminente du pays, laquelle est souvent assistée d'un conseil regroupant le recteur de la plus Grande Mosquée, le ministre des Cultes et le plus grand théologien. Cette décision intervient après que le croissant de lune, *hilal*, a été observé par plusieurs témoins crédibles.

Durant ce mois sacré, on demande au croyant d'être aussi bon que possible, prévenant, peu sévère à l'égard de ses semblables, tolérant, car le mois de jeûne est d'abord un mois de grande piété. Une ferveur très particulière saisit tous les foyers musulmans, les villes et les peuples, de sorte que le jeûneur, confiant et encouragé, parvient à déployer une énergie inattendue. L'importance du mois de ramadan tient à plusieurs faits majeurs, le premier étant que le Coran a été révélé au Prophète durant ce mois béni, ainsi qu'il est précisé dans le Livre sacré, sourate « Al-Baqara (II) », verset 185 : « Le Coran a été révélé durant le mois de ramadan. C'est une direction pour les hommes ; une manifestation claire de la loi. La plupart des activités licites interdites durant le jour sont spontanément rétablies durant la nuit. Il est dit clairement : "Mangez et buvez jusqu'à ce que l'on puisse distinguer un fil blanc d'un fil noir, à l'aube du jour. Alors observez le jeûne jusqu'à la nuit..." » (II, 183.)

La réalité que visent les musulmans durant le mois de ramadan est en effet aux antipodes de la continence. Ce mois de privations diurnes est devenu synonyme de grandes fêtes joyeuses, de dépenses somptuaires et de mille et une emplettes exceptionnelles. Durant ce mois béni, les fidèles sont appelés à la mosquée pour réciter des oraisons en hommage à Dieu et à son prophète, y écouter les sermons des érudits, rendre service aux plus âgés, nourrir les plus pauvres, ou invités à payer leurs éventuelles dettes. Une soirée est plus importante que les autres, il s'agit de la nuit du Destin, *Laïlat al-qadr*, située au vingt-septième jour du mois de ramadan. Elle vaut « mille mois » selon un mot du Coran car, toute la nuit, les portes du ciel y seraient entièrement ouvertes aux doléances des enfants, un peu comme si la venue du père Noël était imminente. Au cours de cette nuit du Destin, la ferveur des fidèles augmente sensiblement, le Coran étant lu et psalmodié à voix haute. A cette occasion, la maîtresse de maison, anticipant la joie des enfants, leur prépare par avance les confiseries et les gâteaux qui seront encore servis le premier jour de l'Aïd el-Fitr, autrement dit le jour de l'interruption du mois de jeûne.

L'Aïd el-Fitr débute par une prière collective à la mosquée appelée *salat al-fitr*. Puis, dans une liesse générale, les fidèles se saluent, se pardonnent, s'embrassent et se congratulent. Le mois de ramadan se présente ainsi comme un mois de purification et de renaissance de la communauté musulmane (*Umma*).

Le jeûne est une épreuve individuelle pour les musulmans car il les met en péril. Ils peuvent tester leur capacité à affronter les situations de manque et de privation, éprouver le sort quotidien des sans-abri et des nécessiteux, se remettre en question. En outre, le jeûne étant obligatoire pour tous, il se dégage un sentiment d'égalité entre les riches et les pauvres, les hommes et les femmes, les jeunes et les moins jeunes. Enfin, la valeur spirituelle du ramadan est immense. Au même titre que la prière et la *chahada** (la profession de foi), le jeûne est une condition discriminatoire, un fil rouge qui prouve le réel engagement du fidèle : « Il y a dans le Paradis, rapporte El-Bokhari, une porte qui s'appelle Er-Rayyan ; c'est par elle qu'entreront ceux qui ont jeûné, au jour de la Résurrection ; personne d'autre qu'eux n'entrera par cette porte. On dira : “Où sont ceux qui ont jeûné ?” Alors ceux-ci se lèveront, et personne d'autre qu'eux n'entrera par cette porte. Aussitôt qu'ils seront entrés, la porte se refermera. »

Jihad *Voir :* DJIHAD

Joseph *Voir :* HISTOIRE D'AMOUR

Jour et nuit

En terre d'islam, la journée commence non pas à l'aube, comme c'est le cas en Occident (et plus exactement à minuit), mais à la tombée de la nuit. Le nycthémère débute avec le crépuscule et s'achève avec le crépuscule suivant. Ce qui signifie que les musulmans commencent par dormir avant de travailler. Le dimanche est le premier jour de la semaine, *al-ahad* signifiant « le (jour) seul ». Enfin, le vendredi « le jour du Rassemblement » est un jour sacré, en raison de la grande prière qui a lieu dans toutes les mosquées du monde.

Dimanche : *yawm al-ahad*
Lundi : *yawm al-Ithnaïn*
Mardi : *yawm at-toulatha*
Mercredi : *yawm al-arbi'a*
Jeudi : *yawm al-khamis*
Vendredi : *yawm al-djoumou'a*
Samedi : *yawm as-sabt*

La grandeur du pardon se mesure
à la gravité de la faute

(sagesse kurde).

Kaaba *Voir :* LA MECQUE

Kamikazes à New York

De quoi veut nous parler le kamikaze de New York ? Ce « vent divin », pour reprendre la métaphore japonaise, tient-il un discours que l'on n'aurait pas saisi à temps ni su interpréter ou même entendu ? Est-il l'emblème vivant – et un peu honteux – du malaise de notre civilisation ? Et que dit l'islam de ces Sodome et Gomorrhe des temps modernes ?

Mais toutes ces questions n'expliqueront pas le geste fou du kamikaze, car son crime est si particulier qu'il est sans châtiment puisque le kamikaze, le *human bomber* (*suicide bomber*), se détruit avec sa victime. Idée atroce que celle de penser que le kamikaze refuse à ce point notre monde qu'il veut le détruire, et lui avec ! Et son crime serait comme absous d'avance ou bien payé par des tiers. Une ardoise diabolique pour une mort sur ordonnance et un deuil impossible. Le kamikaze abjure son humanité, refuse le pardon et la compassion et se passe comme d'une guigne de nos rites mortuaires, de tout cérémonial, au vrai. Il veut souffrir jusqu'aux limites de la conscience, rendre l'âme avant de disparaître. L'être humain normal, vous ou moi, s'évanouit souvent avant, il souffre et se lamente, ce qui est généralement un acte aussi héroïque que la lâcheté de vouloir se tuer de manière solitaire, à l'insu de son prochain.

Si une telle fin peut se passer de sémantique religieuse, c'est que le kamikaze préfère au final son corps en lambeaux, déchiqueté jusqu'au dernier tendon, jeté aux vautours affamés. Le kamikaze de New York veut mourir dans le tonnerre des explosions, un cercueil en béton armé, dans un bric-à-brac de Plexiglas, de feu et de métal en fusion. Que lui importe d'ailleurs de savoir s'il sera tailladé, éborgné, haché menu par la carlingue d'un avion qui vient de s'encastrer dans l'une des deux tours jumelles.

Les kamikazes sont aux ordres d'une organisation

de type messianique et sectaire, avec une autorité centrale qui montre le chemin, même si celui-ci est complètement délirant. Le but extrême qui sanctionne l'acte de la victime – le kamikaze est la victime désignée d'un processus, une sorte de bouc émissaire qui nous revient comme un boomerang – est l'immolation pour une cause, une idéologie, un chef charismatique (et martyropathe) ou une folie meurtrière démesurée. Au nom du paradis qu'on leur a promis, les enfants palestiniens qui se préparent à la mort, les *fidayïne*, signent des testaments, enregistrent des cassettes, envoient des cartes postales. Il en est de même du martyr chi'ite qui est bien connu des services de police de Téhéran et de Bagdad. Et pour cause, c'est dans cette région du monde, au nord de la Perse, l'Iran actuel, que les premiers crimes et assassinats de type terroriste ont été perpétrés. Le mot de *fidayïn*, « ceux qui donnent leur vie pour une cause », « ceux qui se sacrifient », est né dans ces régions, et date du XIIe siècle (*voir* Hassan as-Sabbah).

La version contemporaine, c'est le pirate de l'air qui utilise son corps comme un obus, une sorte de projectile qui, en explosant, libère la matière, son kérosène rouge et souillé, sa chair-plastique et toutes les autres fibres froissées et compressées.

Khamsin et sirocco

Khamsin et sirocco sont deux vents semblables, peut-être ont-ils même des liens consanguins. Le khamsin est un vent d'Egypte, le sirocco un vent du Maghreb, où il est surtout connu sous le nom de *cher-*

gui, littéralement l'« Oriental ». Chauds et secs, ces deux vents sont insupportables pour les bêtes. Lorsqu'ils approchent, la panique gagne les animaux de la basse-cour et s'étend aux hommes. Lorsque le sirocco est annoncé, tous les enfants se réfugient dans les maisons. En ville, les mamans calfeutrent l'interstice des fenêtres et, dans les campements nomades, les hommes renforcent les piquets de leurs tentes. Le sirocco et le khamsin sont des tornades d'air chaud qui créent leur univers dantesque. Invisibles et oppressants, ils déplacent dans leur sillage un volume de chaleur sèche qui a la particularité d'étouffer ceux qui la respirent.

De retour de leurs expéditions dans le Sahara ou à Qosseyr, dans la Nubie inférieure, des voyageurs en ont rapporté des descriptions de fin du monde. Flaubert a décrit cette atmosphère étrange où tout devient irréel, si irréel d'ailleurs qu'aucune imagination, même la plus engourdie, ne peut s'empêcher d'y voir un prélude à l'enfer : « A notre droite un tourbillon de khamsin s'avance, venant du côté du Nil dont on aperçoit encore à peine quelques palmiers qui en font la bordure. Le tourbillon grandit et s'avance sur nous. C'est comme un immense nuage vertical qui, bien avant qu'il ne nous enveloppe, surplombe nos têtes, tandis que sa base, à droite, est (encore) loin de nous – il est brun-rouge – et rouge pâle – nous sommes en plein dedans – une caravane nous croise – les hommes entourés de coufiehs (les femmes très voilées) se penchent sur le cou des dromadaires – ils passent tout près de nous – on ne se dit rien – c'est comme des fantômes dans des nuages – Je sens quelque chose comme un sentiment de terreur et d'admiration furieuse me couler le long des vertèbres – Je ricane nerveusement... » (in *Voyage en Egypte*).

Kharidjites

Littéralement « les sortants », en arabe *Al-Khawaridj*. Ce terme désigne le troisième groupe numériquement d'importance en islam, tout de suite après les sunnites*, largement majoritaires, et les chi'ites*. A la mort du Prophète (632), les premières années de l'islam sont chaotiques et mettent à mal la cohésion de l'*Umma* (la communauté musulmane) dans son ensemble. Le kharidjisme naît alors de cette succession introuvable, de l'instabilité qui règne durant les deux décennies qui précèdent le califat d'Ali, le cousin germain et gendre du Prophète. Selon les kharidjites, la nomination d'Ali comme quatrième calife est illégitime car elle est le résultat d'une négociation entre les différents clans, un arrangement politique en quelque sorte. Pour eux, seule la « volonté » suprême de Dieu doit pourvoir aux défaillances passagères des gouvernants, démasquer les faux califes et autres mauvais musulmans. Outre Ali à qui ils opposèrent une sédition armée, la contestation kharidjite s'étendit à tous les autres califes : à Uthman, le calife assassiné qui avait selon eux également failli, et plus tard à Mu'awiyya ibn Abi Sufyan, gouverneur de Damas, ainsi qu'à ses fils Yazid, Marwan et toute leur descendance.

Comparés aux chi'ites, mais surtout aux sunnites, les kharidjites sont minoritaires en nombre. Mais leur mouvement domine le sultanat d'Oman, le Mozambique, Djerba et le M'Zab algérien. Aujourd'hui ils ont acquis une légitimité incontestable et leurs positions ne sont plus schismatiques comme ce fut le cas par le passé. Bien au contraire. Les kharidjites offrent l'apparence désormais d'une fraction très policée de l'islam, non-violente et surtout prêchant un égalitarisme politique – fondé sur le mérite personnel – qui ne se voit nulle part ailleurs, ou alors de manière exceptionnelle.

Khayyam *Voir :* OMAR KHAYYAM

Khédive *Voir :* TITULATURE

Khomeini *Voir :* AYATOLLAH

Khuwarizmi ou Khawarizmi

Personne ou presque n'ignore le mot d'algorithme. Quel heureux homme, quelle heureuse femme n'ont pas planché sur un exercice de mathématiques comportant des algorithmes ? Du latin *algorismus* ou *alchoarismus*, l'algorithme, précise le Larousse, du nom d'un mathématicien arabe Khawarizmi (v. 790-v. 847), est un ensemble de règles opératoires dont l'application permet de résoudre un problème énoncé au moyen d'un nombre fini d'opérations...

Né à Khwarazm, d'où ses noms iranophone et arabophone, ce savant resté discret a été l'un des plus célébrés du monde musulman avant que ses travaux, conçus et développés à Bagdad, dans la fameuse institution de Bayt al-Hikma, la Maison de la Sagesse, ne soient universellement diffusés. Son œuvre tient en un livre paru en 825 : il s'agit d'un abrégé sur le calcul intitulé *Kitab al-jabr wal-muqabala*, le *Livre d'algèbre et des calculs comparés*. Khawarizmi y rassemble les éléments mathématiques les plus utiles afin que les musulmans puissent régler avantageusement leurs problèmes d'héritage, leurs donations, leurs partages, les divers négoces auxquels ils se livrent, leurs transactions, l'arpentage des terres, les calculs nécessités par le creusement de canaux, ainsi que tous les aspects de l'art géométrique. Khawarizmi voulait limiter la plupart des opérations de calcul en quelques équations simples, au nombre de six exactement, et invariables. Son abrégé est traversé de nombreuses influences : grecque, babylonienne, indienne et égyptienne. L'algèbre, de l'arabe *al-jabr*, est née, mais aussi la numérotation indienne, les calculs astronomiques les plus compliqués, l'abstraction mathématique du sinus et du cosinus, la trigonométrie, etc. Parmi ses successeurs, sans doute le plus célèbre sera, au XIe siècle, le fameux Omar Khayyam* qui fut d'abord savant avant d'être le grand poète. Plus tard, au milieu du XIIe siècle, on devra à Gérard de Crémone* d'avoir traduit son œuvre en latin, ce qui assura au *Livre d'algèbre* une notoriété qui ne s'est jamais démentie.

Koheul

La cosmétique arabe traditionnelle tient sa connaissance de la cosmétique égyptienne, élaborée par le grand maître des fournils du palais et la corporation des artisans. La beauté arabe repose sur l'emploi des fards, le *siwak* (écorce de noyer que l'on appelle aussi *iraq*) et le *koheul*, une poudre d'antimoine utilisée pour rehausser l'éclat des yeux. Le koheul et le siwak auraient en outre des vertus médicinales et les médecins recommandent notamment l'usage du koheul. Avant eux, ce sont les nomades qui en ont popularisé l'usage, car ce produit empêcherait les réverbérations du soleil. On pense que c'est une Yéménite qui, la première, fit usage du koheul pour dissimuler une inflammation qu'elle avait contractée aux yeux. La suite de ce traitement fut inattendue : sa vue devint si perçante qu'elle distinguait un homme d'une femme à plusieurs kilomètres de distance.

Pour obtenir la préparation complète, on combine à proportions égales du koheul, du sulfate de cuivre (*toutïa*), de l'alun calciné (*cheubb*), du carbonate de cuivre (*zendjar*) et quelques clous de girofle (*kronfel*), le tout réduit dans un mortier à l'état de fine poussière, puis conservé au froid pendant quelques heures. Pour colorer, on y joint du noir de fumée, recueilli sur un vase en terre, un moment exposé à la flamme d'une lampe ou d'une bougie. On passe au tamis fin cette première préparation qui forme un mélange homogène que l'on conserve dans une petite fiole en plomb, en argent ou en or.

Pour mettre le koheul, la maquilleuse plonge dans

la fiole une petite baguette en bois effilée et polie appelée *meroued*, parfois une épine de porc-épic et de nos jours un stylet en métal. Elle applique la pâte avec précaution dans sa longueur sur les paupières inférieure et supérieure. Dans certains pays, aux substances que j'ai nommées, on ajoute d'autres produits, comme le corail mâle, le musc, le safran et le benjoin.

Le koheul, le siwak (ou *souak*), mais aussi le henné*, les grandes ablutions et l'hygiène vestimentaires figurent parmi les obligations canoniques de l'islam. Mais la perfection corporelle de tout musulman passe aussi par les ongles coupés de près, les aisselles et le pubis épilés (femmes), la circoncision des petits garçons, la moustache entretenue pour l'homme.

Kuchiouk-Hanem *Voir :* ALMÉES, CONCUBINES ET BAYADÈRES

Ame... corps... souffle... sentiments,
simple emprunt consenti par Dieu

(Nabi, poète turc).

Laïcité

Rien n'est plus difficile que de parler laïcité avec les musulmans. Celle-ci est perçue comme un agnosticisme, un athéisme et parfois même comme une nouvelle hérésie. La plupart d'entre eux la considèrent comme une trahison, voire une subversion (*fitna*) dirigée contre la communauté musulmane dans son ensemble, un poison inoculé par des ennemis tapis dans l'ombre de l'Eglise d'une part et de la Synagogue d'autre part. D'ailleurs, les prédicateurs (*da'î,* pluriel *du'at*) et les théologiens réactionnaires ne cessent de stigmatiser ces « laïcs » : dans leur bouche, le mot toujours employé au pluriel *al-laïkiyûn* prend un sens presque trivial.

C'est dire que la question de la laïcité appliquée à l'islam n'est pas simple, malgré les précédents : en Turquie où Mustapha Kemal, dit Atatürk (mort en 1938), l'a imposée comme modèle de gouvernement dès les années vingt et en Tunisie avec Bourguiba au lendemain de l'Indépendance (1956). Aujourd'hui, sont qualifiés de laïcs tous les militants des droits de l'homme, les opposants politiques, les enseignants marxistes, les défenseurs du droit des femmes, les journalistes un peu curieux, les éducateurs libéraux, les intellectuels réformistes ou tout simplement tout jouisseur impénitent qui, par philosophie personnelle, refuse de se plier au diktat général consistant en une fréquentation assidue de la mosquée.

Il est nécessaire de rappeler que ces libres penseurs sont rares en islam. En revanche, ceux qui sont pour l'ingérence de la loi de Dieu dans les affaires publiques sont infiniment plus nombreux, ce qui rend encore plus confus le débat – quand il a lieu – sur la séparation des deux pouvoirs, le politique et le religieux.

En outre, les prédicateurs opposés à toute laïcité sont souvent d'excellents orateurs. Ces maîtres de la parole sacrée bénéficient d'une chaire, la mosquée, ce qui leur permet de gouverner l'âme du musulman, d'orienter les mentalités et en définitive d'agir en profondeur sur les croyances, les modes de pensée, etc.

Pour leur défense, il faut préciser que l'islam n'a

aucune tradition de sécularisation (*ilmaniyya*) et certains pays islamiques ont conservé des pratiques ancestrales et parfois antérieures même à la Révélation. Telle est la situation actuelle de l'islam : d'un côté, les partisans d'un islam qui domine l'espace public et privé ; de l'autre, le clan des réfractaires, qui prône une possible sécularisation sans préciser d'ailleurs quelle forme elle devrait prendre. En Occident, où la communauté musulmane en exil échappe partiellement au contrôle de l'imam, les musulmans laïcs gagnent progressivement du terrain.

C'est en France que le problème de la laïcité se pose dans toute sa plénitude. La raison en est que le pays des droits de l'homme est sans doute le seul pays européen et même occidental à être ouvertement laïc, le seul à disposer d'une loi civile radicalement distincte de celle de ses Eglises. Outre la séparation des pouvoirs, on constate en France une liberté totale envers les religions, ainsi que les philosophies les plus variées. Les autres pays européens rechignent à se prévaloir de ce modèle de séparation rigoureuse entre l'Eglise et l'Etat, lui préférant un flou constitutionnel caractérisé par la mixité de ses sources d'inspiration.

Il est certain aujourd'hui que l'islam ne trouvera sa place que progressivement, d'abord parce qu'il doit se faire accepter, ensuite parce qu'il doit lui-même accepter la diversité des cultures et des croyances des pays non islamiques. Aujourd'hui, les musulmans sont interpellés tous les jours sur leur investissement dans la cité, leur citoyenneté et leur affranchissement ou non au religieux. Or, cette laïcité leur est impossible sans se dédire ; rien ne les y a préparés, aucune autocritique constructive, aucune réforme. Une grande clarification est donc nécessaire, ce que certains mouvements comptent mener, en espérant convaincre de leur bonne foi.

L'élaboration d'un islam laïc, au sens où la laïcité est imaginée et mise en œuvre en France, en est encore à ses premiers balbutiements. Après tout, disent ses partisans, les juifs et les chrétiens ont parfaitement réussi leur intégration au paysage national en conservant des écoles privées. La naissance du premier lycée musulman à Lille est l'une de ces initiatives. Une affaire à suivre donc ?

Laïla *Voir :* MAJNÛN ET LAÏLA

La Mecque

La Mecque est le cœur du monde musulman, son pouls, sa respiration et son tonus. Avant l'islam, elle est nommée *Bakka*, la Mère des Cités, comme le rappelle le Coran : « Le premier Temple qui ait été fondé pour les hommes est, en vérité, celui de Bakka : il est béni et il sert de direction aux mondes » (III, 96). Plus qu'une capitale spirituelle, plus encore qu'un lieu de rendez-vous à l'occasion du pèlerinage annuel, La Mecque se présente comme le point d'aimantation par excellence du planisphère musulman. C'est dans sa direction que plus d'un milliard d'êtres humains se tournent chaque jour pour prier, vénérer le seigneur, émettre un vœu ou demander aide et assistance à Allah, le Tout-Puissant.

Dans le saint des saints, la Kaaba*, un temple cubique, abrite la Pierre noire (*al-hadjar al-aswad*), souvenir animiste de l'époque préislamique. La Kaaba est appelée *Bayt Allah al-Haram*, littéralement la Maison sacrée de Dieu. Elle se trouve au centre de l'esplanade du sanctuaire musulman le plus visité de la planète, la Grande Mosquée ou *Al-Haram ach-Charif*.

D'après la cosmologie musulmane, l'emplacement de la Kaaba aurait été créé avant la Terre. Et lorsque est venu le moment d'inventer la Terre elle-même, Dieu a organisé autour d'elle les autres parties de la planète. D'abord, il a créé La Mecque, puis le territoire sacré des musulmans (*Al-Haram*) qui englobe les Lieux saints, La Mecque bien sûr, mais aussi Médine. Lorsque Adam a été chassé du paradis, c'est là qu'il a posé le pied pour la première fois, il y a planté une tente en forme de rubis afin d'y pratiquer ses tournées rituelles. Aujourd'hui encore, les pèlerins se promènent autour de la Kaaba qui est considérée comme le nombril de la Terre (*surrat al-ardh*) et le centre du monde (*wast ad-dunya*). Leurs prières sont toujours dirigées vers ce lieu hautement sacré qui symbolise l'unicité de l'islam, qui est éminemment monothéiste, tout en affirmant le lien indissociable de la communauté.

La Pierre noire intrigue tous les non-musulmans ; elle est fixée en un endroit précis de la Kaaba, très exactement entre le côté dit yéménite et la porte du temple, appelée al-Moultazam, une porte située à plus d'un mètre du sol. Cette disposition interdit à tout musulman de s'introduire dans la Kaaba. Souvent, la tenture, la *kiswa*, littéralement la « tenue », qui la protège est relevée sur un côté, ce qui permet aux pèlerins de toucher l'un de ses murs. Cette tenture noire ajourée est ornée de versets coraniques brodés en fils d'or et d'argent, dont l'entretien est fait dans un atelier royal de l'Arabie Saoudite garante des Lieux saints.

Voir : MÉDINE, VILLES MUSULMANES

Lawrence d'Arabie

En raison de leur conception, *Les Sept Piliers de la sagesse* (1926) présentent une très forte empreinte masculine. C'est un livre qui pousse au plus loin la fraternité des hommes dans le désert. L'esprit viril y est d'autant plus exacerbé que le livre décrit des soldats, soudés par une même cause. L'ouvrage dans une continuité symbolique met en scène avec brio l'Angleterre des cours royales et l'Hedjaz des combattants, la tête et les muscles, la pensée et l'action, la philosophie des Lumières et la machine qui éructe et s'emballe, soumise et conditionnée.

Anglo-irlandais d'origine, Thomas Edward Lawrence, plus connu sous son légendaire surnom de Lawrence d'Arabie (1888-1935), fut-il véritablement l'introverti assoiffé de victoires militaires comme on ferait la découverte du sexe ? En lisant son récit-témoignage, on s'interroge sur la place qu'occupe le roi Fayçal ibn Séoud : celui-ci ne joua-t-il pas, à son corps défendant, ce rôle inconscient et un peu désuet du père de substitution (en lieu et place de son vrai père adultérin, Thomas Robert Tighe Chapman) ? Leur complicité offre du moins l'exemple d'une solidarité quasi naturelle entre Orient et Occident, une sorte de mélange des sangs, une belle alliance de tempéraments. Ici, la stratégie anglaise fait connaissance avec la ruse arabe. Or, la combinaison des deux se mariant admirablement, il ne manquait plus qu'un événement historique pour que la fécondation soit totale : cette occasion leur est donnée lors du combat un peu désespéré, mais tellement envoûtant, contre le vieil Empire ottoman, essoufflé, presque en ruine, avec l'aide paradoxale des Européens. Faisant sien leur affrontement, Lawrence est devenu un membre à part entière de leur troupe déguenillée, un soldat de Dieu animé de la seule volonté de bouter le Turc en dehors de la Terre sacrée.

L'étourdissement atteint parfois son comble. Après leur victoire finale, l'auteur décrit dans une euphorie nerveuse son sentiment d'être l'un des leurs : « Les courants et les contre-courants de tant d'hommes et de tant de pensées m'emportèrent de-çà, de-là, sans répit, dans l'agitation commune. Nul ne pouvait voir, dans la nuit, la couleur de ma peau : je pouvais marcher à ma guise, Arabe sans importance. Ainsi, perdu parmi les hommes de ma race et coupé d'eux, je me sentis étrangement seul. Dans les hommes de nos autos blindées, je ne voyais pas des soldats mais des individus distincts, à cause de leur petit nombre et de notre longue camaraderie. D'ailleurs, ils étaient bien des individus isolés, modelés, raffinés par ces mois d'exposition aux flammes du soleil et aux brutalités du vent... » D'une manière parfaitement ambivalente, *Les Sept Piliers de la sagesse* sont un hymne à l'homme d'où la femme est impitoyablement ignorée. Parmi les centaines de noms anglais ou bédouins, quelques-uns sont des noms de femme, encore que le pluriel et le collectif leur convienne mieux que le singulier. A leur propos, Lawrence d'Arabie semble toujours hésitant : « Considérée de cet Orient torride, notre conception anglaise de la femme semblait participer de ce climat nordique qui avait aussi contracté notre foi. Autour de la Méditerranée, l'influence de la femme et la signification qu'on lui prête tirent leur force irrésistible d'une entente où on lui accorde, sans conteste, le monde physique, comme au pauvre d'esprit. Cet accord, cependant, en niant l'égalité des sexes, rend l'amour, la camaraderie et l'amitié impossibles entre homme et femme. La femme devient une machine pour exercices musculaires et l'homme ne peut apaiser ses désirs psychiques que dans un commerce avec ses pairs. De là naissent ces appariages d'homme à homme, pour fournir à la nature humaine plus qu'un contact de chair à chair. » Ce constat qui n'est pas sans évoquer l'homosexualité de la Grèce antique est suivi d'une confidence plutôt trouble si elle n'était nourrie d'une grande franchise : « Nous autres, Occidentaux de cet âge complexe, moines de la cellule de nos corps, toujours à la recherche de quelque chose qui nous comblât au-delà de la parole et des sens, étions, par le seul effort de notre recherche, à jamais coupés de cette joie, consentie cependant à des enfants comme ces *Ageyls* insoucieux, heureux de recevoir sans retour, fût-ce l'un de l'autre. Nous nous torturions avec l'héréditaire remords de la luxure qui nous avait donné naissance, essayant de la racheter par toute une vie de misère : inscrivant en face de chaque bonheur (notre découvert) un enfer qui le compensât, et dressant un bilan de bien et de mal en vue d'un futur jugement. »

Reste la scène du viol. En écrivain madré, Lawrence décrit au mieux l'outrage que l'officier turc allait faire à son corps, une lutte muette entre deux logiques de chair, d'un côté le don consenti et partagé, de l'autre le viol et le rapt. L'événement donne la mesure de l'œuvre de Lawrence. Il n'est plus alors le guerrier assoiffé de gloire et couvert de lauriers, mais un homme éperdument seul, faible et sans autre protection que ce corps démuni entre les mains de son tortionnaire. La lutte transcende évidemment les mots et va au-delà de la raison. Il nous la dit sourde, sommaire, tragique. Le vocabulaire même reflète les singularités culturelles : Lawrence avait un corps tendu, tout en nœuds, musculeux et sec. Son assaillant est massif et corpulent, d'une musculature apprivoisée et cachée. Il raconte : « Tôt dans la soirée, trois hommes vinrent me chercher [...] On me conduisit au premier étage jusqu'à l'appartement du Bey, ou, plutôt, jusqu'à sa chambre. C'était encore un homme énorme, Circassien lui-même peut-être ; assis sur le lit en pyjama, il tremblait et suait comme dans un accès de fièvre [...] Il se mit à me cajoler, disant que j'étais blanc et frais, que j'avais des extrémités fines, qu'il m'exempterait de service et de corvée, ferait de moi son ordonnance, me paierait même des gages, si je voulais l'aimer. Je m'entêtai. Il changea de ton et m'ordonna durement de quitter mon pantalon. Comme j'hésitais il se jeta sur moi ; je le repoussai. Alors il frappa des mains pour appeler la sentinelle qui entra précipitamment et me lia les bras. Le Bey jurait en m'adressant d'horribles menaces ; sous ses ordres, l'homme qui me maintenait déchira mes vêtements, lambeau à lambeau [...] Enfin il se remit lourdement sur ses pieds et vint, une lueur dans les yeux, me tripoter par tout le corps. Je le supportai jusqu'au moment où il devint trop ignoble. Alors je lui flanquai mon genou dans le ventre [...] L'émotion me coupa la parole ; nous nous regardâmes silencieusement pendant que les hommes, sentant là un mystère qui les dépassait, se détournaient mal à l'aise [...] Les soldats maintenant libres de parler m'avertirent que les hommes devaient souffrir les caprices de leurs officiers ou payer leur refus, comme je venais de le faire, par une souffrance plus grande. »

Le Caire

Aux yeux des Arabes, Le Caire, *Al-Qahira*, la Victorieuse, est la mère des villes, presque aussi puissante et prestigieuse que La Mecque. Comme une grande métropole, elle a reçu tous les hommages. Alors qu'elle venait à peine d'être construite par les

Fatimides sur les ruines de l'ancienne Fostat, Al-Moqaddassi, le voyageur palestinien du xe siècle, lui trouvait déjà les charmes d'une cité prospère : « C'est elle la capitale de l'Egypte, écrivit-il, celle qui éclipse Bagdad [qui était déjà à son apogée], celle dont s'enorgueillit l'islam, celle où toute l'humanité vient commercer... » Il ajoute aussitôt, avec le pragmatisme qui sera celui de la plupart des géographes musulmans : « Plus considérable que la Ville de la Paix [Bagdad, au temps de la dynastie abbasside], elle est l'entrepôt du Maghreb, le dock de l'Orient. »

Le Caire, c'est aussi le musée des Antiquités, celui des Arts islamiques, le souk Khan El-Khalili, la Voix du Caire, Oum Kalthoum*, Champollion, le bruit et la poussière de la place At-Tahrir, la gare centrale et les belles mosquées d'albâtre qui se désagrègent jour après jour. Le Caire, c'est encore la lumière ocre du coucher de soleil sur Zamalek, la seule ville du Proche-Orient fécondée par un dieu surpuissant, le Nil, ce que toute langue commune rendrait simplement par fleuve, mais que l'arabe cairote nomme mer, océan, *bahr*.

Le Caire est ce lieu d'intrigues non résolues, de combats homériques et de passions littéraires confinées entre une Académie de la langue arabe, plutôt timorée et sans le sou, les différents sièges de journaux, dont le vénérable *Al-Ahram*, la Radio-Télévision d'Etat et la mosquée Al-Azhar*, gardienne jalouse des traditions religieuses.

Mais l'angoisse de la ville de Ramsès, outre sa congestion et sa rhétorique de plus en plus stérile, est ailleurs : elle est dans son impuissance à stopper la décentralisation, discrète mais obstinée, du magistère de la *choura* et, partant, du sunnisme en général. Car, jusqu'à maintenant, Le Caire, auréolé du prestige de ses fondateurs, dominait le reste du monde : pendant des décennies, les théologiens venaient parfaire leur science coranique. Aujourd'hui, le monde a changé et, dans la turbulence que connaît l'islam actuel, chaque capitale du monde arabe, et même du monde asiatique, Ankara, Kaboul, Karachi, Djakarta, et d'autres encore, veulent émettre leurs propres édits religieux (*fetwa**). C'est la fin du pouvoir des doctes mandarins du Caire, une page qui se tourne ?

Léon l'Africain

Al-Hassan ben Mohamed Al-Wazzan Ez-Zayati, dit également Al-Fassi, est plus connu sous son nom de converti chrétien, Léon l'Africain (vers 1483-1550). Lorsque, en 1492, Grenade fut reconquise par les Rois catholiques et que 250 000 musulmans furent poussés à l'exil, Al-Hassan âgé de neuf ans quitta l'Andalousie, ainsi que le firent la plupart des familles aisées de la Péninsule. Celles-ci se fixèrent majoritairement dans le royaume marocain, à Fès en particulier, qui est alors la ville la plus puissante, avec Marrakech. C'est probablement dans cette ville qu'il poursuivit son étude du Coran et des lettres arabes, là où se manifeste son intérêt pour les pérégrinations et les voyages. Bientôt, il part à dos de mule ou de chameau, parcourt la côte africaine, les pistes caravanières, jusqu'à Tombouctou, les villes et les fondouks africains. Cette connaissance de la géographie en fait un négociateur apprécié des sultans marocains, noirs, égyptiens, syriens et turcs.

On ne sait pas dans quel contexte il fut capturé à Djerba par un corsaire sicilien du nom de Pietro Bovadiglia, mais il est livré au pape Léon X (Jean de Médicis, 1475-1521), dans l'espoir d'obtenir quelques indulgences. D'abord emprisonné, il est bientôt baptisé en la basilique Saint-Pierre de Rome, le 6 janvier 1520. Jean-Baptiste Ramusio, le premier traducteur italien de sa *Description de l'Afrique*, prétend que Sa Sainteté le pape Léon avait pris en sympathie son nouveau protégé en raison du fait « qu'il se plaisait aux questions de géographie et qu'il avait déjà écrit un livre qu'il portait avec lui », et auquel il attribua ses propres noms. Pendant une longue période, l'activité principale de Jean-Léon, dit l'Africain, fut d'enseigner l'arabe aux enfants de la noblesse romaine et bolonaise. Il s'appelait alors Johannes Leo de Médicis, même s'il avait préféré un moment s'appeler Jean Leon Granatino, Jean Leon de Grenade, soit, en arabe, Yuhanna el-Asad al-Gharnati.

Ayant appris le latin à Rome, c'est dans cette langue qu'il rédigera sa *Description de l'Afrique*, en s'appuyant sur ses notes en arabe. L'ouvrage parut à Venise, en 1550, et devint aussitôt une source appréciable de renseignements sur le nord du continent africain. Aujourd'hui encore, il est des itinéraires que nul autre ouvrage, pas même celui d'Ibn Khaldoun sur les Berbères, ne rend avec la précision de la *Description de l'Afrique*. Il est à noter, cependant, que dans cette œuvre, les noms de Rome et des Romains sont plus souvent cités que ceux de Grenade, la ville natale de l'auteur, Fès, sa ville d'adoption, Tombouctou, une destination très prisée en son temps, ou encore Tunis, Le Caire, Constantinople, Constantine, etc.

Lettres persanes de Montesquieu

On peut lire les *Lettres persanes* (1721) comme une géographie inversée de l'Occident vue par deux vrais-faux Persans. Bien sûr, en passant au vitriol les mœurs occidentales, le baron de Montesquieu n'ignore pas les travers du sérail ni ceux des despotes de son temps, ni même l'ère glaciaire qui, déjà, s'est abattue sur cette face du globe. L'ouvrage est finalement un miroir à deux faces, le Janus de la littérature du XVIIIe siècle qui parle d'un sujet pour mieux aborder les rivages de l'autre : « se feindre étranger à la société où l'on vit », a écrit Roger Caillois. Ainsi, le point de vue toujours narquois qu'Usbek, l'un des protagonistes des *Lettres persanes*, pose sur sa Perse d'origine, patrie entièrement acquise à l'islam et qui paraît d'une pureté virginale.

Au passage, il ne faut pas manquer de relire les commentaires que font les deux protagonistes sur les villes qu'ils traversent. Voici, par exemple, Venise, l'un des phares de la civilisation occidentale et qui fut, entre autres célébrités, la patrie de Marco Polo. Tous les prospectus touristiques expliquent que cette ville est construite sur une lagune, qui s'enfonce inexorablement. Or, l'eau d'une lagune, comme toute eau stagnante, est impure aux yeux de l'islam, ce qui, en bonne logique, interdit à ses fidèles de procéder à leurs ablutions légales. « Cette ville profane, mon cher Usbek, manque du trésor le plus précieux qui soit au monde, c'est-à-dire, d'eau vive. » Partant de là, « elle est en abomination à notre saint prophète » qui ne la regarde jamais, du haut du ciel, qu'avec colère. Le Paris des *Lettres persanes* est, selon la perception que Montesquieu prête aux Orientaux, une ville où l'on boit abondamment du vin, un vin très cher et très taxé. Fantasmes ou réalité ?

Libre pensée

Il est difficile d'associer la libre pensée à l'islam, surtout lorsque celui-ci est en crise. En effet, chaque fois que les souverains musulmans, les califes ou les théologiens se sont sentis en danger, ils ont d'abord cherché à contrôler les libres penseurs, les marginaux et les hérétiques. Chaque fois qu'un souffle de « réislamisation » a gagné les foules, les penseurs, les agnostiques et tous ceux qui ont voulu dispenser une autre version de l'islam ont été pourchassés. La déviance en islam est tour à tour qualifiée de *kufr* (incroyance), de *shirk* (le fait d'associer quelqu'un à Dieu) ou de *nifaq* (surenchère en matière de foi, hypocrisie). Elle est toujours présentée comme une anomalie extrêmement préjudiciable pour le croyant et partant pour toute la communauté. Tout fonctionne comme si la déviance et la libre pensée – et son pendant, la laïcité* – annonçaient un cataclysme majeur dont l'islam ne se remettrait pas.

Plusieurs courants doctrinaux se sont intéressés au statut de la libre pensée en islam. Les penseurs musulmans ne différencient pas avec précision l'insoumission à Dieu de celle qui vise plus particulièrement le pouvoir, que ce soit celui du calife, du gouverneur, voire du simple imam de la mosquée de quartier. Combien de libres penseurs ont été qualifiés de *zanadiqa* (pluriel du mot *zindiq*), c'est-à-dire d'adorateurs du mal, uniquement pour avoir émis des doutes sur l'infaillibilité du calife, du sultan ou du roi en exercice ! Combien d'autres ont été exilés, mis au ban de la société, anathémisés, uniquement parce qu'ils avaient proposé une lecture différente du Coran, quand bien même elle contribuait au bien-être de l'homme.

L'apostasie (*ridda*) est une faute majeure que la *doxa* condamne fortement. Cette sanction est sans doute constitutive du monothéisme mais la définition même de l'apostat est très complexe en islam. Selon les écoles théologiques, on invoque par exemple les apostats non déclarés et les apostats déclarés, ou explicites, *munafiqûine*. Ainsi, de nombreux théologiens préconisent une excommunication pure et simple de cette deuxième catégorie d'apostats mais ne disent rien sur la première... Les plus rigoristes mettent à mort l'apostat, en particulier le musulman car il connaît la valeur subliminale de l'islam. Selon d'autres, l'apostat est excusé, voire réhabilité, dès lors qu'il abjure. L'associationnisme, le fait de donner un rival à Dieu l'Unique, est quant à lui une faute grave appelée *chirk* en islam. Ceux qui la commettent sont des *mûchrikûn*, des ennemis irréductibles de l'islam.

Lorsque l'islam parvient à surmonter ses démons intérieurs, ce qui s'est produit notamment aux époques classiques, sa liberté d'expression est de toute façon toujours limitée par le caractère intangible de Dieu et du Coran : la ligne rouge que personne ne peut franchir est celle de la divinité du Coran, et partant de la prophétie elle-même. On pense aujourd'hui que les mu'tazilites (VIIIe-IXe siècles), un mouvement philosophique assez éphémère et marginal, ont néanmoins réussi le pari de penser librement toutes ces notions, à commencer par la divinité du Coran, sans aller au-delà. Ainsi, l'effort du jugement personnel, que l'on connaît aujourd'hui encore sous le nom d'*ijtihad**, est une invention de cette époque, et les mu'tazilites y ont certainement contribué de manière discrète, mais décisive. Il y a d'ailleurs une similitude entre la démarche des mu'tazilites et celle de Pascal. Dans les deux cas, la réflexion sur le divin n'est pas une œuvre démoniaque ou apocalyptique, mais bel et bien un enrichissement de la loi fondamentale du Créateur, une mise en proximité du croyant pour son Dieu et une disponibilité encore plus radicale de ce croyant pour tout ce qui concerne le magistère de la *cogitatio*.

Mais les noms les plus illustres de la pensée islamique et, partant, du libre arbitre sont des philsophes, *al-falasifa*. Sans les citer tous, en voici quelques-uns : Al-Farabi (872-950), Razi (860-923), Ibn Sina (980-1037), Ibn Rochd (1126-1198), Ibn Khaldoun (1332-1406).

La plupart ont hérité leur savoir de la pensée grecque ou, pour les mystiques, des peuples conquis par l'Islam : Perse, Maghreb, Andalousie, Turquie. Un philosophe comme Al-Farabi, surnommé le *Magister secundus* par les médiévistes, est ainsi désigné en référence à l'œuvre d'Aristote, le *Magister primus*, qu'il aurait prolongée et continuée. Les grands philosophes musulmans ne s'en sont jamais cachés : c'est bien dans de tels emprunts que s'opèrent les meilleures réflexions, prélude nécessaire à une prise de conscience individuelle au nom de laquelle le sujet – et parfois la collectivité – est apte à prendre son destin en main. La réalité géopolitique de l'islam actuel est propice à toutes les avancées dans ce domaine. Mais encore faut-il qu'il y ait des esprits assez forts pour clamer leur attachement à la pensée libre, à la critique positive...

Loti Pierre

Le charme désuet de Pierre Loti (1850-1923), de son vrai nom Julien Viaud, porte à son comble la vogue orientalisante au tournant du XXe siècle. Pierre Loti voulait pacifier les liens entre deux univers diamétralement opposés, celui de la France, pays européen enclavé malgré ses trois façades maritimes – c'est la première vocation de Loti, le marin –, et celui de l'Orient, valeur sûre de l'exotisme, du dépaysement pour voyageurs au long cours, vétérans de la mer et aventuriers de l'extrême – c'est la seconde vocation de Loti l'écrivain.

Malgré sa misère, cet Orient est celui de l'enchantement, des contes érotiques enchâssés dans des contes de fées pour adultes. La vision romantique de Loti, comme celle de la plupart des voyageurs masculins de la fin du XIXe siècle, ne reste pas indifférente à la sensualité orientale que sa langue poétique, nerveuse à souhait, autant d'ailleurs que sa rêverie, ont exaltée à l'extrême. Ainsi, dès 1879, pour *Aziyadé*, Pierre Loti brosse un tableau sentimental de la Turquie. Plus tard, en 1906, dans *Les Désenchantés*, il s'immisce de nouveau dans l'intimité des harems contemporains.

Mais la dimension de Pierre Loti ne tient pas seulement à son œuvre écrite. Elle est à la mesure de la fantasmagorie qu'il a réussi à créer (ou à incarner) pour lui et autour de lui, un peu comme si la vision du Nord, en pénétrant l'Orient, avait composé un *baroquorient*, c'est-à-dire un Orient ascétique et parfois très chaste, à la faveur d'une attente non assouvie, celle du lecteur par exemple, mais aussi sensationnaliste par sa vision tragique du Levant. Le *baroquorient* est donc cette attitude littéraire qui consiste à s'emparer de l'Orient réel – avec ses carences objectives, sa misère, sa poussière, ses canaux crevassés et ses mouches avides –, pour en faire un Orient baroque et flamboyant, si lisse au regard du quidam vivant au nord des Alpes mais totalement irréel pour les habitants du Sud qui n'y voient généralement qu'une région mythique. Evidemment, d'autres auteurs avant lui – je veux parler ici de Lamartine, de Gautier, de Fromentin, de la comtesse de Gasparin, de Chateaubriand, de Nerval – ont laissé de belles pages à la manière de ce *baroquorient,* mais c'est à Pierre Loti que revient le mérite de l'avoir incarné, aussi bien par ses œuvres écrites que dans son quotidien. On peut dire que certains se convertissent à la religion de l'islam, quand d'autres, comme Pierre Loti, se convertissent à sa civilisation.

En 1921, peu de temps avant sa mort, Pierre Loti fera paraître ses *Suprêmes visions d'Orient*, une façon peut-être de boucler une vie d'aventure et de curiosité et de la mettre sous le sceau de sa grande quête, celle d'un Orient ultime et généreux. Pierre Loti fera des émules aussi bien en littérature avec les frères Tharaud, Gérôme (1877-1953) et Jean (1874-1952), Henry Bordeaux (1870-1963), André Chevrillon (1864-1957) qui lui dédiera ses *Terres mortes*, consacrées aux Pharaons, mais aussi en peinture, au cinéma et même – ce qui n'est que justice – parmi certains voyagistes d'aujourd'hui.

Luth

Le luth, de l'arabe *al-'ûd*, littéralement le « bout de bois », est l'instrument le plus prestigieux de l'orchestre arabe. Il fascine autant par son histoire que par le son – velouté – qu'il produit, surtout lorsqu'il est mis entre les mains d'un maestro. S'il est au sommet de sa forme, celui-ci peut à l'improviste, s'il vous plaît !, livrer une succession d'exercices inspirés des

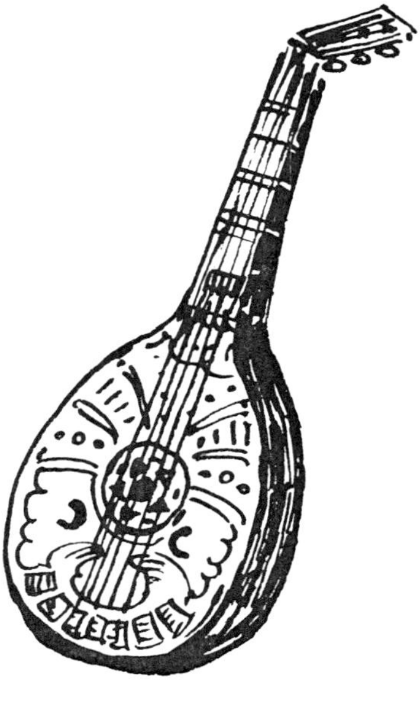

maqam, tels qu'on les pratiquait dans les *diwans* des grandes cités maghrébines. A croire Jules Rouanet, spécialiste autorisé en la matière et surtout auteur de l'imposant chapitre sur la musique arabe dans l'*Encyclopédie de la musique et dictionnaire du Conservatoire,* paru en 1922, le luth était déjà cité dans les Psaumes et la littérature antique. Il aurait pris sa forme définitive au temps des Abbassides, mais aurait connu une vraie consécration avec les Andalous, notamment Ziryab*. Certains virtuoses, comme feu l'Irakien Mounir Bachir, mais aussi de splendides instrumentistes encore en vie, sont vénérés comme des divas.

Ils se produisent à huis clos dans des salles pleines à craquer. Les stars actuelles du *malouf* ou du *hawzi* – deux genres de musique en vogue au Maghreb –, les maîtres dans certains orchestres nationaux, du Maroc au Soudan, ainsi que les meneurs de petits orchestres populaires, arrivent à rivaliser avec les meilleurs joueurs de flamenco, de blues ou de guitare sèche européenne. Certes, leur musique est un peu désuète mais les musiciens parviennent encore à émouvoir grands et petits par la richesse de leur talent.

Même la forme ovoïde (piriforme, disent les spécialistes) de l'instrument renforce l'impression d'un chaudron d'où jailliraient des notes voluptueuses, qu'on pourrait presque saisir une à une, avant de les montrer à une assemblée conquise et fascinée. Au plan technique, la particularité du luth arabe est de ne pas avoir de ligatures, ce qui pousse le joueur à chercher lui-même, à l'ancienne, c'est-à-dire à l'ouïe, l'emplacement des notes et leur succession. La virtuosité du joueur de luth est donc à la fois technique et artistique.

Luxe

L'idée du luxe en islam nous est donnée sous la forme d'une anecdote racontée par Abu Zayd Hasan, un marchand arabe. Visitant l'Inde et la Chine aux alentours de l'an mille, il fut frappé de voir, à travers les vêtements de soie que portait un eunuque, un grain de beauté sur son corps. Devant l'étonnement du marchand, l'eunuque lui fit un sourire qui en disait long. Décidément, ces voyageurs venus d'Occident n'entendaient rien à la soie ! : « Compte le nombre de vêtements que je porte », dit l'eunuque. Le marchand les compta : il étaient au nombre de cinq, superposés. Et pourtant, le grain de beauté de l'eunuque se voyait parfaitement à travers tous ces plis. L'eunuque ajouta voluptueusement : « Ne croyez pas que je porte la meilleure soie qui existe en Chine, la soie qui sert à habiller les rois est de qualité supérieure et plus admirable que la mienne qui n'est qu'une soie écrue non foulée. »

Toute l'énigme du luxe (*taraf, thûrwa*) est résumée dans cette anecdote. Un eunuque, être vil s'il en est, vêtu des matières les plus nobles et qui regarde de haut un riche négociant arabe ! Le luxe impose sa loi ; il est une logique fondée sur le privilège. Grâce à cela, celui qui le possède peut s'affranchir de la pesanteur des règles sociales, même les plus figées, les plus anachroniques. A l'exotisme d'un être entravé sexuellement, s'ajoute une luxuriance paradoxale et qui relève d'une coquetterie que seules les grandes civilisations, ici la civilisation chinoise, peuvent offrir à profusion. Au xe siècle, le luxe – qui était d'abord arabo-bédouin – s'est coloré de la vision du monde des Abbassides, particulièrement soucieux de leur apparence. Après la Chine et l'Inde, le luxe a d'abord pris, dans le monde musulman, la couleur de la Perse.

On sait que l'islam n'a pas condamné la jouissance terrestre, dès lors qu'elle ne contrevient pas à la vénération d'Allah. Se fondant sur cette tolérance, les dynasties musulmanes, arabes et non arabes, les cours califales de Perse et d'Andalousie, les souverains-poètes ottomans et toute la classe des dilettantes et raffinés de Bagdad et du Caire ont aimé le luxe à l'obsession. Il est chez ces esthètes une œuvre de l'esprit, une tension et un art brûlant qui envahissent de passion ceux qui s'en approchent. Par le luxe, les musulmans sacrifient à la chose profane en toute légalité, sans choquer ni trahir. Cette exigence en forme de compromis éclaire de manière très précise la mentalité collective musulmane : d'un côté la retenue, de l'autre l'abondance, ici la chasteté et l'ascétisme, là la prodigalité, l'excès, voire la débauche. Cette surenchère du beau et du luxe fonctionne comme une revanche artistique sur l'interdit de la représentation, qui frappe l'Islam dès le IXe siècle. Dès lors, le beau est perçu comme un combat contre l'ignorance et un militantisme de bon aloi. « Dieu est beau et il aime la beauté », dit le Coran, un encouragement que les esthètes du monde arabo-musulman, et en particulier les miniaturistes, les calligraphes et les poètes, ont exploité avantageusement. Il suffit de visiter le palais de l'Alhambra, à Grenade, les villes impériales marocaines, franchir la porte d'une grande bibliothèque ancienne, ouvrir un manuscrit du Coran ou découvrir telle collection de miniatures indo-persanes, pour prendre la mesure du goût effréné pour la beauté en terre d'islam.

Beauté abstraite au départ et comme déconnectée de son rhizome initial, mais beauté vivante qui s'éprouve dans sa douceur de vivre, le goût du confort et de l'élégance. Pour autant, un tel luxe matériel qui est presque une formalité dans la partie haute du palais, où l'on préfère sacrifier aux grimoires de l'écrit, toucher de la main un manuscrit rare, un coran enluminé ou sentir l'odeur d'ambre et de santal qui s'échappe dans les oratoires, ne doit pas faire illusion. Pour le musulman pieux, le luxe n'est pas une fatalité dès lors qu'il choque son sens de l'humilité et de la retenue. N'est-il pas considéré comme une abomination par certains théologiens musulmans, qui ne désavoueraient pas l'attitude de saint Jean Chrysostome lorsqu'il écrit, parlant des femmes : « Vos vêtements de soie sont vomis par les vers ; et les vers finiront par les dévorer, comme vous-mêmes ! » Mais le musulman, qui n'a prononcé aucun vœu de pauvreté, passe souvent outre aux recommandations des vieux moralisateurs. Il l'accepte au nom de la bénédiction divine : Dieu a sanctifié la richesse, car cette richesse est l'une de Ses manifestations.

C'est pourquoi la liberté du musulman est plus affirmée dans ce domaine, d'autant que son goût pour l'argent n'est affecté d'aucune culpabilité. Ainsi, cette anecdote concernant un prince andalou sur le point d'être déchu, rapportée par un chroniqueur arabe du Moyen Age. L'émir de Cordoue, Al-Hakam (xe siècle), était aux prises avec des insurgés qui voulaient le destituer. Il fit venir Jacinthe, son page, et lui demanda de la civette et du musc pour se parfumer. Mais le page lui dit : « Est-ce bien l'heure de se parfumer, seigneur ? » Al-Hakam lui ordonna sans ménagement de se retirer, en s'exclamant : « C'est le jour où je dois me préparer à la mort, ou à la victoire. Et, mort ou vif, la tête d'Al-Hakam doit se distinguer par sa beauté et par son parfum. » Pour nombre de souverains musulmans, le luxe est une humanisation du divin ou, dit autrement, l'anticipation du paradis ici-bas.

Aujourd'hui, de Rabat à Damas, en passant par Le Caire, Amman et Riyad, les palais présidentiels et surtout les résidences royales sont d'un luxe souvent ostentatoire. Nul excès ne paraît superflu à leurs occupants, à la seule condition qu'il soit d'exception et pour peu, en effet, qu'il nourrisse leur imagination au degré ultime de la douceur et de la volupté. Le luxe et son corollaire, le raffinement (*zaraf*), représentent encore une forme de transcendance de soi, en ce qu'il sont généralement un miroir, dont l'énergie et la force poussent à se percevoir jour après jour plus acceptable que l'on n'aurait été sans cela.

Seule la faute de l'homme d'esprit se remarque

(dicton libanais).

Madrassa

Du verbe *darrassa*, enseigner. La *madrassa* est le lieu de transmission et d'acquisition des sciences coraniques, le Coran et les *hadiths**, ainsi que la jurisprudence, la *charia**. Appelé *madrassa* en langue arabe classique, *medersa* au Maghreb et *médresé* en Turquie, cet établissement parareligieux est, par vocation, un lieu de convivialité, de socialité et d'adoubement des élites musulmanes. A ce titre, la somptuosité de certaines d'entre elles est parfaitement édifiante. Parfois même, le soin que l'on a mis à les concevoir, à les construire et à les décorer dépasse l'entendement.

L'une des priorités de l'islam a été de favoriser l'accès au savoir, en particulier au savoir religieux. Aucune barrière n'est dressée dans la quête de la connaissance, sous quelque forme que ce soit. Mais la connaissance est toujours d'essence divine. Allah est Celui qui sait tout, Celui dont le savoir embrasse aussi bien les choses révélées que les choses invisibles, *al-ghaïb*. Le Coran rappelle que ce savoir est l'une des articulations de la vérité céleste : « Dieu suffit comme témoin entre moi et vous ; Lui qui possède la Science du Livre » (Coran XIII, 43). La notion de « Science de Dieu » (*'Ilm Allah*) est l'apanage exclusif du seul Créateur, en aucun cas, celui des hommes, ni même des prophètes, et c'est un fait assez important pour qu'il apparaisse dans plus de trois cents versets du Coran répartis sur la quasi-totalité des 114 chapitres.

La science du prophète Mohammed constitue le deuxième cercle de la connaissance en islam, le plus proche de l'esprit divin. Elle prolonge et ordonne la connaissance générale liée à la prophétie, ce qui permet de relier la geste islamique à l'acte inaugural d'Adam, premier connaissant de l'histoire humaine en goûtant au symbole primordial de la connaissance, la pomme. L'islam est ainsi le dépositaire des différentes prophéties qui l'ont précédé. Le prophète Mohammed lui-même aurait encouragé ses compagnons à s'instruire en mettant à profit tous les moyens en leur possession. Aujourd'hui et depuis des siècles, tous les enseignants répètent à leurs élèves la recommandation du Prophète d'aller quérir la science, jusqu'en Chine s'il le faut.

Une troisième catégorie de « connaissants » est constituée d'érudits musulmans (*ahl al-ma'rifa*) et de savants (*'oulama*, pl. de *'alim*), que ce soit ceux qui étudient les sciences coraniques, qui apprennent par cœur le Coran (*houffaz*) ou qui l'interprètent (*ta'wil*), ceux qui s'orientent vers la résolution des conflits de société ou des individus en se spécialisant dans la jurisprudence islamique (*fiqh*), ou encore ceux qui se tournent vers les disciplines dites intellectuelles et spéculatives comme la grammaire, l'historiographie, la rhétorique, la logique et la philosophie.

Certaines *madrassas* furent prestigieuses : à Bagdad, la Baït al-Hikma, la Maison de la Sagesse abbasside, fut édifiée dès le IXe siècle ; la mosquée-université d'Al-Azhar* est un établissement fatimide créé en 972 apr. J.-C. Depuis, plusieurs autres grandes *medersas* ont été élevées pratiquement dans chaque mosquée-cathédrale. Il en est ainsi de la *madrassa* Nouriya, dans le quartier des Khawaçin, à Damas, construite en 1167 et décrite par le voyageur andalou Ibn Jobaïr (1147-1217) : « L'une de celles qui en ce monde, écrit-il, offrent le plus beau spectacle aux yeux est la *madrassa* de feu Nour-ad-Din, où se trouve son tombeau. Que Dieu l'illumine ! C'est un palais des plus magnifiques : l'eau y vient couler, descendant d'abord dans une rigole (*chadarwan*) du milieu d'un grand cours d'eau, puis s'écoule dans une fontaine (*saqiya*) de forme oblongue, avant d'aller tomber dans un bassin (*sahrij*) au milieu de l'édifice. Le regard est surpris par la beauté de ce spectacle. Tous ceux qui en jouissent réitèrent leurs oraisons en faveur de Nour-ad-Din » (in *Voyages*).

En marge de la mosquée et comme un complément à la *madrassa*, on trouve parfois la *zaouiya*, un sanctuaire abritant le mausolée d'un saint. Cet édifice qui est propre à l'islam maghrébin, et en particulier à l'islam confrérique, témoigne d'un héritage et d'une mémoire d'un islam plus populaire. A la campagne, les *zaouiya* sont modestes et servent également de mosquées, ce qui réhabilite l'image de sanctuaire déviationniste ou même hérétique (*zandaqa*). Certaines, comme dans une *madrassa*, professent des cours sur le Coran et les sciences coraniques.

Mahdi

Littéralement « guidé par Dieu ». Le terme désigne la croyance en un homme providentiel invisible aux mortels, « occulté » (*ghayb*), mais dont la réapparition est considérée comme inéluctable. Si la notion de mahdi renvoie à l'eschatologie musulmane (*radj'a*, *rudjû'*), elle est cependant une caractéristique des cercles chi'ites et plus particulièrement des incarnationnistes, ces mouvements messianiques soudano-libyens, et de la mollarchie iranienne.

Le mahdisme a pu être instrumentalisé par tel courant politique ou religieux pour renverser des régimes autocratiques et décadents. Au deuxième siècle de l'islam (VIIIe siècle), des mouvements réformateurs proclamant le retour annoncé d'un sauveur avaient tenté d'évincer la dynastie omeyyade de Syrie au profit des Abbassides. De même, le mahdi 'Ubaïd Allah, mort en 934, serait le père fondateur de la dynastie famitide d'Egypte. Ibn Toumert (mort en 1130), lui-même fondateur de la dynastie maghrébine des Almohades au temps de l'Andalousie musulmane, se serait également proclamé mahdi. A l'époque moderne, on peut citer le mahdi somalien, du nom de Mohammed ben 'Abd Allah Hassan al-Mahdi (1860-1914), le mahdi des Sanoussis (Libye). On connaît assez bien le mahdi soudanais Mohammed Ahmad (mort en 1885), maître de la confrérie des Sammaniyya. Sa première apparition publique remonte à 1881. Plus proche du prédicateur militant et de l'agitateur politique que du simple adepte du soufisme spiritualiste, Ahmad était entouré de partisans idolâtres ; ce Gandhi zapatiste avant la lettre mena une guerre sans répit (plutôt une guérilla) au pouvoir égyptien en place, mais aussi aux Abyssiniens, aux Anglais et aux Italiens. En 1899, le mahdisme soudanais fut politiquement vaincu, et ses partisans se dispersèrent.

Aujourd'hui, cette idée du mahdi, mi-féerique, mi-religieuse, est usée jusqu'à la corde, mais sans être complètement obsolète. La crédulité des laissés-pour-compte est toujours prompte à s'enflammer pour des hommes providentiels, dont le mahdi est l'illustration musulmane. En son nom, et toujours à la faveur de crises politiques ou économiques, beaucoup de mouvements messianiques musulmans ont contesté la légitimité des régimes. Comment expliquer sinon dans les dernières décennies l'émergence d'un Khomeiny ou d'un Ben Laden, qu'il se nomme mollah iranien ou imam sunnite ?

Mahfouz Naguib *Voir :* TAHA HUSSEIN

Mahomet *Voir :* MOHAMMED

Magnanimité

Appelée *hilm*, la magnanimité compte autant aux yeux des musulmans que la générosité avec laquelle elle se confond, la bravoure ou le goût pour la poésie. Elle n'est plus aussi prépondérante qu'elle l'a été car d'autres valeurs morales l'ont occultée sauf dans des régions encore peu urbanisées comme le désert ou dans les campagnes fortement attachées à leurs traditions. Cette qualité était de mise chez les princes et les souverains musulmans qui, lorsqu'ils avaient remporté une victoire, se montraient magnanimes envers leurs captifs de guerre ou leurs adversaires déchus, c'est-à-dire, précise le dictionnaire, faisaient preuve « d'une grandeur et d'une force d'âme » exceptionnelles. Ce geste, dans l'esprit chevaleresque arabe traditionnel, aucun chef ne pouvait y déroger. Saladin, par exemple, se montra magnanime lorsqu'il fit porter des fruits et des rafraîchissements au chef suprême des croisés momentanément alité après de rudes batailles.

Majnûn et Laïla

Parmi les couples d'amants célèbres, celui que constituent Majnûn, le Tristan de l'Orient, et Laïla, la Juliette arabe, est le plus éminent et le plus universel.

Leur histoire présente toutes les caractéristiques de l'amour courtois occidental.

Majnûn, de son vrai nom Qays ibn al-Mûlawah, issu d'une tribu d'Arabie centrale, les Banû Sa'saa, est éperdument amoureux de Laïla, sa cousine bien-aimée. Et, dans une même ferveur, Laïla partage en retour sa passion. Mais, le sort s'acharne bientôt sur eux. Car la jeune femme se consume peu à peu dans cette passion restée secrète, devient taciturne, et ne mangeant bientôt plus, finit par tomber malade. La famille de Laïla s'inquiète de son état, d'autant plus qu'elle ignore tout de cette liaison enflammée. On fait appel au médecin, on la soigne avec des potions, mais rien n'y fait. Les yeux de Laïla disent toujours la même chose, la tristesse. Les rumeurs grossissant, une voix médisante a tôt fait d'informer le patriarche, Ward ibn Mohammed, le père de Laïla. Sa fille se meurt d'amour pour un obscur cousin. Le conseil de famille se réunit et décide sans plus tarder de faire taire les racontars. « Notre fille est chaste et pure », répète-t-il à l'envi.

Comme le temps presse, une solution se fait jour : la marier. Quels sont les autres partis en lice ? Les prétendants de Laïla, qui, dit-on, n'est pas d'une beauté éclatante mais au vrai un très bon parti, sont nombreux. Parmi eux, la candidature d'un riche négociant, Sayyid, qui la veut à tout prix pour son harem, enchante le patriarche qui lui donne son accord, plus heureux de sortir de la tourmente où sa fille les a plongés que de bien la marier. En apprenant l'injuste nouvelle, Qays s'effondre dans un chagrin immense. Sa raison lui échappe, son cœur est sur le point de l'abandonner. Il choisit de partir, quitter les siens, ses amis, l'endroit où il a toujours vécu. Il se retire dans le désert, n'ayant pour toute compagnie que les chiens errants, les animaux sauvages. Il dort à même le sable, se chauffe de quelques branchages séchés, se nourrit du gibier qu'il apprend à chasser.

Qays, qui est issu d'une famille noble, est un guerrier courageux à l'âme chevaleresque, garant s'il en est du code d'honneur. Par son amour illicite, le voilà maintenant prince maudit, après avoir été l'homme le plus heureux du monde, l'amoureux poète, le prince des amants. Qays décide alors de dédier sa vie à Laïla ; pour elle, il devient écrivain, rédige des odes à leur amour impossible, des missives enflammées. Ainsi serait né le *Diwan** de Majnûn, en partie apocryphe semble-t-il, de cet épanchement incontrôlé des mots, de ces phrases brisées comme son amour, de strophes et de poèmes intarissables.

Je suis l'Amant au cœur blessé,
mais Allah est mon soutien et ma vengeance
contre Celle qui me brime et m'opprime.
Je suis le dolent, l'affligé qui debout
suit les Pléiades tandis que reposent
les Sans-Amour...

L'archétype du poète courtois amoureux jusqu'à l'aveuglement est né avec Majnûn. On dit qu'il en est mort, mort d'amour, après une longue errance dans le désert. Mais a-t-il vraiment existé, cet Amant fou, auquel, aujourd'hui encore, s'identifient tous les cœurs en cage, toutes les peines, tous les chagrins ?

Manuscrits

Les manuscrits du Coran, comme ceux de la Bible, sont devenus un bien rare et précieux. Leur rareté est leur critère distinctif, mais c'est leur beauté, souvent remarquable, qui les rend si précieux. Toute grande bibliothèque s'honore de posséder quelques pages calligraphiées d'un coran abbasside, de même les collectionneurs privés ou publics. Ces œuvres sont légion en Inde, notamment à Agra et à Delhi, à Hérat en Afghanistan, à Djakarta en Indonésie, à Bagdad, à Damas, à Istanbul. Mais c'est à Berlin, au Caire, à Ankara, à Paris, dans les musées d'art islamique ou dans les départements des manuscrits orientaux des bibliothèques nationales que l'on y trouve les plus beaux spécimens.

Parmi les manuscrits les plus célèbres, il faut citer le Coran d'Arghoûn Châh (vers 1368), actuellement conservé à la Bibliothèque nationale du Caire, mais aussi le Coran calligraphié par Ibn al-Bawwab (vers l'an mille) et conservé à la Chester Beatty Library de Dublin. Datant de 1182, un autre manuscrit du Coran est aujourd'hui conservé à Istanbul. Le Maghreb compte à lui seul plusieurs centaines de manuscrits du Coran, tous calligraphiés dans un style en vogue au XIVe siècle, le *maghrébi* reconnaissable à ses versets retenus dans un médaillon au centre de la page et à son travail sur la couleur, notamment le rouge et le doré. Deux grandes institutions européennes conservent quelques-uns de ces corans : la Bibliothèque nationale à Paris et la Bayerische Staatsbibliothek à Munich. Outre le Coran, il existe d'autres grands manuscrits musulmans consacrés aux œuvres des poètes et des écrivains arabo-persans. Le plus célèbre et le plus prestigieux sûrement est le manuscrit des *Maqamat* (*Les Séances*) d'Hariri (1054-1123). Voici quelques-uns des manuscrits les plus fameux :

Kalila et Dimna, les fables indo-iraniennes de Bidpaï traduites en arabe, et illustrées à partir du XIIIe siècle, sont conservées au Caire, à Istanbul, à Oxford, à Munich et à Paris.

Kitab al-Baytara, le *Livre de l'art vétérinaire* d'Ahmed ibn Al-Hûssaïn ibn al-Ahnaf. Bagdad, vers 1200.

Kitab al-Aghani, le *Livre des chants* d'Abûl-Faraj al-Isfahani (897-967).

Aja'ïb al-Makhlûkat, le *Livre des Merveilles de la Création*, d'Al-Qazwini (1203-1283), avec ses illustrations étranges d'êtres ailés et hybrides, d'apparitions monstrueuses, est devenu une référence absolue.

De Materia Medica, *Sur la matière médicale*, du médecin grec Dioscoride dans sa version arabe offerte à Chems Ed-Din, 1229.

Kitab fi ma'rifâti al-hiyal al-handasiya, le *Livre des procédés mécaniques*, d'Al-Djaz'ari (1254).

Qanûn ad-dûniya wa 'aja'ibûha, *L'Ordre du monde et ses merveilles*, du cheikh Ahmed al-Misri (XVIe siècle).

Qashf al-Asrar, *Le Dévoilement des secrets*, d'Ibn Ghanim al-Maqdisi (XIIIe siècle).

Kitab al-hayawan, le *Livre des Animaux*, de Djahiz (780-869).

Kitab sûwar al-kawakib at-thabita, le *Traité des étoiles fixes*, de 'Abd ar-Rahman As-Sûfi (1009).

Kitab ad-Diryaq, le *Livre des antidotes*, de Pseudo-Galien ou Pseudo-Joannes Grammaticos en version arabe (vers 1199).

At-Tasrif limân 'ajiza 'ani ta'alif, *Traité de médecine*, d'Abûl-Kasim ibn Abu-az-Zahrawi, dit Abûlcassis (mort en 1031).

Da'wat al-atibba, *Le Banquet des médecins*, d'Ibn Bûtlan, théologien et physicien chrétien. Le manuscrit date du XIe siècle, mais le travail d'illustration ne s'est fait qu'au XIIIe siècle.

Khamseh, de Khwajû Kirmani (mort en 1021) est peint par Djûnayd au début du XIVe siècle.

Hadith Bayad wa Riyad, *Histoire de Bayad et Riyad*. Maghreb, XIIIe siècle.

Voir : BIBLIOTHÈQUE

Marrakech

Je comprends les défenseurs de Marrakech, les amoureux des villes extrêmes et surtout ceux qui décident d'y passer la seconde moitié de leur vie après avoir bourlingué en Asie, en Europe ou en Amérique. Il y a des villes qui méritent ce sacrifice, presque un don de soi, comme une passion qui serait inconsolable. Cette passion, Matisse, Majorelle, Yves Saint Laurent, Pierre Bergé, Serge Lutens et tant d'autres créateurs, artistes ou dilettantes fortunés l'ont éprouvée, faisant ainsi de Marrakech l'un des endroits au monde les plus hétéroclites où se côtoient les tempéraments les plus divers, avec leurs intuitions contrastées, leur imaginaire et leurs sensibilités propres. Antoine de Saint-Exupéry y a d'une certaine

façon croisé Winston Churchill, lequel a frayé par-delà les époques avec Charles de Foucauld, René Caillé, le général Lyautey, Delacroix ou encore le prix Nobel Elias Canetti.

Marrakech n'est pas avare de sensations fortes et n'en prive jamais l'aventurier. Elle lui donne du soleil à profusion, des cyclones, des tornades, des cimes enneigées à l'arrière-plan d'un décor majestueux de palmiers. Et au voyageur curieux, elle offre les plantes les plus étranges, la faune exotique du désert, des serpents effroyables. A ce paysage hors du commun, il faut ajouter l'histoire épique de la cité marocaine. Marrakech a été une capitale d'empire, elle en porte encore les traces, à chaque coin de rue. Fondée par les Almoravides, en 1062, au moment même où Guillaume le Conquérant s'empare de l'Angleterre, elle devient célèbre comme capitale de leurs successeurs, les Almohades, qui régnèrent entre le XIIe et le XIIIe siècle. Il m'est arrivé d'entendre le récit de leurs exploits, comme si on y était, dans la bouche de vieux chibanis. Ils ne manquent jamais de vous rappeler que ce sont leurs ancêtres qui ont édifié le plus grand minaret d'alors, la Koutoubia. Et de là, passant la place Djama' al-Fna, soit le Lieu perdu (ou introuvable) du rassemblement, ils vous emportent sans perdre haleine jusqu'aux portes de Grenade ou de Cordoue. Imaginez, me disaient-ils, la rencontre entre le prince almohade Abu Ya'qub Yusuf, ce grand ami des arts et des lettres, et les deux philosophes les plus en vue, Ibn Rochd (1126-1198) et Ibn Tofaïl (mort en 1185), et vos pas vous conduiront à travers les dédales du souk, à la médersa Ben Youssef, symbole de l'art mérinide, avec sa façade ajourée en stuc, en bois et en mosaïques bleu-vert et ses petites cellules pour étudiants. Partout à Marrakech, l'histoire affleure : derrière ces entrées qui tiennent encore debout, là, aux portes en bois, c'est la période des Saadiens, une dynastie de chérifs qui y régna pendant un siècle (de 1554 à 1659).

Enfin, Marrakech dégage une atmosphère que je n'ai ressentie nulle part ailleurs, comme si ce territoire était gagné par la grâce. La cité ne dément jamais le mythe qu'elle a inspiré, à moins qu'elle ne soit elle-même un mirage perçu entre le Tafilalet, à l'est, et la dynamique Essaouira, sur la côte atlantique, tout juste au nord d'Agadir, c'est-à-dire à l'entrée même du désert marocain, aux portes des terres berbères. A ces derniers, Marrakech doit d'exister encore. Leur sève n'a cessé de couler dans les veines de ses habitants. Ce sont eux, issus des tribus Masmouda et Sanhadja, connues et décrites par l'historien Ibn Khaldoun, qui la protégèrent chaque fois qu'elle en a eu besoin. Il faut rendre cet hommage aux Berbères comme il faut le faire aussi à tous les visiteurs étrangers qui viennent chercher à l'ombre des palais hôteliers la ville mythique et ainsi la sauvent de tous les vandalismes.

Massage *Voir :* HAMMAM

Massignon Louis *Voir :* SAVANTS ORIENTALISTES

Matisse

Parmi tous les peintres qui ont visité le Maroc et le monde arabe, Matisse est resté le plus discret et le plus secret, peut-être aussi le plus retenu. On ne lui connaît pas de tableaux à la manière des Delacroix, Fromentin ou Gérôme. Ce n'était pas son genre. Pourtant, ce fin connaisseur de l'âme marocaine s'est révélé, à travers une œuvre d'un esthétisme étonnant, plus proche encore de ses modèles et des paysages marocains que ne l'ont été bien des peintres orientalistes. Je pense à ses toiles comme les terrasses de Tanger, ses nus féminins, ses odalisques, ou ses personnages du terroir, sa médina. C'est un Maroc vu de l'intérieur. L'exposition « Matisse au Maroc » avait réservé une place particulière au triptyque marocain constitué de trois pièces majeures : *Paysage vu de la fenêtre*, *Sur la terrasse* et *La Porte de la Casbah*. Selon une interprétation d'un critique d'art, ces tableaux montrent toute la tension entre ces trois dimensions : le décoratif, le réalisme et la représentation. Une mise à distance en quelque sorte, à commencer par la distance géographique : on ne dira jamais assez ce que nous autres, Maghrébins, devons à la vision de l'Orient telle qu'elle a été donnée par les Orientalistes. Leur travail a réconcilié le monde arabe avec lui-même à un moment où il était écartelé entre plusieurs systèmes de référence. Une distance critique ensuite : chaque peintre visitant l'un ou l'autre des pays du Maghreb et même du Proche-Orient offrait en retour une vision assez critique, parfois distraitement cruelle, voire tragique de nos défauts immémoriaux, de nos permanences morbides, toutes lignes de fond de notre personnalité collective. Le fait, par exemple, que tant de peintres aient voulu représenter la femme orientale comme l'odalisque dans le harem, la jeune esclave, la prostituée, a mis en lumière le problème – jamais résolu jusqu'à l'avènement de la modernité occidentale – de la ségrégation des sexes dans les pays arabes.

Une distance esthétique, enfin, car de tels exemples, si flamboyants, ne pouvaient laisser durablement indifférents les peintres du cru. D'ailleurs, l'influence fut réciproque, en tout cas pour nous elle était devenue nécessaire tant la recherche solitaire s'avérait désormais vaine. Matisse au Maroc a donc cette triple signification. C'est un homme sûr de lui et de son talent, embourgeoisé dirait-on aujourd'hui, quand il découvre le pays entre 1912 et 1913. Un choc intellectuel, visuel et sensoriel à n'en pas douter puisque le Maroc lui inspira plusieurs centaines de pièces sublimes, abouties. En outre, cet homme d'esprit et de grande culture, un véritable intellectuel, a porté un regard affectueux sur ce pays qu'il avait appris à connaître ; son travail a influencé le regard de toute une génération, un peu comme il l'avait été lui-même, disait-il, par Eugène Delacroix.

Maupassant au Maghreb

Les textes qu'a laissés Guy de Maupassant (1850-1893) lors de son voyage au Maghreb ne sont pas – loin s'en faut – les meilleurs que ce grand écrivain du pays de Caux ait produits. Ce sont souvent des écrits de commande, des articles de journaux ou des relations de voyage notés sur un bout de papier et sans structure véritable, sinon peut-être la retranscription d'émotions plus vives les unes que les autres – aujourd'hui, on dirait des flashs – ressenties durant ses pérégrinations en Algérie et en Tunisie. En Algérie, Maupassant est impressionné par la beauté éclatante d'Alger. « Féerie inespérée et qui ravit l'esprit ! [...] Alger a passé mes attentes [...] qu'elle est jolie, la ville de neige sous l'éblouissante lumière. » Dans une veine presque révolutionnaire, Maupassant se montre indigné par la présence française dans ce pays : « Nous sommes restés des conquérants brutaux, maladroits, infatués de nos idées toutes faites », ajoutant, sans mesurer l'impact ravageur sur les partisans de la colonisation : « Nos mœurs imposées, nos maisons parisiennes, nos usages choquent sur ce sol comme des fautes grossières d'art, de sagesse et de compréhension. » Des phrases bien senties, mais dites en passant. Au Maghreb, Maupassant sera un voyageur ! Que sut-il vraiment de la réalité du bled qui commençait à être agité par la révolte d'un Abd el-Kader, ou de Bou Amama, des tribus de Kabylie, des farouches cavaliers chaouis et même des Touaregs, au fin fond du désert ? Un voyageur.

En Tunisie, Maupassant est fasciné par les femmes juives. Déjà, à Constantine, il ne voyait plus qu'elles : « Salut aux Juives, elles sont ici d'une beauté superbe, sévère et charmante. » Plus loin, on peut lire : « Tunis n'est ni une ville française, ni une ville arabe, c'est une ville juive », et encore : « Ces créatures étranges et bouffies, ce sont les Juives, les belles Juives. » Cette question juive a souvent intrigué les auteurs occidentaux qui ont visité le Maghreb, notamment au début de la colonisation quand les communautés vivaient encore dans une sorte d'entente cordiale. Il a fallu que le grand ordonnateur européen décide de privilégier une communauté sur l'autre pour qu'un air de division et de jalousie, avec sa part inévitable de suspicion, flotte sur les deux communautés, la juive et la musulmane. Jusqu'au décret Crémieux, du nom de l'homme politique français Isaac Moïse, dit Alphonse Crémieux (1796-1880), qui légalisa la situation des Juifs d'Algérie, désormais citoyens français (1870).

Maures, Morisques et Sarrasins

Une publicité anodine retient mon attention : « Provence-Côte d'Azur. Balades dans la nature au cœur du massif des Maures. » Plus loin, la publicité explique : le massif des Maures s'étend de Hyères-les-Palmiers à Sainte-Maxime, ce qui correspond à peu près au Var. Je me surprends à rêver : des Maures dans le Var, des Maures à Toulon, des Maures à Draguignan, à Brignoles, à Sète. Un rêve ? Pas si sûr ! D'abord, il y a leurs descendants, ces immigrés qui sont venus, dans les années cinquante, pour travailler, leurs enfants et leurs petits-enfants, nés sur la même terre que leurs aïeux. Mais surtout il y a l'Histoire, la grande. Elle explique certaines coutumes dans la cité phocéenne, par exemple, ville largement ouverte sur la mer depuis l'époque romaine, mais aussi, plus à l'intérieur des terres, dans l'arrière-pays ariégeois, en passant par Montpellier, Arles, Perpignan, Carcassonne, Castelnaudary, Toulouse ou Nîmes. Au cours du VIIIe siècle, c'est-à-dire un siècle seulement après la prédication de Mohammed, la plupart des villes du sud de l'Europe, Palerme, Taormine, Messine, Trapani, Toulon, Saint-Raphaël, Montpellier, Narbonne, etc., tombent aux mains des musulmans. Des communautés s'installent pour quelques années (Autun, par exemple, en Bourgogne est reprise en 725), d'autres, au contraire, pour plusieurs siècles. Ainsi, la Corse (et la Sardaigne) ne furent reconquises par les rois chrétiens qu'entre 1323 et 1325, Grenade, elle, un siècle et demi plus tard, en 1492.

Aujourd'hui, la civilisation arabo-musulmane dans

le sud de la France et en Italie n'est plus qu'un souvenir : ici, quelques vestiges archéologiques, là, quelques fragments linguistiques. A Toulouse, outre le Mur des Sarrasins et des tours (dites) aussi sarrasines, il existe une variété de tuiles rouges, les sarrasines, employées pour la construction des maisons dans tout le Midi. A Castelsarrasin (Tarn-et-Garonne), l'expression « tête-de-maure » ferait référence aux occupants venus d'Afrique du Nord qui construisirent les fortins de guerre ou *ribats*. Le terme de maure vient de la Mauretania romaine, le territoire actuel du Grand Maghreb. On appelle improprement l'« invasion maure » la progression des armées musulmanes au nord des Pyrénées. Shakespeare donne à l'une de ses œuvres le titre *Le More de Venise*, et les évoque très fréquemment dans *Othello*. Le Maure fait peur. Identifié au pillage et à la guerre, symbolisant l'échec des chrétiens à défendre leurs terres, il inspire dans l'inconscient collectif un ressentiment dont les origines anciennes remontent à plusieurs siècles en arrière. Au moins d'avril 1609, 275 000 Morisques quittèrent l'Espagne andalouse, poussés vers un exil forcé. En quelques semaines, la population de Valence se vida d'un tiers de sa population active, surtout des agriculteurs fort appréciés par les exploitants agricoles de la région. L'Espagne mit des siècles à se remettre de cette saignée juive d'abord, puis musulmane.

Avec le temps, certaines déclinaisons du mot sont devenues péjoratives, emblématiques à coup sûr d'une époque, à l'instar de cet extrait tiré d'une nouvelle de Maupassant : « Comme j'étais assis devant un café [à Alger], un jeune *mauricaud* s'empara, de force, de mes pieds et se mit à les cirer avec une énergie furieuse. Après qu'il eut frotté pendant un quart d'heure et rendu le cuir de mes bottines plus luisant qu'une glace, je lui donnai deux sous. Il prononça "méci mosieu", mais ne se releva pas. Il resta accroupi entre mes jambes, tout à fait immobile, roulant des yeux comme s'il se fût trouvé malade. Je lui dis : "Va-t'en donc, *arbico...*" » (in *Au soleil*, 1884). Il n'y a pas si longtemps, on entendait encore en France l'expression « brutal comme un Sarrasin, sauvage comme un Maure ». Que cette expression ait ou non recouvert une réalité historique, son effet désastreux fut immédiat et sans appel.

Les noms patronymiques français Maurin, Moreau ou Morin, Morand, assez courants dans le sud de la France, pourraient descendre de Maure. Enfin, « mauresque » pour l'art mauresque, la Mauresque (pour désigner une musulmane), l'architecture hispano-mauresque, et même « Maugrabin » ou « Maugrebin », sont d'un usage à la fois ancien – Victor Hugo les utilisait –, et actuel. Le Maghreb est le nom que les peuples de l'Afrique du Nord donnent à leur région, et ce depuis l'islamisation : le soleil se couchant à l'ouest, toutes les régions qui se trouvaient dans cet axe par rapport à l'Egypte et, plus tard, Kairouan furent appelés *al-Maghreb*, le couchant, par opposition au levant, *al-Machreq*. On appelle d'ailleurs la prière du soir *al-maghreb*. Selon les sources les mieux établies, le mot sarrasin dériverait du bas latin *Saraceni*, qui dérive lui-même de l'arabe *Charquiyûn*, « Levantins », ou *Oriri*. Dans *La Vie de Mahomet* (1732), Jean Gagnier (1670-1740) fait état d'une étymologie selon laquelle le mot Sarrasin viendrait de Sara, la femme d'Abraham, pour en critiquer aussitôt le fondement : les Arabes se disent les descendants d'Agar et d'Ismaël, en aucun cas de Sarah.

Mausolée

L'islam, qui condamne toute ostentation funéraire et les immenses tombeaux, s'est accommodé, au fil du temps, des vanités des puissants qui se sont bâti des mausolées splendides, des *gunbads* (coupole, tombeau, en persan), des monuments cossus et autres belvédères fastueux. Le tombeau monumental avec ses décorations votives, ses porte-flambeaux, son catafalque et son décorum est ainsi devenu l'archétype de la dernière demeure des souverains fortunés. Il s'agit d'un indice de puissance que l'on retrouve partout dans le monde musulman : de Brunéi aux Philippines, d'Indonésie à la Turquie, d'Azerbaïdjan au Nigeria. Le plus fameux de tous les mausolées est le Taj Mahal*, monument étrange, tout en marbre et en stuc ouvragé, construit en hommage à une princesse. S'il est aussi vertigineux d'équilibre et de beauté, c'est qu'il est dédié à l'amour.

Médecine

La médecine, *at-tibb*, est l'une des disciplines où les musulmans ont le plus excellé. Peut-être y excellent-ils aujourd'hui encore, si l'on en juge par le personnel extrêmement qualifié, d'origine musulmane, que l'on trouve dans nombre d'hôpitaux français et italiens, mais aussi européens et américains. Il est vrai que la religion musulmane à travers ses nombreuses sourates sur le don de soi, la générosité avec autrui, mais aussi ses prédicats d'hygiène du corps imposés aux fidèles, offre un cadre d'épanouissement propice aux professions de médecin, chirurgien, etc. Les infirmiers font également partie d'une corporation très respectée autant par la population que par les élites musulmanes.

Al-Mansûr (754-775), le calife abbasside qui régnait à Bagdad, a lancé les premières bases du *bamaristan*, l'ancêtre de l'hôpital musulman. Celui-ci est créé aux alentours de l'an 900. Il existait déjà, en Inde ou en Iran, notamment à l'école nestorienne de Gundishapur (ou Jundishapûr), des institutions délivrant une pédagogie médicale, mais elles ne rivalisèrent jamais avec le bamaristan abbasside : on y enseignait en parallèle la médecine et la philosophie dans un esprit de déontologie qui privilégiait la liberté, la responsabilité et la créativité. C'est ainsi que toutes les techniques de soins et de médication furent inventées et expérimentées. Les médecins arabes n'ignoraient rien des travaux de leurs illustres prédécesseurs grecs dans ce domaine. Ils disposaient des traductions de tous les livres majeurs des auteurs antiques, ainsi que ceux des Babyloniens, des Egyptiens et des Indiens. Des exemplaires plus ou moins complets du *De materia medica*, un traité sur les remèdes naturels écrit en 77 par Dioscoride, circulaient, mais aussi des planches d'anatomie animale, de dissections, ou des herbiers. De ce bouillonnement intellectuel sans précédent allait naître une médecine de cour avec ses praticiens et ses théoriciens.

Elle a donné de grands noms à l'histoire de la médecine :

Al-Ma'mûn, Jean Mésué (VIIIe siècle). Le médecin personnel du calife est issu d'une famille de médecins célèbres, les Masawayh. C'était un pédagogue brillant et un traducteur réputé.

Hunayn ibn Ishaq (808-873), médecin personnel du calife Al-Mutawakkil, fut l'élève de Jean Mésué. Il s'est rendu célèbre pour avoir traduit la plupart des œuvres médicales écrites par le Pseudo-Galien, faisant ainsi suite aux travaux des Sabéens de Harran et des chrétiens nestoriens de l'école de Jundishapûr. Il fut également un ophtalmologiste de renom. Dans l'une des planches parues dans son *Livre sur les dix traités de l'œil*, dont beaucoup de grandes bibliothèques possèdent une copie, on voit avec quelle précision il a décrit l'œil en nommant chaque partie.

Ibn al-Haytham (965-1039), connu en Occident sous le nom d'Alhazen, est l'inventeur de l'optique arabe. Dans un ouvrage intitulé *Opticae thesaurus (Kitab fil-Manazir)*, Ibn al-Haytham pose les bases théoriques qui permettent d'expliquer la nature de la vision et de ses troubles.

Ibn Al-Baytar (mort en 1248 ou 1249) est un botaniste andalou qui fait autorité. Son œuvre pharmacologique, inégalée à ce jour dans le monde arabe, est le *Traité des simples,* une encyclopédie de plus de 1 600 plantes médicinales.

Ibn Zuhr (mort en 1162). Le Sévillan Abû Marwân 'Abd al-Malik ibn Zuhr est connu en Occident sous son nom médiéval d'Avenzoar. Il rédigea des ouvrages d'anatomie et de médecine générale. Lui-même avait une bonne connaissance de la philosophie. Traduits en latin, ses travaux eurent une grande influence sur la médecine médiévale occidentale.

Ibn an-Nafis (1213-1288) a exercé surtout dans les hôpitaux du Caire. Devenu célèbre grâce à la description minutieuse qu'il fit de la circulation pulmonaire, dite aussi petite circulation sanguine, il aurait préfiguré les recherches entreprises par l'abbé espagnol Michel Servet (1509-1553) sur la circulation sanguine et rédigé un traité explicatif du *Canon de la médecine* écrit par son célèbre prédécesseur Avicenne*. On peut apprécier son sens de la précision et son art de la démonstration dans des planches cliniques conservées à la Bibliothèque nationale de Paris.

Ces grandes œuvres témoignent d'une médecine élaborée. Il faut encore noter la *Médecine du Prophète*, un ouvrage de compilation plutôt tardif qui vise à poser les bases d'une hygiène générale de vie, où la médecine préventive tient une place prépondérante. Enfin aussi, l'œuvre d'Ibn al-Muqaffa'a, mort en 757, l'un des traducteurs les plus féconds de l'histoire littéraire de l'islam. Outre sa traduction de *Kalila wa Dimna* de Bidpaï, la grande épopée indienne, cet intellectuel éclectique a traduit en arabe des ouvrages de médecine rédigés initialement en pehlevi ancien.

Voir : AVICENNE

Médine

Littéralement Madinat-ar-Rassul, la « Ville du Prophète ». Médine était en 621, l'an 0 de l'hégire*, une simple bourgade du Hedjaz nommée Yathrib, chantée pour sa douceur de vivre et réputée pour la beauté ensorceleuse de ses femmes. Mais son destin bascule entre juillet et septembre 622, lorsqu'elle devient la ville d'exil du Prophète, après qu'il eut été persécuté par les Qoreïchites. Désormais, Mohammed, accompagné de son fidèle ami Abu Bakr as-Saddiq, ne la quittera plus.

Pour le Prophète, Médine est la ville des premières fois. C'est là qu'il fait ses premiers pas dans deux domaines décisifs : la religion d'Etat avec son administration et la guerre. Elle symbolise le nouveau pouvoir : plus de vingt-huit grandes batailles y ont été décidées, parmi lesquelles celle de Badr, la bataille d'Uhûd et celle dite du Fossé (*Khandaq*). On sait combien les batailles et les expéditions punitives ont occupé la dernière partie de la vie du Prophète. Dans son *Histoire monumentale*, Tabari (839-923), un grand historien musulman, accorde un tiers de son ouvrage à cette question. Au plan politique, le Prophète y définit la communauté musulmane (*Umma*), avec sa législation et son assemblée, seule instance habilitée à mener la guerre ou signer des traités. De très fortes aspirations égalitaristes se manifesteront alors dans cette ville, qui passait pour être moins rigoriste que La Mecque.

Le dogme musulman, tel qu'il existe aujourd'hui, y est institué. Les cinq piliers de l'islam* y sont fixés, ainsi que la plupart des gestes, attitudes et croyances du culte. C'est aussi à Médine qu'est lancé pour la première fois l'appel à la prière par Bilal, esclave abyssinien racheté et affranchi par Abou Bakr au début de l'islam et improvisé muezzin* ; à Médine que les musulmans d'aujourd'hui peuvent visiter les tombes du Prophète et de ses premiers compagnons. Enfin, plusieurs grands théologiens y sont nés ainsi que certains fervents adeptes de la Prédication. C'est à Médine qu'est instaurée la prière du vendredi, ainsi que le calendrier musulman, qu'est décidée l'orientation de la prière (*qibla*) vers La Mecque : auparavant les musulmans priaient en direction de Jérusalem, appelée parfois la « Première Qibla ». A peine un an après son arrivée à Médine, le Coran demande expressément au Prophète de se tourner vers la Kaaba* de La Mecque : « Tourne (donc) ton visage du côté de la Mosquée sainte. Où que vous soyez, tournez vos visages de son côté » (II, 139).

Médine est aussi la ville du succès de l'islam. L'arrivée à Yathrib est un triomphe. Toutes les familles puissantes de la bourgade se disputent le privilège de recevoir le saint homme chez elles. Pour n'en offenser aucune, la tradition prête à Mohammed l'idée de poser la première pierre de sa maison à l'endroit où baraquerait sa chamelle. La première mosquée de l'islam, appelée *Masjidû Nabi*, attenante à la maison du Prophète, est construite à l'endroit où la bête s'est arrêtée. Les habitants de Médine sont appelés les *Ançars*, les Auxiliaires, plus nombreux que les *Mûhadjirûn*, les « Emigrants », qui suivent Mahomet depuis La Mecque. C'est d'ailleurs le début d'un clivage au sein de l'islam entre Ançars (habitants de Yathrib) et Mûhadjirûn (émigrants de La Mecque).

Pour les pèlerins qui font le voyage de la Terre sainte, une prière dans la mosquée du Prophète a une grande valeur symbolique, presque autant que celle qui a lieu dans la Grande Mosquée de La Mecque. Avec Jérusalem, *Al-Qods*, et La Mecque, Médine participe au triangle sacré initial, auquel on peut aujourd'hui ajouter des villes comme Nadjaf et Kerbala, en Irak, Qom, en Iran, et quelques villes égyptiennes, maghrébines et africaines.

Méditerranée

Jusqu'au Moyen Age, la connaissance du bassin méditerranéen est très floue, l'intérêt des Arabes et des Persans s'étant surtout porté sur la mer d'Oman, la mer Rouge et l'océan Indien. Certes, le capitaine Tarik ibn Ziyad a franchi, en 711, le détroit de Gibraltar pour mener la guerre sainte au nom des Omeyyades et battre sur leur propre territoire les rois wisigoths, mais peu de relations précises nous sont faites alors de l'histoire, hormis évidemment les batailles menées à terre. Plus tard, une puissance maritime, les Ottomans, envahira toute la Méditerranée méridionale, mais là encore – hormis quelques éléments d'appréciation –, nous savons peu de chose sur l'idée que les armées musulmanes, et partant l'ensemble de la population, se faisaient de la Méditerranée.

Au cours des siècles, plusieurs dynasties maghrébines ou égyptiennes ont élaboré une politique maritime avec des navires assez puissants pour aborder les côtes européennes du bassin méditerranéen. Rappelons-nous la grande période, au XVIe siècle, des corsaires turcs d'Alger, les frères Barberousse, Aroudj et Khaïr ed-Dine (Hayrettin). Progressivement, la Méditerranée a donc intégré l'espace musulman. Malgré ces efforts, on ne voyait pas encore avec précision quelle était l'influence réelle des peuples au sud de la mer sur ceux de la rive nord. Jusqu'au travail de l'historien Fernand Braudel, personne n'avait pris en compte la réalité géopolitique de l'Islam, combien l'espace musulman avait étendu ses ramifications jusqu'au cœur même de la conscience européenne, au-delà du pays maltais et de la Calabre, au-delà des Balkans, à Vienne même et peut-être plus loin encore, à Saint-Pétersbourg, en Russie, en Hollande aussi. Bien sûr, les historiens soulignaient à l'envi le caractère hégémonique de l'islam, l'islam de la *djihad**, mais ils le faisaient dans une sorte d'inconscience tranquille qui caractérisait leurs études descriptives et événementielles. Le fait culturel était étudié isolément, très peu dans sa longue durée, celle qui façonne les populations et qui, en tout état de cause, ignore les frontières politiques.

Nous demeurions incapables de nous représenter mentalement la teneur même des échanges qui s'étaient produits entre sociétés. Par son magnifique travail de vulgarisation, par son intuition, Fernand Braudel en a fini avec la belle harmonie des « espaces clos » : au nord, les chrétiens, au sud, les musulmans, à l'est, les Slaves ; à l'ouest, les Turcs, les Persans, les Moghols, etc. On divisait d'ailleurs aussi l'espace en langues, en couleurs, en mythes fondateurs, en particulier s'ils étaient religieux et politiques. « La » Méditerranée de Braudel fut à la fois éclatée, et unie ; plurielle et ramassée ; dépourvue de frontière au point que notre espace Schengen paraît soudainement exigu.

La Méditerranée, appelée en arabe *Al-Bahr al-abiadh al-mûtawassit*, littéralement « la blanche mer mitoyenne », ne pouvait en effet être cantonnée à des frontières, car sa légitimité vient de cette capillarité des échanges infinis. Michelet évoquait déjà les bains de mer qui poussaient les malades « blafards » du Nord à aller rechercher des couleurs en Sicile, sur les côtes africaines de la Méditerranée, à Alger, à Madère et même aux Canaries, tandis qu'un vaste mouvement de voyageurs, de peintres orientalistes et même de savants (comme ceux qui ont accompagné Napoléon en Egypte) avait inauguré au XIXe siècle un style particulier de communication avec la Méditerranée, fondé sur les paysages et les gens, promis à un bel avenir...

Merveilleux en islam

De tout temps, le merveilleux et l'étrange ont constitué en islam une source d'interrogation, d'angoisse et de fascination pour ses habitants. Aujourd'hui encore, en dépit des progrès de l'esprit rationnel, l'imaginaire arabo-musulman demeure hanté par de nombreuses divinités tutélaires (qui s'ajoutent évidemment à la religion révélée), ses marabouts, ses saints, ses sortilèges et ses exorcismes. Toutes ces entités obscures, peuplant la nuit et des endroits reculés comme le désert, relaient, sans les effacer bien au contraire, des pratiques ancestrales comme la magie, la sorcellerie, la divination ou la voyance. Selon leurs adeptes, ces dispositifs « maraboutiques » visent à rendre l'individu qui s'y adonne à la fois meilleur et plus conquérant. Ils le guérissent de ses entraves psychologiques ou physiques, au pire l'aguerrissent, voire l'enrôlent.

La littérature, la religion et le voyage sont d'autres aspects de cette conquête de l'imaginaire. Abu Hamid Al-Andalusi al-Garnati nous en donne un bel exemple : « J'étais au Caire en l'année 1118 et j'y rencontrai le chaykh Abu'l-Abbas al-Hijazi qui avait résidé pendant quarante ans en Inde et en Chine. Des gens racontaient sur ces pays des histoires merveilleuses. Je lui dis : "O Abu'l-Abbas, j'ai entendu parler des nombreuses merveilles qu'on raconte d'après toi ; mais maintenant je voudrais t'entendre raconter toi-même quelques-unes de ces merveilles créées par Allah le Très-Haut." Le chaykh, l'imam Muhammed ibn Abu Bakr al-Fahri était présent. Abu'l-Abbas répondit : "J'ai vu beaucoup de choses, mais il n'est pas possible que je les rapporte, parce que la plupart

des gens croiraient que ce sont des mensonges." Le chaykh, l'imâm Abu Bakr dit : "Cela est le propre du vulgaire ignorant. Les gens de bon sens et de science savent distinguer le possible et l'impossible ; et s'entretenir du récit des merveilles de la création d'Allah le Très-Haut est recommandable, car elle rend manifeste la puissance qu'Allah a montrée dans les merveilles de ses créatures." » Le cosmographe Al-Qazwini (1203-1283), surnommé le « Pline des Arabes », un titre qui a été également donné à l'historien Mas'ûdi, l'auteur des *Prairies d'or*, nous a laissé des traités complets et instructifs sur la vision en islam de l'« autre monde », exubérant et fantastique, peuplé d'animaux bizarres et autres étrangetés. Le merveilleux, *al-'ajib*, englobe la faune, la flore, les minéraux et tout le bestiaire fantastique. Les animaux les plus étranges y côtoient des monstres farouches, des serpents géants ou des poissons extraordinaires ; on les dirait sortis de l'univers de Dante. Au temps de Qazwini, et même longtemps après, l'oiseau mythologique le plus impressionnant s'appelle Rokh ou 'Anka. Son tirant d'aile est si grand qu'il peut soulever un homme de terre et l'emporter à mille lieues plus loin. C'est d'ailleurs ce qui s'est passé pour Sindbad le Marin*, lorsque, mal en point, il fut sauvé *in extremis* par cet oiseau mystérieux que personne encore n'a réussi à identifier au plan ornithologique.

L'étrange, *al-gharib*, qui signifie aussi l'« étranger », est, bien sûr, le propre des pays lointains que les armées musulmanes ont assujettis et que les géographes à leur suite décrivaient par le menu dans leurs traités.

Le merveilleux sort également des fioles du magicien ou des cartes de la cartomancienne. La géomancie, la divination et la magie sous toutes ses formes sont très prisées des Arabes. De nombreux traités populaires donnent aux apprentis sorciers des prétendus secrets pour les aider à nouer l'aiguillette ou la réduire, ramener à son foyer le mari volage, redonner du tonus sexuel à la femme mais aussi amplifier les capacités intellectuelles de l'enfant. On pratique avec plaisir la voyance et la physiognomonie. Les animaux sont perçus comme des protecteurs qui éloignent les *diws*, démons mâles chez les Persans, et tous les êtres maléfiques comme les diablesses et les animaux à charge négative.

Les récits du Coran eux-mêmes intriguent et stimulent l'imagination, l'esprit de curiosité. Ainsi celui qui porte sur Adam et Eve. Une fois qu'Iblis eut piégé le couple adamique, Adam et Eve sont chassés du paradis. Les historiens cherchèrent à situer le point de chute du premier homme, identifiant le lieu aux montagnes des bords de l'océan Indien. Tabari écrit : « Adam fut jeté dans l'Hindoustan. Il y a dans ce pays une montagne à laquelle on donne le nom de montagne de Sérendib [Ceylan], et on rapporte que, dans tout l'univers, il n'y a point de montagne plus haute. Adam prit terre sur cette montagne, Eve fut jetée à Djidda, sur le bord de la mer, à sept *parasanges* [blanc] de La Mecque. Le serpent fut jeté à Ispahan, et Eblis à Simnan, de l'autre côté dans le Djordjan. » On lit ailleurs ce récit dans l'*Abrégé des merveilles* sous la plume d'un certain Ibrahim Ibn Waçif-Chah (xe siècle) : Adam fut « jeté sur la montagne Sérendib, portant cousus sur lui les feuillages du Paradis ». Précision ethnographique essentielle, l'auteur ajoute comme pour donner vie à son récit : « Quand les feuilles eurent perdu leur fraîcheur et furent devenues sèches, elles se déchirèrent, et tombèrent ; les souffles du vent les projetèrent dans toutes les directions, et elles donnèrent naissance sur la terre du Hind à diverses sortes de parfums, d'onguents et de fruits qui ne croissent que là : tels l'aloès et le musc animal. Autour de l'île se répandirent les hyacinthes variées, les diamants, et les perles au fond de la mer... » Plus précis encore fut le voyageur tangérois Ibn Battuta (1304-1377) qui apporte cette précision : « On prétend que sur cette rose [une rose rouge qui se trouve sur le pic d'Adam (2 243 mètres), sur l'île de Ceylan] il y a une inscription dans laquelle on peut lire le nom de Dieu Très-Haut et celui de son prophète (Mohammed). »

En islam, le merveilleux agit clandestinement, à l'ombre de la religion officielle. Il est le luxe des petites gens, ceux qui n'ont pas accès aux subtilités sémantiques du Coran. Le monde arabe qui y est très sensible en est-il moins musulman pour autant ? Un fait est sûr, plus on est proche des soubresauts telluriques, plus on est angoissé ; plus les profondeurs marines questionnent notre subconscient, plus nous cherchons à les cantonner dans des sphères raisonnables. Face aux démons intérieurs que chaque être en conflit se découvre, la religion paraît parfois lointaine et trop cartésienne pour être secourable, d'autant que l'islam est abstrait, impersonnel, universel et au final difficile d'accès pour des esprits peu préparés.

Mignon *Voir :* HERMAPHRODITES ET MIGNONS

Mihrab (niche de prière) *Voir :* MOSQUÉE

Mille et Une Nuits (Les)

Aladdin et la lampe magique, Ali Baba et les 40 voleurs*, Sindbad le Marin*, l'Histoire de Kamar az-Zaman, l'héroïne Shahrazade*, le roi fou Shahriar, la Belle Zoumouroud et combien de pages, d'esclaves, de porteurs, de concubines*, de Circassiennes et de djinns* ? Ce sont plusieurs centaines de personnages tous hauts en couleur qui peuplent l'univers des *Mille et Une Nuits*. Mais les villes aussi ont la vedette : Bagdad*, Samarkand*, Bassorah, des villes iraniennes et indiennes, des villes de la mer Rouge et du Yémen, des villes d'Egypte et du Nil, les villes du lointain Maghreb et parfois même des villes de la mer Noire et de la mer Caspienne.

Tous ces personnages appartiennent désormais au patrimoine imaginaire du monde. Le conte, la bande dessinée, le cinéma d'animation et même l'opéra se sont inspirés de ce conte fleuve, bâti sur le principe des poupées russes, que l'on appelle, en arabe, *Alf laïla wa Laïla*. Pasolini*, mais aussi Hollywood et le cinéma français, au temps de Fernandel, ont donné des versions cocasses, distrayantes ou graves des *Nuits* qui se lisent toujours autant dans les souks, et sont maintenant traduites dans la plupart des langues de la planète.

C'est surtout le prologue qui est le plus connu, le plus savoureux. L'histoire est ingénieuse : un roi du nom de Shahriar, qui a découvert que son épouse le trompe, l'exécute sur-le-champ, puis quitte son palais pour rendre visite à son frère Shahzaman, le souverain du royaume frontalier. Alors qu'une chasse à courre est organisée en son honneur, le roi encore meurtri par la trahison de sa femme, et en proie à des doutes existentiels, décide au dernier moment de ne pas y participer. Plus tard, alors qu'il se promène sur le belvédère du palais, il aperçoit l'épouse de son frère sortant de ses appartements, accompagnée de ses servantes et de nombreux serviteurs folâtrant ensemble. La reine elle-même a son cavalier, un serviteur qui l'enlace et l'embrasse avec passion. Etonné par sa conduite, le roi décide de tout raconter à son frère. Celui-ci mène l'enquête et découvre en effet que son épouse le trompe avec une partie de ses serviteurs. Le souverain trahi tue son épouse et tous les serviteurs félons. Désabusés, les deux rois décident alors de partir en voyage dans les contrées les plus reculées de l'Empire. Ils quittent ensemble et sans escorte leurs royaumes, méditant sans répit sur les infortunes de la vie et sur le mauvais sort qui s'est abattu sur eux. Un beau jour, ils font halte auprès d'un lac paisible. Soudain, devant leurs yeux ébahis, un gros nuage sombre se forme et s'en échappe un djinn. Dans ses bras, un coffre fermé à clé qu'il dispose bientôt sous sa tête tandis qu'il s'allonge sur l'herbe et s'endort à poings fermés.

A peine le djinn a-t-il les yeux clos qu'une créature de rêve jaillit du coffre. Fort impressionnés, les deux compères manquent de tomber de l'arbre où ils s'étaient dans leur frayeur réfugiés. La jeune fée les apercevant leur ordonne aussitôt de descendre de l'arbre pour venir l'honorer. Devant leur refus, elle les menace alors de réveiller le monstre qui ronfle à son côté. Les hommes s'exécutent, se rendent à son désir. La chose faite, elle exige encore leurs alliances ; elle en fait la collection et possède déjà plusieurs centaines d'anneaux.

Puis la jeune fille disparaît dans des volutes de fumée, regagnant son coffre en bois d'ébène. Les deux frères n'en reviennent pas : décidément la femme est supérieure à tous les êtres de la Création. Ils décident de rentrer chez eux et de mettre fin à cette inégalité. Shahriar, l'aîné des deux, met au point une ruse diabolique : il tuera toutes les vierges après les avoir déflorées. La solution est expéditive mais présente l'avantage de le protéger de toute mésaventure ultérieure. Plusieurs années s'écoulent ainsi.

Peu à peu, l'Empire se vide, il ne reste bientôt plus de jeunes filles. A l'exception, maintenant, des deux filles du grand vizir, celui qui, justement, a la charge habituelle de recruter les vierges. L'une d'elles s'appelle Shahrazade. Instruite et déterminée, elle veut mettre fin à cette horrible tragédie et conçoit, avec le concours de sa sœur cadette, Dounyazade, un stratagème diabolique. Mais il lui faut d'abord épouser le roi fou, Shahriar. Le soir des noces, avant de se mettre au lit, Shahrazade demande à son époux le roi l'autorisation de garder sa sœur à ses côtés : elle doit lui raconter une histoire pour l'endormir. Le roi accepte la demande de sa jeune épouse dont ce sont les dernières heures de vie.

Shahrazade commence son récit. L'histoire qu'elle raconte est belle et interminable, tant et tant que bientôt on voit poindre à l'horizon l'aube du jour. Dounyazade s'exclame alors : « Ah, ma sœur, quelle merveilleuse histoire ! J'aimerais en écouter la fin. » Curieux lui aussi de connaître le dénouement, le roi accepte de reporter d'une nuit le sort funeste de Shahrazade. Doucement, le piège se referme sur lui. A la fin de la nuit suivante, Shahrazade qui a terminé la première histoire en a commencé une deuxième. Mais celle-ci non plus n'est pas achevée. Or, Dounyazade aspire à connaître la fin de celle-ci, et Shahriar aussi. C'est ainsi qu'en conteuse hors pair Shahrazade tiendra en haleine son époux pendant plus de trois années, un temps assez long pour être enceinte et donner une progéniture à son mari, désormais guéri de sa folie vengeresse. Les *Mille et Une Nuits* sont ainsi nées de la frustration masculine qui demandait réparation, et de la ruse féminine qui trouva là un canevas à sa mesure.

Les *Mille et Une Nuits* constituent un bel exemple de fiction littéraire et de divertissement, de créativité aux antipodes de la rigueur scientifique. Pourtant, en pratique, cette suite anonyme de contes nés autour de l'an mille séduira un grand nombre d'esprits : savants, astronomes, médecins, traducteurs, voyageurs aussi. Les *Nuits* seront même un miroir des sciences qui s'élaborent alors dans la Bagdad abbasside, à un moment où les savants arabes inventent le concept de l'hôpital (*bamaristan*) et de la faculté (*madrassa**). La période est féconde en découvertes essentielles, en particulier celle de l'astrolabe et l'établissement de la carte du ciel qui ouvrent les portes du monde. Dans les *Nuits*, l'évocation des disciplines en vogue alors – la théologie, la grammaire, la jurisprudence, la médecine, l'herboristerie, l'hippiatrie, la sexologie, la psychologie, la toxicologie, la biologie, la géométrie, l'astronomie, la navigation maritime, l'hydraulique, le génie civil, l'architecture, la linguistique et l'ethnographie – donne une représentation assez précise de l'état du monde d'alors, même si elle reste littéraire et allusive.

Les Mille et Une Nuits ont suscité de nombreuses vocations de conteuses qui, depuis, entretiennent la gloire de Shahrazade, incarnation universelle de la femme jeune, belle et intelligente. Pour le plaisir, on se prend à imaginer un Avicenne* ou un Averroès* tendre l'oreille pour ne rien perdre du récit merveilleux de Shahrazade, hochant la tête lorsque la conteuse rapporte des éléments de médecine, s'abandonnant à la méditation sur les notions d'espace et de temps ou sur les méthodes de Tawaddûd, l'adolescente savante.

Minaret

Voir : MUEZZIN

Miniatures persanes

Voir : ARTS DE L'ISLAM

Mohammed

Le nom français Mahomet – donné notamment par Voltaire à sa tragédie *Mahomet ou le Fanatisme** (1741) – est une altération de *Mohammed*, terme qui demeure le plus proche de la prononciation arabe. En Turquie, on prononce *Mahmet* ou *Mehemet*. En Egypte, on dit *Muhammad*. En anglais médiéval, *Mahound* ou *Mahowne*. En allemand, *Machomet*. Le patronyme complet du Prophète est Aboul-Qassim

Mohammed ibn Abd Allah ibn Abd al-Muttalib ibn Hachim al-Qoreïchi (570-632).

Voici comment Ali (600-661), compagnon de jeunesse de Mohammed et quatrième calife de l'islam, aurait décrit le Prophète : « Il était de taille moyenne, ni très grand, ni très petit. Son teint était d'un blanc rosé ; ses yeux étaient noirs ; ses cheveux aussi étaient noirs, épais, brillants et beaux. Ils étaient longs et descendaient jusqu'aux épaules. Sa barbe, qui entourait tout son visage, était bien fournie. » Le futur prophète naît le lundi 29 août 570, orphelin de père décédé peu de temps avant sa naissance. Sa vie est en partie relatée dans le Coran : « Ne t'a-t-il pas trouvé orphelin et il t'a procuré un refuge. Il t'a trouvé errant et il t'a guidé. Il t'a trouvé pauvre et il t'a enrichi » (Coran XCIII, 1-3, 6-8). Mais on en apprend plus en lisant les nombreuses biographies (*sira*) qui lui sont consacrées et dont la plus célèbre est celle d'Ibn Hicham, mort en 830 ou 834. De l'avis même de son auteur, cette biographie serait le remaniement d'une œuvre plus ancienne attribuée à Ibn Ishaq (704-767).

Mohammed passe une petite enfance plutôt heureuse. Il est d'abord envoyé à la campagne chez une nourrice du Hedjaz appelée Halima, de la tribu des

Banu Saad. Une tradition hagiographique raconte que, jeune encore et alors qu'il gardait les moutons (à l'instar des prophètes anciens), deux apparitions célestes, entièrement vêtues de blanc, s'approchèrent et se saisissant de lui extirpèrent de sa poitrine un caillot de sang noir qu'elles jetèrent au loin. Rapportée par le Coran, cette histoire a été interprétée comme un acte de purification voulu par Dieu. En 576 – il a alors six ans –, Mohammed accompagne sa mère, Amina (la « Femme sûre »), à Yathrib, l'actuelle Médine. Au retour, la jeune maman succombe à une maladie foudroyante. En grande détresse, Mohammed est recueilli par Abd al-Mûttalib, son grand-père paternel, qui, dit-on, le chérit beaucoup car il lui rappelle son propre fils. Homme influent et fortuné de La Mecque, chef du puissant clan arabe qoreïchite, il est en outre l'intendant du Temple sacré de la Kaaba.

Le sort s'acharne. Abd al-Mûttalib âgé de quatre-vingt-quinze ans meurt. La solidarité du clan est sans faille et Abû Talib, son oncle, lui offre l'hospitalité. Quoi de plus naturel dans cette tribu où tous ceux qui en portent le nom se doivent un secours mutuel ? Mohammed sera pétri de ces traditions séculaires nourries aux sources d'un paganisme idolâtre et animiste. Il n'empêche. Aux foules bruyantes, Mohammed préfère le calme, la solitude d'une caverne des environs de La Mecque où il va régulièrement méditer. Lors d'un voyage en Syrie – Mohammed est caravanier –, il fait une étrange rencontre, prémonitoire dira-t-on après sa mort. En effet, dit la Tradition, sur la route de Bosra, un moine nommé Bahira reconnaît en lui le futur prophète de l'islam. Tabari (838-923), le premier grand historien de l'islam, ajoute que le moine lui ouvrit sa maison, reçut chez lui la caravane avec un faste tout particulier.

Frappée par sa personnalité, une riche héritière de la tribu de Qoreïche, Khadidja, fille de Khuwailid, l'engage comme chef caravanier et lui confie son affaire. Nous sommes au début du VIIe siècle, vers 605-607. Mohammed s'acquitte de sa tâche avec brio et les bénéfices de Khadidja augmentent de manière sensible. Il y a de la *baraka* dans l'air ! Alors qu'il vient d'atteindre ses vingt-quatre ou vingt-cinq ans, Khadidja, de plusieurs années son aînée, lui offre de l'épouser. Le mariage est aussitôt scellé devant témoins. Ils auront plusieurs enfants, mais seules les filles survivront, dont Fatima, la future épouse d'Ali.

Durant tout ce temps, Mohammed n'interrompt pas ses retraites méditatives (*khalwa*) dans les environs de La Mecque. Le paysage rocailleux et sec offre de la majesté et du mystère aux réflexions. On date de l'année 611 – approximativement entre le 16 et le 19 janvier, ce qui selon le calendrier lunaire correspondrait au 26e et au 28e jours du mois de ramadan* – la première visite de l'archange Gabriel.

Car tout commence là, entre eux deux. Une épopée extraordinaire. En quelques semaines seulement, Mohammed ibn Abd Allah ibn Abd al-Muttalib, du clan des Hachim, de la tribu de Qoreïche, passe du statut paisible de bédouin mecquois à celui de prophète de la religion révélée. Il est, dit-il, le messager et le prédicateur d'Allah, l'Unique. Sa mission est d'instaurer l'islam*, de convertir au monothéisme l'ensemble des païens. Ses moyens sont, au début, fort limités, mais ils grossissent rapidement : chaque musulman (ce qui signifie « celui qui s'est soumis ») reçoit la consigne de donner une partie infime de ses biens à la nouvelle cause sacrée de l'islam. C'est le début de la *zakat**. Pendant plus de vingt-deux années, le prophète Mohammed note six mille versets qui lui sont, dit-on, dictés par l'ange Gabriel.

Mais le Prophète se désespère bientôt de voir le temps s'allonger entre les différentes révélations de Gabriel, tandis que la persécution des Mecquois se fait de plus en plus menaçante à l'encontre de celui qu'ils jugent être un imposteur. Sa vie est en danger. Il prend le chemin de l'exil, accompagné de son fidèle ami, Abu Bakr dit le Véridique, futur premier calife* et père d'Aïcha, épouse adorée. Comme Bouddha, le Prophète quitte La Mecque nuitamment. Il était temps. Des poursuivants partent à leur recherche mais les deux fugitifs ont déjà trouvé refuge dans une grotte. La légende raconte que son entrée fut masquée miraculeusement par la toile opaque d'une araignée tandis qu'un couple de pigeons y laissait quelques œufs encore chauds. Trois jours plus tard, comme convenu, l'un des esclaves d'Abu Bakr les rejoint avec deux chamelles reposées et bien nourries. Les trois fuyards prennent alors le chemin de Yathrib, future Médine, une oasis située à 447 kilomètres au nord de La Mecque.

Le 28 juin 622, Mahomet et ses compagnons font une halte au lieu dit Quoba et séjournent chez le dignitaire du lieu avant de rejoindre Yathrib. Hormis les tribus juives et chrétiennes, la plupart des habitants de Yathrib sont tous convertis à l'islam. Ils attendent avec impatience le Prophète et lui font un triomphe à son arrivée. C'est le début de l'ère musulmane ou hégire* (de l'arabe *hijra*, ce qui signifie exil, fuite, émigration, mais aussi la rupture d'un lien fort).

Dix ans passent. En mars 632, sentant que sa prédication arrive à son terme, Mohammed décide de conduire un dernier pèlerinage à La Mecque, appelé depuis le Pèlerinage de l'Adieu. Lors de ce pèlerinage, le Prophète fait un dernier discours qui marquera les esprits : « Aujourd'hui, lance-t-il du haut du monticule où il s'est juché, j'ai parfait votre religion et accompli ma grâce à votre égard. J'agrée pour vous l'islam comme religion. » L'islam est en effet devenu une religion à part entière, avec sa philosophie, ses adeptes, sa ville de référence, son administration, ses ambassadeurs. Mais l'islam, qui a aussi vocation de prosélytisme, a une armée, des généraux, des combattants.

De retour à Médine, alors qu'il n'a que soixante-deux ou soixante-trois ans, le Prophète tombe malade. Ses jours sont comptés et ses proches, inquiets, l'entourent. Rien n'y fait. Mohammed meurt en juin 632, l'an 10 de l'hégire. Il est enterré à Médine. Dès le lendemain, Abu Bakr, son fidèle compagnon, est nommé premier calife*, c'est-à-dire le successeur, en arabe. L'islam du Prophète s'achève, l'islam historique commence.

Par son contenu, ses recommandations, ses références, l'islam s'inscrit, indéniablement, dans la lignée du judaïsme et du christianisme dont il prolonge à bien des égards le sens, la portée et le prestige. Tous les prophètes majeurs sont identifiés dans le Coran. Parmi eux, une place importante est réservée aux personnalités suivantes : Adam*, Abraham*, Moïse*, Jésus*, Marie, David, Noé, Joseph*, Loth, Pharaon, Satan*. Le Prophète soulignera, pour sa part, sa filiation abrahamique, et son attachement à cette lignée. La circoncision, par exemple, comprise comme un terme de l'Alliance avec Iahvé, le Dieu israélite, n'est ainsi pas remise en cause, même si le Coran ne la mentionne nulle part. Un grand nombre de lois lévitiques, à commencer par les règles alimentaires, sont communes aux deux religions. De même, hormis la Sainte Trinité du Dieu des chrétiens que les musulmans rejettent, l'islam a fait siens nombre de préceptes du christianisme.

L'islam, troisième et dernière religion du Livre, est donc née dans un milieu bédouin, nonobstant la composante urbaine de Qoreïche, la tribu de référence du Prophète. Il a intégré les caractéristiques propres à la structure tribale – autour de La Mecque et dans l'ensemble de l'Arabie. Mais si l'interprétation du Coran a pu varier selon les époques, cela n'a jamais entraîné de conséquences majeures sur son credo lui-même, l'unicité de la Révélation et l'unicité de Dieu. A n'en pas douter, le destin de Mohammed est un destin exceptionnel. Il incarnera le « Beau Modèle » pour tous les musulmans qui cherchent à lui ressembler, à commencer par son apparence physique : le port de la barbe, la chemise blanche, le parfum, mais aussi ses attitudes et son comportement social. Il existe aujourd'hui plusieurs centaines de biographies du Prophète publiées dans toutes les langues de l'humanité. Malgré tout, une énigme Mohammed demeure. Depuis quatorze siècles, de nombreux prophètes en ont revendiqué la qualité. Aucun n'a été entendu. Pour les musulmans, bien sûr, cela ne fait aucun doute : l'islam est bien la dernière religion révélée de l'histoire.

Moïse

Si Abraham est cité une centaine de fois dans le Coran, si Jésus est présent dans plus de quatre-vingt-dix versets, si Adam, Noé, Joseph, Loth, Aaron et Pharaon y sont en bonne place, c'est surtout Moïse (vers le XIIIe siècle av. J.-C.), appelé *Mûsa*, qui a les vraies faveurs du Livre sacré des musulmans. Le récit biblique est repris dans le détail.

Pharaon auquel les oracles ont prédit les pires catastrophes entreprend de faire périr tous les enfants juifs de sexe masculin. La mère du petit Moïse l'abandonne au gré du Nil, dans un couffin (Coran XIX, 16-36 ; XXI, 91 ; LXVI, 12). L'hébreu *Mosché* signifie en effet : « avoir été retiré des eaux » (Exode II, 10). Par un heureux hasard, il est recueilli par l'une des servantes du palais royal, qui s'avérera être sa propre mère, laquelle est attachée au service du souverain. Mais c'est la fille de Pharaon qui, prise de passion pour l'enfant, l'adopte comme sa marraine. L'enfant trouve ainsi refuge au cœur même de la cité impie, au sein du pouvoir temporel.

Le Coran raconte ensuite les « dix plaies d'Egypte », qui sont ici neuf seulement, décrit aussi la fuite devant les armées vengeresses, la mer Rouge qui s'écarte devant le peuple en fuite (la « Mer fendue »), la noyade des tyrans, la rencontre avec Dieu sur le mont Sinaï, le buisson ardent (XXVII, 7-8 ; XXVIII, 29-32). Les Tables de la Loi y sont définies comme « une exhortation sur tous les sujets et une explication de toute chose » (VII, 145). Dans la Tradition islamique, Moïse est surnommé le « Parlant » (*Al-Kalim*) ou l'« Interlocuteur du Divin » (*Kallamahû Allah*). Ayant reçu le Décalogue, il est lui aussi un interlocuteur privilégié de Iahvé, ainsi que cela est rappelé au moins dans deux passages de l'Exode (III, 15 et VI, 2).

On a vu dans ces multiples emprunts à la Bible la volonté du prophète Mohammed de témoigner son attachement et son respect à la communauté juive médinoise avec laquelle il entretenait les meilleures relations. Quoi qu'il en soit, les musulmans ont conservé une grande fascination pour Moïse souvent cité dans leurs sermons et ce d'autant plus que cette grande figure biblique est associée au monothéisme. Moïse serait mort à Damas, la ville dit-on, où Abraham était né.

Mollah *Voir :* AYATOLLAH

Monothéisme

L'islam se veut le continuateur des deux autres religions du Livre, de sorte que contester celles-ci, c'est le contester lui aussi, douter du prophète Mohammed, c'est douter de l'ensemble des prophètes qui l'ont précédé. Il lui incombe une responsabilité immense, celle du puîné dont la dépendance aux deux autres confessions, si elle garantit la valeur intrinsèque de son message, le contraint *de facto* à les protéger contre toutes formes de déviation pour mieux se protéger lui-même. En réfutant toutes les mythologies de l'homme autoproclamé, la tradition musulmane a d'emblée mis l'accent sur le caractère novateur de ses postulats, et sur leur relative jeunesse : « Nous sommes la dernière religion révélée, la plus jeune », toutes autres définitions ayant été offensantes pour les précédents monothéismes, suspectes à tout le moins. Du reste, pour ne pas avoir su appréhender cette réalité comme telle, beaucoup de théologiens médiévaux s'exprimant au nom de la chrétienté ont tout fait pour dénigrer et affaiblir le message du prophète Mohammed. Mais il ne peut y avoir de préjudice majeur entre les trois religions du Livre : les controverses intellectuelles et philosophiques venant, au contraire, renforcer les doctrines de chaque confession sans en altérer la singularité.

L'islam, je l'ai dit, la dernière-née des religions révélées, entretient avec les autres des liens à la fois complexes et naturels. Les principaux prophètes du monothéisme, Adam, Abraham, Moïse, Jésus, Mohammed, ont eu d'ailleurs souvent des destins et des problématiques semblables. Leur existence a travaillé l'imaginaire de l'humanité tout entière, soit positivement, soit par défaut. Deux tiers de la population mondiale sont aujourd'hui monothéistes (plus de trois milliards de personnes), le tiers restant étant bouddhiste, hindouiste et animiste. On dit ces confessions dépassées, mais la modernité actuelle, dès lors qu'elle se fonde sur des valeurs fortes et authentiques, leur doit en réalité la plupart de ses innovations. Il nous paraît normal de revendiquer des avancées intellectuelles ou morales comme afférentes à la modernité alors qu'elles remontent bien souvent aux prescriptions les plus anciennes, données au commencement de l'histoire humaine. Qu'entend-on, en effet, par Tradition, sinon ce fruit de l'action menée par ces différents prophètes et par leurs successeurs, compagnons, apôtres, exégètes ou théologiens ? Outre les prophètes juifs, comme Moïse, David, outre Jésus, le Coran cite encore Isaac, Jacob, Aaron, Salomon, Jonas, les douze tribus d'Israël à plusieurs reprises, ainsi que Marie, la mère du Christ. Mohammed reçoit l'ordre de dire devant les siens : « Nous croyons en Dieu ; à ce qui nous a été révélé ; à ce qui a été révélé à Abraham, à Ismaël, à Isaac, à Jacob et aux tribus ; à ce qui a été donné à Moïse, à Jésus, aux prophètes de la part de leur Seigneur. Nous n'avons pas de préférence pour l'un d'entre eux : nous sommes soumis à Dieu. » (Coran III, 84.)

Prophètes locaux ou éphémères, ils sont néanmoins considérés comme des intercesseurs agissant avec sagesse. Dans le grand livre de la Révélation, chacun de ces prophètes est distingué sous un trait particulier. Pour user d'une image, si le cosmos de la croyance était représenté par un arbre géant, on aurait évidemment un tronc puissant – dont les racines figurent le monothéisme –, avec de grosses branches (les quatre prophètes déjà cités) aux ramifications importantes pour symboliser des prophètes secondaires. Le nombre des prophètes est très élevé, de l'ordre de plusieurs centaines pour les prophètes importants – 360, dit le grand historien Tabari (838-923) –, et de quelques milliers pour l'ensemble du collège des Prophètes. On cite souvent une tradition orale que l'on fait remonter au Prophète, selon laquelle il y aurait eu 124 000 prophètes. Tous ces prophètes nous parlent des qualités morales reconnues dans les temps anciens : la bonté, la générosité, le courage, la tolérance, l'altérité. Ce sont toujours ces mêmes vertus qui structurent notre univers moral d'aujourd'hui. En cela, ces « Anciens » sont le miroir d'une modernité qui ne cesse de se renouveler et de se dire autrement, en se chargeant au fur et à mesure de l'expérience des peuples, de leurs tentations mortifères comme de leurs avancées technologiques, intellectuelles et même spirituelles. Mais pourrait-on imaginer une religion, ce dispositif complexe de lois, de contenus et d'attitudes normatifs, sans un pays de Cocagne en deçà, avec son dogme, ses pratiques, ses controverses théologiques, ses réfutations philosophiques, ses hérésies, sa réforme, véritable cour des miracles certes mais où tous les idiomes de la Terre coexistent en une seule et même langue ?

Mosquée

Etablissement religieux musulman appelé *masjid* ou *djami'*, littéralement le « lieu de prosternation » et « lieu de rassemblement », selon l'importance de l'édifice, de la ville où il est situé, ainsi que de sa fréquentation. Le *masjid* est en effet plus modeste que le *djami'*, terme auquel on accole souvent le mot grand (*kabir*), la Grande Mosquée. Toutes les grandes villes ont une mosquée-cathédrale et plusieurs petites mosquées de quartier. La prière du vendredi a lieu dans la Grande Mosquée. Celle-ci est composée d'un édifice principal, avec sa salle de prières, son mur de *qibla* avec le *mihrab*, la niche qui indique l'orientation de La Mecque, et le *minbar*, la chaire souvent en bois ouvragé d'où l'imam* conduit la prière de la communauté, laquelle est parfois retransmise sur les ondes ou à la télévision.

Chaque Grande Mosquée se doit de posséder un *minbar* de belle facture, car il est un indice discret de sa fortune. Le *mihrab* de la mosquée de Cordoue est très réputé pour sa beauté. Alors que je séjournais pour quelque temps là-bas, je me trouvai un jour à la mosquée, lors d'une visite conduite par un guide espagnol francophone. Observant le *mihrab*, il se lance dans de grandes explications devant des touristes épuisés par la chaleur et que la fraîcheur de la *mezquita* n'a pas encore délassés. Il leur apprend notamment que la forme ovoïde de la niche où se place l'imam a une excellente acoustique et propage ainsi le son jusqu'au fond de la cour, et bien au-delà. Et d'ajouter : « Cette innovation du VIIIe siècle est faite par des Arabes qui avaient de la *cabezza* ! » en pointant du doigt son propre front dans un geste admiratif mais aussi lourd de sous-entendus. Je regardai alors les participants, qui du rouge vif étaient passés au blanc. Le doute. Pouvait-il y avoir des Arabes avec de la *cabezza* quand les banlieues françaises n'offraient en ce temps-là que le spectacle désolant du désœuvrement et de l'abattement ? C'était l'interrogation du jour.

Toute mosquée est censée posséder un minaret, une grande tour élancée d'où, cinq fois par jour, le muezzin* (*mu'addhin*) appelle à la prière. Je précise censée, car dans les pays hors Islam il n'est pas visible bien souvent pour conserver une certaine discrétion dans le pays d'accueil. Le minaret montre aux voyageurs le lieu où se trouve la mosquée et sert ainsi de repère. D'ailleurs, le mot arabe *manara* (minaret) désigne également le phare. Le premier muezzin de l'histoire était Bilal, un ancien esclave noir affranchi depuis devenu le symbole de l'islam, son étendard vocal. D'autres dépendances (*ziyadat*) font maintenant partie de la mosquée, sans qu'elles soient nécessaires au bon déroulement du culte : une salle de classe autonome, une bibliothèque, des cellules pour étudiants ou voyageurs, un mini-souk, une fontaine, un jardin, etc.

On dit que la mosquée est un bâtiment dédié à Dieu et la ferveur de ses fidèles tout entière tournée vers le Seigneur. Mais certaines mosquées sont si majestueuses et si belles qu'elles jettent le trouble dans nos esprits. Or, la mosquée a clairement une double fonction : une beauté intérieure (invisible) entièrement consacrée à Dieu, une beauté extérieure (visible) offerte à l'homme. Les fidèles trouvent la paix et l'harmonie, ainsi que la sécurité apaisante dans cette apologie de la beauté, un motif de sublimation, c'est sûr. Que la religion puisse produire des effets hypnotiques sur les croyants, nous sommes nombreux à l'admettre. Mais que cette même religion puisse aussi avoir des effets puissants et mystérieux sur les hommes et femmes en général, voilà une posture philosophique que bien peu d'architectes musulmans auraient soupçonnée. Il n'est pas interdit de penser en effet que si l'intérieur de la mosquée est réservé aux fidèles, qu'il est leur chasse gardée, son apparence extérieure est offerte aux non-pratiquants, aux voyageurs de passage, aux étrangers en un mot. L'harmonie architecturale des mosquées a varié selon

les régions et les époques. Dans toute l'Asie centrale, la mosquée est un musée libre qui fascine autant à l'extérieur qu'à l'intérieur. La faïence bleue, les azulejos verts, les coupoles aux lignes voluptueuses et les minarets effilés sont si familiers et si vénérés qu'il est rare qu'un musulman ne leur trouve pas des résonances mystiques. Il est parfois difficile pour le néophyte de distinguer entre un mausolée, une nécropole, une *medersa*, un caravansérail* et une mosquée. D'ailleurs, il suffit que la mosquée soit sans minaret – les invasions dans cette région ayant été si nombreuses – pour qu'un déséquilibre s'en ressente aussitôt : la mosquée semble un édifice entravé, sans boussole, sans proue ni gouvernail. Un propos très commun en islam figure la Terre comme une immense mosquée, où chaque artère empruntée par l'homme serait un tapis de prière. Car la mosquée est à l'image de toute la création : elle est née d'une volonté supérieure, celle de Dieu.

Il n'y a pas de top 50 des mosquées, mais quelques-unes, plus belles encore que le mot lui-même, s'imposent à toutes les autres : la mosquée d'Umar à Jérusalem et la Grande Mosquée de La Mecque. Aussi étrange que cela puisse paraître, le rigorisme des musulmans se reflète aujourd'hui dans la conception de leurs mosquées contemporaines. Son style ayant été défini une fois pour toutes, aucun architecte moderne n'ose déroger à cette tradition pour inventer une autre forme de mosquée, un autre lieu de culte car, à force de se ressembler, ceux-ci ont pourtant beaucoup perdu de leur personnalité. C'est un de mes regrets. Rien n'empêche, ou plutôt rien n'interdit en islam aux architectes d'innover en ce domaine tout en respectant ces deux seuls impératifs que sont l'orientation vers La Mecque (*qibla*) et le *mihrab*, selon la tradition. Une multitude de formes et de perspectives nouvelles et audacieuses qui n'auraient de limites que les moyens techniques et financiers de leurs promoteurs, et sûrement pas les directives morales des théologiens. Pourquoi pas des mosquées ovoïdes à l'image de la chapelle Saint-François-d'Assise de Belo Horizonte construite par Oscar Niemeyer à ses débuts, ou des mosquées futuristes comme la mosquée Fayçal, à Islamabad ? Il faut être honnête : ce changement de mentalités s'observe d'ores et déjà dans un grand nombre d'édifices cultuels, des mosquées surtout, construits ces vingt dernières années. Citons ainsi trois mosquées où la recherche de nouvelles lignes semble s'harmoniser avec le respect de la tradition : la mosquée du roi Abdallah à Amman (1989), la mosquée du roi Ibn Sa'ud à Djeddah (1989), la mosquée Hassan II à Casablanca (1986-1993). On pourrait ajouter aussi la mosquée Istiqlal, l'imposante mosquée de Djakarta (1955-1984), qui combine une forme cubique d'inspiration soviétique à la rotondité de sa coupole centrale ou encore, mais dans un autre genre, la mosquée Shah Alam de Selangor, en Malaisie. Plus loin dans le temps, l'Afrique subsaharienne a su, depuis longtemps, déjouer les canons figés de la mosquée traditionnelle. Qui ne connaît la Grande Mosquée de Djenné (1906), au Mali, aux étonnantes poutres-gargouilles qui sont autant de fétiches païens plantés dans le corps d'un édifice dédié à la divinité unique d'Allah ? En règle générale, l'islam afro-asiatique, et de plus en plus l'islam euro-américain, sont moins frileux en la matière que l'islam conservateur des Arabes.

Moucharabieh

Le moucharabieh (*machrabiya* en arabe, *rowshan* en persan), qui désigne une grille ou un écran de fenêtre en bois tourné, est un artifice délicat de la maison arabe car il lui assure une certaine fraîcheur, tout en renouvelant l'air et permet à l'habitant d'observer l'animation des rues sans être vu. C'est au XIXe siècle que le mot est introduit dans les langues européennes, à la suite des premiers voyageurs qui font la description des moucharabiehs du Caire, de Damas et du Yémen. Selon les lexicographes, le mot arabe proviendrait d'une digression de *machraba*, le « récipient d'eau » qui désignait les cruches d'eau munies de deux anses suspendues à l'intérieur des maisons pour les maintenir au frais.

Aujourd'hui, le moucharabieh est tombé en désuétude car il symbolise le monde clos des harems et surtout la claustration féminine. Mais on peut encore admirer quelques moucharabiehs anciens au Caire, à Alep, à Damas et à Sanaa. Certains d'entre eux sont une pure merveille, leur treillis ajourés d'une complexité exemplaire. C'est le cas du moucharabieh de Beyt El-Emir, au Caire, dessiné par Prisse d'Avennes dans ses ouvrages de croquis sur l'art arabe. Les entrelacs obtenus par les chevilles de bois et l'emplacement de ses *chûbbaks* (fenêtres grillagées) sont très élégants.

Moufti *Voir :* MUFTI

Mouqarnas *Voir :* ARCS ET VOÛTES

Mozarabes et mudéjars

De l'arabe *musta'ribun*, mot désignant les chrétiens qui, sous la longue domination arabe en Andalousie, ont fini par s'arabiser, en adoptant leur langue et leurs mœurs.

De l'arabe *mudadjan* ou *mudayyan*, « autorisé à demeurer en place », « captif » ou « domestiqué », les mudéjars sont les musulmans qui, au lendemain de la Reconquista, la Reconquête chrétienne en Andalousie (XIVe-XVe siècles), restèrent en Espagne, se mettant, de fait, sous la tutelle de la nouvelle administration catholique. Par extension, on appelle art mudéjar le style andalou, mixte donc, propre à cette nouvelle cohabitation, laquelle se perpétua avec des hauts et des bas jusqu'au milieu du XVIe siècle. La plupart des grandes villes du sud de l'Espagne, comme Séville ou Ségovie (témoin l'église Corpus Christi où Isabelle la Catholique fut proclamée reine), en offrent de nombreuses illustrations. Le style mudéjar traduit donc, à la base, le savoir-faire des artisans musulmans recrutés désormais dans les ateliers des souverains chrétiens.

Voir : ARTS D'ISLAM

Muezzin

On se rappellera à propos du muezzin (de l'arabe *mu'addhin* « lancer un appel ») ce que Michel Leiris a somptueusement écrit : « C'est du haut d'une mince et insulaire colonne de stylite plutôt que du sommet d'un minaret que, cordes vocales tendues à se rompre, je fais le muezzin. Un muezzin dont la voix vrille l'air mais n'invite à aucune prière : l'invisible émetteur d'un chant qui, serpent charmé par la musique de la tentation même dont il est le porteur, se love et s'insinue. » Tout est dit dans cette phrase : les thèmes bibliques du serpent, de la tentation, du chant de l'Invisible et de l'insinuation diabolique. A cela s'ajoute l'hypnose exercée sur les croyants, lorsque courbés et asservis par leurs tâches quotidiennes, ils se sentent soudain libérés par l'appel à la prière que ce magicien lance du haut de son minaret. Magie de la voix, magie du vibrato mystique, magie de l'instinct grégaire qui les transportent d'un espace profane à un espace consacré, de l'impur vers le pur, le sublime. L'histoire de l'islam est peut-être née avec le premier appel à la prière, lancé à Médine, tout de suite après l'hégire*, et cet appel de stentor a été émis par un esclave affranchi du nom de Bilal ibn Rabah (mort en 640 ou 641), un Abyssinien d'Ethiopie tout à la fois le compagnon du Prophète, son intendant et un simple soldat. Bilal est de toutes les expéditions menées par le Prophète et par la suite de celles d'Umar ibn al-Khattab (591-644), le deuxième calife de l'islam. Mort sur le champ d'honneur, durant un combat, il est enterré à Damas. Sa tombe est devenue l'une des destinations les plus prisées de pèlerinage.

Voici la traduction du chant du muezzin :

1. *Allahou akbar* : Dieu est [le] plus grand, Dieu est [le] plus grand.

2. *Ach-hadou anna la-ilaha ilal-Lah* : Je témoigne qu'il n'y a point de divinité [autre] qu'Allah (deux fois).

3. *Ach-hadou anna Mohammad rassoul Allah* : Je témoigne que Mohammed est le prophète de Dieu (deux fois).

4. *Haya 'ala as-salat* : Venez à la prière (deux fois).

5. *Haya 'ala al-falah* : Venez au salut ou à la délivrance (deux fois).

6. *Allahou akbar* : Dieu est [le] plus grand (deux fois).

7. *La ilaha ilal-Lah* : Il n'y a point de divinité [autre] qu'Allah.

Pour la prière de l'aube, le muezzin rappelle à deux reprises aux croyants que prier Allah est infiniment plus méritoire que le sommeil, *As-Salât khaïrou mina-nawm*, avant de prononcer la formule finale.

Le muezzin n'est pas seul dans la mosquée. Il est souvent doublé d'un prédicateur (*khatib*) et d'un imam, celui qui conduit effectivement la prière. Le muezzin, le *khatib* et l'imam forment un trio vital pour la bonne marche d'une mosquée, mais il arrive que dans les petites bourgades, une seule personne s'acquitte en même temps des trois tâches : appeler les fidèles à la mosquée, improviser le prêche préliminaire et conduire la prière.

Mufti

Le mufti – moufti – est un jurisconsulte musulman, simple érudit ou imam qui fait office de consultant privilégié pour toutes les questions religieuses ou liées à la gestion du culte. Par extension, il s'agit de tout dignitaire musulman qui, lorsqu'il est saisi par une autorité publique ou privée, donne un avis qualifié ou rédige une ordonnance selon les règles établies par la loi islamique (*charia**). Il peut également – seul ou assisté d'un collège – émettre des *fetwas**, c'est-à-dire des évaluations juridiques et théologiques qui sont rendues publiques et, parfois, suivies par le pouvoir politique. Par le passé, les muftis émettaient des avis sur un grand nombre de sujets, mais leur avis n'avait pas toujours une puissance exécutoire.

Au Maghreb (et en France), le mufti doit être sunnite, proche ou directement issu de l'école théologique en vigueur, c'est-à-dire le malikisme. Il faut savoir que le sunnisme* est composé de quatre écoles de jurisprudence (*madhahib*) très régionalisées : le malikisme, le hanéfisme, le chafi'isme et le hanbalisme. Le malikisme a été fondé au VIIIe siècle, à Médine, la deuxième ville sainte de l'islam, par le juriste Malik ibn Anas (mort en 795 ou 796). Il est l'auteur d'*Al-Mouwatta* (littéralement : « La Plaine », « Le Plat Pays »), un livre où le *hadith** prophétique est soigneusement interprété et appliqué à la réalité sociale du musulman. La doctrine malikite privilégie le recours à l'adaptation (*içtislah*), chaque fois que cela peut permettre de résoudre des difficultés collectives patentes. C'est le concept de *maslaha*, l'intérêt général dominant l'intérêt individuel, réputé nocif. D'autres principes doctrinaux malékites sont préconisés, parmi lesquels l'*ijma'* – obtenir un consensus entre les points de vue de l'ensemble de la communauté ou de ses représentants –, et l'*ijtihad**, effort de compréhension et d'analyse critique – celui-ci est abandonné depuis longtemps. Les malikites se trouvent surtout au Maghreb, en Egypte, en Afrique de l'Ouest et, anciennement, en Andalousie. Aujourd'hui, ce courant doctrinal compte plus de deux cents millions de musulmans.

C'est au XVIe siècle, à Istanbul au temps de l'Empire ottoman, que la charge de mufti fut créée. Au départ, il s'agissait de donner à l'autorité religieuse ottomane, qui était hanafite, le point de vue de la pluralité sunnite, dès lors qu'un conflit juridique pouvait opposer deux individus aux doctrines différentes. Ce sont d'ailleurs les juristes hanafites eux-mêmes, les cadis, qui firent appel à la compétence des savants musulmans non hanéfites pour trancher des questions liées au dogme. Le savant donnait son appréciation, mais ce sont les cadis* qui la mettaient en musique. Avec le temps, la chaire spécifique de mufti a été créée, incarnée à ses débuts par le chaykh al-Islam, ou grand mufti d'Istanbul. Ce chaykh al-Islam est devenu le second personnage de l'Etat, tout de suite après le souverain. Mais la situation était plus compliquée dans les pays arabes, car les muftis n'étaient pas hanéfites, mais malikites, voire hanbalites. Aussi, en est-on venu à créer un poste supplémentaire, celui du mufti malikite qui assistait le mufti désigné par Istanbul pour toutes les questions juridiques d'importance. La fonction de chaykh al-Islam a été abandonnée au début du XXe siècle, avec l'avènement de la Turquie kémaliste et la laïcisation du pouvoir, mais la charge de mufti a perduré dans les provinces anciennement ottomanes, et notamment en Egypte où le grand mufti du Caire avait une fonction morale comparable à la fonction politique du Premier ministre. En février 2003, l'Algérie s'est dotée d'un grand mufti de la

République, une façon de répondre juridiquement aux incursions fondamentalistes dans le domaine des controverses théologiques. Accessoirement, le pouvoir se dotait d'une instance capable d'émettre des *fetwas**. En renouant avec cette tradition, le pouvoir algérien (à l'islam fortement laïcisé) espère ainsi faire pièce à l'islam traditionnel – et parfois fondamentaliste du Caire, mais aussi de Riyad, de Khartoum et des autres capitales du Proche et du Moyen-Orient.

Musique arabo-andalouse

Il n'est peut-être aucune musique plus consacrée que ne l'est la musique arabo-andalouse. Musique profane d'exilés venus du Nord, de Cordoue, de Grenade et de toute l'Espagne andalouse, la musique classique arabe est véritablement une musique d'élite, si élitiste d'ailleurs qu'il fut un temps où certains Arabes hésitaient à franchir le seuil du riyad où un orchestre se produisait. Cet art instrumental est à la fois le vestige le plus puissant du passé et le plus beau fleuron de l'avenir.

La musique arabo-andalouse plonge ses racines dans un lointain passé arabo-persan qu'il faut rappeler ici. En effet, plusieurs influences l'ont enrichie, notamment l'école de Médine, encore sous influence épico-religieuse et bédouine, mais surtout l'école de Bagdad qui, au temps des Abbassides (Xe siècle), s'ouvre à la Perse dont l'empreinte se fait déjà sentir à Médine et à La Mecque depuis le VIIe siècle. Al-Mas'udi rapporte dans ses *Prairies d'or* un certain nombre d'éléments qui donnent la nature de cette influence, mais c'est Al-Isfahani qui nous parle le mieux des imbrications entre la musique, la religion et la société aux deux premiers siècles de l'islam, celui des Omeyyades de Damas (VIIIe siècle) et celui des Abbassides de Bagdad (IXe siècle). Dès cette époque, la musique suscite de grandes controverses au sein de l'élite. Une frange de cette société – la plus joyeuse – voulait que la musique participe totalement à l'édification de la société. Mais elle est combattue par un courant piétiste qui cherche, par tous les moyens, à canaliser cet engouement très citadin, notamment à Médine, vers d'autres plaisirs plus sobres et plus conformes à l'esprit de la jeune religion. Ainsi le chant profane fut marginalisé et réservé aux noctambules (associé à d'autres licences comme l'alcool et le sexe), bientôt mis à l'index par les premiers théologiens moralisateurs. S'il faut donner un exemple, c'est celui d'Azzat al-Mayla, une grande chanteuse arabe du VIIe siècle qui, avec sa contemporaine Jamila, a marqué le début de la musique arabe sous influence iranienne. Selon les époques, l'islam aura cette tentation d'interdire ou de tolérer les musiciens et les chanteurs. Et cette marginalisation marquera durablement les esprits.

Le joyau musicologique de la musique dite arabo-andalouse, le nec plus ultra, est la *nouba*, une unité plus ou moins longue qui tient à la fois du mode et du raga. Il s'agit d'un art particulier qui consiste à dérouler les différents morceaux de la musique arabo-andalouse, avec leur couleur propre, leur rythme et leur sens final. Par approximations progressives, par une décadence certaine, le terme de nouba a pris le sens de brouhaha informe associé à des potaches ou des soldats en permission...

En marge de la musique dite arabo-andalouse, il faut signaler différents autres genres, dont au Maghreb le *chaabi*, le *malouf* et le *hawzi*. Ils constituent la musique populaire urbaine, par opposition à la musique arabo-andalouse et à la musique folklorique. Celle-ci caractérise surtout les campagnes et les montagnes et pour des raisons probablement liées à sa situation géographique a subi peu de contrôles ou de répressions des théologiens. Ainsi, d'est en ouest – des orchestres de la ville de Fès ou de Rabat, dans les masures du Kurdistan iranien, au Soudan, au Mali, en Algérie ou ailleurs –, l'univers sonore de l'islam est comme tendu par une seule note de musique jaillie de l'ancestrale flûte en roseau du paysan nilotique. Il en est de même de la derbouka et d'autres instruments de percussion, encore plus anciens que les instruments à cordes.

En réalité, le folklore est le vestige le plus précieux de l'islam, son testament non écrit.

Voir : LUTH, RAÏ

Musulman-islamiste-intégriste

Est musulman celui qui professe l'islam comme religion du Dieu unique, Allah, notamment en récitant la formule consacrée de la *chahada** : « Il n'y a de Dieu que Dieu [Allah] et Mohammed est son Prophète » (*Ach-hadou anna la-ilaha ila Allah wa ach-hadou anna Mohammed rassul Allah*). Musulman désigne à la fois l'état de celui qui naît de parents musulmans, mais aussi l'engagement personnel de celui qui, arrivé à l'âge de raison, décide d'appliquer scrupuleusement les règles du dogme et se sent en conformité avec elles. C'est dans ce sens qu'il faut entendre le mot islam, « assujetti avec joie à la volonté divine » et non pas « esclave de Dieu », qui est réducteur, même si la notion de servitude, *ibada, ibadat Allah*, est couramment évoquée dans le contexte musulman. L'erreur habituelle est de confondre musulman avec islamiste. Le mot musulman est ancien, presque aussi ancien en français que celui de mahométan : il désigne l'adhésion au culte. Le mot islamiste, plus récent et désormais connoté, rappelle que la religion islam peut servir des causes politiques ou idéologiques. Et c'est bien le cas ici : une minorité de musulmans se trouve en situation d'employer l'énergie de l'islam à infléchir telle ou telle politique nationale, surtout en Egypte, en Algérie, au Soudan, et dans la plupart des pays de l'islam asiatique, l'Iran en tête. Depuis bientôt un siècle, le mouvement égyptien des Frères musulmans a mené une propagande active visant à travailler en profondeur les mentalités des pauvres gens et, de fil en aiguille, a fini par peser sur la politique des gouvernements qui se sont succédé au Caire. Le premier qui les a combattus non sans les avoir auparavant utilisés fut Gamal Abd el-Nasser (1918-1970). Les autres gouvernants les ont surtout subis, quand ils ne sont pas morts sous leurs mitraillettes à la suite d'un attentat perpétré par l'un de leurs commandos, comme ce fut le cas pour Anouar el-Sadate, le successeur même de Nasser qui fut abattu en pleine fête nationale le 6 octobre 1981 par un soldat de l'aile radicale Al-Jihad.

Musulmans « hors les murs »

Les premiers musulmans d'Europe prennent pied avec Abd ar-Rahman Ier, et avant lui, avec Tariq ibn Ziyad, le général berbère, quand il se rend maître de l'extrême sud de la péninsule Ibérique, lors d'une victoire mémorable remportée sur le roi wisigoth Rodrigue. Nous sommes alors au début du VIIIe siècle, en 711, une année faste pour l'islam débutant. Derrière les soldats suivent les religieux, les commerçants, les familles. Historiquement, l'Espagne est le pays qui a hébergé le plus grand nombre de musulmans, et le plus longtemps, sept siècles au moins.

Peu après l'Espagne, moins de dix ans plus tard, ils franchissent les Pyrénées. Leurs premières incursions guerrières sont lancées contre le Languedoc et dans la région narbonnaise. Située à la frontière du Territoire de la Paix (*Dar as-Sûlh*) et du Territoire de la Guerre (*Dar al-Harb*), Narbonne était, aux yeux des généraux arabo-berbères, un verrou stratégique important. Mais cette présence en terre franque ne dure qu'un demi-siècle. Pépin le Bref réussit le miracle de l'arrêter.

Que reste-t-il aujourd'hui de ce passé ? Peu de chose en réalité. Le dernier millénaire fut celui d'une désislamisation active et aussi, amour-propre oblige, celui du déni général de l'influence musulmane en Europe et surtout en Espagne. A cela, il faut ajouter la colonisation qui, dans son principe même, induit qu'un peuple colonisé ne peut avoir été le colonisateur. La présence musulmane en Europe a ainsi repris, au gré des migrations, au fil des colonisations, une

Reconquista projetée cette fois au-delà de la mer, et qui a achevé la récupération des terres tombées sous le glaive de Mahomet. L'histoire de l'immigration en Europe et plus particulièrement en France a tout juste un siècle. Elle a débuté avec la cohorte d'ouvriers venus des colonies et qui s'activèrent dans trois domaines essentiellement, du moins entre les deux guerres : les usines automobiles, surtout autour des grandes villes (Sochaux, Poissy, Boulogne-Billancourt, Puteaux), les mines dans le Nord et à Saint-Etienne et les exploitations agricoles. Elle s'est poursuivie avec une demande forte en main-d'œuvre dans le bâtiment et les travaux publics, surtout après la Seconde Guerre mondiale (ne fallait-il pas reconstruire les villes, les routes et les ponts détruits par les Allemands ?), et s'est en quelque sorte achevée par le regroupement familial des années 1970 et 1980. Depuis 1974, l'immigration est « officiellement » stoppée, mais les flux migratoires, notamment clandestins, ont continué d'alimenter le marché national sans que même l'établissement de l'espace Schengen, qui a déplacé le problème vers les frontières extérieures de l'Europe continentale, ait pu y mettre un terme.

Aujourd'hui, nous sommes à la troisième génération d'immigrés. Eux-mêmes se considèrent d'abord Français, Belges ou Anglais, malgré les tentatives de plusieurs gouvernements de leur refuser la naturalisation (Allemagne). Plusieurs autres vagues d'immigrations européennes – des chrétiens pour l'essentiel, Polonais, Portugais et Italiens – s'étaient, avant même l'ouverture des frontières européennes, intégrées aux pays où elles se trouvaient. Or, le problème de l'immigration maghrébine ou turque réside dans sa confession religieuse. L'islam porte en soi une vision si opposée à celle du capitalisme d'inspiration chrétienne qu'il n'est pas anormal que des frictions importantes aient lieu entre communautés. Mais amplifier ces frictions, c'est aussi agir à l'encontre du mouvement naturel des peuples, qui consiste à intégrer les étrangers vivant sur leur sol, notamment en leur accordant des statuts dignes d'une nation : réfugiés politiques, travailleurs, étudiants, hommes d'affaires, etc. Le premier pays « musulman » d'Europe reste la France, avec plus de 4,5 millions de résidents permanents, dont la moitié est de nationalité française. Les plus nombreux sont les Algériens et les Marocains, suivis par les Tunisiens, les Turcs et les Africains. Les Marocains sont majoritaires en Belgique, suivis de près par les Turcs. Les musulmans y forment une communauté d'un peu plus de 250 000 membres, ce qui représente un quart de la population étrangère du Royaume. L'Allemagne accueille pour l'essentiel des Turcs, lesquels sont ouvriers du bâtiment et des travaux publics ou manœuvres dans les aciéries et dans l'industrie automobile.

Ainsi, l'on ne peut comparer la situation des musulmans d'Amérique à celle des musulmans d'Europe, tant l'histoire des uns est différente de l'histoire des autres. Tout d'abord, on ne parle pas d'émigration ouvrière aux Etats-Unis, comme ce fut le cas pour l'Europe. L'immigration américaine a longtemps été dominée par les Mexicains et par les Asiatiques. Le niveau général d'instruction des musulmans d'Amérique est supérieur, en moyenne, à celui de leurs coreligionnaires européens. Or, qui dit instruction, dit technicité, professionnalisme, agilité linguistique et une plus grande mobilité sociale et politique. Ce détour par les Amériques m'encourage à dire un mot sur l'ensemble des migrations musulmanes dans le reste du monde. On connaît l'intrépidité des négociants arabes qui, peu à peu, colonisèrent la plupart des Etats du Sud-Est asiatique, mais on ignore à peu près tout des petites implantations musulmanes en Australie, en Nouvelle-Zélande, en Nouvelle-Calédonie et aux îles Fidji. Idem dans les pays d'Afrique de l'Est et ceux du Centre qui veulent encore ignorer la forte immigration de travailleurs ou de marchands musulmans descendus du Nord. Pour des raisons historiquement différentes, ces populations sont venues soit pour travailler, soit pour coloniser des territoires. L'émigration arabo-islamique en Nouvelle-Calédonie est ainsi constituée de déportés algériens qui furent envoyés par la France dans ces contrées lointaines à la fin du XIXe siècle. Les Malais d'Australie furent d'abord pêcheurs de perles ou métayers, les Albanais de Nouvelle-Zélande, des réfugiés. Aujourd'hui, le pourcentage officiel des populations musulmanes en Océanie oscille entre 1 % et 10 % de la population par pays. Ils sont 200 000 en Australie, 300 000 dans l'ensemble de l'archipel océanien.

Mystique *Voir :* SOUFISME

Abondance d'enfants vaut mieux
qu'amoncellement de biens

(sagesse tunisienne).

Narghilé

Est-il irano-perse ou mongol, indien ou syrien, égyptien ou irakien, tunisien ou turc ? Le narghilé, de *nardjil* (ou *narguilleh*), est un instrument aussi curieux et mystérieux que peut l'être un crâne d'australopithèque dans les galeries du Muséum d'histoire naturelle. Avec ses courbures nerveuses, son long tuyau souple et bien travaillé, son goulot, son petit

braséro au sommet qui sert de fourreau et son vase plein d'eau, une eau que l'on parfume à sa guise – à la cannelle, à la pomme, au miel, à l'eucalyptus, à la menthe –, le narghilé occupe une place singulière dans la convivialité orientale. La fumée qui se consume au sommet de l'instrument, dans le tombac, traverse le corps du chibouk en se chargeant d'une saveur corsée. Le chibouk (du turc *tchiboucq*, « tuyau ») est la source où le narghilé vient puiser l'argument essentiel de son monde d'inventions, ses volutes aromatisées et ses sauts dans l'irréel. Il faut l'avoir eu entre les mains : une sorte de soucoupe volante, un ovni ou une amphore antique. C'est à la fois un luth par ses formes, un calumet de la paix, un bouquet d'odeurs, les unes plus suaves que les autres. Les narghilés sont de différentes formes et couleurs : les uns sont précieux, leur monture en cristal surmontée d'or. Qu'importe d'ailleurs, il nous arrive d'oublier de quelle matière il est fait, s'il est de jade, d'améthyste, de terre ponce, de métal ou de verre ordinaire.

Le narghilé, longtemps associé à un univers de luxe, fut d'abord réservé à une élite urbaine qui en jouissait de manière quasi exclusive ; avec le temps, il est descendu dans la rue des villes arabes, que ce soit à Damas ou à Alep, en Syrie, au Caire, à Alexandrie, à Tunis, puis également dans les villes européennes, à Paris, à Londres, à New York – où une forte immigration égypto-libanaise a réussi à l'implanter –, et dans plusieurs autres grandes villes d'Europe et du Canada. Fumer le narghilé (on l'appelle la *chicha* dans le Maghreb) est un art. Il requiert un rituel presque aussi précieux et élégant que celui du fumeur de havane en Occident, ou encore l'amateur de vin. Car il s'agit de dégustation et non d'autre chose. Après tout, pour « mâchouiller » le qat*, le Yéménite, le Djiboutien et le Somalien n'ont besoin d'aucune mise en scène. Le narghilé est, au contraire, préparé selon une méthode ancestrale. On appelle le maître des lieux, on demande la chicha, il accourt aussitôt. Le narghilé remplit ainsi plusieurs offices, celui de la cigarette, du café, de la pipe, du qat ; il est une drogue douce qui symbolise à merveille la douceur orientale.

Au XVIIIe siècle, les œuvres sorties de l'école indienne d'art moghol ne représentent aucune princesse délicate et somptueusement vêtue sans son narghilé. Ainsi dans la *Vue d'un palais avec les jardins du harem*, Faiz Allah, de l'école de Faizabad en Inde, actuellement conservée à la David Collection de Copenhague, idem dans la *Scène nocturne dans un harem* (gouache sur papier) de Murshidabad (vers 1760), conservée à la Bibliothèque nationale de France. Il est à ce point un objet de fête et de rêverie que le plus beau de ses spécimens est celui que le peintre Jean-Léon Gérôme (1824-1904) a représenté dans une petite toile intitulée *L'Allumeuse de narguilé*. Au premier plan, une jeune allumeuse – on peut sentir sa peau douce et satinée, la blancheur lactée de son dos et de ses hanches ; elle a le corps tendu vers la tâche que lui assigne le pinceau du maître. Elle est de trois quarts et son visage est tourné vers quatre personnages féminins entièrement nus, qui donnent à cette scène de bain toute sa dynamique, à la fois aléatoire et statique. D'autres femmes, plus âgées que les nymphes du bassin, et couvertes de voiles transparents, se tiennent sur le belvédère et regardent assez placidement les naïades. Ici, le narghilé n'est au vrai qu'un fumoir, puisqu'il lui manque un étage essentiel, celui du vase d'eau dans lequel le tabac, une fois humecté, libère toute sa fragrance. Mais à l'instar de Gérôme, les peintres orientalistes s'empareront de cet objet élégant, à leurs yeux un signe de raffinement – celui d'un art de vivre ? –, et en feront le symbole de la suavité orientale.

Le narghilé a été très représenté dans la peinture orientaliste : Jan-Baptist Huysmans, *La Diseuse de bonne aventure* (1875) ; Eugène Guérard, *Scène du harem* (1851), Ange Tissier, *Une Algérienne et son esclave* (1860), Maria Fortuny, *Odalisque* (1861), Théodore Chassériau, *Etudes sur l'odalisque* (1842-1845), Paul-Désiré Trouillebert, *La Servante du harem* (1874), Philippe Pavy, *La Servante* (1882), Vincent Stiepevitch, *La Favorite* (1886). Un narghilé figure également dans un tableau de l'Anglais Sir William Allan, *Marché aux esclaves à Constantinople*, quoique de manière strictement décorative et presque incongrue.

Nasrides

Leur pays s'étendait entre quatre villes andalouses : Grenade, qui en était la capitale, et un triangle de trois autres villes moins importantes, Jaen au nord, Almeria sur la Costa del Sol et Malaga, un peu plus au sud. C'est à la suite de la grande bataille de Las Navas de Tolosa (1212), une localité située à quelques encablures de Jaen, sans doute la première défaite militaire des musulmans face à la coalition des rois chrétiens, que les princes nasrides (1232-1492) s'emparent du pouvoir dans cette région. La défaite des Almohades a constitué un véritable traumatisme dans les rangs musulmans – les Maures pouvaient être vaincus ! – et ébranlé le pouvoir. La défense de ce qui restait de territoires musulmans en Espagne échoit alors à Mohammed Ier, al-Ghalib, qui, en 1238, établit un petit sultanat. La dynastie nasride, au prix d'une alliance félonne avec Ferdinand III de Castille, dont ils sont désormais les vassaux, réussira à se maintenir jusqu'en 1492.

Sous leur règne, s'écrit une nouvelle (et ultime) page de l'histoire arabo-andalouse. Les princes nasrides sont les artisans d'un renouveau spectaculaire de cette civilisation : ces mécènes de génie – on leur doit notamment le palais de l'Alhambra* – vont profondément influencer la plupart des dynasties qui s'imposèrent par la suite, comme les Marinides à Fès, les Saadiens ou les Filaliens du Maroc, ou, dans un autre genre, les Hafsides de Tunisie. Deux personnalités du monde littéraire arabe, Ibn Khaldoun* et surtout l'historien Lissan ad-Din Ibn al-Khatib (1313-1375), ont fait le récit détaillé du train de vie fastueux et raffiné des princes de Grenade. Lissan ad-Din Ibn al-Khatib, qui fut à la fois vizir, secrétaire des sultans et poète, est considéré comme un chroniqueur crédible en ce qui concerne la vie de cour, ses intrigues, ses naissances et ses morts, ses fêtes, ses conseils de guerre. Mais son œuvre est encore peu exploitée par les spécialistes.

Pour les férus d'art et d'histoire, le règne des Nasrides est à nouveau à l'honneur avec la construction d'une mosquée à Al-Bayçin, le célèbre quartier de Grenade à l'Alhambra.

Nom

Le nom arabe (*ism* ou *laqab*) se compose de plusieurs parties, chacune ayant une fonction et une signification particulières. Au prénom de la personne, Ahmed, Mohammed, Zineb, etc., est accolé le mot de liaison *ibn* ou *bint* (fils de ou fille de) auquel on associe le prénom du père pour un garçon, de la mère pour une fille. On dit par exemple : Hind bint Al-Khuwaïlya ou Uthman ibn Affan ou, encore, Ali ibn Abu Talib.

Viennent ensuite les déterminants de clan, de fratrie, de lieu ou de ville auxquels appartient la personne. Cet ensemble constitue la *nisba*, du mot arabe *mansub*, « apparenté à ». Ainsi tel cosmographe est appelé Qazwini*, car il est natif de Qazwin, tel autre est dit Zahiri al-Samarcandi, car il est né ou a vécu à Samarkand. Enfin, un surnom peut refléter un trait physique, Al-Djahiz, par exemple, qui signifie « Yeux exorbités », ou être lié à une carrière politique. En effet, beaucoup de souverains se sont donné des identités nouvelles une fois parvenus au pouvoir suprême.

Nostalgie

Il y a la nostalgie voulue et la nostalgie subie. La nostalgie du pays perdu – la « nostalgérie » des pieds-noirs –, le pays de l'enfance et de l'innocence, la nostalgie des premiers pas, mais aussi la nostalgie de son pays d'adoption. Les unes sont célébrées en raison de leur charge émotionnelle, les autres sont des adjuvants nécessaires, intellectuels, souvent esthétiques, mais qui servent d'aiguillon à un individu particulier, éclairant ainsi ses moments de panique et ses perditions dans la vie de tous les jours. De là cette nostalgie contagieuse, celle que ressent toute une communauté, ou plus intimiste, celle qui ne voyage pas, mélancolie casanière de l'exil solitaire, celle de l'homme de lettres confiné dans son cabinet de travail, celle enfin de l'artiste qui ne s'exprime qu'à travers ses créations.

Le musulman connaît une forme de nostalgie qui n'est pas seulement géographique, mais métaphysique. La nostalgie est un mal redoutable qui affecte aussi bien le corps que l'esprit, qu'elle absorbe entièrement. Je vois ceux qui en souffrent, je les entends se plaindre de leur apathie, de leur immobilisme, regretter leur cercle d'amis, leur vie de jadis... Leur esprit est entièrement occupé par la vacuité qui le hante, et l'on parle de l'anatomie creuse de la nostalgie. Examiner une personne atteinte de ce mal ne suffit pas pour autant à la soigner car la nostalgie ne connaît qu'un remède, celui du retour à soi, à sa ville natale et la nécessité de revoir sa famille, en un mot retrouver le vrai giron, celui de son enfance. La nostalgie ne se soigne pas, elle disparaît d'elle-même dans le transport qui me conduit du pays autre vers ma première demeure. A moins qu'elle ne se transforme en une danse ou un chant, à l'instar de l'ensorcelante *saudade* portugaise (ou brésilienne) pétrie d'amertume heureuse pour notre plus grand bonheur.

Nouba *Voir :* MUSIQUE ARABO-ANDALOUSE

Nuit du Destin

La nuit du Destin, *laïlat al-qadr*, est la nuit la plus étrange de l'année, la nuit du plus grand mystère. Le Coran en parle avec une certaine emphase : « Oui, nous l'avons fait descendre [le Coran] durant la nuit du Destin [...] La nuit du Destin a une valeur de mille mois [...] Elle est paix et salut jusqu'au lever du jour ! »

Quand nous étions enfants, nous scrutions le ciel cette nuit-là avec le plus grand sérieux : il devait s'ouvrir à la manière d'une soucoupe volante le temps d'un vœu – trois vœux pour les plus téméraires. D'après nos parents, tout vœu adroitement formulé durant cette ouverture éclair de la voûte céleste, la nuit du vingt-septième jour du ramadan*, était richement doté. Un cortège d'anges scribes détaché à l'occasion veillait lui aussi. Pour une fois, les deux parties de la Création se trouvaient réunies en un seul lieu, en un seul moment. Les anges surveillaient tranquillement les enfants qui ont réussi, les enfants qui ont désobéi, les enfants qui ont respecté les règles de la bonne conduite, les enfants malades, les enfants fous, les enfants précoces, les enfants qui réfléchissent comme des enfants, c'est-à-dire qui prennent des vessies pour des lanternes, qui vous transforment un amas de paille sèche en un édredon de plumes d'oie, des enfants de tous les siècles, de tous les pays.

Croire aux miracles ! Quelle belle disposition mentale, quelle belle ressource !

Ainsi, par petites colonies, nous étions assis sur les toits des maisons, à l'abri des patios éclairés seulement à la bougie (pour ne pas aveugler les anges), sous les figuiers du jardin. Nous étions loin des parents car ce secret était réservé aux seuls enfants. Patiemment, on attendait les récompenses des anges expédiées sur des chariots de feu pleins à craquer de jouets, encore des jouets, toujours des jouets. On ne savait plus à quoi rêver, tout semblait possible : le bonheur, la réussite, la prospérité : le petit qui avait encore la jambe dans un plâtre après une mauvaise chute, ne fallait-il pas qu'il guérisse vite ? La maman qui pleure tout le temps le départ de son mari, ne fallait-il pas qu'elle cesse ? Le mari sans travail, n'allait-il pas en trouver ? Et puis le maire du village, l'imam de la ville, le président de la République : avec tous leurs problèmes, ne fallait-il pas les aider ?

Mon Dieu, j'allais oublier les bonbons et toutes sortes d'autres confiseries, les pétards et les étoiles. On attendait tout cela, cette nuit-là, mais jamais rien ne se produisait au moment voulu et à l'endroit choisi. Alors, on rentrait un peu abattu, on n'avait pas dû bien scruter la voûte céleste. C'était trop rapide, les étoiles filantes nous avaient privés de la fête. On essaierait encore l'année suivante, promis.

« Plus tard, tu comprendras, mon petit » : je n'aimais pas cette phrase. « Plus tard tu comprendras. » Toujours comprendre plus tard... Et pourtant. Cette nuit du Destin est faite pour engranger des images plein la tête, ces souvenirs d'enfant, le temps de formuler les rêves et les souhaits. Les anciens ne ménageaient pas leur peine. Ils sortaient fébrilement de leurs manches beaucoup de bonbons enroulés dans leur Cellophane multicolore. Aujourd'hui encore, chaque enfant musulman croit, un jour au moins, que le ciel est à son écoute, à lui seul, assuré que tous ses vœux sont alors enregistrés dans un grand livre blanc avec des bordures d'or et d'argent. Le rêve à l'état brut.

« Plus tard, tu comprendras, mon petit. » C'est donc cela alors : chaque culture aménage ses lieux d'imaginaire pour les enfants, tous enchantés de faire le voyage interstellaire. Miracle du rêve et de la foi, miracle aussi du cœur blanc de l'enfant qui enregistre tout ce qu'on lui dit, qui croit à tout, et fait confiance aveuglément.

A supposer que celui qui parle soit fou, que celui qui l'écoute soit sage

(pensée marocaine).

OCI, Ligue arabe, UMA, LIM, CCG

Organisation de la Conférence islamique, Ligue arabe, Union du Maghreb arabe, Ligue islamique mondiale, Conseil de coopération du Golfe.

C'est seulement en 1969, au lendemain de l'incendie qui ravagea la mosquée al-Aqsa, à Jérusalem, que les musulmans eurent l'idée de se regrouper en une organisation panislamique appelée OCI, ce qui signifie Organisation de la Conférence islamique (*Organisation of the Islamic Conference*), dont l'esprit est foncièrement distinct de celui qui anime la Ligue islamique mondiale, plus ancienne (1962), mais aussi plus idéologique. L'OCI, qui regroupe aujourd'hui 56 Etats membres (chiffre de mai 2000) et trois continents sur cinq, est dotée de plusieurs grandes institutions financières (Banque islamique de développement, Fonds islamique de solidarité, Fonds pour Jérusalem). Son siège permanent se trouve à Djeddah, en Arabie Saoudite.

Malgré son importance, l'Organisation de la Conférence islamique est, parmi toutes les organisations internationales, l'une des plus mal connues de la planète, contrairement à la Ligue arabe, dont le siège est au Caire, là même où elle fut fondée en 1945, après un bref passage à Tunis. Cette dernière regroupait alors sept pays arabes du Proche-Orient, dont l'Egypte, le Liban, l'Irak, la Transjordanie et l'Arabie ; aujourd'hui ils sont 22 Etats à y siéger en permanence, la Palestine comptant évidemment pour un pays membre à part entière.

L'activité principale de ces organisations est d'abord d'assurer leur propre survie : créées de toutes pièces par les autorités publiques, elles ont le privilège de n'être pas jugées en fonction de leur rendement, ni bien entendu de leur popularité. L'ambiguïté de leur statut les pousse parfois à faire du prosélytisme politique, du lobbying et de la propagande au profit de certains de leurs Etats membres. L'essentiel de leur action n'étant pas de légiférer, elles se retrouvent périodiquement dans de grands forums où elles entendent manifester leur existence ; elles sont moins visibles, en revanche, en cas de crise politique grave, de sécheresse, d'incendie gigantesque, que sais-je encore ?

Les organes les plus riches du monde musulman n'ont pas encore intégré la dimension humanitaire de leur action, même si une évolution sensible se fait sentir depuis peu comme le fait, par exemple, de prêter main-forte à la Croix-Rouge internationale.

Le temps est venu de réformer ces organismes, temples sacrés de la parole policée, à moins qu'ils ne soient – et si c'était le cas, il faudrait alors en tirer les conséquences – de simples coquilles vides. A commencer par la Conférence islamique, bien sûr, à qui un régime d'amaigrissement devrait être proposé dans les plus brefs délais, voire, au choix, une cure dans un hammam ou un séminaire pour cadres, avec saut à l'élastique pour son premier secrétaire. Mais c'est surtout la Ligue arabe qui devrait s'offrir un lifting du visage – trop bouffi, trop gras – et des fesses, trop lourdes, ce qui l'empêche durablement de franchir les obstacles de la modernité, de courir au rythme des voisins ou même de rivaliser avec les structures non officielles, les ONG islamistes, sur le terrain, elles, les associations d'internautes et autres cybercommunicants. Cette cure de jeunesse révélerait alors sans nul doute les absurdités d'un système qui fonctionne au ralenti, comme s'il n'était conçu que dans le seul but d'entraîner dans son immobilisme les parties les plus dynamiques, et de détourner le regard des citoyens des maux endémiques qui affectent le monde arabe et l'islam.

Il faut à tout prix revitaliser l'Union du Maghreb arabe (UMA), cet organisme valétudinaire qui toussote au premier refroidissement des relations algéro-marocaines, et d'une manière plus large se poser la seule question d'actualité : « Que faire pour réveiller ces grandes momies dormantes ? »

La Ligue arabe, par exemple, pourrait prendre exemple sur l'Europe, s'inspirer des méthodes élaborées à Bruxelles, briser le tabou des frontières, créer une zone dinar et, dans le même mouvement, un espace économique équivalent à celui de Schengen. Une telle décision freinerait à coup sûr les flux d'immigration clandestine qu'on pourrait aussi baptiser EHD, « Emigration de la Honte et du Désespoir ». L'Organisation de la Conférence islamique, de son côté, pourrait utiliser ses fonds à la construction d'universités, doter chaque pays membre d'une bibliothèque gigantesque, ouverte sur le savoir humain, nourrir enfin les esprits de millions d'étudiants musulmans qui n'en peuvent plus de parcourir les mêmes ouvrages élimés... Pourquoi aussi ne pas ouvrir à l'ensemble de la région arabe et, en particulier, aux pays pauvres les portes du Conseil de coopération du Golfe, ce club de pays riches fondé en 1981 – le G8 des Pays arabes – et dont le siège est à Riyad ?

Pourquoi ? pourquoi ? tant d'inutiles pourquoi ! Parce que. Toutes les capitales du monde arabe éprouvent aujourd'hui le besoin irrépressible de s'affranchir de leurs tutelles étrangères, de se libérer de leur fascination pour l'Occident ; elles veulent en finir avec le culte de l'autosatisfaction. Le chantier est tellement immense que l'on ose à peine le regarder en face, un peu comme ces immenses montagnes de charbon du Nord de la France qui bouchent l'horizon du coron voisin, aujourd'hui déserté.

Odalisque

Le mot vient du turc *odalik* (1624) et renvoie à l'imagerie du harem*, notamment celui de Topkapi (prononcez *topkapeu*) à Istanbul. Nerval fait remarquer que l'Europe a donné un sens impropre à ce personnage féminin qu'elle a ennoblie par sa peinture, alors que la situation ordinaire de l'odalisque – une servante au service des princesses du harem – est bien moins flatteuse. L'esthétisation extrême avec laquelle le peintre orientaliste le plus turquisant, Jean Auguste Dominique Ingres (1780-1867) – ses odalisques couchées – a contribué à fausser cette image. Bien sûr, le peintre n'est ni reporter ni ethnographe. Il laisse vagabonder son imagination, compose le tableau à sa guise et reproduit librement une ambiance que seule son inspiration lui a dictée. Bien sûr.

Le monde secret du harem a chauffé les esprits du XVIIIe siècle occidental, d'autant plus enclin à situer un monde idéal en Orient que la Sublime Porte conserve encore à cette date son prestige d'antan. Aussi, la pose alanguie de l'odalisque, son geste hiératique et lent, son regard énigmatique et sa sensualité langoureuse expriment tout à la fois le raffinement des cités musulmanes, en particulier celui des cours orientales, et le confort des intérieurs turcs ou persans avec leurs tentures, leurs soieries merveilleuses, leurs moucharabiehs*, leurs objets conventionnels, mais à forte capacité évocatrice, comme le narghilé*, le service à thé, les godets, les carafes d'eau parfumée, les sorbets, les poufs, les tapis, les samovars et ces bains intérieurs qui ajoutent encore à l'atmosphère de luxe.

Bien que dérisoire en réalité, le personnage de l'odalisque a, en effet, acquis un droit de cité, au moins dans la peinture orientaliste. Il fait désormais partie d'un quatuor fantasmatique de la femme orientale, peint et repeint par la plupart des artistes et des voyageurs-peintres : la danseuse, la femme au bain, la prostituée et l'esclave concubine (*voir* Almées, concubines et bayadères). Cette empreinte « orientalisante » est d'ailleurs si forte que les intérieurs des palais arabes ou ceux des demeures modestes, ainsi que les portraits de femmes – Berbères du Maroc, Juives d'Algérie – restent entachés d'une sorte de voyeurisme plutôt malsain. Il faut en réalité toute la maîtrise d'un Delacroix (1798-1863) peignant ses *Femmes d'Alger dans leur appartement* (1834) – quatre ans seulement après le début de la colonisation en Algérie –, bien que la toile ait été peinte au Maroc, pour ne pas trouver au-delà du tableau un non-dit moralisateur ou tout autre lapsus culturel.

Deux types d'odalisques dominent la peinture orientaliste des XVIIIe et XIXe siècles. Le premier type les présente vêtues ou semi-vêtues – il est peint par Renoir, Delacroix ou Matisse, ce dernier ayant peint deux odalisques en pantalon en 1923 et en 1929 ; le second dévêtues, Ingres (*La Grande Odalisque*, 1814 et *Odalisque avec esclave*, moins connue, qui date de 1842 et, d'une certaine façon, *Le Bain turc*, vers 1859-1863), Lecomte du Nouÿ (*L'Esclave blanche*, 1888), Luis Ricardo Falero (*L'Ensorceleuse*, 1878), etc. Mais un trait leur est commun : la langueur des modèles et leur sensuelle disponibilité. A cela s'ajoute une autre particularité : la blancheur de peau, une blancheur qui traverse l'ensemble du XVIIIe siècle et qui ne disparaît que dans le dernier quart du XIXe siècle, avec les orientalistes qui s'intéressent au Maghreb. Tout se passe comme si les peintres n'avaient aucun contact avec les femmes qu'ils transposaient sur leurs toiles et qu'ils devaient seulement imaginer. Ainsi, *La Servante* de Philippe Pavy, datée de 1882, est une Berbère véritable, ainsi que la *Fumée d'ambre gris* de John Singer Sargent (1880). Plus tard, les peintres n'hésiteront plus à peindre la réalité. Avec ses toiles sur Biskra et Bou Saâda, Etienne Dinet paraît, de ce point de vue, assez explicite, car les seuls personnages qu'il peint sont ceux de l'oasis. Mais l'odalisque reste un personnage diaphane et ressemble à une icône. Avec *L'Allumeuse de narguilé*, *Grande piscine de Brousse*, *Le Bain de vapeur* ou *Femmes au bain*, Jean-Léon Gérôme (1824-1904) est celui qui associe le mieux la nudité à l'indolence et au farniente. D'autres odalisques sont peintes par François Boucher, *L'Odalisque maure*, 1745, Théodore Chassériau, *Etudes d'odalisques*, 1842-1853, Maria Fortuny, *Odalisque*, 1861, Edouard Manet, *L'Odalisque* (aquarelle) ou Pablo Picasso, *Etudes de nus*, 1954-1955, à partir des *Femmes d'Alger dans leur appartement* d'Eugène Delacroix.

Odeurs *Voir :* PARFUMS D'ORIENT

Oman

Le petit sultanat d'Oman – *'Umman* en arabe, qu'il ne faut pas confondre avec 'Amman, la capitale du royaume hachémite de Jordanie – est sans doute le pays le plus discret du monde arabe, il est aussi le plus *sweet* et le plus affable. En arrivant à l'aéroport de Mascate, sa capitale, on voit combien à la lettre sont suivies les deux préoccupations du sultan Al-Qaboos (né en 1940) : la propreté et la sécurité. Pays propre jusqu'à l'obsession... Et le visiteur est alors tenté de le comparer à la Suisse, mais quelle idée ! Ici, en effet, on ne se compare qu'à soi-même, car la géographie – mais aussi la géostratégie avec ses appétits et ses influences, anglaise, saoudienne, yéménite, américaine, la liste est longue – impose déjà ses quatre volontés. En effet, ouvrez le planisphère et regardez : nous sommes bien dans l'une des contrées les plus reculées de la planète, même si, de prime abord, elle vous paraît centrale par sa géographie. Ceci expliquant cela, nous sommes ici aussi au contact de l'une des civilisations les plus authentiques et les plus vieilles du monde musulman.

Oman est un pays de roches et de terres sauvages, à telle enseigne que pour réaliser le moindre projet d'urbanisme, l'homme doit demander audience à la Terre Mère, et attendre qu'elle veuille bien lui indiquer l'endroit où il pourra construire. Sur la côte orientale, mais aussi dans le Dhofar, la partie sud d'un pays qui compte plus de mille kilomètres de côtes inexplorées, le paysage est difficile, vierge et calciné. Partout, la roche volcanique domine, orgueilleuse et intacte, au point que la ville peine à lui prendre quelques nouveaux arpents de terre. Il aura fallu trente ans pour faire passer le vieux pays de Sindbad – on dit qu'il est né là, à Sour (ou Sûhar), et que sa demeure s'y trouve encore, mais où ? – à un Etat moderne et, si l'on peut dire – par ces temps agités – sans histoire. L'ibadisme d'inspiration chi'ite s'illustre ici à travers l'élégance des mosquées. Evidemment, le niveau de vie est élevé, avec ses shopping-centers luxueux, et son *way of life* très occidentalisé. Certes, on trouvera – et on aura raison – que la culture est ici laissée pour compte, si l'on excepte bien sûr le folklore indien inspiré par la forte immigration du Kerala, avec ses journaux, sa musique, ses films à la *Bollywood* et ses négociants d'or et de tissus.

Mais le sultanat d'Oman offre d'autres plaisirs. Ceux qui visitent le sultanat peuvent se livrer à des activités d'archéologie sous-marine, se baigner dans le détroit d'Ormuz, goûter son paysage immémorial à en perdre le souffle. Les amoureux de la mer ne se lassent pas d'apprécier les reflets bleu argent de l'océan Indien qui, lorsqu'il est éclairé par un rayon de lune, vous rappelle que cette eau est l'une des plus iodées au monde.

J'ai choisi le sultanat d'Oman car il est l'un des pays musulmans les plus inattendus, parce qu'il est profondément arabe par la tradition, la culture et la langue et, en même temps, ibadite *versus* chi'ite (comme son voisin iranien). Il est d'un côté asiatique avec ses deux vis-à-vis, le Pakistan et l'Inde, de l'autre arabe en raison de sa proximité avec l'Arabie Saoudite, dont il n'est séparé que par le désert du Rub' al-Khali.

Oman symbolise à lui seul le pays musulman modéré, comme, ailleurs, Samarcande ou Le Caire symbolisent les villes, Omeyyades les dynasties musulmanes, Abu Nuwas les poètes, Jahiz les chroniqueurs, Taha Hussein les écrivains arabophones, Kateb Yacine les auteurs maghrébins, Qazwini les cosmographes, Oum Kalthoum les chanteuses, Roxelane les femmes au pouvoir, Tamerlan ou Saladin les guerriers conquérants, etc.

Omar Khayyam

L'un des destins arabo-musulmans les plus spectaculaires est celui de ce « fabricant de tentes », traduction littérale de son nom *Khayyam* (vers 1050-vers 1123). Il était connu dans le monde arabe et perse sous ce nom-là mais son nom complet est Umar-i Khayyam Ghiyath ad-Din Abul-Fath ibn Ibrahim. J'ai préféré le placer ici à Omar plutôt qu'à Khayyam, car le prénom a largement pris le dessus sur les autres parties de son nom. Peu connu en Occident, en dehors de quelques cercles d'esthètes et d'érudits, Omar Khayyam a incarné en son temps une forme de libre pensée, l'irrévérence et un scepticisme des plus ravageurs. Pour son franc-parler et ses idées non conformistes, il a été qualifié tour à tour de blasphémateur, hérétique et anticlérical. Anticlérical, il l'a été presque par vocation, car cela le révulsait de voir la façon dont on utilisait le nom de Dieu, et la manière dont la religion était asservie aux appétits personnels, la soif de pouvoir des uns ou la richesse illimitée des autres. Il ne s'agissait pas pour ce savant musulman de conceptualiser l'indiscipline ou la révolte, il les vivait. Il a d'abord été honoré pour ses travaux scientifiques, notamment en astronomie. Scientifique réputé, il fut un moment chargé par le sultan saldjûkide Malik Shah (mort en 1072) de réformer le calendrier solaire persan, appelé Jalali, d'après le prénom du sultan (Jalal ad-Dawla). Khayyam fut aussi un grand mathématicien, le premier à théoriser les équations du troisième degré, suivant ainsi un prédécesseur tout aussi fameux, le mathématicien Al-Khuwarizmi*.

Mais c'est par la poésie que l'irréductible jouisseur de Nishapûr a gagné la postérité. Fait remarquable, des grands poètes persans, Hafiz*, Saadi ou Ferdowsi, Khayyam est le premier à avoir été lu sur les cinq continents, aidé en cela par Edward Fitzgerald qui, au XIXe siècle, en traduisit l'œuvre du pehlevi à l'anglais. Plagié, loué ou anathémisé, chanté même par ses admirateurs, y compris par la très docte Oum Kalthoum, Omar Khayyam, qui fut l'ami du grand vizir Nizam al-Mulk et de Hassan-i Sabah, le futur Vieux de la Montagne*, aura tout vu et tout connu de son vivant. Son œuvre majeure reste les *Ruba'iyat* ou *Quatrains*, petits anagrammes philosophiques et hédonistes inspirés du soufisme* dont le propos existentialiste fait clairement l'apologie de la vie terrestre, encourage à la jouissance immédiate de la vie.

Aujourd'hui, le nom d'Omar Khayyam symbolise la joie de vivre et le monde de la nuit. Il est souvent sur le fronton des débits de boisson et des restaurants où l'on peut encore déguster l'esprit pétillant sous la forme d'un vin rouge opulent. Comme Abu Nuwas*, Khayyam s'est nourri de l'imaginaire sulfureux qu'inspire le vin en Islam. Pourquoi sulfureux ? Parce que le vin est une boisson aussi radicalement interdite par la *doxa* qu'elle est prisée par le peuple, cette boisson suspectée de tous les maux sociaux par les augustes imams* recueille la faveur des gens les plus modestes. L'homme aux *Quatrains*, précurseur de Goethe et de Heinrich Heine, est un poète de l'excès et de la provocation maîtrisée. Il a fait du scepticisme une arme à part entière, un principe de vie. Mais sa débauche n'est pas vaine ; elle est un hymne délivré à la barbe des censeurs, une sorte d'apologie fracassante de la bonne chère et de la boisson. Au XIXe siècle, Barbier de Meynard a résumé le personnage : « algébriste célèbre, mathématicien, poète, mystique en apparence, débauché en réalité, hypocrite consommé, mêlant le blasphème à l'hymne mystique, le rire à l'incrédulité ».

L'ironie douce-amère avec laquelle il tourne en dérision le dogmatisme musulman, ses formes les plus archaïques et ses pensées éculées, est un bel exemple de liberté de pensée en Islam, d'indépendance critique. Des voix s'élèveront pour contester le bien-fondé de sa création littéraire. Mais que dire de la témérité de quelqu'un qui, déjà au XIe siècle, clamait en une phrase lapidaire : « Je renoncerai à Dieu plutôt que de renoncer au vin » ?

Omeyyades

La première dynastie musulmane (660-749), au pouvoir après la mort du Prophète, a marqué la postérité pour avoir réussi le transfert – et la transition – administratif et militaire entre le lieu initial de la prédication, Médine (et La Mecque), et sa capitale, Damas, en 661. On imagine à peine le travail de titans que constitua la réorganisation de la communauté musulmane et la mutation lente de l'islam, à cette date encore lié à ses sources bédouines.

Le nom Omeyyade vient d'un ancêtre éponyme, Oumeyya ibn Abd Chams, qui fut, au temps du Prophète, l'un des dignitaires les plus puissants de La Mecque. On dit aussi qu'il a été le Qoreïchite le plus riche. Mais c'est Mou'awiya (605-680), l'adversaire déclaré du calife Ali, le véritable artisan de cette lignée : il est en effet le premier conquérant arabe à implanter l'islam en dehors de la péninsule Arabique (*Jazirat al-Arab*). Ce personnage au caractère bien trempé est, lui aussi, issu d'un clan fortuné de La Mecque. Son père n'est autre que le fameux Abu Sufyan, le chef charismatique de Qoreïche, la tribu qui gouvernait La Mecque au moment de la Révélation, celle-là même qui avait combattu le Prophète à ses débuts. Mou'awiya avait gagné ses premiers titres de noblesse sur le champ de bataille. Il se distingua notamment lors de la prise de Césarée (*Qaysariyya*) aux dépens des Byzantins. En 638, il est nommé, par le calife Umar ibn al-Khattab, gouverneur de la Syrie.

Sous la direction des Omeyyades, les cavaliers arabes franchissent les bords de l'Indus à l'est, ce qui leur assure la conquête et l'islamisation de la Mésopotamie, de la Perse et d'une grande partie de l'Asie centrale. A l'ouest, ils furent victorieux en Egypte, au Maghreb et en Andalousie. La rapidité de la conquête arabe contraignit les Omeyyades à imaginer une administration efficace et des relais de poste aux différents points de leur jeune empire. L'un des premiers califes régnants, Abd al-Malik (685-705), substitua tout simplement une monnaie frappée à son effigie à la monnaie byzantine qui avait cours en ce temps-là. Mais la progression des Omeyyades n'était pas que militaire. Aujourd'hui encore, le voyageur peut juger de leur grandeur en admirant leur célèbre mosquée à Damas et, dans le même style, le dôme du Rocher, à Jérusalem. En outre, les Omeyyades ont instauré le principe de l'allégeance des tribus au souverain régnant, ce qui changea radicalement la succession politique en islam, qui devint familiale. Ils seront détrônés par un descendant de l'oncle du Prophète Al-Abbas, premier calife abbasside installé à Bagdad, bastion flamboyant de leur incroyable ascension. Nous sommes alors en 750 apr. J.-C. Un siècle se meurt, un autre, encore plus brillant, commence.

Opium

Parler d'opium (*ma'jûn, afiûn*), une provocation, un acte militant ? Rien de tout cela. Relire Baudelaire, et ses paradis artificiels, ou cheminer avec Rimbaud, certains surréalistes, quelques artistes en mal d'inspiration, écrivains fantasques, rêveurs et raveurs, et l'on saisit un peu de la complexité du phénomène, et les états d'âme qui lui sont associés. Accessoirement consulter l'*Atlas mondial des drogues* qui inventorie les produits toxicogènes appelés en arabe *mûkhaddarat*, cannabis, pavot, coca. Le cannabis était cultivé dans l'aire arabo-musulmane dès le IXe siècle, aussi bien dans les hautes plaines du Yémen que dans la vallée du Panshir, en Syrie, en Iran, dans la région d'Antioche, ou vers Tachkent.

Entre le XIIe et le XIVe siècle, la plupart des drogues, en particulier le cannabis, sont cultivées en Afrique orientale et dans le Maghreb. Imaginons les mille et un paradis terrestres en terre musulmane, du haschich marocain, qui sévit dans le Riff, avec Tétouan et Ceuta – vis-à-vis espagnol – comme plaque tournante, jusqu'au pavot globuleux des contreforts de l'Himalaya, sans oublier bien sûr les petits Medellin pour la commercialisation. Au pays de la culture hallucinogène, les paysans ne savent désormais rien cultiver d'autre sur leurs petites parcelles de terrain que ce terrible fléau de l'Occident. Leurs commanditaires, eux, sont ailleurs, coulent des jours heureux dans les palaces des grandes cités du Croissant fertile, faisant travailler ou passant seulement commande de cette matière brute et épaisse, ou déjà partiellement raffinée, opium, kif, haschich, cannabis (*banj* en arabe, *kinnab*), qu'ils débitent et conditionnent encore selon des méthodes ancestrales. Combien sont-ils et quel est leur chiffre d'affaires annuel ? Faute de moyens et sans doute aussi en l'absence d'une volonté politique claire, les occupants des villas cossues du Triangle d'or proche-oriental où le produit est négocié, au Liban, bien sûr, mais aussi à toutes les étapes de transit, la montagne du Chouff, l'Hindu-Kusch, la vallée de l'Indus, puis le Pakistan et finalement l'Afghanistan, avec ses seigneurs de la guerre lesquels, partiellement désarmés, cultivent encore leurs champs de pavot, ces occupants-là, disais-je, organisent presque tranquillement leur *narcobusiness*. Enfin, médiateurs essentiels, le passeur et le contrebandier travaillent de concert. A la tête de longues processions d'animaux de bât, le passeur connaît tous les chemins escarpés, notamment ceux qui franchissent les frontières. Il connaît les pics, les bivouacs en nid d'aigle et les cols enneigés au nord de l'Iran, au nord de l'Irak, dans le pays kurde, au nord de l'Anatolie, toujours plus au nord avec les guerres qui sévissent dans le Golfe et qui perturbent un temps leur commerce. Eviter à tout prix la route asphaltée devenue un piège pour toutes les marchandises illégales, un cul-de-sac dangereux, même si les quelques semi-remorques rouillés qui roulent toujours arrivent, moyennant force bakchich*, à traverser les frontières encore poreuses de Jordanie et de Syrie. Ils filent maintenant à toute allure en direction du Bosphore, à la pointe occidentale de la Turquie, déchargeant leur cargaison dans les cales vides de bateaux turcs qui, sitôt sortis de la rade, battent pavillon de complaisance. Direction Gênes, Marseille, Barcelone, peut-être Le Havre ou Amsterdam. Leur destination finale est certes l'Europe, puis le Canada, mais les gros bonnets, les barons du hasch, eux, visent le pays du dollar, l'Amérique, qui demeure le plus grand consommateur de ces raisins amers. On est loin de l'image d'Epinal, le fumeur du narghilé, le jeune Yéménite qui s'endort après sa ration de qat ou les fumeurs de tabac, même corsé, les buveurs de café ou de jus de pamplemousse. Une seule règle pour ces hommes-là, truands sans foi ni loi mais en costumes trois-pièces : l'argent, celui qui se gagne sur le dos des accros qu'on sait fidèles, des sommes colossales au vrai.

Oranger

Les amoureux de l'Algérie savent que ce pays est d'abord divin par ses orangeraies qui s'étendent à perte de vue, de Boufarik jusqu'à Boumerdès et de Boumerdès jusqu'aux portes d'Alger. L'oranger répand son pouvoir apaisant sur chaque lopin de terre de la côte méditerranéenne, et colore d'un vert profond les carrés qui lui sont réservés. Au XIe siècle, l'oranger jouait déjà un rôle appréciable en Espagne où son acclimatation s'est poursuivie, avec bonheur, jusqu'à nos jours, que ce soit à Murcie, à Cordoue, à Séville et dans toute la partie sud de la Péninsule. L'oranger produit un fruit qui s'est imposé sur tous les autres. Ainsi, la palme d'or qu'il avait déjà ravie au dattier ou à l'abricotier, il l'a gagnée aussi sur le citronnier et sur le pamplemoussier, ses propres cousins, car les Algériens, comme tous les Orientaux, sont, en la matière, la réplique des Andins. Ils préfèrent les oranges à pulpe douceâtre aux fruits plus acides.

En Algérie, l'orange porte le nom d'un pays, China ou Tshina, ce qui ne donne pas en soi d'indices sur son origine puisqu'en langue arabe elle se dit *burtûqal* (ou *burtuqan* ou *bardagane* en Tunisie), ce qui signifie Portugal. L'orange et ses différentes variétés (la *Citrus sinensis L.*, l'orange douce, et sa consœur, la *Citrus aurentium L.*, l'orange amère, toutes deux moins populaires) se sont merveilleusement adaptées à la table orientale, où les convives les accueillent avec un plaisir semblable à celui que l'on éprouve dans le nord de l'Europe pour les fraises ou les cerises. Ainsi, le dessert le plus goûteux reste l'orange à la cannelle, que j'ai savourée aussi bien à Marrakech qu'aux Antilles. Sans doute, un chef marocain qui a émigré là-bas !

L'oranger existe aussi à travers la fleur qu'il produit et qui, distillée selon les techniques fort anciennes, donne l'eau de fleur d'oranger, très prisée elle aussi en pâtisserie.

Les oranges sont très appréciées durant les longues journées du mois de ramadan, car elles aident le jeûneur à patienter jusqu'à la rupture de la diète, qui a lieu au coucher du soleil. Dans les souks, au bord de l'eau, aux moments de leur flânerie, les hommes arborent ainsi une belle orange pulpeuse qui, piquée de clous de girofle, se laisse humer délicatement. L'orange symbolise ainsi le fruit mûr, suave et apaisant, mais aussi le don à venir, la sève virile, la séduction. Un mot sur la clémentine. Née dans l'Ouest algérien, au sud d'Oran, d'une greffe soigneusement mise au point par le père Clément, la clémentine tient sa force de sa valeur gustative et de son acidité, à la fois douce et persistante. On dit que la première bouture fut réalisée à Misserghine, à l'ombre d'un couvent de frères trappistes, devenu depuis un centre de colonie de vacances.

Enfin, d'après le nom d'une princesse italienne, l'essence de Néroli (1672), utilisée notamment dans la composition de l'eau de Cologne, est un produit du bigaradier, une sorte d'oranger à fruits amers. Cette eau parfumée est très appréciée en distillerie maghrébine, mais aussi à Grasse, dans le sud de la France, en Italie et en Espagne. On en produisait au temps de l'Algérie française une quantité fort honorable et d'une qualité équivalente alors à celle du vin.

Orient et Occident

Etres « de convulsions, de soulèvements et d'illuminations mentales », selon le mot de Lawrence d'Arabie, les Orientaux sont depuis longtemps considérés comme fantasques et imprévisibles. Mais ces Orientaux sont-ils à ce point incroyables pour soulever tant de passions ?

Combien d'écrivains, de chroniqueurs, de savants auront voulu percer leur mystère ? Il y a vingt-cinq siècles déjà, dans *Prométhée enchaîné*, Eschyle a écrit cette phrase qu'on dirait tirée d'une étude savante d'Ernest Renan ou, mieux, inspirée d'une envolée lyrique à la Elie Faure : « La floraison guerrière d'Arabie, écrivait Eschyle, peuples nichés dans leur citadelle de rocs escarpés, aux abords du Caucase, tribus belliqueuses dont un frisson agite les lances acérées. » Telle est l'image des Orientaux, une image liée à leur prédisposition pour la guerre – on dirait aujourd'hui surdéterminée – et à leur goût mordant de la conquête.

Trop flattés d'être craints, ils sont en fait devenus incompris. Comment sinon justifier les philippiques hargneuses qu'ils suscitent et l'angoisse qu'ils développent chez leurs adversaires ? Comment comprendre, *a contrario*, la fascination irraisonnée que certains éprouvent pour eux ? On ne dira rien des anathèmes et des préjugés tenaces qui ont émaillé, à tort ou à raison, les quatorze siècles d'existence de l'islam. Aussi, lorsqu'aux confins du « monde civilisé » on entend des mots comme *fetwa**, mollah, *djihad*, islamisme, intégrisme ou terrorisme, les esprits sont-ils aussitôt en alerte à l'idée d'une éventuelle réactivation de ce fonds ancien. Péril vert, invasion, barbarie, assassinats, meurtres, irrédentisme, croisades, tout ceci participe en effet du même psychodrame, une grande fresque agitée par les mêmes démons.

Mais un tel Orient ne peut être qu'imaginaire. Au-delà de son rôle emblématique de bouc émissaire qu'il semble désormais devoir assumer, le monde musulman est devenu ce parangon historique de l'angoisse objectivée par la violence politique. L'« esprit hermétique » et le « surnaturel » des musulmans, dont parlait Ernest Renan (1823-1892), caractérisent ces êtres conflictuels au point d'échapper à toute logique, mais il n'y a cependant rien qui soit vraiment mystérieux – encore moins génétique –, puisque l'histoire de ces deux univers – l'Orient et l'Occident – est en mesure d'expliquer l'essentiel.

Le perpétuel mouvement des hommes, l'éternel ressac de la mer et l'envie toujours renouvelée de monter d'autres mailles à l'interminable combinatoire de la vie ont insatiablement poussé les peuples d'Orient et d'Occident, ceux de Judée et de Samarie, ceux de Yathrib et du Hedjaz, ceux du Hadramawt et d'Abyssinie, ceux de Moab et du mont Liban, ceux de Carthage et de Rome, ceux de Tripolitaine et de Malte ou d'Italie, ceux d'Alger et de Marseille, les Tangérois, gardiens des Grottes d'Hercule, et les Ibères, avec leurs vestiges somptueux, à briser la grande période d'engourdissement qui s'était emparée d'eux depuis bientôt dix siècles.

Comment parler sans passion des enchâssements de l'Orient et de l'Occident, lorsque l'Occident était naguère lui-même serti dans cet Orient empathique qui fige toujours les regards des uns et alimente les doutes des autres ? Les Orientaux, vidés de toute histoire récente, se détournent de l'Occident parce que celui-ci, surpuissant, ne les regarde pas suffisamment et ne sait plus ce qu'ils deviennent. L'Orient et l'Occident continuent ainsi à nourrir un imaginaire croisé où l'affirmation de l'un ne se gagne que sur la résignation de l'autre. A cela, il faut rappeler les expansions douces, les conversions et, parfois, l'exaspération sereine, la folie.

D'un côté, il existe un Occident qui maîtrise les coordonnées techniques du progrès dont les frontières sont toujours repoussées plus loin, et qui est doté d'une exigence intellectuelle toujours plus grande. René Guénon (1886-1951), qui a la pratique de l'un et l'autre, ne reconnaît à l'Occident qu'une seule supériorité, et, dit-il, elle est matérielle. De l'autre côté, on trouve un Orient multiple qui ne se suffit plus de l'adoration des idoles, *zaïms*, leaders charismatiques, épouvantails de dictateurs, et qui fait de sa spiritualité le creuset d'un renouveau tonitruant et réactionnaire.

Entre ces deux univers, une série de désengagements progressifs sont venus grever les échanges qui devaient marier rationalité occidentale et spiritualité orientale, lorsque l'une et l'autre relevaient encore d'une même interrogation. Ce que Rudyard Kipling traduisit laconiquement : l'Orient c'est l'Orient, et l'Occident c'est l'Occident, suivi en cela par un ancien professeur de l'Université d'Alger, E.-F. Gautier, qui ne disait pas autre chose : « L'Orient et l'Occident c'est chien et chat, deux espèces animales différentes. »

L'Orient est une idée généreuse et faste, grecque

et romaine au départ, une énergie réparatrice qui rappelle le temps des sophistes et des péripatéticiens. Mais c'est aussi une idée arabe (l'*Arabia Felix** des anciens, Yémen, Hadramawt, Oman), turco-persane, égyptienne, syro-libanaise. Dans cette région du monde, l'Orient s'est au vrai confondu avec l'Islam dont les dynasties allaient peu à peu imposer l'Empire des croyants (*Dar al-Islam*), des chaînes montagneuses de l'Atlas jusqu'aux confins de l'Hindû-Kûsh. Mais l'*idée* de l'Orient n'est pas seulement géostratégique ou intellectuelle. L'Orient est une réalité vivante, en Arabie Pétrée, en Mésopotamie, en Anatolie, du côté de l'Euphrate ou à Tabriz, en un mot un territoire ! D'authentiques traditions bédouines portent son histoire, ainsi que de longues processions caravanières, des princes, des bardes, des courtisans. Plus loin encore, s'ouvre l'Asie musulmane. Un continent peu connu et qui, en plus, ne se laisse découvrir qu'avec le temps, sur la longue durée, jamais d'emblée.

L'Arabe bédouin a innové dans les registres du verbe et de l'incantation, lorsque le Méditerranéen, le Carthaginois, le Byzantin, le Florentin ou le Génois, s'est davantage affirmé dans le voyage et dans le commerce. Qui ne connaît l'archétype que constitua pour nous Ulysse, immortalisé par Homère, ou sa réplique orientale, Sindbad le Marin, héros mythique des *Mille et Une Nuits* ?

Avant de se combattre, avant de se haïr et bien avant les croisades – qui furent nos premiers « conflits internationaux » –, le couple Orient-Occident a tout connu, tout partagé : schismes, hérésies, autoritarismes, guerres fratricides, fanatismes, famines, exodes, exterminations.

De quoi s'agit-il alors, de quoi parlons-nous ? D'un désamour passager ou d'une grave mésalliance ? Que reste-t-il aujourd'hui des réminiscences du passé glorieux qui fut leur bien commun ? Ce couple emblématique qui vit un concubinage riche et complexe depuis bien longtemps est à tout le moins querelleur. Mais il ne l'est pas plus que d'autres, bien que ces autres, les Latino-Américains, les Canadiens, les Américains du Nord, les Mexicains, les Australiens soient nés de lui, par divisions successives, peut-être par surcroît d'énergie, sans doute aussi par désespoir. Tous en portent l'empreinte.

Tout compte fait, et bien qu'elle soit à l'origine de l'expansion des hommes à la surface de la Terre, la dualité Orient-Occident reste l'une des plus novatrices et des plus excitantes de toutes les combinaisons humaines. Cependant, elle ne va pas sans quelque ambiguïté, dans la mesure où, depuis plusieurs décennies déjà, l'Orient s'est drapé dans sa dignité de fécondateur, laissant entendre, le nez haut, tout son mépris de l'Occident qui ne pouvait être qu'un avorton mal dégrossi, au mieux un nabot monté sur béquilles sachant à peine distinguer la culture du soja d'un repiquage de riz !

A cela s'ajoute la nette impression que cet Œdipe inversé de l'Occident ne semble pas avoir été résolu, car, à trop le craindre, allez savoir pourquoi, l'Occident n'arrive plus à établir de rapports sereins avec son vieil *alter ego*, là-bas sur l'autre rive de cette *Mare nostrum* que tous les laudateurs qualifient de « mer de paix ».

La crise de confiance qui survient toujours après chaque conflit laisse des traces indélébiles. Que de villes détruites ! Que de civilisations disparues ! Et toutes ces avancées technologiques stoppées ou réduites à néant. Qui peut avancer le chiffre des vies humaines que les grands conflits armés nous ont coûtées depuis seulement les guerres du Péloponnèse, décrites par Hérodote et par Thucydide, ou celles décrites par Xénophon, Salluste, Tacite, les guerres de Cent Ans, de Sept Ans, de Trente Ans, les croisades, les guerres mondiales, les guerres technologiques ? Mille millions...

Toujours est-il que l'Orient et l'Occident, entités mi-géographiques mi-culturelles, et en partie oniriques (voir à ce sujet la littérature française des deux siècles passés), ne peuvent continuer à se méconnaître plus longtemps, lorsqu'elles ont encore tant de choses à se dire et tant de passions à partager. Cioran le disait déjà dans *Histoire et Utopie* (1960) : « L'Occident se replie sur lui-même au moment où ses formules triomphent ailleurs » et plus loin : « On prend et on prendra tout à l'Occident, sauf son génie. » C'est en cela précisément que l'Orient a besoin de l'Occident : son génie. Non pas que l'un fascine l'autre au point de lui ôter toute velléité d'imitation ou toute force d'insoumission, mais l'effet d'entraînement et le bon exemple produisent généralement d'excellents remèdes.

L'Orient doute de ses capacités et ne peut se résoudre, comme dans le mythe de la caverne, à cornaquer l'Occident dans sa longue remontée à la surface. De son côté, l'Occident est encore trop orgueilleux et trop sûr de ses valeurs matérielles, de sa technologie pour inspirer l'affection de « gueux » qui continuent de le regarder comme la Terre promise et ne cessent de lui chanter d'une voix mielleuse l'ode au nouveau monde. Pourtant, il suffit que l'Orient quitte un instant sa toge trompeuse pour retrouver son caractère propre : un génie qui inspire et qui peut être copié lui aussi.

Mais est-il suffisamment vertueux, cet Orient, pour se faire aimer par ceux qui y voient la source de leurs malheurs du jour ? Ce qui prouve donc, mais la preuve n'est jamais suffisante en soi, il en faudrait plus, qu'il nous faut tous tendre vers cette simple équation qu'est l'homme humblement homme, tant il n'est rien de plus qui chagrine l'esprit que les utopies manquées !

Orientales (Les)

Lorsqu'il écrivit ses *Orientales* (1829), un long poème lyrique, Victor Hugo était en verve et fort bien inspiré. Le Beethoven de la poésie française du XIXe siècle est soudain devenu, le temps de quelques couplets trempés dans une virtuosité extrême, un Chopin, un Verdi, un Ravel. Il faut dire que ce livre de poésie pure, bien qu'il ne soit en aucun cas, aux yeux de l'auguste personnage – un monstre sacré comme on n'en fait plus –, un « livre inutile de pure poésie », et qu'il réponde à l'orientation idéologique portée par le grand mouvement de littérature « exotique » du XIXe siècle, milite pour la « liberté dans l'art », sous toutes les formes que prennent aussi bien la liberté que l'art.

Les Orientales sont ainsi : il faut les lire, les écouter, les entendre, les comprendre, les aimer. Ne jamais cesser de les aimer, tant cette fascination pour l'Orient se révéla comme un aiguillon des plus mordant, peut-être aussi savoureux pour Victor Hugo. On a pu parler de la couleur de ces poèmes, de leur rythme, mais il ne faut pas oublier la joie avec laquelle le poète a dû les confectionner, presque dans une semi-conscience et à coup sûr dans une disponibilité extrême. Le surgissement des images et l'harmonique fulgurante des mots relèvent du génie, de la passion, de la maîtrise, et peut-être bien de ces trois grâces en même temps.

Orientalistes *Voir :* PEINTRES ORIENTALISTES

Origine du monde

La voici racontée par un grand mystique musulman, Férid Ud-Din 'Attar (1150-1220) : « Au commencement des siècles, Dieu employa les montagnes comme des clous pour fixer la terre ; puis il lava avec l'eau de l'Océan la face du globe. Comme il plaça la terre sur le dos d'un taureau, le taureau est sur le poisson et le poisson est en l'air. Mais sur quoi repose donc l'air ? Sur rien : mais rien n'est rien, et tout cela n'est rien. Admire l'œuvre de ce roi, quoiqu'il ne la considère lui-même que comme un pur néant [...] Son trône est sur l'eau, et le monde est en l'air ; mais laisse là l'eau et l'air, car tout est Dieu. »

Le récit biblique de l'origine du monde, créé en sept jours, est une explication suffisante aux yeux des musulmans. Un peu par défaut, d'ailleurs, car le Coran, s'il a, certes, bien expliqué la naissance du monde, n'a pas produit de ces belles légendes romantiques qui font rêver.

Il arrive cependant que, à l'instar des mystiques, nous trouvions parmi les cinquante versets coraniques évoquant ce sujet des passages fulgurants comme ceux tirés de la sourate « L'Annonce », LXXVIII, 6-16. C'est Dieu qui parle :

N'avons-Nous pas disposé la terre telle une couche
Et les montagnes telles des pieux ?
Nous vous avons créés par groupes.
Nous avons fait de votre sommeil une pause.
Nous avons fait de la nuit un voile.
Nous avons fait du jour le temps de la vie.
Nous avons édifié, sur vous, sept cieux inébranlables.
Nous avons placé là un flambeau éblouissant.
Nous avons fait tomber des nuées une eau abondante,
afin de faire pousser, grâce à elle, grains et plantes
et des jardins luxuriants.

(Traduction de Régis Blachère – 1949-1950.)

Ottomans *Voir :* GRAND TURC

Ouléma

Pluriel de *'alim*. Littéralement : savant, docteur de la loi musulmane, mais le mot désigne aussi tout érudit dans le domaine religieux. Les oulémas ont la double charge d'expliciter aux croyants les différentes subtilités du Coran – la lecture, son interprétation et son adaptation –, mais aussi de définir la voie canonique ou *charia**.

On se trompe si souvent en français lorsqu'on emploie le mot au pluriel *ouléma* (ou *ulema*) pour désigner un grand savant musulman. En effet, le terme *ouléma* est réservé à l'ensemble des théologiens, au corps même des érudits en islam. Il est juste par exemple de dire que le cheikh Abdelhamid Ibn Badis (1889-1940), le grand réformiste algérien du début du XXe siècle, avait fondé l'Association des oulémas musulmans d'Algérie, un mouvement politico-religieux qui militait pour l'indépendance de l'Algérie. Une telle association avait pour vocation de réunir le plus grand nombre de théologiens, des oulémas justement, dont la fonction principale était l'enseignement du Coran, son interprétation et la direction des prêches dans les mosquées.

En dehors des offices, qui sont déjà si nombreux, les oulémas ont un rôle important puisqu'ils rédigent une partie des lois juridiques qui régissent au quotidien la société musulmane. Tout représentant de la société religieuse est, par principe, un *'alim*, dans le sens où il connaît parfaitement le Coran. Mais la hiérarchie est souvent plus complexe : le *'alim* peut être un cadi*, un juge en droit religieux, un mufti*, un dignitaire attaché à une mosquée, fin connaisseur en jurisprudence et spécialisé dans l'assistance aux musulmans, parfois aussi chargé du prêche le vendredi, un *da'i*, prédicateur musulman, un imam*, celui qui dirige la prière des croyants, etc.

Oum Kalthoum

La Grande Dame, *Sitt as-sitat*, également appelée *Usfûr ach-Charq*, le « Rossignol de l'Orient », a littéralement été honorée comme un messie. Oum Kalthoum, ou Oum Kalsoum (1898-1975), fut une diva au sens plein du terme, inaccessible, mystérieuse et adulée par des millions de fans aussi bien en Egypte même – où semble-t-il Gamal Abd el-Nasser, le raïs, lui vouait un respect qui dépassait le simple jeu des convenances politiques – que dans le reste du monde arabe. Oum Kalthoum est la chanteuse arabe du XXe siècle par excellence. Celle qui est parvenue à surmonter tout à la fois son origine provinciale, son milieu social, mais aussi les guerres, les révolutions, les indépendances, a incarné la grande chanson égyptienne comme une seconde nature. Si on devait lui donner un équivalent masculin, ce serait un mélange de plusieurs stars du bel canto à l'égyptienne, entre Mohammed Abd El-Wahab, avec lequel elle a d'ailleurs beaucoup travaillé, compositeur de nombreuses et belles musiques, mais également Farid al-Attrache, ce bellâtre du Nil, héros attitré du film arabe à l'eau de rose, ou encore Abdel-Halim Hafez, l'idole des jeunes. Oum Kalthoum a chanté Omar Khayyam*, Chawki, mais surtout les textes d'Ahmed Rami, son parolier mort en 1981. Il lui avait écrit 137 des 283 chansons qu'elle a interprétées durant toute sa carrière.

Voir : FAIROUZ

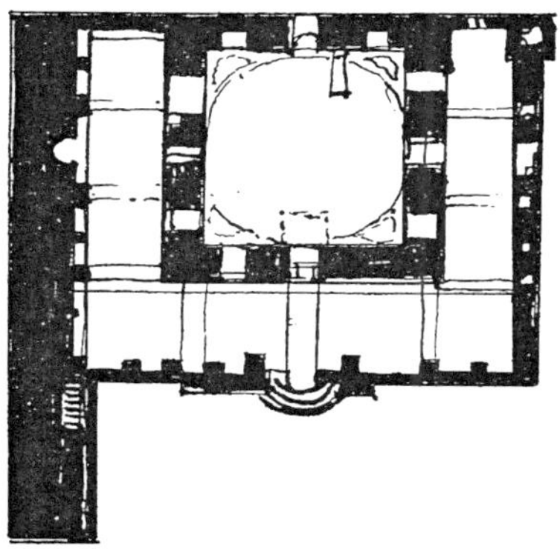

Voisin tout proche vaut mieux
que frère très éloigné.

(sagesse du désert).

Palmier dattier

Le *Phoenix dactylifera*, de la famille des palmiers, appelé en arabe *nakhla*, est un arbre béni par l'islam et par le Prophète. Le Coran évoque les spathes de palmier et les régimes de dattes qui sont à portée de main des fidèles (VI, 99). La légende prétend que Mohammed, tout comme les bédouins de son époque, aimait par-dessus tout son fruit, *temar,* qu'il savourait en buvant un peu de lait de chamelle.

Appelé en Chine « jujube persan » (*k'ou-man*), le palmier demeure l'un des emblèmes les plus vivaces de l'Islam, comme il le fut dans la plupart des peuplades de la Méditerranée, en particulier chez les Hébreux et chez les Carthaginois. D'une manière générale, le palmier dattier évoque l'inflorescence de la vie, le renouvellement des saisons et le retour cyclique du printemps. Il figure sur le drapeau national du Royaume d'Arabie Saoudite et au fronton de nombreux restaurants. Dans l'Andalousie musulmane du XIe siècle, le palmier symbolisait le retour à la terre patrie, l'Irak ou l'Arabie, régions où il est encore compté en nombre de plants, un peu comme on le ferait d'un élevage de chameaux ou de chevaux.

Le palmier sauvage s'est imposé dans la plupart

des villes méditerranéennes, parmi lesquelles Nice et Cannes, car il est extrêmement résistant. Les usages de la datte, le fruit succulent que produit le palmier dattier, sont multiples. Dénoyautées et pétries, elles servent à faire des sirops ou des gâteaux, parfois même un vin peu alcoolisé appelé *nabidh*.

Papier

Selon Ibn Khaldoun*, c'est au vizir barmécide Al-Fadl ben Yahya que l'on doit l'introduction du papier (*kaghit*) dans le monde arabe, au temps des premiers califes abbassides, au IXe siècle. Le papier, dont l'invention et la production sont restées longtemps chinoises, fut d'abord utilisé dans le domaine administratif en remplacement du papyrus (le mot papyrus, qui veut dire « roseau d'Egypte », aurait donné « papier ») et du parchemin, appelé *raqq*. D'autres sources prétendent que le papier était utilisé depuis le VIIIe siècle, à la fois pour transcrire les titres de concessions (*iqta'at*) et pour les diplômes (*sukuk*), et que cette innovation était due non pas à Al-Fadl ben Yahya, mais à Jaafar, vizir du calife abbasside Haroun Rachid*, et à Khalid ibn Barmak, autre vizir barmécide. Quoi qu'il en soit, l'introduction du papier en islam a coïncidé, aux premiers temps de la dynastie abbasside, avec la nécessité grandissante de protéger le saint Coran et de le diffuser à plus grande échelle.

Sortant du simple cadre diplomatique auquel il était destiné initialement, le papier s'est répandu rapidement dans l'Empire, ce qui a permis aux souverains d'unir symboliquement dans un même paraphe l'Indus à l'Atlantique. Des fabriques de papier ont proliféré tout autour de la Méditerranée, notamment en Syrie, en Sicile, et en Andalousie. Ainsi à Jativa (Maroc), l'ancienne Saetabis, on fabriquait le *satibi*, un papier qui laissera son nom jusqu'à nos jours. Parallèlement, le métier de libraire-copiste, *warraq*, littéralement « papetier », s'est développé, et son rôle est allé grandissant jusqu'à dépasser la plupart des autres corps de métier, hormis bien sûr ceux qui dépendaient directement de la sphère politique. Le libraire, qui avait une grande culture littéraire, devait rendre compte de toutes ses activités au prince régnant dont il était souvent le secrétaire particulier. Beaucoup ont d'ailleurs payé chèrement leur statut de confident royal, les secrets d'alcôve et la genèse des intrigues politiques n'étant jamais mieux gardés que par un homme mort.

Paradis

Le Paradis musulman est une géographie inspirée, presque littéraire, une sorte de promesse infinie. Mais le Paradis existe-t-il ? Selon un témoin auriculaire, un homme serait un jour venu voir le Prophète pour lui demander : « Que dis-tu si j'accomplis les prières, jeûne le mois de ramadan, respecte ce qui est licite, interdis ce qui est illicite et n'ajoutant rien à cela, entrerai-je au Paradis ? » A cette question, le Prophète aurait répondu oui. Mais le voyage qui mène le croyant ici-bas jusqu'à cet éden si lointain n'est pas simple ; il est semé d'embûches, car seuls ceux qui n'ont jamais douté de l'existence de Dieu, qui auront respecté les enseignements coraniques et honoré leurs engagements entreront au Paradis : « Ceux qui auront cru et qui auront accompli des œuvres bonnes habiteront les Jardins du Paradis. » Cette promesse du Paradis agit donc en profondeur sur la conscience du musulman. Les plus pieux lui consacrent en secret une partie de leurs oraisons et prient Dieu sans répit pour les guider sur le droit chemin, afin de le mériter après leur mort.

La topographie du Paradis est donnée par le Coran. En effet, le « Jardin de la Retraite » est situé près du « Jujubier de la Limite » lequel se trouve auprès du « Jardin de la Demeure » ou du « Refuge » (Coran LIII, 14-15)... Outre le terme Paradis lui-même (*Janna*), d'autres appellations sont utilisées : Demeure dernière, Demeure de la stabilité, Lieu de retour, Jardin d'éternité, Séjour de la paix, Séjour de vérité. Le Paradis se définit encore comme ce jardin large comme le ciel et la terre, situé très haut, un éden où coulent les ruisseaux, où les croyants trouveront une eau incorruptible, un lait au goût inaltérable, un vin délicieux, un miel purifié, des fruits et bien d'autres agréments. En dehors de cette sourate, les descriptions de l'éden musulman ne manquent pas. Avec ses parterres fleuris et ses jardins délicieux, ce lieu de bonheur, une expression qui revient au moins une dizaine de fois, est riche et verdoyant. On peut y trouver des fruits de toutes sortes (cités vingt-quatre fois), des épouses pures (vingt et une fois) appelées houris* et des jeunes gens, *ghilman*. Les uns et les autres seront au service des élus qui seront étendus sur des lits de repos ou assis sur des sièges, des tapis et même des lits d'apparat... (seize occurrences). Pour la plupart, ils seront placés à côté de Dieu, car il est dit : « Oui, ceux qui craignent Dieu demeureront dans des jardins, au bord des fleuves, dans un séjour de Vérité, auprès d'un Roi tout-puissant » (Coran LIV, 54-55).

Bien qu'il soit habité par la multitude, le Paradis reste un espace clos. Il dispose de portes, dont certaines ne s'ouvrent que pour une catégorie de fidèles à l'exclusion des autres : « Il y a dans le Paradis une porte qui s'appelle *Er-Rayyan* ; c'est par elle qu'entreront ceux qui ont jeûné, au jour de la Résurrection ; personne d'autre qu'eux n'entrera par cette porte. Aussitôt qu'ils seront entrés, la porte se refermera », aurait encore dit le Prophète dans un *hadith** rapporté par El-Bokhari (810-870). Des traditions anciennes précisent le passage de treize portes, chacune filtrant un peu plus les fidèles. La première porte laisse ainsi entrer ceux qui se sont acquittés de leurs prières quotidiennes, la deuxième de l'aumône, la troisième du jeûne, la quatrième du repentir, la cinquième ceux qui ont maîtrisé leur colère, la sixième ceux qui se sont résignés dans la voie de Dieu, la septième est la porte de la foi, la huitième réservée au prophète Mohammed est également appelée porte de la Miséricorde. Il y a encore la porte du pèlerinage, la porte de la bienfaisance, la porte de la profession de foi (*chahada**), la porte des élus, la porte de ceux qui font du bien et qui s'éloignent du mal (ou qui le combattent).

Lorsque le trépassé est mis en tombe, il reçoit la visite d'un duo angélique, Nakir et Munkir. Leur fonction est de faire avec lui le point sur les actes qu'il a commis sur terre. Ils lui posent trois questions, la première sur Allah, la deuxième sur l'islam, la troisième sur le Prophète. La tradition fournit des précisions étonnantes sur cette phase, appelée aussi l'Epreuve du Bilan ou de la Balance. Le Livre saint évoque à plusieurs reprises ces anges-scribes et leur donne parfois le titre de Nobles Scribes. Ils disposent d'une balance et d'un livre dans lequel ils consignent leurs observations.

Vient ensuite l'épreuve du Pont ou Pont rectiligne, *Sirat al-mûstaquim*. Ce pont est décrit comme ayant l'épaisseur et la longueur d'un très long cheveu. Les prétendants au Paradis le franchissent alors qu'il est suspendu très haut au-dessus d'un impressionnant brasier eschatologique. Les Elus l'empruntent sans anicroche. Ce fut notamment le cas de deux prophètes, Aaron et Moïse, tandis que les païens, les polythéistes et les apostats basculent dans le vide.

Le Paradis a sa couleur, elle est blanche. Cette couleur est elle-même le reflet de mille autres couleurs, un arc-en-ciel. La couleur verte y est aussi bien représentée. Parlant des élus, on peut rappeler ce verset de la sourate « La Caverne » : « Ils seront parés de bracelets d'or ; ils seront vêtus d'habits verts, de soie et de brocart ; ils seront accoudés sur des lits d'apparat » (Coran XVIII, 31).

Parfums d'Orient

Au ve siècle avant Jésus-Christ, Hérodote disait qu'une « odeur divinement suave » s'exhalait de l'Arabie entière. Comme pour lui répondre, plus de vingt-deux siècles après, William Shakespeare fit dire à Lady Macbeth : « *All the perfumes of Arabia will not sweeten this little hand* », littéralement : « Tous les parfums de l'Arabie ne pourront purifier cette petite main » (acte V, scène III). Plus près de nous, Léo Ferré chantait avec mélancolie : « Et les parfums d'Islam crevant d'Andalousie », tandis que le poète sévillan Antonio Machado (1875-1939) notait « qu'il avait l'âme de nard de l'Arabe espagnol ». Mais d'où vient donc cette persistante impression que l'Arabie (et l'Islam) est faite d'essences rares et de bois épicés, de baumes odorants et de benjoins enchanteurs ?

Le parfum, ce mystère, une énigme sans fin. Il est un « objet de luxe, et, de tous, le plus superflu », a écrit Pline dans son *Histoire naturelle,* ajoutant, non sans finesse, que « les parfums s'évaporent instantanément et, pour ainsi dire, meurent en naissant ». Ceux qui portent cette substance volatile ne la sentent pas et ceux qui la sentent ne la portent pas, pas plus qu'ils ne l'achètent ou la subissent quotidiennement. Tel est le bon plaisir de l'autre. Ornement des territoires intimes de l'être, posé sur une peau inespérée et de douceur repue, il est la légèreté même. Tantôt il fascine, tantôt il déroute. Il pacifie les cœurs, abolit la distance, favorise la rencontre.

Parfum de chèvrefeuille, de jasmin ou de musc. Leur évanescence les rend puissants, leur garantit notre fidélité. Mais, à vrai dire, le parfum est aussi fragile qu'il peut être puissant, ce qu'un poète arabe assez fameux, Ibn al-Mûqaffa (vers 721-757), traducteur inspiré des fables indiennes de Bidpaï, devenues en arabe *Kalila wa Dimna*, résume en disant que même caché, le musc dégage son odeur entêtante puisque sa fragrance n'en finit pas d'agir. Longtemps les parfums et leurs particules invisibles ont laissé pantois celui qui comptait éluder le mystère de leur création. L'effluve préservait ses secrets. Ou alors il fallait un sacré talent, du nez dirait-on, procéder à une étude lente et forcément respectueuse pour que l'arôme daignât enfin livrer une part infime de son secret.

Les parfums d'Orient sont multiples, et tous les voyageurs des deux siècles derniers, les Loti, Nerval, Volney, Lamartine, Flaubert, Bertrand, Fromentin ou Gobineau, ont rapporté chacun leur témoignage, fait état de leurs plus vives impressions. L'habitude fut ainsi prise de les évoquer, d'offrir un éloge à ces majestueuses saveurs. Certaines fragrances hantèrent leur souvenir comme celles tirées des fioles des courtisanes dans les palais d'antan, d'autres avec leurs volutes magiques semblaient échappées de quelque lampe d'Aladin, d'autres encore, plus chaudes, plus ambrées, fleuraient bon le harem du Grand Turc, à Istanbul.

Chaque villa mauresque, avec ses mosaïques en camaïeu, chaque patio aux bruits sourds des fontaines débordant d'écume, chaque café oriental, à Beyrouth ou ailleurs, regorge de senteurs, chapelets de jade, aux couleurs améthystes, roses musquées d'Antinéa. Le parfum est une autre expression de l'Orient, il l'était déjà chez les Pharaons qui furent, semble-t-il, des maîtres de la cosmétique ; il l'est encore aujourd'hui chez tous les musulmans.

Il y a bien, oui, une obsession musulmane du parfum, et hommes et femmes aiment à s'en vêtir, à s'en parer comme s'il s'agissait de bijoux portés pour une grande sortie. Une vraie fête.

Paris

Il peut paraître étonnant d'inclure une entrée sur Paris dans un *Dictionnaire amoureux de l'Islam*, mais cet étonnement n'est que de courte durée. N'est-ce pas la ville-monde où toutes les nationalités se croisent, delta de tous les affluents du grand fleuve humain, celui du Sud comme celui du Nord, celui des Amériques comme celui de l'Asie ? Quoi de plus normal alors ? Une ville qui est traversée par plus de trente ponts ne peut manquer d'imagination : elle est faite pour relier et non pour délier. Cette ville est à la fois athénienne par ses parthénons et autres acropoles, romaine par la fascination du pouvoir qu'elle exerce, carthaginoise par ses démons intérieurs et vénitienne par ses lumières de juin. Ancienne et toujours jeune, coquette et joyeuse, mais toujours de sobriété revêtue lorsqu'elle est de sortie. Certains gavroches, devenus grands, voudraient la doter d'une cinquième saison, un « été indien » qui débuterait en fanfare au 1er octobre et se prolongerait indéfiniment. Les femmes pourraient alors montrer leurs toilettes, exhiber leurs couleurs du Midi...

Paris est le classicisme poussé à l'épure, la place Vendôme dans l'esprit, les quartiers haussmanniens dans les faits. Paris est depuis longtemps un laboratoire des cultures urbaines, rap, raï, hip-hop, groove, *worldmusic* ; elle est un banquet ouvert de toutes les cuisines et le berceau des langues du monde. Une Tour de Babel au vrai qui ne cesserait de rajouter des étages, multiplier les sources d'inspiration, attirer de nouveaux talents.

C'est pourquoi Paris est aussi ville « musulmane », tant par sa population arabe, turque et africaine que par son histoire. Depuis la chute du mur de Berlin, on assiste à l'arrivée de musulmans d'Asie, Kurdes, Irakiens, Iraniens, Afghans et Pakistanais, et bientôt d'Europe centrale. Les monuments musulmans d'inspiration orientale sont légion, et cela ne concerne pas seulement la Mosquée de Paris ou tel ou tel édifices publics. En souvenir des cent mille « poilus » musulmans tombés sous le drapeau français pendant la Grande Guerre, la France a érigé la Mosquée de Paris. Construit en 1922 et inauguré en 1926, le complexe, aimanté par son mihrab* et sa qibla*, est orienté sud-sud-est, en direction de La Mecque. Son architecture est inspirée de l'art hispano-mauresque, à la manière de l'Alhambra. Son administration est confiée à une société de habous* qui gère les biens inaliénables des musulmans, laquelle a été transformée pour les besoins de la cause en un institut musulman de la Mosquée de Paris, lui-même étant régi par la loi 1901. Le premier recteur de la Mosquée fut Si Kaddour Benghabrit. Il présida aux destinées de l'établissement jusqu'à sa mort en 1954. Après de nombreuses secousses liées notamment au financement de l'établissement, Si Hamza Boubakeur, un érudit, lui a succédé jusqu'en 1982. Depuis quelques années, son fils Dalil Boubakeur a pris la relève. Avec son salon de thé, son petit jardin, la Mosquée ouverte à tous se visite tranquillement et offre un instant de magie orientale au cœur de Paris.

Les habitudes alimentaires, quelques marchés parisiens où l'on parle plus arabe que français, certaines banlieues, évidemment, et parfois des éléments vestimentaires, comme le séroual, portent la marque de l'islam. Celui-ci est présent à travers ce monde arabe déplacé ici, avec ses ambassadeurs, ses étudiants, ses artistes, ses cinéastes, ses écrivains. Il est aussi celui des femmes berbères, des créatrices de mode, des gastronomes émérites. Les expositions de peinture, les galeries d'art et les forums donnent au curieux tout loisir de s'informer amplement dans ce domaine.

Et puis, il y a le passé. Combien d'auteurs arabes ont visité Paris et l'ont ensuite célébrée à travers leurs poèmes, au hasard de leurs opuscules quand ils n'ont pas consacré des livres entiers à la Ville lumière.

Parmi toutes les relations de voyage faites sur Paris au XIXe siècle, il faut lire celle d'Abdürrahim Muhibb Efendi, ambassadeur de la Sublime Porte à Paris de 1806 à 1811. Sa curiosité et son sens du détail m'ont enchanté. Et puis quelle imagination ! Pas un lieu de Paris qui lui ait échappé. Le Palais-Royal lui évoque un caravansérail, « plus grand que le khan de la Valide » (*sic*), la reine mère en personne : « Dans les chambres au-dessus des boutiques habitent les commerçants en location. Et dans les chambres qui sont encore au-dessus habitent des femmes qui pratiquent la prostitution tandis que les sous-sols du caravansérail en question sont affectés au jeu qui est pratiqué sans entraves la nuit... » Il est loin le temps où le Palais-Royal était un caravansérail, un lieu de débauche...

Mais Paris, c'est aussi la nuit. Monde hybride que celui de la nuit parisienne, avec ses lois intransigeantes, ses grandeurs et ses vicissitudes. C'est encore la table du genre humain qui se dresse devant vous, avec ses lumières de Louxor, les tchekchouka de Tunisie, les tagines du Maroc, les mezzés libanais, les brochettes turques ou grecques, les plats iraniens ou pakistanais, servis dans leurs décors avec de beaux tapis persans.

Paris est un monde et l'islam se plaît beaucoup dans cette ville cosmopolite, dans une harmonie parfaite.

Parole donnée

Selon le code d'honneur*, la parole donnée (*kalima*) a valeur de testament. La société bédouine, qui est d'abord une société de l'oralité, n'a jamais eu recours au document écrit ou à des traités compliqués, avec leurs clauses détaillées. Aux temps anciens, et forcément révolus, où les tribus étaient liées par un code de l'honneur, il suffisait qu'un homme donne sa parole devant deux témoins ou devant le Conseil des Anciens pour que son engagement soit ferme et l'implique, parfois, sur plusieurs générations. Tel est le bon côté de l'honneur. Mais c'est néanmoins un contrat social limité car il ne concerne que des partenaires qui ont ces valeurs en partage. D'ailleurs, lorsque l'islam a quitté ses limites historiques, notamment celles de la péninsule Arabique, il a dû établir des traités, autant avec ses administrés qu'avec ses partenaires byzantins ou juifs. Le volume très important des biens échangés a rapidement exigé des documents écrits, les routes commerciales n'ayant été sécurisées que très tardivement.

Pasolini

Cinéaste mondialement connu pour son œuvre sulfureuse, décalée et géniale, où la plupart des dogmes bourgeois sur la morale, la sexualité, la religion sont battus en brèche, Pier Paolo Pasolini (1922-1975) m'intéresse ici pour sa libre interprétation – peut-être trop libre, même si on ne l'est jamais assez – des *Mille et Une Nuits**. Son film étrange sur Qamar az-Zaman est à la fois naïf et troublant. Derrière ce conte allégorique, il s'agissait de trouver la clé d'or de l'homosexualité, en Orient bien sûr, mais également en Occident. L'homosexualité comme *analogon* de base de l'être humain, une sorte de paradigme. Pasolini a toujours été violemment critique de la bonne conscience, d'abord comme écrivain et poète (ce qu'il était jusqu'à la fin des années cinquante), puis comme cinéaste. C'est peut-être cela qui fut la cause de sa perte, en ce 2 novembre 1975, à Ostie, la plage de Rome, lorsqu'il fut assassiné.

Pathologies

On a pratiquement tout écrit sur la criminalité supposée des Arabes et des musulmans. Mais les pages les plus cocasses, souvent rédigées très doctement au début du siècle dernier, n'ont pas encore été redécouvertes. Les plus truculentes, mais aussi les plus naïves, furent sans doute celles écrites par le docteur A. Kocher. Dans son étude sur la *Criminalité des indigènes*, au chapitre intitulé « Outrage public à la pudeur », ce professeur de médecine en appelle à la prudence de ses collègues parfois enclins, dit-il, à qualifier d'exhibitionniste tout Arabe qui urine en public, découvrant ainsi son postérieur. Voici son raisonnement : « Le *pantalon* [en italique dans le texte] indigène, bouffant, serré à la taille par un cordon, ne possède pas comme la culotte française une fente antérieure, de telle sorte que pour uriner, par exemple, l'Arabe est obligé de dénouer le pantalon à la ceinture, de l'abaisser, de façon à permettre la sortie de la verge. On comprendra sans peine tout ce que cette pratique a d'incommode et les conséquences qu'elle peut avoir. Elle entraîne d'abord une séance assez longue dans les urinoirs publics ; de plus, si la main lâche les cordons du pantalon, il tombe aussitôt, laissant l'Arabe, qui la plupart du temps n'a pas de chemise, dans une singulière situation. Ne peut-il, dès lors, s'il est aperçu, être regardé comme *exhibitionniste* [souligné dans le texte] ? C'est là un accident qu'il faudra toujours regarder comme possible et dont le médecin légiste devra tenir compte. N'oublions pas non plus de noter que tout bon musulman, suivant les préceptes du Koran, doit uriner accroupi, et pratiquer, l'acte accompli, une ablution. Sidi-Khélil entre à ce sujet dans les détails les plus minutieux. »

Les auteurs occidentaux ont longtemps affublé l'islam de tous les maux possibles. A lire certaines œuvres, on a parfois l'impression que l'imprimeur a substitué une étude de Krafft-Ebing ou de Pinel à une saine sociologie de l'islam. Beaucoup d'auteurs ont pratiqué l'amalgame et l'offense jusqu'à l'excès, ce qui, au passage, affaiblissait leurs démonstrations tout en jetant le plus grand doute sur la qualité des sciences sociales européennes. Or, l'enchantement de l'islam que l'on peut saisir dans mon livre, ne peut aller sans son contraire. Nécessaires dans certains cas, les attaques contre l'islam ont connu plusieurs étapes, la première vague ayant commencé au lendemain de la croisade, mais celle-ci étant sans commune mesure avec les critiques que subirent les musulmans au lendemain de la Reconquête espagnole. Chaque période sécrète son vocabulaire et sa vindicte. Un fait est sûr, l'islam a toujours inquiété, car il a toujours été perçu comme une source d'angoisse. Mais dans la mesure où il n'était pas « que » sauvagerie, le balancier a souvent oscillé entre une haine sordide et une fascination emphatique. Le prophète Mohammed fut ainsi qualifié tour à tour d'imposteur, de corrupteur (saint Jean Damascène, 650-749). Pour le père Théophane (751-818), il était « fourbe, barbare, ennemi de Dieu, démoniaque, athée, débauché, pillard, sanguinaire, blasphémateur, stupide, bestial et arrogant ».

D'autres jugèrent que le Coran n'était qu'un « narcotique » puissant et juste, bon à endormir ses adeptes au lieu de les instruire. Au XIXe siècle, un esprit aussi incisif que le comte* de Gobineau (1816-1882), grand connaisseur par ailleurs du monde perse, a pu écrire dans son *Essai sur l'inégalité des races humaines*, vers 1853 : « C'est ainsi que l'islamisme sortit de ses déserts. Arrogant, peu inventeur, et déjà, d'avance, conquis aux deux tiers à la civilisation gréco-asiatique, à mesure qu'il avançait, il trouvait, sur les deux plages de l'est et du sud de la Méditerranée, toutes ses recrues saturées d'avance de cette combinaison compliquée. Il s'en imprégna davantage. De Bagdad jusqu'à Montpellier, il étendit son culte emprunté à l'Eglise, à la synagogue, aux traditions défigurées de l'Hedjaz et du Yémen, ses lois persanes et romaines, sa science gréco-syrienne et égyptienne, son administration, dès le premier jour, tolérante comme il convient, lorsque rien d'unitaire ne réside dans un corps d'Etat. On a eu grand tort de s'étonner des rapides progrès des musulmans dans le raffinement des mœurs. Le gros de ce peuple avait simplement changé d'habits, et on l'a méconnu quand il s'est mis à jouer le rôle d'apôtre sur la scène du monde où, depuis longtemps, on ne le remarquait plus sous ses noms anciens. »

Le summum de la mauvaise foi est atteint, au tournant du XXe siècle, lorsqu'un auteur répondant au nom de D. Kimon écrit dans un livre auquel j'ai emprunté le titre de cette entrée, *La Pathologie de l'islam* : « Les musulmans, en général, ne peuvent être examinés autrement que comme une sorte de bêtes féroces : fauves, reptiles, rongeurs, à conformation humaine. Ils doivent êtres classés en plusieurs catégories :

« 1. Musulmans féroces comparables à la panthère et à l'hyène : les Kurdes, les Tcherkesses de la Transcaucasie, les Yésidis de Sindjar, les Turcs d'origine tatare, les Arabes du Nedjed, les Druses de la Syrie, les Touaregs.

« 2. Musulmans féroces comme le tigre, mais domptables : les Mogols, les Turcomans, les Afghans.

« 3. Musulmans d'origine aryenne, chez lesquels on trouve, à doses plus ou moins fortes, la cruauté des fauves, la perfidie des reptiles, la fureur de destruction des rongeurs : Mahométans de Perse, de l'Inde, de Crète, de la Syrie, les Albanais, les Arnautes.

« 4. Musulmans d'origine sémitique pure, armés

de dards mortels : les Haoussas de la région du Tchad, les Abadites, les bédouins.

« 5. Musulmans de races mixtes : sémito-aryenne, barbaresque, malaise, touranienne ; félins apprivoisés, ne rendant aucun service à l'humanité.

« 6. Musulmans nègres du type fétichiste, c'est-à-dire, des bêtes qui avaient la notion du travail et de la conservation que l'islamisme élimine et dont il fait des pillards.

« 7. Musulmans d'origine chrétienne : Turcs de la Turquie d'Europe, de l'Asie Mineure, Egyptiens, Berbères, Khatanites, Omanites, Coptes, Arméniens, Iraniens, Kamani, Assireta, Lazes, Grecs, Slaves, Polonais, Européens. Ces musulmans produisent dans les premières générations de leur conversion à l'islam un petit travail d'agriculture, d'élevage ou autre, mais au fur et à mesure que l'islamisme s'ancre davantage dans le cerveau, à mesure qu'il s'infiltre dans les plus profonds de la raison, ce sentiment du labeur disparaît plus ou moins vite et fait place à l'orgueil dominateur : l'individu est devenu fanatique. Il ne vit plus que du bien d'autrui. Il rétrograde au rang de la bête fauve.

« 8. Les individus qui ont un penchant à l'islamisme et qui par nature ou par tempérament sont attirés vers le système islamique : oisifs, paresseux, dégénérés héréditaires, libidineux, atteints du délire érotique ou de l'uranisme, égoïstes préoccupés d'acquérir, sans travail, une grande fortune et obsédés du rêve de posséder plusieurs maîtresses. »

Plusieurs centaines de pages du même acabit, cela ferait presque rire si ce n'était aussi grave, si quelques esprits simples ne prenaient toujours pour parole d'évangile tout ce qui est imprimé. Dénué décidément de tous scrupules, D. Kimon passe ensuite en revue les techniques prophylactiques qui débarrasseraient l'humanité de tout musulman. Son livre ne connut pas le succès et n'a donc sans doute jamais porté préjudice à aucun musulman. Mais comment expliquer en revanche ces mots – tant de noirceur de cœur sous la plume d'un Franz Kafka (1883-1924) : « Il faut que les Arabes nous laissent en paix ; nous voulons un air respirable ; un horizon nettoyé d'eux ; plus de cris de veaux que l'Arabe égorge ; que tous les animaux puissent crever en paix ! », in *Chacals et Arabes* (1912) ?

Peintres orientalistes

Au XIXe siècle, la découverte par les peintres européens des pays arabes et de l'islam, regroupés à l'époque sous un seul terme, l'Orient, a engendré un phénomène culturel exceptionnel, jamais constaté auparavant ni réédité depuis. Presque inespéré quant au résultat esthétique final, il se trouve encore de nos jours des « experts » pour douter de la valeur intrinsèque de ce mouvement, quant à sa technique, quant à son art.

Tous auront marqué leur siècle, de Jean Dominique Ingres (1780-1867) à Eugène Fromentin (1820-1876), en passant par Eugène Delacroix (1798-1863), avec son tableau *Femmes d'Alger dans leur appartement* ; Théodore Chassériau (1819-1856), Auguste Renoir (1841-1919), Etienne Dinet (1881-1929), Henri Matisse* (1869-1954) et d'autres encore : Majorelle, Lecomte du Nouÿ, John Fredrick Lewis, Rudolf

Ernst, Jean-Léon Gérôme, John Singer Sargent, Franck Dillon, etc. Tous furent séduits par la lumière du pays berbère – Sud marocain et algérien – et par les douceurs levantines, inspirés par les intérieurs, les marchés, les portes, plus que tout les femmes, les charmeurs de serpent, et les petites gens. Tous, enfin, ont su apprécier le bien-être des Orientaux, ont été touchés par leur sincérité, médusés par leur douceur.

Parmi toutes les œuvres, je voudrais m'arrêter sur l'*Exécution sans jugement sous les rois maures de Grenade,* peint en 1870 et conservé au musée d'Orsay à Paris. Il s'agit d'une immense toile (302 × 146 centimètres) d'Henri Regnault, peintre parisien qui mourut à Buzenval, en 1871. On y voit un géant africain, autant dire un bourreau majestueux et cruel, qui essuie la lame effilée de son sabre avec lequel il vient de trancher la tête d'un homme de sa race, quasiment sa copie, son double. En arrière-plan, comme pour rehausser le caractère monstrueux mais légitime de ladite exécution, le cadre du palais de l'Alhambra avec des couleurs plutôt chaudes – abricot et pêche, du jaune pâle –, qui soulignent la magnificence particulière au lieu mais aussi l'incongruité de la scène. L'effet si réaliste de la tête du condamné qui baigne dans son sang, lequel donne l'impression d'être chaud et de couler encore, accentue la tragédie singulière de ce tête-à-tête sanglant, provoquant un choc visuel. Et si Henri Regnault souhaitait, semble-t-il, « faire revivre les vrais Maures, riches et grands, terribles et voluptueux », on peut dire qu'il y a réussi plus qu'il ne l'espérait lui-même. En revanche, on peut soutenir également que jamais scène d'horreur – pas même *La Mort de Sardanapale* de Delacroix, trop classique, trop figée – n'a jeté autant d'effroi dans le cœur du public. La première fois que l'on accrocha cette toile au musée du Luxembourg, des femmes furent prises d'un malaise physique. On a dû les sortir très vite, les éventer, mander un médecin. Je n'ose imaginer la réaction du public oriental si, d'aventure, cette toile était prêtée à un musée arabe ou musulman. A n'en pas douter, les risques d'émeute seraient autrement plus fâcheux qu'un simple évanouissement.

Voir : HAMMAM, HAREM, ODALISQUES

Pèlerinage

C'est l'un des cinq piliers* de la foi musulmane, et tout musulman se doit de le faire, ne fût-ce qu'une seule fois dans sa vie. Ce rite est important, car il permet au croyant de parachever son œuvre « terrestre », vue par l'islam comme un cycle introductif ou préparant à la vie réelle qui s'ouvre à peine, celle de l'au-delà. Le pèlerinage est, de tous les rites de l'islam, le plus spectaculaire. Il est de deux sortes. Un petit pèlerinage appelé *'umra*, qui dure quelques jours, trois ou quatre au maximum, et dont le pèlerin décide de la date à l'exception des deux premières semaines de *Dhu al-hijja*, réservées au grand pèlerinage collectif, appelé *hajj**. Celui-ci est le plus méritoire spirituellement et le musulman pieux doit tout mettre en œuvre pour le réaliser. Après quoi, il obtient le titre honorifique de *hadj* ou *hadja* pour les femmes. Une fois par an, plongé dans la foule immense que draine La Mecque, le croyant peut ainsi évaluer sa foi et la confronter à celle de tous les autres pèlerins. L'émotion qui se dégage de ces grands rassemblements humains lui donne toute sa puissance, que n'atteindra jamais l' *'umra*, le petit pèlerinage.

La Mecque, en Arabie Saoudite, est l'une des villes saintes les plus visitées au monde. Elle partage ce privilège avec trois autres Lieux Saints de la planète : Jérusalem, le Gange et Rome. Rien de comparable en tout cas avec Saint-Jacques-de-Compostelle, Fatima, Lourdes, Kerbala, ni aucun monastère ou église de par le monde. Ce qui ne va pas sans poser quelques problèmes pratiques, comme l'approvisionnement en eau des deux ou trois millions de pèlerins, leur hébergement dans des hôtels à proximité des lieux de culte et leur santé, en particulier lorsque le pèlerinage a lieu au moment des grosses chaleurs de l'été.

Lorsque le pèlerin atteint le territoire sacré de La Mecque, qu'il vienne par la route ou par les airs, il doit se vêtir d'un vêtement spécial appelé *ihram*, symbole du début de sa sacralisation. Ensuite alors, les nombreux rites du pèlerinage peuvent commencer. Ils comprennent essentiellement la visite pieuse de la Grande Mosquée de La Mecque, avec ses sept circumambulations canoniques : celles-ci se déroulent autour de la Maison sacrée et célèbrent la danse que les anges exécutent autour du Trône divin, car, dit Ghazzali (1058-1111), « la Maison est un symbole visible dans le monde du Royaume de Dieu qui est invisible aux regards ».

S'ensuivent éventuellement le toucher de la Pierre noire, la visite de la Station d'Abraham où le pèlerin boit l'eau sublime de Zemzem, qui évoque la source jaillissant naguère sous les pieds de Hagar, mère d'Ismaël. Ensuite, vient la station de 'Arafat, sans doute le moment le plus important du pèlerinage, avec la *talbiya*, ou l'invocation à Dieu. C'est là que les pèlerins ramassent les petits cailloux, au nombre de 49 ou 70. Plus tard, ils lapideront la stèle de Satan. Au troisième jour du *hajj*, les musulmans sacrifient une bête pour la fête de l'Aïd el-Kébir, commémorant ainsi le geste d'Abraham*. Le lendemain, les fidèles rejoignent Mina, puis Mouzdalifa, des lieux-dits situés dans les environs de la Kaaba. Après quoi, les pèlerins retrouvent leur vie normale. Beaucoup d'entre eux profitent de ce *hajj* pour se purifier entièrement, se faire raser la tête, changer d'habit. Ainsi donc l'exégèse coranique a-t-elle détaillé toutes les étapes du pèlerinage, en donnant, pour chacune d'elles, une signification à plusieurs niveaux : manifeste, caché, profond, extrêmement profond...

Lors de son périple, le pèlerin musulman prend conscience de la grande variété de la société humaine. En effet, plusieurs millions de musulmans, venus du monde entier, visitent annuellement les Lieux saints de l'islam. Moment de grande ferveur et d'une intensité émotionnelle évidente, le pèlerinage est perçu comme un achèvement et une victoire. Aucun musulman n'est revenu semblable de ce voyage, qui a pour vocation de purifier son âme de toutes les impuretés, souillures et péchés commis dans la vie antérieure.

Poésie

La poésie est une prière. Les Arabes l'entendaient déjà ainsi avant l'islam. A leurs yeux, la prière se substituait à toutes les homélies du désert, remplaçait toutes les invocations des divinités païennes. Elle mettait du baume dans le cœur du bédouin et la douce musique des mots rythmait les longs voyages du caravanier. Pendant plusieurs siècles, les Arabes n'eurent que cette religion-là, le Verbe, simple emphase de l'oralité par laquelle ils s'autorisaient le dithyrambe ou l'églogue bien tressés. D'ailleurs, lorsque ce fut le temps pour le Prophète d'annoncer le saint Coran, la première opposition qui s'exprima le discrédita en tant que poète. Poète, le Prophète, alors qu'il était analphabète, timide et sans aucune ambition spéculative ? Mais le Coran devint le poème par excellence, la langue pure avant quoi rien ne fut jamais conçu (Coran XXVI, 195). C'est ce privilège du Verbe que le Coran revendiqua, comme une fonction de sa sacralité et une part indivisible du mystère divin (*i'jaz*). La poésie devint elle-même la « Révélation » (*tanzil*).

Il faut se rendre à l'évidence : l'éloquence, comme celle du Prophète, contient une grande part de magie. A moins que ce ne soit le souffle divin qui l'ait inspirée – ce que l'on appelle communément le « don du ciel », pour un enfant surdoué par exemple –, lequel souffle ne serait rien sans le soutien archangélique (Gabriel transmettant les versets à Mohammed). Il est éventuellement une œuvre du diable, à l'instar des Versets sataniques, deux en tout, mais qui furent reconnus tels par le Prophète lui-même.

Au départ, la poésie arabe reflétait l'imaginaire des bédouins, traduisant leurs aspirations et leurs craintes. Elle racontait leur monde assez rudimentaire, évoquait des liens de prestige et d'allégeance, se transformait parfois en apologies vaines et intéressées. On vénérait bien sûr la bien-aimée, l'excellence des origines, les solidarités tribales, les faits guerriers.

Les roitelets payaient des fortunes une rime adroite d'un poète en vue, les uns et les autres courant les *diwans* littéraires et autres foires, comme celle d'Okaz. La poésie restait malgré tout l'apanage des puissants et des personnes bien nées, même si l'ascension sociale pouvait encore emprunter le char fou du talent.

Au fil du temps, la poésie arabe s'est confondue avec la poésie musulmane par l'intégration de nombreuses autres expressions orales, dont la plus prestigieuse, la persane, s'est élaborée progressivement et sans heurts majeurs. La vérité est qu'elle a subi, malgré tout, l'influence du verbe coranique, sa puissance et son équilibre. Entre le VIIIe et le IXe siècle, la poésie se cantonna aux cercles restreints des dilettantes et érudits, souvent stipendiés par le Palais. D'ailleurs, c'est autour du souverain régnant que le cercle des poètes trouva sa place, à la fois pour des raisons pécuniaires mais surtout pour bénéficier de sa protection.

Certaines époques et certains milieux culturels furent plus propices que d'autres à l'émergence de nouveaux genres. L'exemple le plus spectaculaire fut la fracture qui s'opéra entre le premier et le deuxième siècle de l'islam. Alors que l'école hedjazienne de la poésie – celle de La Mecque et de Médine relayée par Damas, qui la perpétuait sagement – en était encore à chanter l'absence de la bien-aimée (*al-atlal*), à Bagdad les tenants de l'amour socratique, un amour urbain, s'en donnaient à cœur joie avec leurs mignons, leurs jarres de vin et leurs courtisanes outrageusement fardées. Ce fut le cas notamment d'Abu Nuwas, d'Omar Khayyam* et de leurs successeurs. Pendant plus d'un siècle, la sensualité exacerbée de ces poètes plutôt maudits quand ils n'étaient pas protégés par de puissants mécènes l'emporta sur la convention affectée des moralistes de Médine et de La Mecque. Lorsque ceux-ci, corsetés jusqu'à la rime, tremblaient devant leurs souverains maniaco-dépressifs, les premiers, plus affranchis, se vautraient tranquillement dans une lubricité assumée et se livraient à la débauche sans crainte du scandale.

Aujourd'hui encore, la poésie arabe balance entre le cercle des poètes « académiques » et le second, celui des poètes libres, jusqu'à étouffer toutes les thématiques de libération.

Poitiers

Cette ville, aujourd'hui paisible, a joué un rôle considérable dans l'imaginaire français. Ce rôle de Poitiers est en partie fantasmé et énigmatique. Et pour cause, car on ne sait toujours pas avec certitude s'il s'agissait bien de Poitiers, de Châtellerault ou de Tours, ou même d'un lieu-dit à mi-chemin entre ces deux villes.

Mais on imagine sans peine l'impact de cette victoire au nord de la Loire en cette année de grâce 732, après que les armées musulmanes – conquérantes jusqu'alors – ont été stoppées net par la résistance franque. Cette victoire, la chrétienté la doit à Charles Martel (688-741), fils naturel de Pépin d'Héristal. A la tête d'une grande armée de fantassins qu'il commandait, semble-t-il, avec autorité, il réussit à contenir les légions victorieuses d'Abd ar-Rahman al-Ghafiqi. Durant ces années-là, l'affrontement entre les deux camps ennemis se prolongea en de nombreuses batailles rangées que la *Continuatio mozarabe* de San Isidore, rédigée en 750, a décrit fort bien.

Les armées musulmanes avaient installé à Narbonne leur QG de campagne. C'est depuis cette ville qu'elles ont mené leurs incursions dans le Nord, allant jusqu'en Bourgogne et dans les Vosges. Autun fut conquise peu après la percée du Dauphiné, mais, déjà, Valence, Nîmes, Béziers, Arles, Avignon, Carcassonne étaient entre les mains des musulmans ou payaient tribut à l'émir local. Les historiens restent divisés sur la victoire de Poitiers : l'armée musulmane fut ce jour-là arrêtée, oui, mais battue, c'est à voir. Et cela pour plusieurs raisons : au même moment, sur le flanc ouest, les armées musulmanes faisaient une spectaculaire progression au terme de laquelle elles envahirent, pour la quatrième fois, la Gascogne, entrèrent à Bordeaux et franchirent la Dordogne.

Narbonne restera longtemps entre les mains des musulmans, et cela alors même que Charles Martel eût préféré pousser l'avantage qu'il avait acquis entre Poitiers et Tours. Il a fallu l'arrivée de Pépin le Bref pour que Narbonne, au milieu du VIIIe siècle, soit à nouveau livrée, quoique difficilement, aux Wisigoths.

Politique

Un dictionnaire de civilisation doit-il parler de politique ? Un dictionnaire consacré à la civilisation de l'islam est-il tenu de s'exprimer sur la Palestine et le peuple palestinien ? Que dire de l'intifada ? Que dire aussi de l'Irak ? A-t-il été occupé ou libéré au printemps 2003 ? Et quel est l'islam des intégristes musulmans, celui des groupes armés en Algérie, aux Philippines, en Tchétchénie ? Que dire encore du Jihad islamique, du Hezbollah, de la Qaida ? L'islam a mal à sa politique. Chaque fois qu'un homme de culture s'aventure dans le domaine de la politique, et de là suit les méandres de sa violence – civile ou guerrière –, il risque d'y perdre la tête, au figuré ou au réel. Bien des journalistes ont été assassinés au cours de leur enquête parce qu'ils ont trop cherché où il ne fallait pas, bien des intellectuels ont été interdits de parole, des opposants et des syndicalistes emprisonnés à vie. Combien d'hommes politiques ont été mis en quarantaine ou en résidence surveillée ? La politique, de l'arabe *as-siyassa* qui signifie littéralement « amener quelqu'un à la raison par la douceur », est véritablement un terrain miné, hors de propos pour la culture, à moins évidemment que l'on ne parle diplomatie, dialogue, démocratie, droits de l'homme et respect de l'opposant, autant de vertus qui manquent encore aux gouvernants musulmans en place.

Les premiers théologiens de l'islam n'ont pas contribué à simplifier les choses. Le lien viscéral que la religion et la politique entretiennent entre elles, s'il n'est pas étrange pour tous ceux qui vivent en islam depuis leur enfance, pose des problèmes, notamment lorsque le religieux s'occupe de politique et que le politicien s'occupe de religion. Cette non-séparation des deux univers, l'univers de la croyance d'une part, l'univers de la pratique quotidienne et de la citoyenneté d'autre part, est aujourd'hui un frein majeur à l'épanouissement de la plupart des sociétés musulmanes. Les religieux, modérés ou violents, qu'ils soient opposants aux régimes en place ou gestionnaires, ont leur part de responsabilité dans ce constat. Prenons l'exemple de l'association des Frères musulmans qui est née à Ismaïlia en Egypte en 1928, sous la baguette d'un instituteur nommé Hassan al-Banna. Depuis sa création, elle n'a pas cessé d'investir, et ce par n'importe quels moyens, le champ de la politique en Egypte d'abord, puis, de proche en proche, au Moyen-Orient, au Maghreb et en Asie.

L'islam est-il une croyance ou une politique ? Le Coran semble bien clair pourtant : l'islam est la croyance en un Dieu unique, et son prophète Mohammed. Mais lorsqu'on lit les textes issus de la Tradition, surtout les textes juridiques, ou certains appels à la *djihad*, on se rend compte que cette définition a été dévoyée. Parfois, son interprétation n'a été qu'un simple enrichissement du corpus original, ce qui *a priori* ne lui donne pas de caractère nocif. Mais, en amplifiant la dimension belliqueuse du Coran, des lectures politiques en ont fait un véritable texte guerrier. Il en résulte que toute politique née dans ces conditions prend la coloration des souverains qu'elle sert, ou conforte dans leurs privilèges des théologiens pour qui le dogme n'est qu'une arme aiguisée qui sert à se jouer de la crédulité de leurs protecteurs et de tous les musulmans.

Polo

Rien ne réjouit plus les Orientaux que de croire qu'ils sont à l'origine d'un sport, d'un art, d'une coutume ou que sais-je encore ? d'une mode en Occident.

On leur a souvent répété qu'ils avaient découvert le zéro, le café, le luth, l'alambic, l'éventail et le hammam et qu'ils avaient perfectionné l'astrolabe (*asturlab*), les techniques de distillation ou d'irrigation, mais combien sont ceux qui savent que le polo, aujourd'hui très prisé en Angleterre et en Inde, est né en Iran ? Le mot arabe *çawlajan*, polo, dérive de *tchawgan* et remonte au moins au IVe siècle avant Jésus-Christ, ce qui en fait, du haut de ses vingt-cinq siècles, l'un des sports les plus anciens de l'humanité, sans doute aussi vieux que la course à pied, le marathon ou la lutte. On prête au calife abbasside Haroun Rachid* (766-809) la popularisation du polo, qui exige un minimum d'équipement. Car, au-delà d'un cheval extrêmement bien dressé, le polo impose d'abord à ses adeptes une dextérité particulière, une grande forme physique et un sens tactique pointu. Au XIIe siècle, un prince syrien du nom de Nûr ad-Din justifiait sa passion démesurée pour le polo par la nécessité de préparer par un exercice et un entraînement continus les chevaux à la guerre. Le polo, comme la course de chameaux, celle des lévriers et, au Maghreb, la *fantasia*, était l'occasion pour les musulmans de prouver leur puissance physique, leur passion pour les jeux virils, l'occasion aussi de se réunir. Après les matchs, de grandes fêtes clôturaient ces rencontres sportives ; elles se déroulaient au palais autour de banquets gargantuesques : il arrivait couramment que les victuailles ne soient pas entièrement consommées, et resservies aux nécessiteux de la ville, notamment par le biais des cercles de bienfaisance de la mosquée.

Voir : BOUZKACHI

Polygamie

Au cours de l'Histoire, la polygamie fut un phénomène assez courant, presque banal si l'on considère que les liens matrimoniaux n'étaient jamais fondés sur un lien sentimental entre les partenaires mais d'après des intérêts nataliste et économique. La fécondité du couple (de l'épouse essentiellement dans la conception patriarcale) a longtemps prévalu sur la passion amoureuse, qui reste une invention récente.

L'Arabie ancienne ne dérogeait point à cette règle. En effet, d'après toutes les études dont nous disposons, on sait que les filles étaient mariées lorsqu'elles étaient pubères. Souvent, la demande en mariage avait été faite bien avant. Le Prophète avait demandé la main d'Aïcha à Abu Bakr alors que celle-ci n'avait que 5 ans. Elle est entrée dans son harem à 9 ans et il aurait cohabité sexuellement avec elle alors qu'elle venait d'avoir ses premières règles, entre 11 et 13 ans.

D'ailleurs, avant que le Coran ne fixe le seuil maximum du nombre d'épouses à quatre (IV, 3), les bédouins épousaient autant de femmes qu'il le fallait pour renforcer leurs solidarités claniques. La vie du harem était régie selon un code strict qui définissait le rôle de chacune dans le cadre de cette collectivité un peu particulière. Une épouse ne pouvait pas, par exemple, disposer de son mari plus longtemps que le temps qui lui était imparti ; de même, l'homme ne devait pas chercher à fréquenter sa demeure plus que les pavillons de ses autres femmes.

Le mari polygame avait en outre d'autres obligations que de simplement profiter de cette cohabitation : il devait être juste, ne léser aucune pour plaire à une autre, subvenir équitablement à leurs besoins. Parfois le harem se rebellait contre lui ou tout simplement organisait la vie de la communauté sans en référer à l'époux. Des coépouses s'entendaient entre elles, décidant des jours de sa visite. De telles ententes n'étaient pas illicites, dès lors que les épouses en avaient adopté solidairement le principe. Ce fut le cas dans le harem du Prophète dont les épouses organisèrent à leur guise ses visites. De tels marchandages opérés sans l'avis de leur mari, qui se trouvait être l'Envoyé de Dieu, ne les choquaient pas ; bien au contraire, dit la Tradition, elles s'en amusaient...

Préjugés *Voir :* QUIPROQUOS

Prière

Le mot arabe de prière est *salat*, que l'on peut traduire littéralement par « observer un culte », « bénir », « sanctifier ». La prière musulmane est observée cinq fois par jour, dès le plus jeune âge du fidèle et ce jusqu'à sa mort. Avec la profession de foi (*chahada**), elle est l'acte principal d'adoration d'Allah.

Voici le nom de ces cinq prières :

Subh : prière du lever du jour, également appelée *fajr*.

Dzuhr : prière de midi.

Al-asr : prière de l'après-midi.

Al-maghrib : prière au coucher du soleil.
Al-'icha : prière du soir.
La prière musulmane comprend plusieurs phases,

Fontaine aux ablutions
Mosquée Hassan

appelées *rak'at*, (pluriel de *rak'a*), mot signifiant « inclination ». Les plus importantes comptent trois ou quatre séquences d'inclination, les autres deux. La prière est une institution obligatoire de l'islam (*fard*), tout au moins les cinq prières quotidiennes, car on peut encore faire d'autres prières appelées *nawafil*.

D'emblée, la prière du vendredi a acquis une importance comparable à celle des offices juifs et chrétiens du samedi et du dimanche. Plus courte que d'habitude, elle cristallise toutes les attentes de la semaine, une façon pour le croyant de se libérer de ses manquements à sa foi ou de soulager ses peines. Son déroulement dans une Grande Mosquée* (*Masjid al-djumû'a*) réunit l'ensemble de la communauté musulmane. A cette occasion, un prêche du grand imam ou d'un théologien émérite est prononcé du haut du *minbar*. Parfois, cette prière est suivie d'une séance de formation réservée aux étudiants ou au règlement des problèmes personnels.

Chaque moment important de la vie a une prière qui lui correspond, un peu à la manière des « rites de passage » dont parlent les ethnologues. La prière du mort (*salat al-janaza*) et la prière de la pluie en cas de sécheresse (*ighata*) sont très populaires. En Algérie, une prière de l'éclipse a été décrétée au mois d'août 2000 à l'occasion de la dernière éclipse du siècle. Sans être obligatoires, ces dernières prières sont fortement recommandées. On les appelle *hassana*, les « bénies ». Il existe en outre deux autres sortes de prières dont il faut parler : il s'agit d'abord des prières récitées lors des deux grandes fêtes religieuses, à savoir l'Aïd es-Seghir et l'Aïd el-Kébir. Celles-ci ont lieu à la Grande Mosquée et réunissent l'ensemble de la communauté. Enfin, les prières de demande ou *du'a* sont des prières personnelles et n'ont pas la même valeur que les prières collectives. Ces prières sont d'ordre privé et ne peuvent se substituer aux prières collectives.

Les conditions invalidantes de la prière canonique sont nombreuses, comme le fait, par exemple, de se recueillir sans avoir procédé aux ablutions rituelles, d'adresser la parole à un tiers. Le fidèle doit alors reprendre sa prière depuis le début. Enfin, on appelle *ghrama*, le « crédit », une prière qui n'a pas été faite à son heure.

Chaque prière commence avec les ablutions car le croyant ne peut se présenter devant son Créateur que s'il a sacrifié aux conditions d'hygiène et de propreté corporelles. Les ablutions sont de deux ordres, les petites, *wudu'* (se laver les mains, les pieds et le visage), et les grandes, *ghûsl*. Les premières sont celles qui précèdent les cinq prières musulmanes et qui leur octroient leur légitimité ; les autres ont lieu à des moments plus singuliers, comme au début du ramadan* ou à la fin du cycle menstruel. L'un des signes tangibles de la purification est d'être pieds nus, car l'univers de Dieu requiert une très grande sobriété et une humilité, toutes deux symbolisées par le fait de se déchausser. Dans la mythologie de l'islam, la dualité souillure-purification symbolise la frontière entre les deux univers, l'univers profane d'un côté et l'univers sacré de l'autre, lequel commence au seuil de la mosquée.

Viennent ensuite les gestes proprement dits de la prière, comme les génuflexions, les invocations à Dieu et la récitation de certaines sourates courtes, ainsi que les formules qui les accompagnent. La première d'entre elles est la *basmala*, formule inaugurale que le musulman prononce dans la plupart des situations et qui consiste à rappeler l'unicité d'Allah. Parmi les sourates les plus usitées pour la prière musulmane, il faut signaler la *fatiha*, cette sourate inaugurale de sept versets que tous les musulmans connaissent et que les enfants apprennent très tôt.

Autre moment crucial de la prière musulmane : le prône, appelé en arabe *khutba*. Il est prononcé lors de la prière du vendredi, mais il arrive que l'imam improvise un discours à une autre occasion. Le but affiché est d'ordre moral et intellectuel, mais depuis la politisation de l'islam, les discours sont plus nerveux, plus critiques et plus ramassés. Même lorsqu'il est libre de tout engagement politique, il arrive que l'imam fasse allusion à des événements de société qui agitent l'opinion, la mosquée n'étant pas détachée des préoccupations qui touchent la population. Mais il arrive aussi que des prédicateurs soient séditieux au point de pousser les croyants à se soulever contre l'autorité du pouvoir. Le cas s'est produit en Algérie

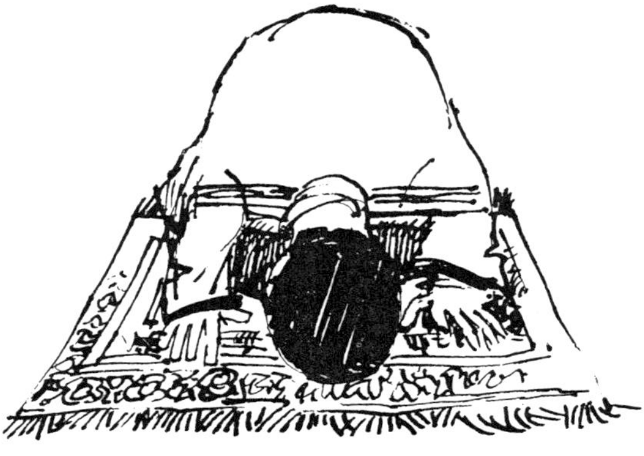

(avec le FIS) et en Egypte. Le prône devient alors une arme éminemment politique que des autorités utilisent en vue d'induire tel ou tel comportement de la population.

Aux yeux du Prophète, la prière était l'un des rituels les plus importants du dogme musulman. Elle est de fait l'élément du culte que l'on pratique le plus souvent. Par sa gestuelle, son caractère collectif et les principes qui la conduisent, c'est elle la vraie marque de l'islam. L'attitude elle-même, son enroulement et la souplesse physique qu'elle requiert, différencient la prière musulmane des dévotions chrétiennes, juives ou bouddhiques, mais également des nombreux autres rites de l'islam. Les photographes, les cinéastes et même les peintres ont voulu immortaliser ce moment de recueillement qui est identique partout, indépendamment des doctrines et des schismes. En Indonésie comme au Maroc, en Turquie comme en Albanie, en Afrique comme en Europe, le principe de la prière, son déroulement et son intention sont les mêmes.

Profession de foi

Le mot arabe de *chahada** que l'on traduit d'ordinaire par « profession de foi » signifie constater, attester ou voir. La conversion d'un nouveau venu prend effet à partir du moment où l'impétrant a lu la *chahada* devant l'imam*. Le témoin visuel de cette entrée en islam est appelé *chahid* ou *mouchahid*. On ne peut pénétrer l'univers musulman sans avoir récité cette formule qui consacre le premier des cinq fondements de l'islam : « Il n'y a pas d'autre dieu que Dieu et Mahomet est son prophète. » C'est pourquoi les fidèles n'hésitent pas à se rappeler continuellement ce credo, qui s'articule en deux *chahadas* : la divinité d'Allah d'une part (première *chahada*), la véracité de la Parole révélée par le prophète Mohammed (seconde *chahada*).

Formule bénie, la *chahada* ouvre un accès royal à la pratique de l'islam et fait du fidèle un acteur agissant au sein de la communauté. Ce qui explique que tout en étant l'indispensable et préalable condition pour devenir musulman, la *chahada* est également la dernière incantation du fidèle : clé de la vie terrestre, elle est alors revendiquée comme une formule de passage dans l'inframonde.

« Seuls sont vraiment croyants ceux qui croient en Dieu et en son Prophète, sans plus jamais en douter ensuite... » (Coran, sourate « al-Hujurat », XLIX, 15). On rapporte que, selon Abu Saïd El-Khodri, un musulman serait venu voir le Prophète pour savoir s'il était suffisant de réciter la formule coranique : « Dis : Dieu est Un » (CXII, 1). « Par celui qui tient mon âme en sa main, répondit le Prophète, ces quelques mots équivalent au tiers du Coran. »

Prostitution

Bien que condamnée, la prostitution (*khana, baghia* dans le Coran), ce plus vieux métier du monde, est fréquente dans tout le monde arabe et en Iran, surtout dans les cités. Plus la ville est grande, plus le phénomène se développe ou se perpétue. Bien sûr, la réislamisation des sociétés arabes a entraîné la clandestinité des prostituées (*'ahira* ou *qahba*). Il faut dire que la notion de « purification » du corps social est un credo très fort chez les fondamentalistes et les moralistes musulmans. Pour eux, la présence physique de la prostituée dans une ville suffit à la souiller complètement. Ils s'appuient, ce faisant, sur les versets coraniques qui sont consacrés à la condamnation explicite des fornicateurs (*zaniyûn*) et des fornicatrices (*zaniyatî*), lesquels sont évidemment définis selon les pratiques sexuelles hors normes auxquelles ils se livrent.

Mais une grande ambiguïté demeure : pour l'opinion publique, la prostituée n'est qu'une malheureuse qui, à défaut de maîtriser son destin, s'est laissé entraîner dans la luxure par un proxénète (*al-qawwad*). C'est donc lui qu'il faut condamner et châtier. Quant à la prostituée, tout en subissant l'opprobre social, elle est excusée. Excusée ne veut pas dire absoute. Mais cette relative indulgence, la prostituée ne la doit qu'au fait d'être au centre du dispositif de la jouissance masculine. L'un des exemples les plus éloquents se trouve dans la description, fort suggestive et intarissable, que nous laissa Imad ad-Din Al-Isfahani (1125-1201), le secrétaire particulier du général musulman Saladin (1138-1193), dans sa relation de la conquête par les armées musulmanes de la Syrie et de la Palestine aux mains des Latins : « Trois cents femmes franques arrivèrent sur une nef. Elles étaient remarquables, ornées de leur jeunesse et parées de leur beauté. Rassemblées dans les îles, elles avaient répondu à l'appel du péché ; elles s'étaient expatriées pour assister les exilés ; elles étaient prêtes à consoler les malheureux ; elles s'entraidaient pour être utiles et secourir ; elles brûlaient de se livrer à la débauche et à la fornication. Chacune de ces femmes perdues était impétueuse, superbe, sans vergogne, toujours prête à prendre et à quémander, bien en chair, pécheresse, bonne chanteuse, coquette, entreprenante, pompeusement parée, ardente comme le feu, lascive, teinte au henné, enflammée de désirs, dominatrice, charmante, accommodante, prête à se donner, lançant des brocards, menteuse, sans foi, jetant des œillades, violente, voleuse, impudique, éhontée, séductrice, languissante, excitant le désir et l'éprouvant, joueuse et folâtre, artificieuse, hardie, encline à l'ivresse, aguichante, brocanteuse, importune, brûlante, aimable, amoureuse, les joues vermeilles, pétulante, les yeux bien fendus et noirs, callipyge, mince de taille, nasillante, dodue, yeux bleus ou gris, prodigue, sotte ; elle laissait traîner son voile, ensorcelait par sa splendeur ceux qui la regardaient, penchait légèrement le corps comme si c'était une branche, vous regardait en se dressant comme une citadelle, se montrait souple comme une baguette, avançait fièrement, la croix sur la poitrine, se vendant pour être récompensée au prix d'un simple merci, désirant qu'on la brisât d'étreintes dans l'ivresse. Dès leur arrivée, elles s'étaient données, elles avaient sacrifié leur pudeur – ce qu'elles avaient de plus précieux. Elles dirent qu'elles s'étaient décidées à partir pour faire don de leurs charmes dans la voie de Dieu ; elles ne se refusaient pas aux célibataires, et pensaient que, ce faisant, elles accomplissaient le sacrifice le plus méritoire. Elles s'isolèrent sous les tentes et les pavillons qu'elles avaient dressés ; des jeunes femmes de même âge les y rejoignirent ; alors elles ouvrirent les portes des voluptés, se livrèrent et permirent toutes les libertés... » Et l'auteur de conclure : « Nos troupes ayant entendu parler de cet événement, furent surprises qu'on pût adorer en abandonnant pudeur et dignité ; parmi les mamlouks stupides et les ignorants esclaves affranchis, beaucoup se soustrayaient aux recherches, entraînés par la passion... »

Pur-sang arabe

Aucun animal n'a suscité autant de vénération que le pur-sang, *al-khaïl, al-farass.* Qu'ils aient été mécènes ou poètes, cavaliers ou pages, seigneurs ou gueux, les musulmans n'ont cessé et ne cessent de lui rendre hommage. L'histoire du pur-sang s'enracine dans une tradition hippologique extrêmement élaborée qui remonte au Prophète et se confond avec l'islam. On dit d'ailleurs que les cinq chevaux ou juments (les témoignages sont contradictoires) que possédait Mahomet seraient à l'origine de la plus prestigieuse des races équines. Le Coran qui demeure même dans ce domaine la référence essentielle de l'humanisme arabe fait l'apologie du cheval et sans doute aussi du pur-sang arabe sans qu'on en parle encore ainsi. Comme dans ces versets où il est question de chevaux puissants : « Par les coursiers rapides et haletants ! Ceux qui font jaillir des étincelles sous leurs sabots ; ceux qui surgissent à l'aube ; ceux qui font voler la poussière (sur leur passage) ; ceux qui pénètrent au milieu de la foule amassée » (Coran C, 1-5). De nombreux chevaux – toujours d'exception – et des juments – parfois ailées – agrémentent le texte sacré. Parmi ces animaux aux pouvoirs extraordinaires, al-Bouraq, la jument ailée du Prophète, joue un rôle capital en conduisant son maître de sa terre d'Arabie au ciel, lors d'un voyage initiatique appelé *al-mi'raj*. Les artistes perses et mongols se sont emparés de cet épisode dont ils ont donné de nombreuses représentations, mais le cheval fut de toute façon un de leurs sujets favoris à l'exemple des enluminures du *Shah Nameh* de Shah Tahmasp (vers 1530).

Cet attrait pour le cheval a inspiré nombre d'études (*furusiyya*), qu'elles concernent la connaissance de ses performances et de ses capacités musculaires, sa thérapeutique (*al-baytara*) – d'excellentes planches sont conservées dans quelques grandes bibliothèques –, ses soins ou hippiatrie, mais également les techniques d'élevage et de dressage, ainsi que la médecine vétérinaire. Des grands mécènes poussèrent la curiosité jusqu'à étudier sa psychologie afin de parfaire la sélection équine. Beaucoup de familles richissimes ont misé une partie de leur fortune sur la possession d'un yearling blanc ou alezan, né d'une jument connue et disposant d'un pedigree authentifié. Lors d'une vente aux enchères à Marrakech dirigée par le bureau genevois d'une célèbre maison, j'ai assisté à l'achat d'un yearling blanc par une grande famille du royaume chérifien qui avait fait monter très haut les enchères. Dans ce contexte, on comprend aisément les liens affectifs et émotionnels que les Arabes entretiennent avec cet animal. Dans beaucoup de pays, et encore de nos jours, il arrive que l'on apporte davantage de soins et d'attentions à un cheval qu'à une femme. Il va sans dire que pour un pur-sang, aucun sacrifice ne semble trop superflu pour l'Arabe fortuné, qu'il soit amateur de sports hippiques (ceux-ci sont assortis d'une promesse de gains) ou qu'il apprécie la simple compagnie du cheval.

Le pur-sang arabe a fait couler beaucoup d'encre, surtout en Occident. Pourtant, seule une petite minorité sait véritablement reconnaître un yearling. C'est un savoir ancestral dont les Arabes sont fiers et qui d'ailleurs ne s'acquiert pas aisément. L'histoire de ce cheval est tumultueuse : le pur-sang a été de toutes les guerres islamiques, il a participé aux plus grandes chasses, tout en étant le meilleur ami des princes et des souverains.

Enfin, il a séduit un grand nombre de peintres orientalistes parmi lesquels j'ai envie de citer Théodore Chassériau avec *Cheval arabe* (1849), mais surtout *Ali ben Ahmed, khalife de Constantine suivi de son escorte* (1845, musée national du château de Versailles), Eugène Delacroix, qui a produit de nombreuses toiles sur le sujet et notamment *Exercices militaires des Marocains* (1845) et *Passage d'un gué au Maroc* (en 1858), Antoine-Jean Gros avec *Un Arabe et son coursier* (1817), Théodore Géricault et son *Mamelouk retenant un cheval,* ou encore Jean-Léon Gérôme dont l'*Arabe et son coursier* montre en fait un Touareg jouant avec son cheval dans le grand désert. D'autres artistes se sont livrés à cet exercice difficile de peindre le cheval : Gustave Boulanger (1824-1888) a laissé une huile peinte sur panneau intitulée *Le Cavalier* (1865). On y voit un grand seigneur à cheval frayant avec un berger. Au loin, un troupeau de moutons et un léger croissant de lune sur un ciel bleu pâle. Un peu plus tard, Victor Huguet (1835-1902) a peint *Cavaliers devant une mosquée* et *Marché dans le Sud algérien*, deux œuvres où le cheval est à l'honneur. Au début du XXe siècle, Augustus Osborne Lamplough (1877-1930), un peintre de l'école anglaise, mettait la dernière touche à une aquarelle très évocatrice, aujourd'hui conservée à la Mathaf Gallery de Londres, intitulée *Expédition guerrière dans le désert*. Enfin, trois autres peintres ont consacré des études ou des toiles au cheval arabe : Horace Vernet (1789-1863), avec *La Bataille d'Isly* mais surtout sa magnifique *Chasse au lion* (1836) ; Adolf Schreyer (1828-1899), avec deux pièces superbes, *Guerriers arabes à cheval* et *Bédouins à cheval*, une huile sur panneau ; enfin, George Washington (1827-1901), auteur de deux toiles, *Le Porte-étendard* et *Halte des cavaliers*. J'arrêterai cette énumération sur un tableau mystérieux et d'une rare intensité d'Eugène Fromentin, *Coup de vent dans les plaines d'Alfa* (au Sahara), une grande toile, de 116,8 × 162,8 cm qui date de 1864.

Coursiers arabes, chevaux de *fantasia* – surtout au Maroc –, cheval barbe, propre au Maghreb, pur-sang arabe, puis anglo-arabe, voilà un petit échantillon de la variété extraordinaire qu'offre cet animal. Sans forcer le trait, on peut dire que dans certaines fermes du Proche-Orient, où l'on a conçu des saunas chauffés pour équidés, l'Arabe, toute fierté ravalée, est pour le coup le serviteur de son cheval.

Je suis une amante, dit la liberté,
ceux qui veulent des esclaves,
je ne les embrasserai pas

(pensée pachtoune).

Qat *Voir :* OPIUM

Qazwini

Le mariage de la raison et du fantastique en Islam prend le visage de Qazwini, grand cosmographe du Moyen Age, qu'il ne faut pas confondre avec son homonyme Jalal ad-Din al-Qazwini (1268-1338) juriste et cadi d'Egypte et de Syrie. Le Qazwini dont je parle s'appelle Zakariya ibn Mohammed ibn Mahmûd al-Qazwini, du nom de Qazwin (ou Qazvin, Kazvin), aujourd'hui ville moyenne de l'Iran septentrional mais qui fut longtemps un centre urbain important. Située non loin de la frontière azerbaïdjanaise et tabaristaine, au pied de l'Elbrouz, l'antique Qazwin fut fondée par les Sassanides, quelque trois siècles avant l'avènement de l'islam. Au temps de la dynastie saldjukide (XIIe siècle), la cité dont nombre de monuments étaient très prestigieux, surtout ses mosquées, fut, à l'instar de Bagdad, livrée au pillage des Mongols (1250) qui la détruisirent à moitié. Bien sombre était alors le ciel de l'islam. Al-Qazwini naquit au tout début de ce siècle, en 1203 après J.-C. On en sait peu sur son enfance et son adolescence, sinon qu'il a été marqué par sa culture perse et qu'il était chi'ite, comme la majorité de ses compatriotes. En 1233, alors qu'il a trente ans, il se rend en Syrie pour étudier la théosophie et la spiritualité auprès d'Ibn al-'Arabi (1165-1240 ou 1241), le grand mystique de l'Espagne andalouse, et suivre l'enseignement de l'historien Ibn al-'Athir (1160-1234 ou 35). Il y rencontre en outre des savants, grammairiens et géographes, dont Ibn Sa'id al-Maghribi. On pense qu'il habita longtemps Koufa, car l'un de ses biographes, Hadjdji Khalifa (1609-1657), fait figurer dans son nom une particule ethnique qui l'assimile aux habitants de cette ville : Mohammed ibn Mahmûd al-Koufi al-Qazwini. Sous le règne du dernier calife abbasside Al-Mûsta'sim bi-Allah (1240-1258), Qazwini occupera la fonction de jurisconsulte la plus grande partie de sa vie, à Wasit d'abord, puis à Hilla, en aval de Bagdad, dans le Bas-Irak. En 1258, sur ordre du Mongol Hûlagu Qan, le calife et sa famille furent exécutés. Al-Qazwini, meurtri, quitta alors la fonction publique pour se consacrer entièrement à son œuvre de savant. Il mourra en 1283.

Le siècle de Qazwini, le XIIIe siècle, est prodigieux à plus d'un titre. Siècle d'effervescence intellectuelle et de munificence, il est aussi un siècle de passions, de débâcles et de défaites politiques. Alors que l'empire abbasside assiste, pratiquement impuissant, à son démembrement, des bruits assourdissants d'armées fanatisées déferlent sur les villes musulmanes, pillant, détruisant et tuant sans retenue. Au plan littéraire et scientifique, Al-Qazwini est un contemporain tardif des *Mille et Une Nuits*, qui, depuis plus d'un siècle, circulent dans la « Cité ronde » des grands califes comme on appelait alors Bagdad, tandis que leur vogue a atteint Le Caire sous le règne des Fatimides (909-1171). Le *Livre des chansons* d'Abûl-Faraj al-Içbahani (897-967), ainsi que *Les Prairies d'or* de Maç'ûdi (mort en 956), deux références de la littérature classique (*adab*), sont eux aussi réputés dans tout l'Orient. Au même moment, en Occident, la construction de la cathédrale de Reims débute en 1211, vingt années seulement avant que la terrible Inquisition ne s'abatte sur l'Europe. En 1257, le chanoine Robert de Sorbon ouvre une école de théologie qui deviendra plus tard la Sorbonne, mais qui, pour l'heure, est un établissement réservé aux étudiants pauvres. A cette époque aussi, la dynastie autrichienne des Habsbourg inaugure son règne sur le Saint Empire germanique, le Vénitien Marco Polo parcourt la Chine, Saint Louis gouverne la France. Trois croisades successives, la sixième, la septième et la huitième, seront décrétées de son vivant.

Pour réaliser son entreprise scientifique, Al-Qazwini bénéficia de la protection de mécènes qui encouragèrent ses recherches cosmographiques. Il s'agissait des deux pères fondateurs de la dynastie ilkhanide : Hûlagû, petit-fils de Gengis Khan, au pouvoir de 1256 à 1265, et Abaqa, son fils et successeur à la tête du Royaume, joyau incontesté de « l'Empire des steppes » pour reprendre l'expression de l'historien des croisades René Grousset. A cette époque, la communauté de l'islam (*Dar al-islam*) était divisée entre des courants contradictoires : cela s'explique par sa diversité ethnique, l'Islam n'était plus seulement composé d'Arabes, et par la multiplicité des influences religieuses qui favorisaient l'émergence de sectes dissidentes, comme celle des ismaéliens. L'exemple des Ilkhanides, une dynastie mongole qui descendait directement de Gengis Khan, est, à cet égard, tout à fait étonnant. Par respect pour leurs croyances chamaniques, le merveilleux était inscrit dans leur constitution sociale. Mais cette société ne fut pas non plus fermée aux influences venues de l'extérieur (bouddhistes, chrétiennes et zoroastriennes), parfois de simples superstitions anciennes. Cette période troublée était au vrai propice aux exagérations et à l'affabulation. Les élites musulmanes, déjà décadentes, entretenaient, de manière opportune, ce penchant populaire pour le fantastique et le merveilleux, *al-mû'jiza*, un genre apparenté aux *mirabilia* et aux Métamorphoses. L'oiseau Simurgh et les îles Wak-Wak faisaient bon ménage avec la chèvre musquée, les géants anthropophages ou l'anneau magique, en usage dans le conte des *Mille et Une Nuits*. Al-Qazwini lui-même, bien que scientifique, était imprégné de cet univers et conservait une attirance trouble pour les références les plus fantaisistes.

C'est dans ce contexte propice à la production imaginaire que Qazwini devient l'un des plus grands cosmographes de son temps : il a toute liberté pour s'entretenir sur les astres, percer leur course mystérieuse, codifier l'espace et finalement projeter sur une surface plane l'immense *Terra islamica*. Son œuvre principale, *Les Merveilles (des êtres) de la Création et leurs singularités* (*Aja'ïb al-makhlûqat wa ghara'îb al-mawjûdat*), dont la traduction française a donné *Cosmographie*, va faire date. Elle est emblématique de ce que la science arabe de ce temps pouvait produire. Qazwini a étudié les phénomènes du ciel et de la terre, à la fois dans leurs contrastes et dans leurs fluidités. Il y est question en particulier des « sept climats » de la terre, une idée ancienne et bien établie dans la tradition arabe, surtout depuis la traduction, au IXe siècle, de la *Géographie* du Grec Marin de Tyr (fin du Ier siècle). L'œuvre de Qazwini a, en outre, donné lieu à de nombreuses traductions persanes, turques et européennes, ainsi qu'à des abrégés et des adaptations. En outre, la *Cosmographie* de Qazwini a souvent été illustrée d'enluminures, magnifiques planches de fleurs et d'animaux plus ou moins étranges. La Bayerische Staatsbibliothek de Munich conserve une planche datant de 1280

(*Wasit*) où il est question de deux anges scribes, deux anges ailés, qui inscrivent les actions des hommes en prévision du jour du Jugement. Dans le même exemplaire, on voit aussi un vautour immense, appelé Rokh, qui, se portant au secours de Sindbad le Marin, le sauve d'un naufrage imminent. Mais de nombreuses illustrations sont plus réalistes et ne dépareraient pas dans nos encyclopédies actuelles. Qazwini a situé les astres dans l'univers et les a décrits en fonction de leurs effets bénéfiques ou maléfiques sur les humains. L'œuvre de Ptolémée semble lui être familière, ainsi que les écrits de la plupart des auteurs grecs traduits en arabe. Il a émis des théories qui, plusieurs siècles plus tard, se révélèrent justes et précises. Ainsi la connaissance que nous avons aujourd'hui des tremblements de terre, *az-zilzal*, lui doit une partie des explications les plus plausibles. Selon Qazwini, le différentiel de température à l'intérieur et à l'extérieur de la croûte terrestre est responsable des variations volcaniques et de la formation de fumerolles. Pour mieux expliquer cette activité souterraine, notre cosmographe employa la métaphore de la fièvre qui doit quitter le corps humain par tous les moyens.

En complément de cette *Cosmographie*, Qazwini a écrit un traité de géographie, *Athar al-Bilad*, qui nous est également parvenu. Son travail sur cette discipline était neuf et s'affranchissait de la seule nécessité d'établir la carte du ciel qui importait tant aux bédouins. D'où l'importance relative de cet ouvrage. Selon certains arabisants actuels, la source principale de Qazwini fut le *Mû'djam al-bûldan* (*Dictionnaire géographique des pays*) de Yaqût (1179-1229). Mais tout en sacrifiant à la méthode traditionnelle de la compilation, la *Géographie* de Qazwini a eu le mérite de décrire par le menu, en les inventoriant selon l'antique théorie des climats, la plupart des régions connues de son temps, habitées ou inhabitées, stériles ou fécondes, ainsi que les hommes, les animaux, les minéraux, la flore et toutes les étrangetés que l'univers était supposé compter à profusion.

En ce sens, l'œuvre de Qazwini en dit long sur le degré de connaissance des origines de la création au XIIIe siècle. Elle nous offre un tableau vivant des croyances et des mythes qui circulent au cœur même des cités de l'Empire. Par certains côtés, rien n'a changé aujourd'hui.

Ce serait lui faire justice que de redécouvrir enfin celui que l'on qualifia longtemps de « Pline des Arabes », aujourd'hui bien peu récompensé par le souvenir et la mémoire.

Qibla

La *qibla* donne aux fidèles l'orientation de la prière. Celle-ci se fait toujours en direction de la Kaaba, le temple sacré mecquois qui, selon la Tradition, aurait été construit par Abraham et son fils Ismaël. C'est en 624 que le Prophète a décrété que La Mecque et plus spécialement la Kaaba* deviendraient le noyau spirituel du planisphère musulman encore balbutiant. Tous les musulmans s'orientent donc vers la *qibla* pour leurs prières, oraisons ou autres invocations divines. D'emblée, il faut constater le caractère structurant de la *qibla* et surtout sa force de cohésion. Mais cette décision a fait couler beaucoup d'encre et donné lieu à bien des controverses philosophiques, astronomiques et spatiales, d'autant qu'avant d'avoir retenu La Mecque, Mohammed avait d'abord désigné Jérusalem.

L'emplacement de la *qibla* dans la mosquée diffère cependant selon que l'on se trouve au Sénégal, au Kazakhstan, en Mongolie, en Chine ou en Europe. Les architectes ont ainsi été appelés à trancher de manière logique cette question qui avait inspiré tant de théologiens. Du consensus qui s'en dégagea a été défini un axe dans la mosquée, calculé en fonction de la situation géographique de l'Arabie dans le pays où l'on se trouve : l'une des extrémités de cet axe fixe ainsi le lieu de la *qibla* et du *mihrab*, le point central de tout lieu de prière. Lorsqu'il n'y a pas de mosquée et que des voyageurs musulmans sont amenés à prier, le plus érudit d'entre eux, ou le plus expérimenté, choisit en conscience une direction appropriée. Dans le golfe Persique, il m'est arrivé de fréquenter des hôtels qui indiquent la direction de La Mecque et disposent dans les chambres du nécessaire pour s'acquitter de ses obligations cultuelles, dont un petit tapis de prière. A Chicago, l'un des plus fameux palaces de la ville a gravé la direction de La Mecque afin de donner aux cheikhs fortunés et aux émirs l'orientation sacrée.

Qom *Voir :* CHI'ISME

Quiproquos

Entre l'islam et les deux autres religions monothéistes ou entre le monde arabe et les autres cultures, il peut arriver que des quiproquos culturels mettent dans l'embarras des protagonistes qui, malgré leur bonne volonté, en viennent à se poser un certain nombre de questions. Le manque de vocabulaire ou la faiblesse relative dans le maniement d'une langue peuvent entraîner des confusions parfois extrêmement désagréables. La relation au temps, le rapport au corps, à l'hygiène et à la pureté, la manière de se toucher pour manifester de la sympathie ou la confiance sont autant d'exemples des singularités culturelles du monde arabe qui entravent parfois les relations amicales avec des étrangers. Wilfred Thesiger dans le chapitre intitulé « Gagner la confiance » de son ouvrage *Les Arabes des marais* a écrit : « Mes hôtes respectaient les formes de la politesse traditionnelle arabe mais de toute évidence, avaient hâte de se débarrasser de moi, et ils me traitaient comme un individu impur. Les chi'ites* considèrent la pureté rituelle comme un devoir religieux et les plus orthodoxes ne boiraient pas dans la tasse d'un infidèle. Mais, étant donné leur comportement remarquablement désinvolte à l'égard de leurs autres pratiques religieuses, cette discrimination particulière semblait bien être un affront délibéré. Je commençais à me demander si, en tant que chrétien et Européen, je parviendrais jamais à établir de bons rapports avec eux, comme je le désirais vraiment. »

Il faut d'ailleurs préciser que ce désir occidental

d'être aimé figure en bonne place parmi les grandes craintes des Arabes. Je m'explique. Le désir occidental est toujours surdimensionné par rapport à ce que l'Arabe peut offrir en retour. L'Arabe offre-t-il des femmes, mais l'Occidental n'en veut pas ; il préfère les garçons des faubourgs. L'Arabe offre-t-il à manger, l'Occidental est trop riche ; il préfère acheter ou payer, cela revient au même. L'Arabe offre-t-il son hospitalité, l'Occidental lui préfère un hôtel luxueux des bords du Nil, à Djerba, à Carthage ou à Fès, avec eau chaude et soirées chics. L'Occidental arrivant dans un pays arabe n'a pas assez de mots pour s'extasier sur la beauté étourdissante d'une dune ou de l'oasis au loin ; il paraît vraiment subjugué. Et pourtant il a déjà vu tant de choses et accosté dans des îles si lointaines, fréquenté les meilleures palaces de la planète, voyagé dans le Nord mythique que l'Arabe recherche passionnément. Dans la tête de ce voyageur au long cours résonnent tous les chants du monde, tandis que son palais a déjà goûté aux mille saveurs des cuisines les plus exotiques. Rien de tel bien sûr pour l'Arabe qui le plus souvent n'a ni voyagé, ni rien, seulement rêvé ; car ce qui les sépare au vrai, ce n'est d'ailleurs pas tant la richesse ou la couleur de la peau, mais seulement l'enchantement, le rêve à des horizons inaccessibles, l'extase. Potentiellement, l'Occidental – tout Occidental – peut s'offrir ce rêve-là ou cet autre aussi, ce qui décuple sa liberté. L'Arabe ne peut rien obtenir de tel, sinon par un surcroît de fantasmes, une source de lumière qui aveugle alors par sa clarté, qui ravage par sa force. Contrairement à l'Occidental, l'Arabe se sent emprisonné dans son désert mythique, emprisonné dans sa ville de poussière, emprisonné dans ses crépuscules ocres et ses matins d'argent.

Toujours dans le témoignage de Thesiger, une anecdote illustre ce décalage : « L'été précédent, j'avais passé une journée au Kurdistan – l'un des plus vieux endroits du monde que je connaisse – avec un jeune officier de police irakien détaché là pour deux mois, durant la transhumance, dans la région d'une grande tribu nomade. Une chaîne de montagnes aux flancs dénudés mais verdoyants s'élevait à plus de deux mille mètres au-dessus des bois de chênes, et un torrent pailleté d'éclats de soleil dévalait la vallée vers de lointains massifs montagneux aux couleurs pourpres. Des ours hantaient les bois et des bouquetins escaladaient les pics. Le temps était magnifique. Quand j'allai voir le jeune officier dans sa tente, il était assis près de son poste et d'un cendrier plein de mégots.

« — Quelle chance vous avez de vivre ici, m'écriai-je, le cœur plein d'enthousiasme.

« — De la chance, vraiment ! s'exclama-t-il, amer. Par Dieu, si je n'avais pas ma radio, je deviendrais fou. Qu'est-ce que peut faire dans cet endroit affreux une personne civilisée ? Le type qui était ici avant moi est parti au bout d'une semaine. Il a payé et on l'a déplacé. Moi, je suis pauvre et je ne peux pas m'offrir ce luxe, alors je passe mon temps à écouter Radio-Bagdad... »

Quelle parade faut-il alors imaginer lorsque la traque systématique des allusions, contresens et malentendus paraît elle-même dérisoire ? J'en oublie les idées préconçues et les constats à l'emporte-pièce qui sont légion. Aujourd'hui, l'association entre des mots aussi distincts qu'Arabe, musulman ou terroriste, dès lors que la proximité est contagieuse, nourrit l'imaginaire occidental et, même si elle relève le plus souvent de facilités de langage, stigmatise toute une religion en se fondant sur ses seuls avatars, aussi monstrueux soient-ils. Les relations conflictuelles actuelles sont ainsi une occasion rêvée pour se barder de certitudes concernant l'islam. On ne s'en prive pas. Le pourfendre est devenu dans certains cercles une clause de sauvegarde intellectuelle, un exercice de style. On pensait cette époque révolue. Au milieu du XIXe siècle, la figure tutélaire de l'orientalisme était incarnée par le comte de Gobineau* qui s'adonna avec passion à l'étude approfondie des langues et des systèmes de pensée en Orient et particulièrement en Asie. Pourtant, le plus sérieusement du monde, il écrivit en 1865 la phrase suivante : « L'islam n'a pas arraché une seule des plantes vénéneuses ou utiles qu'il a trouvées en floraison avant lui ; il n'en a empêché aucune de naître après son avènement. » Bien que très belle et très puissante, cette pensée est malheureusement trop définitive, presque simpliste, pour être juste. A l'évidence, le comte de Gobineau s'est fourvoyé en laissant échapper ce lapsus dans un ouvrage qui ressemblait pourtant à un hymne à peine déguisé à la philosophie et aux modes de pensée des Orientaux, et en particulier des Persans.

Entre le quiproquo et le préjugé, la frontière est pratiquement aussi grande qu'entre un mammifère et un doryphore. Ainsi, concernant la volupté, l'islam passe pour être plus « voluptueux » que les autres monothéismes. Ce qui n'est pas, attention !, toujours une appréciation amène. En fait, selon Voltaire, dans son *Essai sur les mœurs*, l'islam est une pâle copie, une « religion sévère », si l'on compare avec la volupté affichée des prophètes David ou Salomon. David avait dix-huit épouses, Salomon s'enorgueillissait d'en compter sept cents légitimes, et autant de concubines. En comparaison, Mohammed est d'une chasteté désespérante. D'abord, il est demeuré monogame jusqu'en 619, date de la mort de Khadidja, sa première épouse. Puis pour les douze années qui lui restent à vivre – il meurt en juin 632 –, le Prophète de l'islam devient polygame. Plus étonnant encore est le point de vue de Gérard de Nerval qui écrit dans son *Voyage en Orient* : « Je regretterais qu'on eût pu voir dans le tableau des coutumes bizarres rapportées plus haut l'intention d'inculper les musulmans de libertinage. » Avant de noter quelques lignes plus loin : « Si l'on se rendait compte de la dignité et de la chasteté même des rapports qui existent entre un musulman et ses épouses, on renoncerait à tout ce mirage voluptueux qu'ont créé nos écrivains du XVIIIe siècle. »

Mais, à côté de ces préjugés, une fascination latente surgit régulièrement des profondeurs inconscientes de l'Europe. Sans remonter jusqu'à l'empereur Frédéric II qui s'habillait de vert, parce que, disait-il, c'est la couleur de l'islam, de nombreux exemples de cette fascination émaillent l'histoire européenne. La situation actuelle étant caractérisée par un attrait inverse, celui des Orientaux pour l'Occident, il est à craindre que ces belles paroles des Anciens ne soient noyées dans un flot ininterrompu d'approximations, qui sont toujours le lit naturel des préjugés...

La vraie religion se juge aux
relations que le croyant entretient
avec autrui

(sagesse prophétique).

Raï

Avec la musique raï, nous sommes aux confins de l'islam. Musique indocile, sensuelle et transgressive, le raï parle d'abord aux jeunes et traduit leur malaise. Le mot *raï*, de l'arabe algérien, a plusieurs significations : il est l'opinion, l'avis, la volonté, sans qu'aucun de ces mots recouvre exactement sa réalité sémantique, qui demeure intraduisible, un peu comme *saudade* ou *blues* auxquels du reste on peut l'apparenter notamment pour cette nostalgie amère qu'ils ont en commun. Etrangement, le raï est éloigné, au moins dans son contenu, d'une autre musique très populaire, le *reggae* : celle-ci est une musique religieuse à la base, tandis que le raï est véritablement une musique de la jouissance profane, une musique des marges.

L'acte de naissance du raï se perd dans le folklore de l'Oranie, avec ses bardes, ses amoureux transis et un peu canailles, ses cantilènes judéo-espagnoles et la pétulance de ses joutes érotico-poétiques qui donnent aux bas-fonds de la ville cette saveur sulfureuse. Il n'est pas impossible que ses origines inavouables soient précisément tirées de vieilles mélopées chantées lors d'agapes licencieuses, quelque mixte nerveux de noces populaires et de cabaret. A moins que ce ne soit un succédané abâtardi et mis au goût du jour de cantiques d'amour que l'on entendait naguère lors des soirées pour initiés animées par des *chikhates* ?

Les *chikhates* (singulier *chikha*) sont les grandes prêtresses de la nuit algéro-marocaine et, par extension, la soirée elle-même. La plus célèbre de toutes les *chikhates* algériennes est bien entendu Rimiti. La légende prétend que ce surnom lui vient du fait que, naguère, elle devait demander au barman de « remettre ça » (*remiti*) en parlant des tournées qu'elle et ses coéquipiers s'offraient durant la soirée. De sa voix rêche et chaloupée, avec son sens du rythme sombre et profond, la diva du raï, aussi encensée par les puristes qu'elle est dénigrée par les amateurs de cuisine frelatée, est un personnage incontournable de la musique de l'Ouest algérien. En France, où elle se donne en spectacle régulièrement dans les petites salles, on peut encore, et pour quelques saisons, la voir courbée sur son luth* et grattant avec délice les cordes ultrasensibles de son instrument fétiche.

Quelle musique étrange que ce raï qui fait corps avec l'âme de celui qui l'écoute et qu'elle enchante, donne le mouvement, le *funk*. Le raï est une musique patchwork qui se nourrit à une rythmique sonore plus qu'à un texte – souvent rude et explicite –, et dont la trame musicale demeure elle aussi sommaire. S'il est rythme sans prosodie, le raï le doit à sa naissance explosive et à sa langue maternelle, fruitée et sensorielle. Cette jeune musique fut le signe avant-coureur de la crise qui eut lieu à Alger en octobre 1988. Elle fut aussi la plus sûre des mises en garde contre la vague de religiosité qui se répandit sur l'Algérie à la faveur des événements d'Iran.

Evidemment, le raï ne transige pas avec l'islam. Les *chababs* (*chab* qui signifie « le Jeune » est le chanteur de raï par excellence : on connaît Khaled, Mami, Faudel, Rachid Taha, mais aussi feu Chab Hasni, Chab Bilal...) s'opposent ainsi idéologiquement aux *chuyûkhs*, un terme qui désignait autrefois les maîtres en musique qu'elle soit maghrébine, malouf, andalouse, chaâbi, hawzi, etc, mais qui, par une digression sémantique, qualifie désormais les théologiens savants et compassés du FIS (Front islamique du salut).

Par son caractère festif, la chanson raï est venue combler toutes les privations individuelles et collectives des jeunes Maghrébins. Cette musique est ainsi devenue le refuge contre une réalité trop morose ; elle s'est affirmée au fil du temps comme un contre-langage social et une protestation à l'incurie des aînés.

C'est vrai que le raï a focalisé une immense espérance. Il a en outre permis à la communauté immigrée d'origine algérienne de se reconnaître dans une musique que les médias applaudissent unanimement. De mémoire de mélomane, nous n'avions jamais eu, par exemple, de soirée musicale algérienne sur une grande chaîne de télévision française, comme cette veillée grandiose, bien que tardive, diffusée par TF1 en décembre 1987. En un soir, les banlieues françaises ont acquis leurs lettres de noblesse. Elles ont eu l'impression d'exister. Depuis, les radios libres arabophones, les journaux d'associations, en un mot tous les relais médiatiques de l'immigration n'ont cessé d'idolâtrer ces chantres incontestés de la nouvelle chanson algérienne.

Ramadan (mois sacré) *Voir :* JEÛNE

Razi

Razi (v. 860-v. 923) est ce grand médecin arabo-persan originaire de Rayy dans le Khûrassan et connu au Moyen Age par les Européens sous le nom de Rhazès. Son patronyme complet est Abû Bakr Mohammed ibn Zakariya ar-Razi, littéralement l'homme de Rayy. Razi était un esprit étonnant. Auteur du *Liber Continens* (*al-Hawi*), une encyclopédie médicale traduite en latin par le Sicilien Moïse

Farachi en 1279, il travailla également à un *Traité de la variole,* ou petite vérole, qui ne semble pas avoir acquis la notoriété du précédent ouvrage. Pourtant, grâce à ce livre, il aura contribué de manière décisive à la compréhension de cette terrible affection.

Outre la médecine, l'alchimie passionnait Razi puisqu'elle lui fournit la matière de pas moins de vingt essais. Son œuvre est passée dans la langue d'Ovide grâce à la diligence du plus grand traducteur des œuvres arabes du Moyen Age, Gérard de Crémone*, sous les titres : *De Alumininbus et Salibus* (chimie) et *Liber Almansoris* (médecine). C'est à Razi d'ailleurs que revient le mérite d'avoir, à partir de fruits fermentés, distillé de l'alcool et, ce faisant, utilisé à bon escient l'alambic, cet outil indispensable de l'alchimie arabe.

A la fin de sa vie, par un édit califal, Razi fut nommé directeur du plus grand hôpital (*bamaristan*) de Bagdad : il y fit quelques innovations comme celle de séparer les malades selon leurs affections, créant sans doute l'ancêtre du département de médecine. Cette avancée n'est pas anodine, même si elle n'est pas spectaculaire. Il y a quelques années, l'historien Michel Foucault a démontré combien le fait de poser un mur de séparation, si ténu soit-il, entre les maladies mentales et les maladies organiques, les salles de cœur et les salles de soins, avait sauvé les malades d'une mort lente et annoncée. Au sein même du *bamaristan* de Bagdad, les étudiants disposaient de bibliothèques, de restaurants, etc. Ils y recevaient leurs cours et pratiquaient leur art *in situ*, ce qui est le principe même de la faculté, inventée plus tard.

Razzia

Ce terme, qui est à l'origine un mot arabe, *ghaziya*, *ghazw*, désigne le raid belliqueux qu'une tribu lance contre le campement d'une tribu rivale ou contre une caravane pour lui enlever ses biens matériels et parfois ses femmes et ses jeunes soldats. Plusieurs critères sont spécifiques à la razzia : son caractère impromptu et rapide comme l'éclair (à la manière d'une *Blitzkrieg*), son objectif économique et non territorial, sa codification en termes guerriers, car une razzia classique n'est un pillage que pour ceux, les voyageurs occidentaux par exemple, qui ne participent pas à l'économie d'ensemble des confédérations de tribus nomades qui se régénèrent à travers ce genre de guérillas. Avec l'avènement de l'islam, une question se posa : pouvait-on devenir riche sans travailler, occupé seulement à razzier et à rançonner les tribus du voisinage ? On peut revenir un instant sur les rapports ambigus que l'islam des premiers temps entretint d'ailleurs avec la notion de razzia, au point que cette question importante interpella le législateur.

Le Prophète privilégiait les « métiers honorables », au détriment des fonctions viles. Ainsi, les premiers bénéficiaires de l'islam furent-ils les négociants et les commerçants qui tiraient leurs ressources des biens échangés entre les différents foyers marchands de la Péninsule d'abord, puis de l'ensemble de la région. Lors de la Seconde Prédication, la conversion pacifique à l'islam sera d'autant simplifiée que la nouvelle religion bénéficiera de ces liens noués avec les nations voisines de la terre islamique, comme l'Inde, la Chine, l'Afrique et le Maghreb.

Il n'en fut pas toujours ainsi au début de l'islam. Tout d'abord, les traditions guerrières des Arabes légitimaient l'inégalité entre les membres d'une même tribu : le butin d'une razzia devait être redistribué non pas selon les aptitudes de chacun, mais selon le rang et la place dévolus à chacun dans le dispositif du « gouvernement » clanique. Le caractère héréditaire prévalait sur tout autre, tandis que le mérite se jaugeait plus qu'il ne se jugeait. Un code d'honneur* empreint d'un respect réciproque et de garanties économiques liait entre elles les tribus. C'est dire si les attaques de caravanes devaient enfreindre les codes d'honneur qui étaient, on le sait d'après quelques témoignages, d'une rigueur absolue. Avec l'avènement de l'islam, le modèle antique de la razzia ne fut plus conforme aux nouvelles dispositions coraniques. Mais on sait aussi que les débuts de l'islam ne furent pas exempts de violence, n'épargnant personne. En flagrante opposition avec la morale du Coran, le recours à la rapine, les déprédations, le saccage, la vengeance, le vol organisé étaient au VIIe siècle monnaie courante. Le Prophète lui-même avait, au début de la Prédication, couvert un certain nombre d'expéditions dont le but avoué était d'approvisionner les armées musulmanes exsangues.

Ce n'est donc pas en montrant l'exemple de la non-violence que l'islam s'est imposé initialement. On peut même dire, de ce point de vue, que l'islam ne fut pas alors une religion de la tolérance absolue, ni celle de la concorde, mais que, au contraire, à l'inverse du bouddhisme par exemple ou même du christianisme, il fondait à l'origine sa suprématie sur la guerre offensive et sur la puissance de feu de ses guerriers, exaltées par les versets coraniques. Cette gestion politique de la Cité, comme forme originelle de la future *Ummah*, aura évidemment des conséquences majeures sur la structuration de l'identité du musulman. Mis en relation avec l'Autre par l'intermédiaire de la mosquée, soumis à des pratiques qui ne sont plus ni bédouines, ni claniques, ni même familiales, le musulman se trouva projeté dans un monde qui tournait le dos aux réseaux habituels. La tente du patriarche, autrefois le centre totémique de son organisation sociale, était maintenant remisée, parfois même niée par la mosquée, symbole surpuissant de la fonction sociale de l'islam. Le bédouin, hier fier d'un système qu'il croyait intangible, celui de l'échange, voilà qu'il était devenu redevable à la société du « bien commun », l'*islam*, la foi en Dieu. Une révolution.

Réformisme musulman

L'islam peut-il se réformer ? « L'islam ou les musulmans ? » rétorquent aussitôt dressés sur leurs ergots tous ceux qui considèrent que la troisième religion du Livre, par sa sacralité même, ne peut souffrir aucune réforme, car, née de la volonté de Dieu, elle est immuable. Or, Dieu ne pouvant se tromper, comment réformer l'islam lorsque ce même islam est fondé sur une parole indépassable, le Coran ? Cette équation semble-t-il insoluble a jusqu'alors freiné la plupart des avancées sérieuses que certains penseurs progressistes avaient défendues au prix de mille sacrifices. La problématique est pourtant claire : l'islam a-t-il oui ou non vocation à se dessaisir des mythes qui l'inhibent pour se laisser gagner progressivement par l'historicité – dont la modernité est l'une des déclinaisons possibles –, et en accepter le principe ?

L'un des premiers problèmes est celui du vocabulaire. Peut-on, par exemple, utiliser le terme d'*aggiornamento* ou faut-il inventer un autre mot pour traduire l'anomie qui affecte l'islam actuel, son impuissance à trouver le chemin de la réforme ? Qu'en est-il, enfin, de la pensée critique, du libre arbitre, de l'autonomie du sujet et de la (nécessaire) interprétation (*ijtihad**) des textes fondateurs à la lumière du monde d'aujourd'hui ? Ces questions sont cruciales ; elles se posent à tout musulman, peu importe son habit, son statut : religieux, politique, penseur, pèlerin, imam ou simple croyant. Un fait est sûr : personne n'en fera l'économie.

Régicide *Voir :* ROIS

Répudiation

La sourate sur la répudiation – de l'arabe *talaq* (littéralement « libérer un prisonnier de ses fers, affranchir un esclave ») – est l'une des plus contestables de l'islam dogmatique et s'inscrit dans la tradition misogyne de l'Arabie préislamique. Cette coutume qui laissait le divorce à la libre appréciation du seul mari fut reprise par le Coran en des termes similaires : l'homme peut répudier sa femme sans justifier sa décision, le principe étant que son avis prévaut toujours sur celui de sa femme.

En janvier 1957, le premier président de la Tunisie moderne Bourguiba a aboli la répudiation et la polygamie. Mais le cas tunisien reste encore marginal en islam. Où en est-on aujourd'hui ? Si les codes civils de certains pays musulmans ont évolué, la répudiation (comme la polygamie) reste un sujet sensible. Décidément, l'islam attend son MLF !

Rhazès *Voir :* RAZI

Rites de chevalerie

Des croisades, les chevaliers francs n'ont pas seulement rapporté des épices, des tissus précieux, de la joaillerie ou des tapis. C'est à partir des règles musulmanes de bonne conduite qu'ils auraient forgé leur propre code de chevalerie. De la même façon, un certain nombre d'usages de la chevalerie occidentale rapportés par les croisés, comme l'héraldique, ont des origines ayyubides.

A l'image de son fondateur, Salah ad-Din al-Ayyubi, plus connu en Occident sous le nom de Saladin*, la dynastie ayyubide a marqué de son empreinte bien des conduites entre chrétiens et musulmans. La chevalerie elle-même pourrait être une invention de cette période faste où les musulmans ne cessaient de livrer des joutes oratoires, intellectuelles et mystiques les plus variées. Ainsi, le premier ordre de chevalerie arabe, le *fûtûwa*, qui s'est développé sous le calife abbasside al-Naçir à Badgad (1180-1230), n'est pas sans évoquer les ordres de chevalerie occidentaux et l'actuelle franc-maçonnerie. Dans cette confrérie, les membres se doivent assistance et soutien, suivent une règle et un cérémonial. Le *fata* (littéralement le frère) doit porter lors de chaque rencontre un vêtement appelé *libass al-fûtûwa*, constitué essentiellement d'un pantalon (*sarwal*) et d'une veste. Devant une assemblée de frères, il est intronisé en buvant le « verre de l'amitié », *ka's al-fûtûwa*, qui équivaut à la coupe du chevalier en usage plus tard dans les provinces chrétiennes d'Aragon et d'Andalousie. La *fûtûwa* musulmane n'était autre qu'un code de bonne conduite sociale, une sorte de condensé de toutes les vertus traditionnelles que le « preux chevalier » devait posséder... Un tel code est, pour partie, encore en vigueur aujourd'hui, notamment dans les corporations artisanales et dans certaines confréries mystiques.

Voir : SALADIN

Rois

Il est un paradoxe que chacun pourra méditer à sa guise, quels que soient son opinion politique, son penchant du moment : en terre musulmane, la royauté est florissante et prospère et la dévotion de la population pour son souverain est souvent plus forte et plus constante que celle que l'on peut observer sous d'autres régimes politiques. Il s'agit d'un amour viscéral et irraisonné, fondé sur l'affection que l'on porte à une personne, *al-Malik*, et non pas à l'institution elle-même, au pouvoir, *al-Mulk*. Sans être le représentant de Dieu sur terre à l'instar des monarchies occidentales, le roi a sur ses sujets une influence quasi sacrée, que cette sacralité soit démagogique, chamanique, maraboutique ou prophétique. Dans la plupart des pays musulmans, la royauté pose moins de problèmes que tout autre régime politique, démocratie comprise. Jusqu'à nos jours tout au moins. Les rois, une espèce à protéger ?

Pour comprendre cette situation il faut remonter aux origines de l'islam. Son avènement transforme le pouvoir politique en ce sens qu'il marque le passage progressif du royaume tribal et ethnique, parfois familial mais souvent clanique, au califat, qui est une royauté fondée sur des considérations divines. Bien sûr, au fil des siècles, les rois ne seront pas plus que les autres souverains épargnés par les révolutions de palais et, pour certains, tomberont sous les coups de leurs proches, souvent un frère, dont la parenté lui garantit en quelque sorte la légitimité de la succession. Il est arrivé aussi que des rois, devenus fous, ou complètement assujettis à l'influence d'un mentor ou d'une femme, tuent un héritier embarrassant. Ce fut notamment le cas avec Soliman dit le Magnifique qui fit étrangler son fils aîné, Mustafa, ce qui ouvrit la voie, en 1566, à son frère cadet Sélim II.

A l'époque de la splendeur musulmane, les Arabes trouvaient naturel d'incarner à travers leur roi un modèle politique qu'enviaient les autres nations. Un propos étonnant nous est rapporté par un voyageur, resté anonyme, qui note, dans une *Relation de la Chine et de l'Inde* (*Akhbar aç-çin wal-Hind*) du milieu du IXe siècle, que « les habitants de l'Inde et de la Chine s'accordent à déclarer que les rois du monde qui comptent sont au nombre de quatre. Le premier de ceux que l'on met au nombre de ces quatre est le roi des Arabes : c'est là chez eux l'opinion unanime et nul parmi eux ne conteste qu'il ne soit le plus grand des rois, le plus riche, le plus magnifique, le souverain de la grande religion que rien ne surpasse (*alladi layssa faouqahou chayin*). Le roi de la Chine se place lui-même après le roi des Arabes, puis le roi des Romains, puis le *ballaha-raya* (roi des Indes), roi de ceux qui se percent les oreilles ».

La royauté a inspiré bien des essais. Selon Ibn Khaldoun*, chroniqueur et historien médiéval, en cas de révolte le modèle politique de la monarchie n'est jamais en cause, le problème est ailleurs : ainsi, dit-il, les crises naissent de l'enrichissement excessif de la monarchie, qui provoque son indolence. Cet état est le meilleur indice de sa fin prochaine et constitue l'un des axes de la décadence générale avant la débâcle politique que l'incertitude de la succession lorsqu'elle n'a pas été réglée accentue toujours.

Rose et jasmin

La rose, emblème de la Perse ancienne, symbolise également la Syrie (rose de Damas), et dans un autre registre, l'Inde moghole. Le jasmin est une fleur maghrébine. On trouve l'une et l'autre en Egypte, en mer Rouge, au Liban, en Libye, en Turquie, au Maroc, et particulièrement en Perse et en Andalousie où leurs cultures furent particulièrement soignées. Dans ces pays, où il est courant de célébrer la fin de la récolte annuelle des roses, généralement au printemps, les fleurs agrémentent toutes les réjouissances citadines. Elles furent même à une époque une source d'inspiration pour les lettrés. Au XIe siècle, les floralies poétiques (*nawriyates*) constituaient un genre à part entière de la culture andalouse. Les longues descriptions – très académiques – des fleurs et du règne végétal n'étaient en fait que des métaphores à peine déguisées de la femme, souvent absente lors des réunions masculines. Ainsi en islam la fleur offre une médiation avec l'aimée ou symbolise la dulcinée.

La rose est la princesse incontestée de toutes les fleurs, celle qui recueille le plus de suffrages auprès des *mûtaghazilin*, les poètes amoureux (*ghazal*) à la manière musulmane. Dans ce mouvement prestigieux de poètes raffinés des XIIIe et XIVe siècles qui vouèrent à cette fleur un culte marqué, il faut citer le plus grand des poètes iraniens, Hafiz* (1320-1389), l'auteur du *Diwan*, mais aussi Rûmi* (1207-1273) et Saadi (1200-1291), le plus célèbre d'entre eux. Né à Chiraz, la ville des roses, comme plus tard Hafiz, Saadi est l'auteur du *Golestan*, *Le Jardin des roses* ou *La Roseraie*, traduit en français dès le XVIIe siècle, mais aussi du *Bûstan*, *Le Verger*, rédigé un an auparavant (1257). Sous la plume de Saadi, la rose, la fleur et la nature tout entière sont un hymne à la vie, un hommage incandescent à l'être dans toute sa complexité : celui qui prie, celui qui souffre, mais aussi celui qui désire et qui aime. Les œuvres de Saadi illustrent les grands principes de la morale musulmane et soufie* ou encore la métaphysique mais leur langage fait de paraboles est d'un accès aisé pour les plus humbles.

Rûmi est, lui, le plus grand poète afghan de tous les temps, fondateur de l'ordre des derviches tourneurs de Konya en Turquie, où il est d'ailleurs enterré. Il nous a laissé quelques quatrains (*robayates*) magnifiques comme celui-ci : « La brise versait des pétales de rose sur les buveurs /Et la Bien-Aimée versait du vin dans les coupes des amis/Les jacinthes de sa chevelure éteignaient tous les parfums /Et ses regards versaient le sang des dégrisés./ J'ai couru au jardin et j'ai cueilli une rose ; Je craignais d'être vu du jardinier./ J'entendis la voix du jardinier me dire : "Qu'est-ce qu'une rose ? Je te donnerai tout le jardin." »

Différents types de roses

Rosa canina : *ward sinyi*
Rose à cent feuilles (*centifolia*) : *ward baladi*
Rose de Damas : *ward dimashq*
Rose incarnate : *ward nasibyi*
Rose d'ornement (*althoea*) : *ward az-zina*
Rose des courtisanes : *ward az-zawani*
Rose sans odeur : *ward afrandji*
Rose du soleil : *ward ash-shams* (une sorte de marguerite)
Rose blanche : *ward abiadh* (une sorte de narcisse)

Roxelane

Peu de femmes musulmanes, même issues de couches sociales très élevées, ont joué dans le passé un rôle politique de premier plan en islam. Roxelane (v. 1505-v. 1559) est l'exception. La Hürrem Sultane fut d'abord la favorite puis l'épouse de Soliman le Magnifique*, auquel elle donnera un fils, Sélim, qui gouvernera sous le nom de Sélim II. Roxelane employa toute son influence de reine mère – un statut qu'elle pouvait fièrement revendiquer car elle avait donné à son royal époux des enfants mâles – pour s'imposer auprès des grands vizirs qui conseillaient son mari. Elle fit assassiner Ibrahim pacha et Ahmet pacha avant de faire nommer son gendre Rostam pacha grand vizir du sérail (1544). Elle n'en restera pas là. Héritier légitime de Soliman par ordre de primogéniture, Mustapha né d'une autre femme sera étranglé par les sbires de son père. La rumeur de sa duplicité avec le roi de Perse, l'ennemi des Ottomans, aurait été soigneusement entretenue par sa belle-mère. Sa mort enlèvera à Sélim II l'ultime obstacle qui l'empêchait de prendre le pouvoir.

A l'image de Roxelane, mais sans la cruauté, d'autres femmes musulmanes sont entrées dans l'arène politique, parvenant jusqu'au sommet des partis ou de l'Etat. Au Bengladesh, la bégum Khalida Zia, veuve du général-président Zia ur-Rahman (assassiné en 1981), fut Premier ministre en 1991 ; comme, cinq ans plus tard, la bégum Hasina Wajed. En novembre 1988, Benazir Bhutto, la fille de l'ancien président Zulfikar Ali Bhutto retrouvé pendu dans sa prison en 1979, avait gagné les élections. Premier ministre durant deux ans, elle fut destituée de sa charge à la suite d'une machination montée contre elle par les mouvements islamistes.

La Turquie, elle aussi, a su conjuguer le pouvoir politique au féminin, en la personne de Tançu Ciller nommée Premier ministre, tandis que la plupart des pays arabes (Syrie, Emirats arabes unis, Tunisie) sont désormais pris de vitesse par l'arrivée des femmes aux plus hautes responsabilités. Il est courant qu'elles soient nommées à la tête des ambassades, notamment dans les chancelleries occidentales (la diplomatie féminine pour faire succomber les plus machos des entrepreneurs occidentaux), mais elles se voient aussi proposer des portefeuilles ministériels dans les différents gouvernements. Comme ailleurs, elles sont encore cantonnées à la protection sociale, à la santé et à la culture. Mais il n'est plus rare de les trouver à la tête de bien des formations politiques, généralement dans l'opposition aux régimes en place (Louiza Hanoune en Algérie), et ce malgré une hostilité farouche et violente des islamistes...

Rûmi

Rûmi (1207-1273) est le fondateur de l'ordre des derviches tourneurs. Il est à la fois persan et afghan. Né à Balkh, dans le Khorassan oriental, aujourd'hui l'Afghanistan, il est adolescent quand sa famille quitte le pays en raison des différends qui opposent son père au pouvoir en place. Elle trouve refuge en Perse, et s'installe au cœur de l'Asie Mineure, d'abord à Erzincan, puis à Larende et, finalement, à Konya, en Anatolie. C'est là que Rûmi y fonde l'ordre mystique des Mevlevis (*Mawlawiya*), universellement connu aujourd'hui sous le nom de derviches tourneurs, lesquels sont devenus depuis un quart de siècle de véritables étoiles dansantes.

Le nom complet de Mawlana (ou *Mevlana*, en turc, car l'ordre y fut très répandu) qui signifie littéralement « Notre Maître (soufi) » est Jalal ad-Din Rûmi (c'est-à-dire qui vient du pays des Rûm, l'Asie Mineure) ibn Baha al-Din Sultan al-Ulama Walad ibn al-Husayn. L'œuvre de Rûmi est immense. Elle se compose d'un enseignement soufi intitulé le *Mathnawi*, qui a été surnommé *Qoran-e farsi*, le « Coran persan », et de poèmes mystiques qui traduisent parfaitement la singularité de l'extase mystique dans les confréries musulmanes, en particulier son caractère répétitif et hyperallégorique. Cette extase est exprimée par la danse des derviches tourneurs et par les incantations du nom de Dieu selon les multiples sens du Coran. Quiconque a assisté à une danse de derviches tourneurs aura constaté la geste symbolique de tous les membres de l'ordre, différente pour le maître ou les disciples. La danse offre ainsi une allégorie de l'univers : les danseurs symbolisent une planète distincte, et, partant, les différents degrés d'extase et de fusion avec le Créateur.

Rûmi s'est inspiré des travaux d'un autre grand mystique, Shams al-Din de Tabriz, ce qui signifie le « Soleil de la Religion » (mort en 1247), dont l'influence aura été déterminante, au moins pour la création de l'ordre turc. Avant d'entrer dans le folklore turc puis international, les derviches tourneurs avaient autrefois un immense prestige et les membres les plus élevés de l'ordre, le chaykh de la Mawlawiya, par exemple, avaient le privilège de ceindre l'épée au sultan ottoman lors de son intronisation.

Ecoute l'homme d'expérience,
tu te passeras du médecin

(sagesse maghrébine).

Saba (reine de)

Parmi les contrées les plus mystérieuses et en même temps les plus chantées tant dans la Bible que dans le Coran, figure en bonne place le pays de la reine de Saba, *Al-Malika Balqiss*, à Aden, situé aux confins du désert, de la montagne et de la mer. Les Arabes appellent Saba Balqiss, la reine Balqiss, Al-Malika Balqiss, et Edmund Dulac, bien avant le ciné-mascope américain, en a donné un portrait suggestif dans un numéro spécial de *L'Illustration* en décembre 1911. Celle qui parla avec Salomon et fit connaître à Jérusalem les trésors de la lointaine Arabie Heureuse*, bénéficie d'une estime profonde et durable. Son pays, mythique par excellence, est suffisamment proche pour susciter une curiosité – louable au demeurant –, et suffisamment lointain pour entretenir une étrange fascination. N'embaume-t-il pas l'encens, la myrrhe et les plantes aromatiques ? On lit dans le Livre des Rois que lors de sa visite au plus sage des rois, Salomon, la reine de Saba, entourée de sa suite et d'un riche équipage, lui avait apporté des aromates et une quantité infinie d'or et de pierres précieuses. Auparavant, dans ce même livre (I Rois, IX, 28), une ambassade dépêchée au pays d'Ophir par Salomon avait rapporté par bateau 420 talents d'or. Sur la route du pays de Saba, on pouvait trouver du sel brut, des épices, du henné, des vêtements brodés, des pièces de marqueterie, des objets de luxe ou des objets de la toilette féminine. Dans une photo anonyme datant de 1870, on voit les vestiges des citernes qui ont appartenu à la reine de Saba. Il s'agit de sa principale réalisation – digne d'un pharaon et datant d'il y a plusieurs milliers d'années déjà –, qu'elle avait fait construire en même temps qu'une série d'aqueducs qui, s'étendant sur plusieurs kilomètres, captaient l'eau de la montagne pour la conduire à la ville.

Dans son *Histoire des plantes*, Théophraste a écrit : « Toute la récolte d'encens et de myrrhe est rassemblée dans le temple du Soleil, qui est l'endroit le plus sacré du pays de Saba. Des Arabes armés y montent la garde. Chacun porte sa récolte, entasse son lot d'aromates et l'abandonne à la surveillance des soldats, après avoir pris soin de placer sur son lot une tablette indiquant le nombre de mesures qu'il contient et le prix demandé pour chacune. Quand les marchands viennent s'approvisionner, ils examinent les inscriptions et chacun fait mesurer la quantité qui lui convient, avant de déposer le prix à l'endroit où il a prélevé la marchandise. Arrive ensuite le prêtre du Soleil, qui prélève le tiers de la somme pour le dieu. Le reste demeure là jusqu'à ce que les propriétaires reviennent le prendre. » Tel est le pays de Saba.

Sabre et turban

Cette appellation ancienne par laquelle on désignait la soldatesque musulmane, « sabre et turban », *sayf wa 'amama*, est sans doute à rapprocher avec la cavalerie héroïque de l'émir Abd el-Kader, champion du nationalisme algérien, chef de tribus irrédentistes et farouche résistant à l'invasion française durant les guerres de conquête coloniale au début du XIXe siècle.

Le sabre est le symbole de la puissance musulmane, je ne parle pas ici du simple coutelas appelé *khandjar*, mais véritablement du sabre, *as-sayf*, dont la pointe effilée fit autant pour la conquête de l'islam à ses débuts que le livre du Prophète. Avec le croissant, il est l'emblème le plus caractéristique de la conquête islamique. Il a largement nourri l'imaginaire guerrier des bédouins et des premiers musulmans mais c'est la poésie qui lui a donné ses lettres de noblesse. Dans les dictionnaires actuels, des notices explicatives font état des différentes lames utilisées, de leur tranchant, du matériau employé, et du travail artisanal que le sabre nécessite. Sa poignée et le four-

reau sont les finitions ultimes qui témoignent souvent d'un réel luxe dont le sabre fut un des symboles.

En revanche, le turban semble être caractéristique des dernières dynasties de l'Islam, en particulier des Ottomans. Ce sont les voyageurs des XVIIIe et XIXe siècles qui l'ont fait découvrir à l'Occident à travers la représentation caricaturale du potentat bouffi et enturbanné, allongé sur son divan, et qui d'un simple revers de la main mettait fin à l'existence d'un quidam déchu et élevait cet autre, souvent un courtisan flagorneur, au rang de vizir.

Au XIXe siècle, l'armée française eut, durant la conquête algérienne, maille à partir avec un opposant des plus farouches du nom de Bou Amama, de la tribu des Ouled Sidi-Cheikh dans le Sud oranais. Or, ce nom signifie tout simplement le « Porteur de turban » et, dans la mesure où la langue arabe est souvent allégorique, on peut aussi le traduire par le « Grand Seigneur ».

Le turban de ces mandarins était extrêmement sophistiqué. Impossible à dénouer, plus difficile encore à faire, le turban était noir et blanc ou de couleur et composé de plusieurs plis qui correspondaient au rang social de son propriétaire. En 1847, l'illustrateur de l'ouvrage sur l'Arabie de Noël Desvergers, M. Jomard, inventoria toutes les attitudes du musulman pieux pour la prière canonique. A l'époque, le turban était très en vogue. Tant que le dignitaire religieux était debout ou assis en lotus, la question du turban ne se posait pas à l'illustrateur, malgré son architecture surélevée. Mais autrement plus complexe était de dessiner le dignitaire à genoux. Fallait-il montrer que le turban tombait à chaque génuflexion ou faire qu'il ne bouge pas à l'instar du *taguelmoust* des Touaregs, ce long chèche indigo ? Et si c'était le cas, comment tenait-il sur la tête ?

Si l'origine du mot reste imprécise, certaines sources s'accordent à lui trouver une filiation tour à tour indo-persane, turque, voire italienne ou française. Le mot pourrait provenir du persan *dulbend* devenu en turc, sous une forme plus adoucie, *tülbend*, ou tulipe. Par la suite, cela aurait donné turbant, turban (de l'italien du XVIe siècle), une altération de tulban ou tolliban, un peu plus ancien (à ne pas confondre avec taliban, qui désigne un étudiant en sciences coraniques). En Algérie, on lui préfère le mot *'amama*, en Tunisie, *tarbouche*, lequel mot est également employé en Egypte.

Réservé aux dignitaires musulmans, le turban prend des formes très variées selon les régions. Le turban voisine avec le *litham* des Touaregs, les *fez* ottoman et égyptien, la tiare sassanide, la calotte mongole et le chèche maghrébin. Au temps passé des grandes dynasties, l'achat, la confection et l'entretien de ces turbans étaient confiés au maître tailleur du palais. Tous les jours, le prince ou le souverain changeait de turban, celui de la cérémonie publique étant généralement distinct de celui porté pour l'office religieux, lequel est encore différent de celui mis pour assister à un match de polo, une partie de chasse ou une expédition. Au coucher du seigneur, un serviteur était là pour l'aider à se dévêtir. Il lui enlevait, outre son costume (*abaya*), son turban. D'ailleurs, le sultan ottoman disposait à ses côtés d'une chaise spéciale appelée *kursiy al-'amama* sur laquelle le turban royal était déposé pour la nuit. Une sorte de cintre à turbans.

On appelle le mollah (prêtre, en particulier les chi'ites) et le mufti*, *Sahab al-'amama*, « Celui qui porte le turban », car ces couvre-chefs symbolisent aussi le savoir coranique et son propriétaire *a fortiori* celui qui sait en faire l'interprétation et en comprend la dimension mystique. Aujourd'hui, c'est toute la corporation des dignitaires musulmans, soufis, khodjas, mollahs et ayatollahs, qui porte encore cet élément vestimentaire auquel sont restés attachés une dignité et un prestige singuliers.

Entre le sabre et le turban, se situe ainsi toute l'histoire de l'islam, son évolution depuis les débuts guerriers de la Prédication au VIIe siècle jusqu'à la fin de l'Empire ottoman, plus de douze siècles plus tard, quand les dignitaires de l'islam ne s'affrontent plus alors qu'en joutes sémantiques à l'occasion des *diwans**. Le temps de l'apaisement des esprits était venu, une sorte de mutation tranquille vers un islam pacifié et responsable.

Saladin

Salah ad-Din al-Ayyubi (1137-1193) est le fondateur légendaire de la dynastie ayyubide qui a régné de 1169 jusqu'à 1260. Si l'Egypte et la Syrie constituaient son territoire historique, les provinces du Yémen (l'actuel Hedjaz) et la Mésopotamie sont entrées un moment sous sa domination. Le célèbre chef guerrier, despote éclairé comme il ne s'en trouve qu'un par siècle, respecté autant que craint par les croisés, était d'origine kurde. Né à Takrit, en Irak (là même où naquit Saddam Hussein, ce dernier se comparant volontiers à son illustre prédécesseur), vers 1137 ou 1138, il est mort à Damas en 1193. De confession sunnite*, école chaféite, il vécut toute sa jeunesse à la cour fatimide d'Egypte où il y apprit l'art guerrier, la stratégie, la conduite des hommes. Sa

course au pouvoir le conduit à renverser la dynastie fatimide d'Egypte, tout de suite après la mort du sultan Nur al-Din, en 1174. Il s'empare du pouvoir et l'étend aux principales villes de ces régions. Mais il est surtout entré dans l'Histoire à l'occasion des croisades dont il est un personnage clé.

Son comportement assimilé à de la « courtoisie guerrière » selon l'expression des chevaliers francs, qui déploraient, par ailleurs, que celui-ci ne fût pas un roi chrétien, a nourri la réflexion de l'Occident médiéval, notamment en matière de guerre et de diplomatie. Parmi les actes de sa riche geste héroïque, il faut rappeler la libération, à Jérusalem, de centaines de prisonniers chrétiens, qui, n'ayant pas de quoi payer la rançon des vaincus, ont été élargis sans contrepartie. Dans le camp adverse, Richard Cœur de Lion n'eut pas tant de scrupules quand, après la prise de Saint-Jean-d'Acre, il fit massacrer les 2 700 prisonniers musulmans. Selon les mêmes chroniqueurs, Saladin aurait envoyé des provisions et des rafraîchissements à Philippe Auguste et même à Richard Cœur de Lion lorsque l'un et l'autre furent alités pour un court moment. Ainsi, la réputation de Saladin a-t-elle franchi les siècles, au point que Dante, dans son *Banquet* (*Il Convivio*), le cite parmi les quelques rois qui étaient aimés de tous et de tous temps : « Qui n'a dans son cœur le bon roi de Castille, ou Saladin, ou le bon marquis de Montferrat, ou le bon comte de Toulouse, ou Bertran de Born, ou Galas de Montfeautre ? » écrivait le grand auteur italien vers 1307, qui le citera encore dans *La Divine Comédie.*

Cette évocation de Saladin ne serait pas complète si elle était privée du point de vue des chroniqueurs musulmans. Sous leur plume, ce chef légendaire était pourvu de nombreuses autres qualités morales, comme celle de la magnanimité (*hilm*) jugée selon certains auteurs de l'époque la caractéristique principale de l'homme arabe (confirmée jusque dans le rang des chrétiens), la générosité (*fakhama*) et le sens de la justice (*'adl*). Le voyageur valençois Ibn Jobaïr (1145-1217), contemporain de Saladin et auteur d'une relation importante (*Rihla*) sur la Palestine, la Syrie et La Mecque, fait dire au chef charismatique de Syrie et d'Egypte, alors qu'il libérait un criminel dont l'acte répréhensible n'avait pas requis les quatre témoins à charge fixés par le dogme musulman : « Pardonner par erreur me plaît mieux que punir à tort. » Aujourd'hui encore, l'image tutélaire de Saladin affleure dans les mess des officiers musulmans, chez les généraux arabes et surtout chez les hommes politiques. Combien de fois n'ai-je pas entendu, quand j'étais enfant, qualifier Gamal Abd el-Nasser de Saladin moderne des Arabes...

Voir : RITES DE CHEVALERIE

Salam Alaïkoum

Si l'on vous dit *Salam Alaïkoum*, ne manquez jamais de répondre *Alaïkoum Salam*, Que le salut soit sur vous ! Selon une croyance arabe, le « vous » s'adresse autant au fidèle musulman qu'à ses anges gardiens – invisibles à l'œil nu, mais pourtant bel et bien présents – qui accompagnent tout un chacun en islam. Lors de son séjour en Egypte, dans la seconde moitié du XIXe siècle, lady Lucie Duff-Gordon (1821-1869) a raconté combien son professeur d'arabe, le cheikh Youssouf, un musulman érudit et surtout un parfait croyant, se montra à son égard un homme exquis, empreint de douceur et de délicatesse. Par mégarde, un jour, elle avait répondu à son salut alors qu'il était visiblement destiné à Omar, son serviteur. Aussitôt, Youssouf piqua un fard qui tourna au « cramoisi », gêné que la « sultane anglaise » ait cru qu'il s'adressait à elle. Or, la formule en question étant sacramentelle, elle ne peut s'adresser qu'aux seuls musulmans. Peu après pourtant lady Duff-Gordon en fut gratifiée par Youssouf lui-même : « Hier soir il est entré, écrit-elle dans ses *Lettres d'Egypte*, et il m'a étonnée par un "salam aleyki" qui m'était adressée [le salut, ici, est au féminin singulier]. » Une telle liberté de la part de Youssouf ne pouvait être que le fait d'un musulman ayant reçu une excellente éducation. Personne d'autre ne se permettrait une telle audace. Ainsi, souligna lady Duff-Gordon, Omar, de condition modeste, « prierait, travaillerait, dirait des mensonges, ferait tout ce qu'on peut imaginer pour moi, il sacrifierait même de l'argent, mais je doute qu'il prononçât "salam aleykoum" pour un autre que pour un musulman... ».

Salammbô

En 1862, Flaubert (1821-1880) achève une œuvre magistrale, *Salammbô*, dans laquelle il réinvente la vie de Carthage au temps de sa splendeur. Roman splendide à sa façon, si riche et si étonnant par la précision et l'intuition des atmosphères qui s'en dégagent, qu'on le dirait écrit par un djinn : « Des hommes pétrissaient des pâtes, broyaient des herbes, agitaient des charbons, versaient de l'huile dans des jarres, ouvraient et fermaient les petites cellules ovoïdes creusées tout autour de la muraille, et si nombreuses que l'appartement ressemblait à l'intérieur d'une ruche. Du myrobolan, du bdellium, du safran et des violettes en débordaient. Partout étaient éparpillées des gommes, des poudres, des racines, des fioles de verre, des branches de fil pendule, des pétales de roses, et l'on étouffait dans les senteurs, malgré le tourbillon du styrax qui grésillait au milieu sur un trépied d'airain. » A travers un tel récit, fort soigné, Carthage renaît ainsi sous nos yeux drapée dans sa grandeur un peu décadente, mais parfaitement supérieure.

Aujourd'hui, le Tunisien reste émerveillé devant les vestiges de cette antique beauté carthaginoise qui a poussé là, en lieu et place des ruines un peu chauves – au hasard, des sculptures décapitées, quelques hampes de portiques, des anses tout au plus – que seules des reconstitutions laborieuses permettent de comprendre vraiment. Ce n'était pas encore l'islam, évidemment, mais Carthage en est une sorte de prélude joyeux, en ouverture au futur Maghreb numide. Elle est à elle seule cette Cité-Etat – et quel Etat ! –, l'antithèse la plus aboutie de Rome, trop hautaine et trop puissante, et même trop brutale. En témoignent les nombreux sacs dont elle fut l'objet jusqu'à la chute finale. Depuis ce temps-là, Tanit, la déesse protectrice de Carthage, garde une moue triste et boudeuse. Sa statue au Bardo en dit long sur son âme et reflète un peu de son chagrin marmoréen. Au vrai, Carthage est la synthèse de toute la Tunisie : elle accueille le visiteur qui passe, mais aucun ne lui donne jamais assez l'amour qu'elle escompte, aucun ne l'honore par une dédicace, pourtant largement méritée. Car comment mettre à terre les idoles du passé sinon en continuant à ensemencer d'un génie nouveau les terres d'aujourd'hui ? Tel est le paradoxe de Carthage et des villes romaines d'Afrique du Nord : on y vient là en disciple respectueux chercher la source vive d'un savoir désormais éteint. Le plus souvent, c'est dans le rôle banal du touriste qu'on y tend une serviette de pique-nique à l'ombre d'une colonne d'Hercule, avant de repartir, quand le soleil est bas, en fin de journée, en prenant garde de ne pas se retourner...

Après la Carthage de César, qui a donné des auteurs chrétiens comme Tertullien, Apulée, saint Cyprien et en grande partie saint Augustin – que lui disputent par ailleurs les Algériens d'Hippone –, il a fallu attendre plus de onze siècles avant qu'Ibn Khaldoun (1332-1406), l'auteur tunisois des *Prolégomènes*, ne rappelât que sous les édifices mornes de la Kairawin gisait un trésor intellectuel qui ne demandait qu'à sortir de l'ombre.

Samarkand/Samarcande

Etrange nom que celui que l'on donne à une ville qui n'existe plus. Pourtant, Samarkand répond à cette curiosité puisque son nom exact quand on le traduit littéralement signifie *Chammir-Qand*, « détruite par Chammir ». Chammir est le nom arabe de Gengis Khan (vers 1167-1227), chef suprême des armées mongoles et destructeur, en 1219, de cités antiques comme Boukhara, Hérat, Merv ou Bagdad.

Aller à Samarkand par tous les moyens. Quelle n'est pas la surprise de tous ceux qui, venant de loin, découvrent en lieu et place des ruines mongoles une cité riante et fleurie ! Samarkand, comme La Mecque, comme Saint-Jacques-de-Compostelle, comme Las Vegas, est aussi une ville mythique et c'est précisément le mythe que le voyageur vient chercher. Pourquoi certaines villes sont-elles affectées de cette douceur native dans la voix, une voix qui nous parle dans une langue qui se faufile en nous, ces villes qui semblent nous appartenir, qui nous évoquent le conte ou le rêve, qui nous font tout quitter. Porto, Rio de Janeiro, Los Angeles, Dar as-Salam, Veracruz, Bergame et d'autres encore, le monde en est plein sans que nous le sachions assez. Samarcande, comme Sanaa, a eu son heure de gloire, ses petites histoires, sa tragédie. Samarkand a souffert des invasions et des dévastations. Occupée par les Arabes en 712 et dévastée par Gengis Khan, au XIIIe siècle, elle a connu la splendeur sous Timour Lang connu ici sous le nom de Tamerlan (1336-1405), qui la choisit pour capitale dès 1369. Depuis, grâce à son commerce florissant, ses prestigieuses constructions de style timouride, surtout des mosquées, des *madrassas* et des mausolées, pour son célèbre observatoire astronomique, elle a gagné une réputation et une aura que même Tachkent, élue capitale du Turkestan par les Russes au milieu du XIXe siècle, ne parvient à lui ôter. Samarcande n'en finit pas de nous faire rêver, à moins que le binôme Samarkand-Boukhara, autre cité médiévale prestigieuse, ne soit le réel axe imaginaire de la région.

Sarrasins

Voir : MAURES, MORISQUES ET SARRASINS

Savants européens

Je veux rendre ici hommage aux savants qui se sont adonnés, leur vie durant, à l'étude de l'Orient, historiens, philosophes ou épris de mystique soufie. Ils sont très nombreux, j'ai choisi les plus emblématiques, ceux qui n'eurent de cesse de faire connaître le monde arabe et l'islam aux Occidentaux.

Surnommé le « Cheikh admirable » par Jacques Berque, Louis Massignon (1883-1962), connu pour son travail de bénédictin sur le grand mystique musulman Ibn Mansur al-Hallaj (Xe siècle), est la figure de proue de l'islamologie à la française et plus généralement des études sur l'humanisme musulman. Fondateur de l'Institut des études islamiques (1927), il a été enseignant à Alger, au Caire puis à Paris au Collège de France. Ses travaux les plus connus sont ceux qui portent sur la mystique islamique, en particulier son *Essai sur les origines du lexique technique de la mystique musulmane*, sa *Passion de Husayn Mansur Al-Hallaj* et son *Opera Minora*, œuvre posthume en plusieurs volumes. Grâce à cette œuvre particulièrement foisonnante, Louis Massignon est devenu malgré lui l'une des sources les plus stimulantes de la pensée occidentale sur l'Orient. De cet Orient, il connut parfaitement les grandeurs et les servitudes, ce qui explique que son nom continue à nourrir la réflexion de nos contemporains et de tous ceux qui s'intéressent de près à l'islam.

Aux côtés de ce grand chercheur que fut Massignon figurent deux autres personnalités françaises, René Guénon (1886-1951) et Henry Corbin (1903-1978). Les admirateurs de René Guénon, fondateur d'un périodique aujourd'hui disparu, *La Gnose*, et auteur d'une œuvre immense, sont d'abord des philosophes ou des humanistes épris de méditation et d'ésotérisme. Leur religion, la seule, consiste à élucider la part énigmatique de chaque chose et toucher au plus près – avec une intuition universelle – le Saint Graal du dogme. Pour les amis de René Guénon, la vérité a un prix et ils sont prêts à le payer, dès lors qu'il leur ouvre les portes du mystère de l'univers dans sa complexité ésotérique autant qu'exotérique. Pour sa part, Henry Corbin (1903-1978), iranien d'adoption, fut l'un des meilleurs connaisseurs de la gnose musulmane, de la philosophie d'Avicenne jusqu'à Sohravardi, en passant par les Chiraziens Ruzbehan Baqli, Sejestani et Molla Sadra. A l'étroit dans le monothéisme doctrinaire, Henry Corbin a déployé une énergie exemplaire à transcender la singularité de l'Un notamment par la réinvention de son envergure mystique, la revisitation d'une science intimement liée à l'expérience visionnaire. Henry Corbin, mort un an avant l'avènement des ayatollahs – il n'aurait peut-être pas supporté le choc –, reste le meilleur défenseur d'un Iran spirituel (son interprétation de l'ismaélisme est en soi un exercice d'une grande beauté herméneutique) et l'interprète désigné – et reconnu comme tel par la plupart des Iraniens cultivés – de sa force de suggestion.

Nombreux sont les érudits européens, chrétiens ou juifs, à s'être intéressés à l'Islam, ou à l'un des pays qui en composent la mosaïque. L'Egypte a été de ce point de vue celui qui a mobilisé le plus grand nombre de chercheurs, à commencer par ceux qui firent le voyage avec Napoléon, lors de sa campagne d'Orient de 1798. Peu de temps après, Champollion (1790-1832), le déchiffreur de la pierre de Rosette, a redonné une vigueur inespérée aux travaux sur la civilisation pharaonique. Les égyptologues d'aujourd'hui doivent beaucoup à ces lointains précurseurs : Champollion bien sûr, mais aussi Emile Prisse d'Avennes (1807-1879), Gaston Maspero (1846-1916) et d'autres encore, qui les ont à jamais délivrés du silence pesant des pierres.

Toujours au XIXe siècle, il faut citer Noël Desvergers, ancien vice-président de la Société de géographie, qui a rédigé un excellent ouvrage sur l'Arabie ancienne et les débuts de l'Islam. A sa suite, Gustave Le Bon (1841-1931) a réalisé un premier travail de compilation sur la civilisation des Arabes. Boudée, mais à tort, cette grande fresque historique aura inspiré de nombreux auteurs arabes et européens à l'instar de l'Allemande Sigrid Hunke ou du Roumain Virgil Gheorghiu. Mais élargissons un peu le propos. Les savants orientalistes qui n'étaient pas insensibles à leur objet d'étude et l'ont amplement démontré possédaient deux qualités : le professionnalisme et la finesse d'analyse. Ainsi leur mouvement a-t-il marqué durablement les esprits en Occident. Dans certains cas, ils sont parvenus à enseigner leurs matières dans les universités européennes : d'abord l'antique Orient (Assyrie, Babylone, Sumer, Mésopotamie, Egypte pharaonique, etc.), puis le nouveau (Liban, Syrie, Maghreb). La formation de ces chercheurs d'absolu et leur origine géographique ou religieuse ont montré à quel point les études sur l'Orient musulman peuvent susciter des vocations inattendues : Ignace Goldziher (1850-1921) était hongrois d'origine et juif. Samuel Munk (1803-1867), éditeur du *Guide des égarés* de Maïmonide et successeur d'Ernest Renan au Collège de France, était lui aussi de confession juive. On lui doit notamment les *Mélanges de philosophie arabe et juive*, l'un des premiers textes de la période récente (1857) où l'arabe est intimement mêlé au français et à l'hébreu. Bernard Lewis, l'orientaliste anglo-saxon de Princeton, est également juif. Son œuvre est surtout pertinente en ce qui concerne l'islam turc. Gustav von Grunebaum (1909-1972) est autrichien d'origine et américain d'adoption. Directeur du Near Eastern Center de l'Université de Californie, à Los Angeles, Grunebaum écrivit des ouvrages sur l'identité culturelle de l'islam. Snouck Hurgronje (1857-1936) était un calviniste hollandais, C. H. Becker (1876-1933) luthérien allemand, et D. B. Macdonald (1863-1943) presbytérien américain. Johann Ludwig Burckhardt (1784-1817) et Carsten Niebuhr (1733-1815), qui firent connaître en Occident l'Arabie et les Lieux saints, étaient suisse pour le premier et danois d'origine allemande pour le second.

Le Hollandais Reinhardt Dozy (1820-1883), membre de plusieurs académies scientifiques, nationales et étrangères, s'est, lui, rendu célèbre avec son *Supplément aux Dictionnaires arabes*. Pour la première fois un auteur inventoria dans une œuvre magistrale les mots qui n'avaient pas jusqu'alors la préférence des dictionnaires classiques. Résultat, depuis sa parution en 1881, cette œuvre singulière est devenue l'une des références incontournables des lexicographes, en particulier de tous ceux qui s'intéressent à la langue arabe populaire, sa vitalité, son renouvellement et ses innombrables inventions. Enfin, je signalerai seulement, après d'anciens orientalistes comme C. Defrémery ou B. R. Sanguinetti, les noms de G. Levi della Vida, W. C. Smith, A. J. Arberry, H. A. R. Gibb, R. Brunschvig, F. Rosenthal, Régis Blachère, H. Sauvaget, G. Vajda, Louis Gardet, Denise Masson, Emile Dermenghem, Jean et William Marçais. Lisez-les.

Savoir-vivre oriental

On ne comprendra jamais tout à fait l'âme orientale si l'on n'inclut pas dans son étude le savoir-vivre, qu'elle sécrète en elle depuis toujours. Et ce temps est long, très long. Des siècles car il précède souvent l'implantation historique de l'islam. La difficulté demeure cependant en ce que ce savoir-vivre oriental est indécelable, d'une discrétion absolue. Il faut un sens aigu de l'observation pour l'isoler et l'identifier. Au nom de ce savoir-vivre, les relations du maître et du disciple, de l'homme et de la femme ou même celle entre deux inconnus qui se croisent dans l'espace public suivent un ordonnancement précis, un protocole immémorial. Il fut un temps où la distance idéale entre un homme et une femme faisait l'objet de dissertations poussées : à quelle distance un homme peut-il se tenir d'une femme qu'il croise dans un espace ouvert de façon à ne pas l'offenser ?

Le savoir-vivre est devenu une discipline urbaine à part entière. Son nom est *zarf*, ses initiateurs en sont les *zurafa*, les « raffinés », une classe de lettrés sensuels et opulents qui, d'Omar ibn Abi Rabi'a (644-719), le fameux poète d'Arabie – peut-être le premier dandy arabe –, jusqu'à Ziryab*, autre dandy encore plus extravagant, ne cessent de varier les mets, les rencontres et les modes vestimentaires, à la fois pour flatter leur orgueil et pour inspirer leurs admirateurs.

Science

La grande fierté des musulmans est de rappeler, presque de manière obsessionnelle, ce *hadith** selon lequel le Prophète est toujours content quand ses adeptes s'en vont chercher la science le plus loin possible, même jusqu'en Chine, ce qui est, à l'époque de la Prédication, aller au plus loin des terres habitées. Ils ne manquent pas de rappeler leurs nombreux succès dans ce domaine, estimant avoir succédé sans se déshonorer à d'autres grands inventeurs comme les Grecs à l'instar d'un Pythagore, pour ne citer que lui.

Les savants musulmans, essentiellement arabes et iraniens, ont fait progresser le savoir humain dans plusieurs domaines cruciaux :

Astronomie et astrologie avec Al-Birûni (973-1048), un savant peu connu qui mérite que l'on s'y attarde un instant. Abu Rayhan Mohammed ibn Ahmed Al-Birûni est l'archétype du penseur arabo-musulman du xe siècle. En effet, il a excellé dans plusieurs disciplines complémentaires et essentielles. D'abord, il nous a laissé la meilleure description du sous-continent indien de l'époque, dans *Le Livre de l'Inde*, détaillant par le menu ses habitants, ses mœurs, ses curiosités ; un livre d'histoire que les indianistes connaissent et utilisent couramment. Son approche de la *Chronologie des anciens peuples* lui a permis de développer des idées sur la religion et la philosophie des anciens peuples. Il a enfin été précurseur dans beaucoup de domaines, dont le plus incongru pourrait être l'étude des castes en Inde et, dans un autre genre, l'étude du jeu d'échecs. Al-Birûni a en outre enrichi la connaissance sur l'Asie auprès des musulmans de son temps car après avoir été le premier à s'intéresser aux Védas des brahmanes et à l'idolâtrie, il a essayé de comprendre le phénomène – étrange parmi tous pour un musulman – des réincarnations et de la métempsycose. Enfin, chacun retiendra l'intérêt de Birûni pour le système des poids et mesures, pour la linguistique et pour les chiffres indiens : « J'ai moi-même écrit un traité, note Al-Birûni, dans lequel j'explique qu'ils [les Indiens] sont peut-être en avance sur nous sur ce point. » Le « nous » entend désigner les savants arabo-musulmans qui étaient légion d'autant que leur science était alors l'une des plus dynamiques au monde.

Algèbre et mathématiques avec Khuwarizmi*. Le mot algèbre vient de l'arabe *al-jabr*, qui signifie contrainte ou réduction. Le mot lui-même provient de l'un des ouvrages de Khawarizmi qui rédigea, au IXe siècle, un opuscule de calcul qui finira par lui donner son nom, *algorithme*.

Art culinaire avec de nombreux gourmets qui ont clamé les délices de la cuisine* musulmane, même si la surcharge en épices et les nombreux plats en sauce sont aujourd'hui détrônés au profit de cuisines plus légères, comme l'art du mezzé libanais.

Agriculture* avec Ibn al-Awwam.

Histoire avec Tabari, dont l'œuvre est comparable à celle d'Hérodote.

Voyages avec Ibn Jobaïr, Al-Muqaddassi, Ibn Battuta*, Ibn Hawcal, ne serait-ce que pour relier les quatre points de l'Œcoumène à la ville sainte de La Mecque.

Philosophie avec cette question : l'émergence de la civilisation arabo-islamique aurait-elle pu se faire sans le concours de la philosophie et des philosophes ? Pour l'essentiel, ce sont des ouvrages théoriques – de commentaires, disent certains – qui dissuadent à première vue et découragent très vite tous ceux qui, non portés sur la spéculation pure, veulent quand même s'y frotter. Prenons un exemple, celui d'Abu Yusuf ibn Ishaq Al-Kindi (vers 796-vers 873). Pour ce penseur, l'idée d'associer la philosophie à la Révélation était parfaitement compatible. En ce sens, il anticipa l'apport d'Averroès* (1126-1198), ou tout au moins l'une de ses grandes intuitions. Un grand philosophe musulman, Abu Nasr Mohammed ibn Mohammed al-Farabi (872-950), connu essentiellement sous son nom latin, Alfarabius, a longuement écrit sur la philosophie classique, Platon et Aristote notamment, qualifiés de grands sages. Al-Farabi a formé à son tour Avicenne*, lequel a enseigné à Ibn Rochd, plus connu sous le nom d'Averroès*, et à Ibn Tufayl (mort en 1185), son contemporain. Celui-ci fut l'auteur d'un célèbre récit allégorique intitulé *Hayy ibn Yaqzan* (« *Le Vivant, fils du vigilant* »), sorte de parabole de la vie semblable à celle de Robinson Crusoé et que Léon Gautier, le traducteur de l'œuvre en français, rendit joliment par « le Philosophe sans maître ».

Géométrie et optique avec Ibn al-Haytam (965-

1039). Abu Ali Mohammed ibn al-Hassan Ibn al-Haytam était mathématicien et philosophe, mais son œuvre principale porta sur la description du globe oculaire et la cosmologie. Surnommé le « Second Ptolémée » (*Ptolemaeus Secundus*), il fut étudié au Moyen Age partout en Occident. Ce vrai héritier de la culture grecque s'était passionné pour les sciences de la trigonométrie et de l'optique à la cour fatimide en Egypte où elles connaissaient une vogue sans précédent. Avant ses travaux, les seules références étaient Ptolémée, notamment en ce qui concerne la physiologie oculaire, et Euclide en matière de géométrie et de trigonométrie. On s'en tenait alors à la thèse de Ptolémée qui prétendait que l'œil émettait une sorte de flux visuel grâce auquel tel objet extérieur était « mis en lumière », ce qui facilitait d'autant sa perception par la rétine. Ibn al-Haytam, en soutenant que ce sont les objets qui émettaient ce flux lumineux, lequel se répercutait sur la rétine et non l'inverse, bouleversa la recherche. Il se pencha également sur les problèmes ardus de la catoptique et des lentilles, ce qui lui permit au passage d'expliquer le fonctionnement de l'œil et d'avancer des thèses audacieuses sur la vue en relief (la fonction binoculaire). De telles découvertes auraient dû susciter quelques échos, mais elle restèrent lettre morte pendant une longue période. Ce fut seulement au XVIIe siècle, à la faveur des travaux de l'astronome allemand Johannes Kepler (1571-1630), que l'on découvrit la justesse des travaux d'Ibn al-Haytam. A l'époque, il ne restait plus de son œuvre que la traduction en latin de son *Kitab al-Manazir*, *Traité d'optique* par Roger Bacon (1214-1294), théologien et philosophe anglais, qui sauva en quelque sorte l'ouvrage. Celui-ci parut sous le titre évocateur *d'Opticae thesaurus Alhazeni Arabi*. Sinon tout le reste a été perdu.

Trois autres savants doivent être encore cités : Al-Kindi (vers 796-vers 873) est un savant singulier. Philosophe musulman de la première heure, il a concilié les curiosités les plus diverses, parmi lesquelles un traité sur les miroirs. Hounain ibn Ichaq appelé Johannitus au Moyen Age est un ophtalmologiste qui s'est particulièrement intéressé aux aspects clinique et physiologique de l'œil. Ar-Razi* (v. 854-860/ 923-932), plus connu en Occident sous le diminutif Rhazès, fut un grand médecin ainsi qu'Abou 'Ali Houssaïn ibn Abdallah Ibn Sina, dit Avicenne*, qui fut certes lui aussi un grand médecin – il est l'auteur du *Canon de la médecine*, longtemps la seule référence en médecine – mais également un philosophe de grande valeur et un maître soufi.

Aujourd'hui, s'agissant de science en terre d'islam, on parle aussi de décadence. Tant il est vrai que l'islam a perdu le goût de la compétition intellectuelle, en mathématique, en astronomie, en médecine et dans la plupart des sciences exactes. Un paradoxe ou n'est-ce que l'exception qui confirme la règle : dans certaines régions du monde asiatique, des musulmans ont démontré qu'ils étaient dignes de recevoir les plus grandes distinctions scientifiques actuelles, dont le prix Nobel en sciences.

Sectes *Voir :* SOUFI, SOUFISME

Sel

Le sel, *malh*, est à la fois un condiment naturel composé de chlorure de sodium présent dans l'eau de mer, les saumures et certaines roches, et un symbole qui dépasse largement ces propriétés physiques. Partout en Orient, le sel est signe de bienvenue et d'hospitalité, et cela depuis les temps mosaïques : prendre un repas dans un foyer arabe, c'est manger « de son sel », une façon de se lier à lui pour la vie ; donner sa parole à un Iranien, c'est rester « fidèle au sel ». Autrefois, l'offrande du sel chez les Touaregs était la marque d'une grande importance.

Une telle symbolique remonte loin dans le temps, à l'époque où le sel était considéré comme une pierre précieuse. Il était alors au cœur de toutes choses, présent aussi bien dans les échanges entre les hommes, le négoce, que dans leur spiritualité. Cela donnait tout son sens à l'expression biblique « alliance de sel » : « A toute offrande, tu joindras une offrande de sel à ton Dieu », ou à un propos de Jésus s'adressant à ses disciples : « Vous êtes le sel de la terre. » Les Assyriens le considéraient comme un élément de purification. Cette symbolique du sel n'était pas propre au monde arabo-musulman : Russes, juifs, chrétiens, Egyptiens, Mésopotamiens, shintoïstes pour ne citer qu'eux, en avaient fait une référence.

Car le sel avait une fonction économique de première importance ; il préservait les aliments d'une corruption rapide, notamment la viande. Dans les campagnes, une fois le mouton dépecé, afin de le conserver intact, il était recouvert de sel. On l'employait aussi aux fumigations pour assainir l'atmosphère de la maison, protéger des parasites meurtriers le nouveau-né et le bétail. Il composait en outre la palette du droguiste, celle du chamane ou du taleb, servant aux exorcismes, pour de la magie prophylactique ou lors d'un rite propitiatoire. Dans le domaine de la magie encore, sa fonction était pour le moins ambivalente : il était tour à tour bénéfique et maléfique, chassant le mal, ou apportant le bien. D'aucuns le disaient même aphrodisiaque ; peut-être est-ce la raison pour laquelle la Bible en donna une image terrifiante à travers la métamorphose de la femme de Loth.

Dans la croyance populaire musulmane, le sel est apparenté au lait : « Il semble que c'est à cause de ses affinités avec le lait, note Joseph Chelhod dans son ouvrage sur *Le Sacrifice chez les Arabes*, que le sel a un caractère sacré. Un Arabe dont les chamelles venaient d'être razziées par ceux-là mêmes à qui il avait offert du lait, dit à ses ravisseurs : "J'ai espoir dans le sel qui se trouve dans vos estomacs", faisant allusion à la fraternisation créée par le lait intégré. » L'étymologie arabe des mots « saler » et « allaiter » fut un moment la même : *malâha*. Ainsi, écrit encore Joseph Chelhod, « la *momâlaha* qui exprime littéralement l'échange de sel, signifie à la fois l'allaitement au même sein et la commensalité ». Enfin, il existait des régions du monde musulman où le sel fut employé comme un matériau de construction, à l'instar de la terre ou des joncs. Des maisons et des mosquées bâties avec des pierres de sel ou en sel gemme furent découvertes au XIVe siècle par le voyageur tangérois Ibn Battuta* à Taghâza, un petit bourg d'Afrique. Sur ces mêmes terres, les tribus maures, nomades compris, échangeaient le sel contre de l'or. Un négoce ordinaire aux yeux des marchands qui traversaient le Sahara, prêts à tout pour se fournir en chargements de sel. Une autre époque...

Sérail

Le mot est passé de mode. On lui préfère aujourd'hui le terme harem*, ce qui ne signifie pas la même chose. Harem désignait la partie interdite (*harim*) de la maisonnée ou du palais, un espace dévolu aux femmes, lointain équivalent du gynécée grec. Le sérail (en arabe *sarayi-a*) définissait, lui, la partie accessible du palais, l'espace public. C'était le *diwan**, le lieu où opérait et agissait le pouvoir réel, le lieu même où le pouvoir exhibait ses atours, ses rituels, ses simulacres. Aujourd'hui, le sérail est occupé par le gouvernement, ou ce qui tient lieu de conseil, de Parlement ou de fédération de tribus. L'archétype du sérail fut Topkapi, le palais de la Corne d'Or, au temps de l'Empire ottoman, le siège flamboyant du gouvernement califal.

Le sérail comme le harem ont inspiré les poètes et les écrivains orientalistes : ce furent les *Scènes du sérail de Topkapi*, ou *Dans le sérail*, ou encore *Danseuse du sérail*. Dans ses *Orientales*, Victor Hugo lui-même emploie souvent le mot. Le terme sonne bien, se prête au jeu musical de la rime : « N'ai-je pas pour toi, belle juive,/ Assez dépeuplé mon sérail ? » ou « Nous emmenions en esclavage/ Cent chrétiens, pêcheurs de corails ;/ Nous recrutions pour le sérail/ Dans tous les moutiers du rivage. » Gérard de Nerval a décrit les *Fêtes du sérail* et lady Montaigu est passée à la notoriété en rapportant les menus faits et gestes non pas du sérail à proprement parler – qui était le domaine de son mari, ambassadeur à l'époque pour Sa Gracieuse Majesté –, mais de la vie dans le harem, sa routine, ses éclats de voix, ses cérémonies et ses intrigues.

Sexualité

L'islam tire sa croyance de la culture sémite, sa représentation du monde des Indo-Persans et ses usages sociaux des bédouins arabes. Mais étrangement, ce ne sont pas ces aspects qui vont hypothéquer le dialogue entre ces trois traditions religieuses, c'est la question sexuelle. Car l'islam a libéré le sexe et en a fait un lieu d'extrême sociabilité. La jouissance est portée aux nues, elle est chantée par les poètes, autant qu'elle est décriée par les bigots. Mais ici, le désir est d'abord un désir d'affirmation et de création. L'invention des formes les plus appropriées à la sexualité fait partie du génie de la culture arabo-islamique. La chasteté n'existe pas en islam, elle ne régit pas la vie quotidienne, ne connaît pas d'interdit, le « ni après ni avant la prière, ni après ni avant le pèlerinage ». Au contraire, dans l'esprit de l'islam, le sacré est un écrin précieux et délicat où s'expriment à l'envi la conjugalité, le désir, l'offrande et le plaisir charnels. Du reste, nul ne peut espérer atteindre le moindre degré de dignité islamique s'il n'a pas préalablement sacrifié au sacerdoce mystérieux de la chair, au sens profane, mais aussi au sens sacré du terme. Car, évidemment, il n'y a aucun mérite pour le musulman à fuir la demande de l'autre : le désir amoureux est un préalable indispensable à la foi et un passeport pour l'éternité.

A l'instar du citoyen de la Grèce classique, le musulman des temps anciens – surtout dans le contexte urbain et dans les milieux aisés – dissociait totalement ou partiellement le plaisir charnel de la sexualité conjugale, vouée à la famille. Le plaisir était réservé à la concubine (*jariya*), l'épouse étant invitée à s'occuper de son foyer, élever ses enfants et accessoirement prendre soin de son époux. Aujourd'hui, la plupart des fidèles musulmans ont adopté le principe de la monogamie comme un peu partout dans le monde. Sexualité banale, au fond, qui ne mérite aucun commentaire particulier.

J'ai dit que la religion islamique était très libre en matière de sexualité, ce qui a donné à l'homme le sentiment de pouvoir être volage, sinon dans les faits, du moins dans ses fantasmes. De son côté, la femme qui n'avait pas ce privilège masculin a en quelque sorte investi en retour la sexualité au sein du couple, en tout cas pour celles dont le poids de la morale n'avait pas complètement étouffé ou déformé les aspirations au désir. Elle est devenue ainsi la prêtresse incontestée, non pas seulement de la séduction, comme j'ai pu le suggérer dans l'un de mes livres qui porte ce nom, mais de l'ensemble du processus de captation, de passion et d'amour. La prouesse féminine fut de considérer la chair comme un alibi, une sorte de passerelle qui menait vers un objectif aussi impérieux que socialement rémunérateur : être mère. Il y a certes de la joie dans le fait d'avoir une relation charnelle comblée avec le mari, car le lien au mari est perçu comme une protection supplémentaire, mais le plaisir féminin n'est total que si le statut de la femme, à travers celui de la mère, arrive à un point d'équilibre suffisamment gratifiant et protecteur pour valoir la peine d'être défendu par l'épouse. Plus que l'homme, la femme souhaite s'épanouir dans ces trois domaines : l'amour, le plaisir charnel et la maternité. Idéalement, elle cherche d'abord à les obtenir du même partenaire.

Cette fusion islamique des thématiques sexuelles, morales, charnelles et spirituelles a freiné l'intégration de l'islam en terre chrétienne. Ces préalables assumés et nécessaires au bonheur ont choqué la sensibilité occidentale. La doctrine islamique encourage une sexualité libérée de toutes entraves morales. Sur la femme musulmane repose ouvertement la vitalité amoureuse du couple et, partant, la réalisation du bonheur conjugal. Des idées bien difficiles à comprendre pour le non-musulman, *a fortiori* le chrétien pour qui le désir sexuel fut longtemps un sujet tabou.

Un point noir cependant : les mutilations sexuelles que l'islam ne parvient pas à éradiquer. L'excision* qui n'est pas une pratique islamique est cette atteinte intolérable au corps féminin. Pourtant, nombre de pays musulmans perpétuent cet usage en dépit du bon sens – comment en effet accepter une telle monstruosité ? – et ce malgré les consignes données par les textes officiels, y compris par la *sunna**. L'Egypte est l'exemple flagrant de ce double langage. D'un côté, une élite moderne et européanisée condamne fermement l'excision ; de l'autre, un personnel religieux – allié objectif de tous les ablationnistes – ferme l'œil sur une besogne inavouable opérée par une exciseuse venue des quartiers populaires. Il y a quelques années, une gynécologue égyptienne m'expliqua que l'excision autrefois localisée dans la seule Haute-Egypte (Nubie) et aux confins du Soudan, un pays de forte excision, était désormais pratiquée également dans la Basse-Egypte, touchant Le Caire et même Alexandrie. A l'heure actuelle, les pays qui tolèrent cette pratique sont le Soudan, l'Egypte, les pays du Golfe, les pays islamisés d'Afrique noire, en particulier le Sénégal, la Mauritanie, les pays du Sahel, le Sud marocain. La France n'a pas été épargnée par ce fléau et les exciseuses lorsqu'elles sont démasquées ont été jugées lors de procès publics retentissants.

L'excision n'est pas revendiquée par l'islam, bien au contraire. Une tradition rapporte que le Prophète l'avait condamnée. En aucun cas, ni dans le Coran, ni dans la *sunna*, elle n'est encouragée. Ce rite dit de « purification » est d'origine animiste et date de l'époque préislamique. Aucune excisée, ni *a fortiori* son exciseuse, ne gagne le paradis en pratiquant une telle ablation, qu'il est d'ailleurs vain de comparer à la circoncision masculine, car l'ablation du prépuce ne compromet en rien le bonheur sexuel de l'homme.

Shah

La phonétique du mot shah, lorsqu'il est prononcé en français, me paraît toujours savoureuse. Pourtant les shahs du XXe siècle n'auront pas eu l'agilité du félin. Qu'un roi – c'est le sens du mot iranien –, surtout lorsqu'il est au faîte de sa puissance, comme ce fut le cas il n'y a pas si longtemps pour Muhammed Reza Shah (1919-1980) issu de la dynastie des Pahlavi, puisse ne pas sentir les soubresauts mortels qui agitaient son royaume, reste un mystère que devraient élucider tous ceux qui s'intéressent à la nature du pouvoir. Surtout le pouvoir des despotes et des tyrans : ne rien voir de la révolution qui couvait, ne pas s'étonner des rumeurs qui grondaient ni s'inquiéter des agitateurs qui se préparaient. Ne pas voir le danger et se contenter d'une vie tout en douceurs assassines, une vie où toute mélancolie est soigneusement écartée au profit d'une gaieté et d'une jovialité artificielles. Et laisser faire la Savak, vous savez, la police secrète...

A quoi pense un roi tout-puissant, le « Soleil des Aryens », lorsqu'il est déchu de son trône, malade et exilé, après avoir été la réincarnation vivante des dieux sassanides ? N'avait-il pas un seul miroir dans son domaine du Caire ou de la Riviera pour lui renvoyer son visage charbonneux, son dos voûté, ses rides précoces ? Sourd, il devint aveugle pour ne pas voir les larmes de son jeune héritier qui, dans sa naïveté cruelle, lui répétait sans cesse : « Papa, quand reverrons-nous notre maison, à Téhéran ? » Décidément, il y a des situations où le pauvre pêcheur de la Caspienne qui n'a pour toute richesse que sa seule dignité est infiniment plus heureux que le roi des rois.

Shahrazade/Schéhérazade

L'héroïne sublimée des *Mille et Une Nuits** a réussi le pari d'être la femme la plus aimée de la littérature arabe tout en étant aussi la plus rusée, la plus rouée, la plus diabolique. Plus encore que la reine de Saba* ou Roxelane*, Shahrazade incarne la féminité orientale. Ainsi, toute femme musulmane rêve d'être une Shahrazade en puissance, ne serait-ce que pour avoir sa taille de guêpe, ses fines chevilles et son tempérament de feu. Mais elle se méfie aussi de cette Holopherne d'un nouveau genre qui sauve sa tête en endormant son mari, le roi Chahriar, possédé, lui, par la rage de tuer toute femme consommée.

Deux destins tragiques se font face. Trahi par sa première épouse, Chahriar croit trouver le remède miracle en procédant à une vaste purification rituelle, un véritable génocide sexuel. Shahrazade pour sa part est destinée à l'échafaud ; elle n'a qu'une seule alternative : déployer des trésors de ruse et de culture pour endiguer la terrible menace qui s'est déjà abattue sur tout le genre féminin du royaume. Entre ces deux êtres, des contes imaginaires ou drolatiques et des histoires cocasses par dizaines, par centaines, la grande scène fantasmagorique du rêve explorée au plus loin de ses possibilités narratives.

Raconter des histoires pour survivre, se raconter des histoires pour ne plus tuer, telle est l'incroyable histoire qui inaugure le cycle des *Mille et Une Nuits*, à ceci près que cette double illusion dont se nourrit ce conte fleuve est également celle du monde arabe, les deux facettes d'une même médaille. Car cette histoire triviale de sexe, de tromperie, de sang hyménal, de dépucelage, de jalousie et de virilité exacerbée est contrebalancée par les aspects les plus brillants de la civilisation arabo-perse et musulmane : un art consommé de la narration, une inventivité du diable en matière de personnages, plus délirants les uns que les autres, en matière de syntaxe, des leçons magistrales de théologie, des séminaires d'éducation princière, sans compter les récits sur la chasse, la rhétorique, la poésie, la médecine, les arts divinatoires, l'alchimie et l'histoire.

Depuis la traduction de ces contes en Occident, au XVIIIe siècle, l'histoire de Shahrazade est devenue le motif d'une série d'expériences littéraires et esthétiques allant du ballet, avec Rimski-Korsakov et son ballet *Schéhérazade* (1888), jusqu'aux récentes adaptations cinématographiques – façon Walt Disney – en passant par Maurice Ravel (*Les Mélodies de Schéhérazade*, 1904). Au XXe siècle, Jean Cocteau* donna son nom à une revue (1909) et de nombreuses études plus ou moins savantes, en particulier des traductions, n'en finissent pas d'élucider le mystère Schéhérazade.

Sindbad le Marin

Sindbad le Marin (*Sindabab*), patron incontesté des explorateurs, est le personnage le plus fantasque et imaginatif des *Mille et Une Nuits*. Un peu outré au plan littéraire, il demeure cependant dans le ton des contes moraux pour ce qui est du tempérament, de l'affection qu'il dégage, de sa bonhomie. Avec *Sindbad le Marin*, *Al-Bahri*, comme disent les conteuses arabes, on est déjà dans le film d'aventures, le spectacle à la Hollywood. Il faut une superproduction, des acteurs à forte personnalité et au talent éprouvé, des paysages à couper le souffle et un dialogue ciselé pour rendre au mieux les tribulations de ce personnage hors du commun. Pour les décors, je songe bien sûr aux *Niagara Falls*, à des volcans fumants, des défilés à flanc de montagne, l'Hindu Kuch, Ceylan, l'Indonésie, le tout peuplé d'animaux sauvages et de poissons géants tout droit sortis d'un roman de Jules Verne. J'imagine des brigands de la pire espèce chargés d'assaillir les boutres du grand voyageur omanais, surtout des trafiquants de drogue embusqués dans les ports et tout aussi méchants. L'imaginaire oriental croise ici l'imaginaire occidental. Bientôt les lascars de l'océan Indien se transformeront en pirates sans foi ni loi, corsaires borgnes écumant les mers chaudes. Autant de joyeux personnages aux mines patibulaires dont les épées luisantes scintillent les nuits de pleine lune. Bref, de l'aventure en cinémascope et du frisson à foison. A l'abordage !

Siwa

Siwa : le nom est musical et mystérieux. Il est à la fois arabe et égyptien, méditerranéen et international. Depuis que son nom s'est immiscé dans la mémoire des homosexuels, Siwa, situé dans l'Ouest égyptien, ne cesse de hanter les amateurs d'excitations fortes. Pour une fois, dans le monde arabe, l'homosexualité est le modèle social dominant.

Les *tour operators* n'ont qu'à bien se tenir, Siwa va détrôner le Sphinx à l'allure épaisse malgré son dernier lifting, et renvoyer les pyramides à leur premier emploi, celui de mausolées funèbres. Siwa, c'est presque le Club Med' de l'Antiquité ! Le lieu respire la joie de vivre, l'enchantement, le paradis terrestre à portée de jumelles. Bref, le site de la prochaine *Gay Pride* est tout trouvé. Boris de Rachewiltz, auteur d'un essai vivifiant sur *L'Eros noir*, estime que l'homosexualité à Siwa remonte aux Grecs. Preuves à l'appui, il rappelle la déclaration d'innocence que, au temps de l'Egypte osirienne, le défunt devait prononcer devant un tribunal constitué de quarante-deux juges. Parmi les péchés que celui-ci devait avouer, ou nier, il y avait, outre la fornication et l'adultère, celui de « n'avoir jamais péché contre la nature avec les hommes car, ajoute Rachewiltz, les mœurs homosexuelles sont là-bas chose courante : elles sont même prévues et réglementées dans les institutions sociales. Les pères, à l'occasion, n'hésitent pas à prêter leurs fils à leurs amis et personne ne s'étonne lorsqu'un homme marié entretient chez lui quelques amants de sexe masculin ».

Soie

Mon attention fut un jour retenue par un article du *Supplément aux Dictionnaires arabes* de Dozy (1881) sur la laine marine (*soff al-bahr*). Dozy réfutait les thèses de ses éminents collègues pour expliquer l'étymologie de ce produit précieux et d'une extrême rareté, pour autant qu'il existe toujours... Il ne s'agissait pas d'une algue comme le prétendaient ces doctes savants mais, disait Dozy, de simples filaments produits par le grand mollusque qui s'appelle aussi pinne marine ou jambonneau et que les Italiens appellent encore *lana pinna*. Jusque-là, direz-vous, on est dans le domaine pointu de la science des mollusques sans aucun rapport avec la soie. Dans cet article pourtant, Dozy poussait plus loin ses investigations. Il montrait ainsi que selon Aboul-Abbas, un botaniste arabe, ces filaments qui fixent la coquille du mollusque sur les rochers sont souples et fins comme de la soie. Une ressemblance si troublante qu'on employa cet étrange matériau à la fabrication de tissus remarquables d'autant que leur couleur naturelle avait un éclat mordoré. C'est ainsi que la laine marine devint un produit de luxe inaccessible par son prix. Aussi l'employait-on avec une extrême précaution.

Toujours selon Dozy, plusieurs dictionnaires anciens en faisaient déjà état, y compris des auteurs comme Procope, Saumaise ou Tertullien. Mais, entre tous, il a retenu les propos d'un auteur arabe, Içtakhri : « A Santarem on voit, à une certaine époque de l'année, arriver de la mer une bête qui se frotte contre certains rochers de la côte, et qui dépose des poils de la couleur de l'or et souples comme de la soie, dont ils ne diffèrent en rien. Cette substance est très rare et très estimée. On la recueille, et elle sert à tisser des étoffes qui prennent chaque jour différentes couleurs. Les princes omeyyades s'en réservent l'usage ; ce n'est qu'en secret qu'on parvient à en distraire quelque chose, et une telle pièce d'étoffe coûte plus de mille dinars. » Pour témoigner de sa générosité, le calife Al-Mansûr aurait, dit-on, distribué après une campagne militaire vingt et un costumes (*kisa*) en laine marine.

Cette idée des animaux qui déposent comme une offrande faite à la nature leurs propres sécrétions est récurrente dans la littérature mythologique. Je pense à la chèvre qui dépose de l'ambre en Arabie, et dont parle Hérodote, mais également aux truffes que l'on récolte dans les frondaisons des bois, aux champignons, au miel que fabriquent les essaims d'abeilles, à la pelisse de tel ou tel animal qui finit dans les ateliers des fourreurs, etc.

Plus connue et très prisée également, la soie traditionnelle, *harir*. Elle est de différentes variétés ; citons ici le *quraïch*, une soie rouge et noire qui sortait autrefois des fabriques de Damas. On en fait essentiellement des chemises, des napperons, des serviettes et des draps. Là encore, c'est un vers qui produit la matière première de la soie...

Voir : LUXE

Soliman le Magnifique

Son nom turc est Sülayman II, *Al-Qanuni*, littéralement « le Législateur ». Soliman (1494-1566) n'est pas le fondateur de sa dynastie – elle est créée au XIVe siècle sous la férule de son ancêtre Al-'Othman (Osmân) – mais il en est le plus illustre et le plus respecté de tous les membres. Et cette réputation ne fut pas usurpée. L'Europe centrale a conservé le souvenir de ce génie politique, en particulier à Trébizonde en Turquie sur la mer Noire qui, à la fin du XVe siècle, trouva en lui un protecteur contre la voracité des couronnes de l'époque. Quelques jalons d'abord, mais qui disent combien un souverain peut en quelques années dominer le monde : Belgrade est prise en 1521, l'île de Rhodes en 1522, puis Buda en 1526, l'Irak peu de temps après, Erzurum et Van en Turquie orientale entre 1533 et 1536, etc. Son père, déjà, Sélim Ier, avait été un grand conquérant, faisant entrer dans le giron ottoman la Syrie et l'Egypte, deux joyaux de la terre musulmane, mais aussi la Crimée.

Plusieurs rois ou princes se sentirent menacés à la cour des Habsbourg, au palais des Doges à Venise, en Hongrie ou au Maghreb. Soliman menait comme un maître son jeu d'influences et s'amusait à renverser les alliances politiques des monarchies européennes, fussent-elles espagnole, autrichienne ou française. Un tempérament de feu le conduisit sur toutes les rives : il incarna la conquête turque en terre arabe, mais il fut aussi le porte-drapeau de l'islam dans la partie nord et nord-est de l'Europe. La gloire de ce grand militaire et excellent administrateur fut perpétuée par son fils Sélim II, porté au pouvoir par sa mère l'illustre Khourrem Sultane, Roxelane*. Sous son règne, en 1574, les Ottomans achevèrent leur mainmise sur le Machrek et le Maghreb, à l'exception du Maroc qui leur échappera toujours.

Au XIXe siècle, les Ottomans furent délogés par les Français qui, dans le grand partage du monde, s'arrogèrent un droit préférentiel sur l'Algérie. La date de 1830 est symbolique à plus d'un titre. Outre la conquête de l'Algérie par la France, elle marqua longtemps à l'avance la chute de l'Empire ottoman qui montrait depuis quelque temps déjà les signes patents de son épuisement et sonna sans surprise la fin de la dynastie ottomane.

On peut tout dire sur ce héros magnifique, qu'il fut grand et majestueux au moins si l'on en juge par un portrait de lui accroché dans son palais de Topkapi, à Istanbul, qu'il fut généreux et cruel au point de faire mourir deux de ses fils, Mustafa et Bayazid. Ce dernier donnera à un autre grand metteur en scène, le dramaturge Racine, l'étoffe de son héros Bajazet* (1672), rendant à cette histoire toute sa dimension universelle.

Soufi, soufisme

Le philologue français Salomon Reinach (1858-1932) ne croyait pas si bien dire lorsqu'il écrivit, à propos des sectes de l'islam, qu'il s'agissait d'« une fermentation continuelle » qui travaillait les couches inférieures de la société. Longtemps méconnues et passablement ignorées par l'islam officiel, les sectes musulmanes ont pourtant été très actives au sein de la société musulmane et cela jusque dans les sphères les plus proches du pouvoir. Deux califes, plusieurs souverains et de nombreux princes ont été assassinés par des adeptes de ces sectes, notamment d'obédience chi'ite et kharidjite, sur l'ordre exprès de leurs gourous. Ici, bien sûr, le gourou s'appelle cheikh, grand cheikh, imam, grand imam, mollah ou ayatollah.

Il faut souligner que le mysticisme soufi est l'un des rares pans de l'islam qui trouve grâce aux yeux des Occidentaux, car ils y projettent leur propre vision des choses, leur goût pour l'ineffable et pour l'Invisible et leur sens du merveilleux. Le grand Tout, l'anéantissement, l'abandon, l'amour absolu à Dieu, c'est en ces termes que le mouvement mystique musulman est analysé.

L'histoire du mysticisme musulman est invraisemblable. Il est né dès les premières années de la Prédication musulmane. A la mort de Mohammed, de sourdes luttes intestines opposent les califes durant les premières années du VIIIe siècle. Face à cette crise politique, des musulmans se retirent dans une retraite spirituelle, se tenant prudemment à l'écart des centres de pouvoir. Le soufisme naît ainsi en réaction au « clergé » stipendié ; il en est même l'exact opposé. L'islam soufi est d'abord intérieur, extatique : il est fondé non pas sur l'ostentation d'une prière collective, mais sur la méditation individuelle, sur le travail d'intériorisation dans le silence d'un monastère (*khangah* ou *khanaqa*) peu ou pas éclairé. Le soufisme authentique suppose la privation complète, l'humilité, la retenue et vise *al-fana*, l'anéantissement ou l'extase, un « esseulement mystique » selon l'expression de Louis Massignon. L'extase musulmane est semblable à celle que l'on observe dans la religion chrétienne ; substituer à l'amour humain, perçu comme trop singulier, trivial, le seul Amour sublime, celui d'Allah, qui, lui, est au contraire supérieur, incorruptible et éternel.

Mais l'extase n'est pas accessible à tous les croyants. Elle nécessite un long cheminement. Les mouvements soufis revendiquent une forme d'intimité avec la divinité, sans pouvoir bien sûr ni lui parler directement ni la voir. Au IXe siècle, un mystique comme al-Hallaj (857-922) déclara être la « Vérité suprême » (*Ana al-Haqq*), ce qui lui valut d'être mis à mort par les Abbassides ; le cas est non seulement rare, il est tenu pour exceptionnel et non conforme à l'esprit soufi de transcendance divine. Le soufi vit à l'écart du monde dans une confrérie où chacun a les mêmes préoccupations. Il cherche sa vie durant à s'unir harmonieusement à Dieu au terme d'un mouvement ascensionnel appelé *tawhid*, ou *wissal*, qui transcende la finitude et l'esseulement. Ce processus d'identification emprunte plusieurs voies. L'expression soufie est le *dhikr* (*zikr*), une sorte d'oraison mystique (« jaculatoire » disent les experts) qui énumère inlassablement les noms de Dieu, ses épithètes, ses attributs. L'anachorète, *al-mutasawwif*, qui se livre à cette vénération exclusive de Dieu s'appelle aussi *mutawahhid*, celui qui désire s'unir à Dieu.

Aujourd'hui, il existe deux grands courants soufis : le premier est discret, non déclamatoire, éternel. Il est particulièrement bien représenté en Egypte, au Maroc, dans certaines confréries du Sud algérien, et dans la multitude de couvents (*khanqa*, *khaniga*) de la Turquie anatolienne, de Syrie et d'Iran. C'est un soufisme implanté dans le monde rural et parmi les artisans. Son centre de gravité demeure le plus souvent la mosquée de quartier. Il existe enfin un second courant que j'appellerai le soufisme-*business*. Il a ses vedettes, les derviches tourneurs, ses produits dérivés. Ce soufisme-là s'est même établi en Occident par le biais de soirées dédiées à la naissance du Prophète (*mawlid*), de conférences, de stages de formation, de cours de calligraphie, de concerts de musique sacrée. Mais qu'on ne s'y trompe pas : le dieu du marketing y est plus souvent loué qu'Allah. Il n'y a d'ailleurs aucun mal à cela, d'autant que l'islam ne s'offusque pas de telles pratiques commerçantes. Pourtant ces soufis y perdent en sincérité, repus d'une gloire usurpée...

Voir : CONFRÉRIES

Souk

Le *sûq* qui signifie en arabe le marché désigne non seulement le lieu – qui s'étend désormais à toute la vieille ville (*médina*) –, mais également les marchandises, le moment où il a lieu (on dit « Je vais au souk ») et les commerçants eux-mêmes. L'interjection française « quel souk ! » vient de ce que les colons perçurent ce marché comme un endroit échappant à toute règle, régi par des lois invisibles. Pourtant, à l'observer de près, on se rend compte que le souk est composé de plusieurs niveaux ou secteurs divisés en autant de cellules, qu'il regroupe la plupart des biens manufacturés ou pas, y compris le bétail, et qu'il assure un amalgame utile des métiers les plus variés. Au départ, le souk était un dépôt-vente, le principal vecteur de l'économie en ruche d'abeilles qui caractérisait les anciennes médinas arabes. Par la suite, s'y agglomérèrent ce qui constituait les magasins et l'administration du marché, notamment les services de la voirie, la comptabilité publique, la police (*churta*) et les services d'entretien. Dans certaines grandes villes, le cœur du souk, disons sa partie luxueuse, est occupé par la *qaysariya* (sans doute du latin *Caesarea*), un quartier réservé à des magasins cossus aux devantures bien achalandées et formant presque une ville dans la ville.

Les historiens ne sont pas d'accord sur l'origine du mot. Certains pensent que les produits et marchandises étaient entreposés au profit de l'armée, ce que confirmeraient les tours et les murailles élevées çà et là pour protéger le souk. Il semble toutefois que la notion arabe de souk est une invention non pas césarienne mais orientale, et que le modèle du genre serait le bazar iranien. Lorsqu'on visite les souks de l'Iran, on saisit mieux toute la logique de son organisation. Il est vrai que l'Orient, avec ses routes caravanières, ses *khans* (caravansérails) et ses établissements urbains et périphériques, se prêtait tout particulièrement à la création du souk. Cette région du monde était en effet traversée par un axe qui reliait l'Iran, l'Irak et la Syrie d'une part (influence indo-mongole et chinoise) à l'Arabie, l'Egypte et au Maghreb d'autre part (influence de l'océan Indien et de l'Afrique). L'Arabie ancienne, c'est-à-dire le Yémen – avec ses produits venus par la mer – et la Palestine – c'est-à-dire l'ouverture à la Méditerranée –, était de fait incontournable pour tous les négociants.

Sourate

Le mot désigne chacun des 114 chapitres du Coran. Chaque *soura* (pluriel *sourate*) est précédée par une *basmala**, une tête de chapitre qui donne l'intitulé de la sourate (par exemple « La Vache », « Le Rassemblement », etc.), le nombre de versets qu'elle comprend (de 3 versets à plus de 200, ce qui fait des chapitres de longueur et d'importance inégales) et le lieu probable, La Mecque ou Médine, où elle a été révélée au Prophète. Ainsi informé, le lecteur du Coran peut juger du contenu et de l'orientation de la sourate. Il faut savoir que les sourates mecquoises sont plus anciennes que les médinoises ; que les unes ont édicté des principes que les secondes ont atténué ou enrichi, etc.

Dans *Sourates*, Jacques Lacarrière a écrit que, dans le désert, « on ne passe du jour à la nuit et de la nuit au jour qu'après un lent rituel d'irisations, de chatoiements, ordonné comme un sacre d'anges ». C'est pourquoi l'islam est une religion du Livre. Le Livre est à l'échelle cosmique ce que sont le sable et le désert à l'échelle de Dieu, « le lieu d'un incessant combat entre lumière et ombre, entre blancheur des pages et noirceur des encres »...

Sublime Porte *Voir :* GRAND TURC

Suicide

L'islam condamne le suicide, *intihar*, tous les suicides sans exception. Il le juge comme une profanation de la création divine, un échec. Bien sûr, les suicides spectaculaires – un adolescent qui se jette sous un char, un kamikaze qui met en scène sa mort volontaire – ont une valeur différente des suicides ordinaires car l'idéologie qui les sous-tend se nourrit de la prévention coranique.

Mais chacun admettra que dans certains cas, le suicide est la seule issue qui s'offre à celui qui veut préserver ce qui lui reste de dignité, mourir dans le respect de soi-même. Ainsi, nombre de suicides ont jalonné l'histoire de l'humanité. Caton, Démosthène, Cléopâtre, Socrate et d'autres encore ont choisi la mort volontaire ; certains ont été poussés au suicide aussi sûrement que s'ils avaient été assassinés. Il s'est même trouvé des philosophes pour défendre l'idée, tout à fait saugrenue en islam, qu'un être humain, qui ne s'est pas donné la vie, est autorisé à se l'enlever. Pour Sénèque, la mort était une autre forme de liberté. Plutarque, Lucain, Montaigne partagèrent son opinion. Plus tard Voltaire, s'appuyant sur un article du droit canon qui condamnait le suicide, estima que l'étranglement de Judas était alors un plus grand péché que celui de sa trahison. A l'instar du Décalogue pour les chrétiens ou les juifs, le Coran récuse, outre le suicide, l'euthanasie et l'avortement. En général, le mort volontaire est privé de sépulture. Sa tombe est creusée discrètement, parfois de nuit, dans le coin le plus reculé du cimetière.

Sunna/Sunnite

La *sunna*, qui veut dire « tradition », « voie du Prophète », est la doctrine qui prône un islam modéré. Elle fait l'unanimité auprès de la grande majorité des musulmans, de 88 à 90 % selon les chiffres. Le sunnisme regroupe ainsi « ceux qui suivent la voie tracée par le Prophète et qui respectent le consensus », les sunnites, d'où leur nom *Ahl as-sunna wal-ijmaâ*. Au VIIIe siècle, ce courant s'est constitué de quatre écoles théologiques, appelées *madahib* (*madhab*, au singulier), respectivement le malikisme, le hanbalisme, le chaféisme et le hanafisme. Elles sont très localisées géographiquement. Le malikisme est suivi surtout au Maghreb, en Afrique noire et dans la Haute-Egypte. Le hanbalisme domine en Arabie Saoudite et dans les pays du Golfe, surtout au Qatar. Le chaféisme est observé en Basse-Egypte, en Inde et dans le Sud-Est asiatique. Le hanafisme est courant en Turquie, en Afghanistan, au Pakistan et en Inde.

Surprise de Flaubert (La)

On sait peu que Flaubert (1821-1880) fut un grand voyageur, qu'il fit un long périple oriental qui le mena entre 1849 et 1851 dans plusieurs contrées de la Méditerranée levantine. Alors qu'il sacrifiait aux joies envoûtantes du hammam, il eut l'une des « surprises », ou est-ce une fausse surprise ?, de son voyage : « J'étais seul au fond de l'étuve, racontait-il, regardant le jour tomber par les grosses lentilles de verre qui sont au dôme ; l'eau chaude coulait partout ; étendu comme un veau, je pensais à un tas de choses et mes pores tranquillement se dilataient tous. C'est très voluptueux et d'une mélancolie douce que de prendre ainsi un bain sans personne, perdu dans ces salles obscures où le moindre bruit retentit comme un bruit de canon, tandis que les kellaks nus (plus sûrement *dellak*) s'appellent entre eux et qu'ils vous manient et vous retournent comme des embaumeurs qui vous disposeraient pour le tombeau. Ce jour-là (avant-hier lundi) mon *kellak* me frottait doucement, lorsque étant arrivé aux parties nobles, il a retroussé mes boules d'amour pour me les nettoyer, puis continuant à me frotter la poitrine de la main gauche, il s'est mis de la droite à tirer sur mon vis et, le polluant par un mouvement de traction, s'est alors penché sur mon épaule en me répétant : *batchis*, *batchis* (bakchich, bakchich) » in *Lettre à Louis Bouilhet*, 15 janvier 1850.

De son voyage en Egypte, Flaubert rapporta un manuscrit truffé de mots ou d'images qui ne flattent pas toujours la belle langue française. On en retiendra aussi ses frasques en compagnie de son ami Maxime Du Camp, tous deux parcourant les bordels de la vieille ville du Caire et d'ailleurs (*voir* Kuchiouk-Hanem in Almées, concubines et bayadères).

T

Nous avons bu en mémoire de
l'aimé un vin qui nous fit ivres
avant que fût créée la vigne

(Omar ibn Al-Faridh, mystique).

Tabou

De *tapu*, terme polynésien popularisé par l'anthropologie anglo-saxonne puis par la psychanalyse, notamment grâce au fameux livre de Sigmund Freud, *Totem et Tabou*. Interdit, *haram* en arabe. Oui, l'islam a des interdits, alimentaires par exemple, mais a-t-il des tabous ? L'islam serait-il une religion idéale et sans tabou ? En réalité, les tabous de l'islam sont ceux que les musulmans – surtout les théologiens (*foqaha*, *uléma*) – ont cru bon de se donner pour mieux codifier le rapport à la loi, gérer la société en lui offrant un horizon de règles plus ou moins strictes. Mais il est rare que la doctrine musulmane intervienne dans la vie privée des croyants. Un homme et une femme qui décident de vénérer le dieu Eros sont libres de le faire quand et comme ils le désirent à la seule condition de conserver une part d'intimité. En effet, l'exhibition charnelle n'est pas de mise, pas plus que l'ostentation sentimentale. Par respect pour la coutume des ancêtres plutôt que par obligation à une règle écrite. Le tabou est celui que l'homme et la femme se donnent à eux-mêmes, la limite à ne pas franchir. Les caresses bucco-génitales ne constituent en aucun cas un obstacle, ni le contact avec des parties inattendues du corps. Sodomie ! L'affreux vocable, déjà négatif et surchargé de sens à la prononciation. Oui, peut-être, dès lors que la préservation de l'hymen est requise dans la plupart des premières noces de jeunes femmes. Virginité donc, mais pas forcément chasteté. De toute façon, avec la naissance des fiançailles à l'européenne, avec leur cortège de mignardises, et l'éloignement du jour de consommation du mariage – notamment en raison du problème endémique du logement –, les jeunes se livrent à des jeux érotiques extrêmement précis. Et cette précision est diabolique, car, lorsqu'il se manifeste, le désir ne connaît aucune règle, hormis la sienne. Ayant parfaitement compris cela, les grands théologiens de l'islam, comme Ghazzali*, mort en 1111, avaient déjà donné un blanc-seing à toutes les curiosités sexuelles, de quelque nature qu'elles soient. Voici un passage, extrait de son livre *Vivification des sciences de la loi* (l'*Ihya*), où il fait l'apologie de l'amour physique : « Contemple donc ici la sagesse, la miséricorde et l'ordre divin. Vois comment une seule passion, la passion charnelle, commande deux existences, une extérieure et une intérieure : la première est la vie de l'homme, qui se continue par sa lignée, elle est un aspect de la pérennité de la Création ; l'autre, c'est la vie dans l'Au-delà. Donc, cette volupté charnelle, si réduite du fait qu'elle est si passagère, est un motif puissant pour pousser l'homme à atteindre la volupté complète, la volupté éternelle et donc, elle incite l'homme à adorer Dieu pour atteindre cette volupté. Ainsi, le désir d'y parvenir est si puissant qu'il aide l'homme à persévérer dans les pieuses pratiques qui le mèneront à la volupté paradisiaque... » Enchâssement du désir humain dans un désir plus vaste et plus ample : chacun aura constaté cette pirouette subtile que Ghazzali opère pour légitimer, enrichir et plébisciter une douceur de la vie que ne condamnèrent ni le Prophète ni ses compagnons, tous mariés et remariés, ni plus tard les homologues de Ghazzali, ces « théologiens de l'amour » (terme de mon invention), qui, après la mosquée et ses exigences de pureté, n'hésitent pas à défendre et à clamer *urbi et orbi*, autrement dit tous azimuts, une vie amoureuse aussi libre que possible, dans le cadre de l'union légitime évidemment.

Taha Hussein et les écrivains égyptiens contemporains

Qui connaît Taha Hussein (1889-1973) sinon quelques érudits versés dans les lettres arabes contemporaines ? Pourtant, ce romancier populaire fut un essayiste révolutionnaire et un historien si critique que certains de ses travaux lui valurent d'être mis à l'index dans l'entre-deux-guerres. Aveugle dès l'âge de trois ans (« Il voit avec les oreilles », dira de lui Cocteau*), Taha Hussein suit des études à l'Université théologique du Caire, Al-Azhar*, avant de prolonger sa formation à Paris (1908), où il soutient à la Sorbonne une thèse sur Ibn Khaldoun*. De retour en Egypte, il enseigne et mène une carrière administrative : doyen de la faculté des lettres, puis recteur de l'université d'Alexandrie, il devient ministre de l'Education nationale en 1950. Mais ni sa brillante carrière universitaire, ni sa vocation de réformateur à la tête de son ministère ne justifièrent sa réputation sulfureuse.

Le scandale vint de ses écrits. Il éclata en 1927 avec la publication de sa thèse selon laquelle une grande partie de la poésie préislamique (*Ach-chi'r al-jahili*) n'était pas antérieure à l'islam. Selon Taha Hussein, l'essentiel des poèmes antérieurs à la Révélation auraient été fabriqués après la Prédication afin de valoriser le Coran, de lui donner toute sa singularité intellectuelle et religieuse. Ainsi, les auteurs n'auraient pas été de simples nomades païens comme on le croyait mais des clercs à la solde du nouveau pouvoir, en charge d'édifier les « mythes fondateurs » du

Coran. Cette thèse audacieuse brisait en outre un tabou coriace, celui de l'enseignement non distancié, autrement dit non objectivé de tout le corpus des *Mouallaqat* (*Les* [Poèmes] *Suspendus* de la Qaaba) dans les écoles du monde arabe. Ainsi, en refusant de se plier à l'historiographie islamique classique, à l'idolâtrie d'un passé légendaire au profit d'une critique raisonnée, Taha Hussein prit le risque courageux d'être jugé hérétique.

Apprendre à penser, tel pourrait être le credo de Taha Hussein, qui a su, avant tout le monde, concilier les savoirs et les approches orientaux et occidentaux. Taha Hussein a publié aussi *Les Jours*, *Al-Ayam*, une œuvre autobiographique écrite lorsqu'il avait trente ans, mais qui n'a pas le mordant de son essai d'hérésie pure sur la poésie préislamique écrit entre 1927 et 1939.

Taha Hussein m'évoque d'autres écrivains et poètes de l'Egypte contemporaine et, au premier chef, Naguib Mahfouz, le nobel 1988 né au Caire en 1912 et auteur d'une pléiade d'ouvrages ayant trait à la vie quotidienne et parlant de la vie des petites gens. Souvent dans leurs ouvrages, les écrivains égyptiens donnent une peinture réaliste de la bourgeoisie urbaine, de la paysannerie, des petits artisans et de la société religieuse. L'Egypte est le cadre de la plupart de leurs expériences esthétiques, car le pays du grand Nil et des pyramides est à leurs yeux le creuset idéal d'une sorte d'humanisme universel qui fait la fierté de l'élite comme des plus humbles Egyptiens.

Encore un mot sur la création littéraire en Egypte contemporaine ; il est réservé à Tawfiq al-Hakim. Né avec le XXe siècle à Alexandrie (1902) et auteur surtout d'ouvrages satiriques, il traite également, à la manière des symbolistes, de sujets sociaux et mythologiques, d'où son intérêt pour la caverne de Platon, l'*Œdipe-Roi* de Sophocle, Pygmalion et les *Mille et Une Nuits*. L'une de ses œuvres les plus connues en Europe est son *Journal d'un substitut de campagne* (1937) dans lequel on peut lire en conclusion à ce récit picaresque : « Ainsi avons-nous vécu une partie de notre existence, entre le travail et les distractions ; nous mélangions la dignité et les rites, et notre jeunesse nous faisait tout voir couleur de vin... »

Taj Mahal ou Mahall

Sa fiche technique pour commencer. Nom : Taj Mahal, un terme moghol désignant sans nul doute le plus beau mausolée du monde. Bâtisseur : Shah Janân, l'amant-roi, le mari et le mécène moghol, mort en 1666. Destinataire : Moumtaz-i Mahall, son épouse bien-aimée morte en 1631. Dates de construction : 1631-1643. Matériaux de construction : marbre blanc, parfois incrusté de pierreries. Lieu : Agra, ville du nord de l'Inde, non loin de Delhi. Motif : amour inconsolable. Contexte : univers mixte indo-moghol et musulman. Classe sociale : gouvernants, rois et reines, princes et princesses étrangers à toutes aides sociales, hormis celles octroyées par eux-mêmes. Symboles : l'amour mythique et passionnel, légende, grandeur, munificence.

L'amour éternel, l'amour qui dépasse l'amour et se cristallise en un monument-mausolée dont la beauté étincelante est encore aujourd'hui une énigme architecturale, tel est le pari fou de Shah Janân, roi plus

amoureux que fou, sauf aux yeux de la morale musulmane et du cercle restreint des commensaux jaloux. Ce tombeau, qui est désormais un lieu de pèlerinage et de méditation mais aussi pour les amoureux le *lieu* miraculeux par excellence, figure aussi parmi les mausolées les plus célèbres du monde musulman : le mausolée de Tamerlan* à Samarkand, celui de Ser Sâh à Sasarâm. Enfin le Göl Gunbadh à Bijapur a la particularité d'avoir la plus haute coupole de l'Islam, presque aussi imposante que la coupole de Saint-Pierre de Rome.

Voir : CIMETIÈRE, MAUSOLÉE

Talibans *Voir :* ARABES/AFGHANS

Tamerlan

Si Tamerlan (1336-1405) est aujourd'hui encore enterré au sein de la *madrassa** de Gour-i Mir, la Grande Mosquée de Samarkand*, c'est que cette ville, qui fut son lieu de naissance et la capitale de son Empire, occupa toujours le centre de ses préoccupations. Ce nom de Tamerlan est un raccourci de Timûr-Lang ou encore, en persan, *Timur-i Lang*, ce qui signifie Timûr le Boiteux. Par bien des aspects, c'est un personnage effrayant qui multiplia les victoires et soumit la plupart des souverains qu'il affronta. D'abord simple chef d'un des clans turco-mongols qui dominaient l'Asie centrale au milieu du XIVe siècle, Tamerlan s'imposa comme un rival décisif des Mongols, et par la suite leur embaumeur.

Après plusieurs hauts faits menés au nom de l'islam, notamment à Balkh et dans le Khwarezm, il s'autoproclama roi de Transoxiane, puis devint, en 1388, sultan musulman. Conquérant infatigable, Tamerlan acheva la conquête de la Perse, de la Turquie occidentale et orientale (c'est la « guerre des Cinq Ans »), ainsi que de la Syrie. En 1398, la soumission de Delhi lui ouvrait la voie à une possible conquête de la Chine, ce qui ne se produira jamais car Tamerlan mourut précocement en 1405, laissant à ses fils et petits-fils la dynastie des Timûrides, un empire immense qui ne sera démantelé qu'au début du XVIe siècle.

Tamerlan est un roi au double visage. Despote sanguinaire, il opposa à ceux qui le bravaient une violence inouïe, semant sur son passage la terreur et l'effroi. Il laissa des paysages en ruine, des villes saccagées comme à Delhi, autant d'horreurs dont les chroniqueurs se firent l'écho avec une délectation morbide. Mais, comme d'autres rois fous et cruels, Tamerlan fut aussi un esthète intuitif qui sut employer le génie créateur de l'Islam, et laisser libre cours à l'imagination des artistes et architectes de son temps. Il leur passa commande d'œuvres impressionnantes, tant à Samarkand que dans les provinces les plus reculées.

Le génie de Tamerlan, qui fut si loué en temps de guerre et au fil des villes prestigieuses qui sont tombées devant lui, Damas, Alep, Bagdad, Delhi, ne s'illustrera véritablement que dans les moments de paix. Et ces moments, il les passe dans sa capitale, Samarkand*, en Ouzbékistan, sans doute le joyau de la dynatie timouride, avec ses palais luxueux, ses madrassas, ses coupoles orientées vers le soleil, où qu'il se trouve, et surtout ces dégradés de bleus mystérieux dont on ne connaît pas encore le secret de fabrication, ces frises calligraphiées aux noms d'Allah, de Mohammed son prophète, et de lui-même... Samarcande renaît aujourd'hui de ses cendres. Elle est le meilleur cadeau que Tamerlan ait fait à la postérité.

Tapis

L'expression « marchand de tapis » n'a vraiment pas bonne presse. Cette image calamiteuse qui suggère d'interminables conciliabules nuit à la profession et rend mal la complexité de cet artisanat précieux. En outre, ce métier est un métier difficile ; il suffit de visiter une fabrique de tapis persans, marocains ou turcs pour s'en convaincre. Il faut voir les cuves des teinturiers, visiter les ateliers des fileuses et des brodeuses, observer le travail harassant des ouvriers. A tout prendre, en lieu et place du marchand de tapis, je préfère le tapis volant.

Tariq ibn Ziyad *Voir :* GIBRALTAR

Tatouage

Lorsque, au début du XXe siècle, les ethnographes français découvrent le Maghreb, leur attention est aussitôt retenue par les rituels et le folklore des populations autochtones, surtout berbères. Les scarifications n'étant pas la caractéristique majeure du Maghreb, ils s'intéressèrent au tatouage, qui était l'expression à leurs yeux d'un langage magico-religieux entre les tribus par-delà l'espace et le temps. En somme, un fichier classé, une carte d'identité pratiquement inviolable car inscrite à même la peau, bref, une merveille d'organisation ! Certains de ces ethnographes, Verrier en Afrique, Gobert en Tunisie, Rivière et Faublée en Algérie, Chantre et Bertholon pour le Maghreb, en feront leur spécialité. Mais c'est Herber, pour le Maroc, qui laissera le travail le plus complet sur le sujet. Aujourd'hui encore, tous ceux qui écrivent sur le tatouage dans ce pays lui doivent la plupart des informations dont les plus caustiques, y compris celles qu'ils présentent comme leurs découvertes.

Herber a étudié le tatouage facial, puis le tatouage des bras et des jambes, du corps, le tatouage des juifs marocains, puis l'histoire du tatouage depuis la Bible et même la corporation des tatoueurs. Ce Champollion du tatouage a enfin classé par familles les signes géométriques, les lignes, les points, les courbes, les cercles, les losanges, les phrases types, cherchant en vain une explication globale. L'un des aspects du travail de Herber mérite une attention particulière. L'ethnographe a ainsi relevé méticuleusement tous les tatouages sexuels et, pour ce faire, a intégré le milieu interlope de la prostitution urbaine. Il a mis l'accent sur la localisation de certains tatouages : les seins et le pubis féminin. Avec une approche si naïve et bien peu scientifique que non seulement cela nous déconcerte aujourd'hui, mais bien souvent provoque en nous l'hilarité. « Il suffit de voir le sourire des indigènes, écrit Herber, lorsqu'on leur pose cette question [Quelle est la signification des tatouages du pubis ?], pour connaître leur pensée. » Puis il ajoute : « D'ailleurs, le nom qu'ils leur donnent est significatif : *toll 'ala,* "qui est au-dessus" ; *wachma fougou*, "ce qui est tatoué au-dessus de lui", *hammaqat*, "le tatouage qui rend fou". » A l'époque de son étude, Herber, qui n'était pas un ethnologue à proprement parler mais un simple chroniqueur, reprit à son compte la notion toute nouvelle de rites de passage pour expliquer ce qui le déstabilisait. Non, les tatouages des seins et du pubis n'étaient pas érotiques, mais, et au même titre que les amulettes, les cauris ou les talismans, un rite ethnique. Une explication qui en dit long sur ces voyageurs curieux certes mais dans l'incapacité d'apprécier une esthétique corporelle libératrice totalement étrangère à leurs mentalités. Prisonniers de leurs schémas culturels, il leur était bien sûr impossible d'apprécier cette « anticulture » (on pourrait dire aussi culture *underground*) que représentait alors le tatouage par rapport à la culture dominante, celle du Coran en particulier, mais également celle de la colonisation. L'islam, qui n'est pas favorable au tatouage, associe d'ailleurs les tatoueuses aux sorcières. Le Prophète aurait dit : « Dieu maudit celles qui se tatouent [...] parce qu'elles dénaturent l'œuvre de Dieu. »

Tawfiq al-Hakim *Voir :* TAHA HUSSEIN ET LES ÉCRIVAINS ÉGYPTIENS CONTEMPORAINS

Tchador *Voir :* VOILE

Titulature

Hormis la Chine ancienne, pas une civilisation n'a édicté autant de titres, de fonctions et de charges que la civilisation islamique. Une subtilité qui fit souvent ses preuves. Ainsi, les dynasties musulmanes se distinguèrent moins par leur impétuosité à soutenir des courants nouveaux, notamment en matière politique, qu'à inventer ou requalifier des titres ou des charges. Le changement dans la continuité en quelque sorte. Car ces nouvelles fonctions étaient une manière de manifester leur désaccord ou de désapprouver une gestion face à un suzerain trop puissant.

Calife* : titre donné au Guide suprême à la fois temporel et intemporel de la communauté musulmane (*Umma*), au lendemain de la mort du Prophète. Il est l'équivalent d'empereur ou de Souverain Pontife. Le mot vient de *khalifa*, celui qui remplace (le Prophète).

Emir : A l'origine, l'émir était un chef militaire de province, un commandant (émir vient de l'arabe *amr*, littéralement commandement, *amir*, le commandeur). De nombreux souverains se sont octroyé ce titre à l'instar d'Abderrahmane Ier (mort en 788), au temps de l'Espagne musulmane, qui fut proclamé l'*Emir al-*

Mu'minin, Emir des Croyants – je renvoie également à sultan et vizir.

Atabeg : On désignait ainsi le dignitaire chargé de la formation des élites militaires et administratives sous la dynastie saldjukide. Le mot est d'origine turque. Il est arrivé que certains d'entre eux renversent le pouvoir en place.

Khédive : titre porté au XIXe siècle par le vice-roi d'Egypte.

Tombe de Genet (La)

C'est à Larache, au Maroc, devant sa tombe, qu'est venu mon intérêt pour Genet, Jean de son prénom, né en décembre 1910 et mort à Paris en avril 1986. Jean Genet, un dramaturge profond, qui est pratiquement méconnu aujourd'hui, – ignoré plus que méconnu –, et qui semblait étranger à lui-même, *a fortiori* à nous tous, même de son vivant. Je dois à Georges Bousquet, à l'époque directeur du Centre culturel français de Tanger, de m'avoir emmené sur sa tombe par un dimanche ensoleillé. Après avoir visité la tombe de l'écrivain et pris quelques photos Polaroid, on est allé manger du poisson à Asilah. Une tombe blanche, presque musulmane et suffisamment distincte, comme posée là sur un tertre chauve. Une tombe qui doit être la cousine germaine de celle de Chateaubriand, à Saint-Malo. Si l'une regarde l'immensité océanique et l'autre est confinée dans une vacillation permanente du néant, elles sont toutes les deux d'une simplicité presque ostentatoire.

Qu'est-ce qui fait peur chez Genet ? Pourquoi nous

échappe-t-il tant, une fois arrivé à l'âge mûr, après avoir été un jeune homme fringant, un James Dean si photogénique ? Est-ce ce visage de clown triste et sympathique, ce crâne chauve, sa tête patibulaire de bagnard tout droit sorti d'Alcatraz ou, au contraire, son engagement politique, ses fréquentations troubles, son homosexualité, son antithéâtre ? De toute façon, Genet aura marqué de son empreinte une certaine forme de contestation et, bien que sulfureuse, sa passion pour les sans-grades, les Black Panthers, les Palestiniens, les immigrés, lui sera reprochée.... Dans le champ des idées, il demeure un éveilleur éveillé des consciences. Mais Genet semblait souffrir d'une incompréhension énigmatique, au point qu'il a fini par s'identifier à son bourreau : « A chaque accusation, écrivait-il dans son *Journal d'un voleur* (1949) qu'il rédigea à sa sortie de prison, portée contre moi, fût-elle injuste, du fond du cœur je répondrai oui. A peine avais-je prononcé ce mot – ou la phrase qui le signifiait – en moi-même je sentais le besoin de devenir ce qu'on m'avait accusé d'être... »

Amoureux de l'Islam et plus particulièrement des musulmans, Genet en connaîtra l'un d'eux, Mohammed El-Katrani, son amant, avec lequel il aimait se montrer dans tous les salons décalés de la *beat generation* américano-tangéroise – Samuel Beckett, Tennessee Williams, William Burroughs, Mohammed Choukri, Paul Bowles qui a longtemps habité Tanger, et d'autres. A l'époque cette culture faisait encore des émules, y compris dans le milieu du cinéma, puisque *Un thé au Sahara* de Bernardo Bertolucci est adapté de l'œuvre de Paul Bowles.

Traité des eunuques (Le)

Le Traité des eunuques (1707) du sieur Ancillon est un ouvrage de petit format. Serait-il l'ancêtre de nos livres de poche actuels ? L'épître dédicatoire qui en clôt la préface est signée par un « très humble et très obéissant serviteur » du nom de C. D'Ollincan, ce qui est l'anagramme d'Ancillon. Le livre est imprimé pour la première fois en 1707. L'auteur ne craint pas d'étudier la question des eunuques, ces « troncs desséchés » comme les qualifie Isaïe, dans tous leurs aspects, y compris les plus étranges. Le régime de l'eunuquat est évoqué depuis l'Antiquité gréco-romaine. Pour étayer son essai, Ancillon a convoqué les philosophes les plus éminents, évoqué le souvenir de sages qui conseillèrent en ce domaine les empereurs. Son regard se tourne ensuite vers les peuples lointains : comment font-ils ? sont-ils pour telle ou telle autre ablation ? quelles raisons avancent-ils ?

Et les eunuques eux-mêmes, que les Arabes, les Turcs et les Persans appellent tour à tour *khadim*, *khazi, khazi, kizlae, aghas*, mais aussi *twachi* et même *tabûchiy* (hongre), que pensent-ils de leur condition ? Dans son traité, Ancillon part à la cueillette de leurs moindres faits et gestes, cite leurs rares propos, les dévisage comme il peut, mais au vrai il manque cruellement d'informations. Il se contente de peu pour en tirer le maximum.

Si l'institution de l'eunuquat est devenue, aujourd'hui, si risible, c'est parce qu'elle a été abandonnée depuis longtemps, sans que personne encore n'ait cherché à la réhabiliter. Mais, il n'y a pas si longtemps, les eunuques étaient encore très convoités dans tout le monde islamique, que ce soit en Perse, en Turquie ou dans les pays arabes. Châtré, l'eunuque passait pour être le meilleur gardien du sérail et des bâtiments du culte, notamment à La Mecque. Ce défenseur de l'honneur du mâle, tantôt secrétaire, tantôt confident, était également employé au service du temple. Il était, pour reprendre l'expression de Montesquieu, « le fléau du vice et la colonne de la fidélité ». L'eunuque avait en outre le don d'ubiquité. Il s'adaptait à tout, courbait l'échine pour satisfaire son maître, souvent intransigeant, anticipait ses gestes, prévenait ses moindres désirs. L'eunuque était la conscience du seigneur, la main gantée qui le servait, son bras séculier.

Les eunuques sont divers. Il est des eunuques du corps, comme il est des eunuques de l'esprit. Si les eunuques de la psyché sont peu connus, ondoyants, pusillanimes et d'un dévouement qui laisse de marbre l'encéphalogramme, les eunuques du corps, les « vrais », ont toujours intrigué, fasciné et bien sûr horrifié. Or, pendant plusieurs siècles, cette fascination a joué particulièrement dans les classes dominantes, notamment en Orient, du temps, précisément, où l'Orient commençait à Venise. Cette forme d'esclavage domestique eut d'ailleurs ses chantres et ses partisans. Leur défense a toujours été confondante de simplicité. En outre, plusieurs traités n'ont pas manqué de spéculer sur les moyens pour réussir les opérations, sur le prix que cela coûtait à les réaliser chez le ferronnier ou chez le phlébotomiste. On discutait du caractère ainsi altéré des sujets mis en servitude, de leur dentition, de leur puissance musculaire et surtout de leur soumission, qui devait être totale.

Jamais le caractère scandaleux, ni même l'idée que cela le fût, n'effleura l'esprit de ces hommes-là condamnés à châtrer leurs frères de plus simple condition pour réaliser leur rêve de puissance. Jamais.

Tribu

L'espoir d'une communauté musulmane une et indivisible a fait long feu. Le monde arabe, après avoir fourbi ses armes auprès de l'islam, est désormais divisé en une multitude de tribus (en arabe *kabila*, pluriel *kaba'ïl*), de grandes familles et dans certains cas – mais dans certains cas seulement – d'Etats-nations. Bien sûr, la coloration commune demeure musulmane mais en y regardant de plus près on découvre rapidement que la plupart des régimes ne sont qu'allégeances familiales ou tribales. En Arabie, par exemple, la famille des Bani Saoud gouverne ce pays depuis plus de deux siècles. Au Maroc, ce sont les Alaouites qui contrôlent le pouvoir au détriment de tous les autres groupes sociaux ou familles de chorfas et surtout au détriment des Berbères. Le Yémen est une confédération de tribus, dont le jeu complexe d'allégeances est parfois en contradiction avec l'idée même de parlement national. Il en est de même pour le sultanat d'Oman, et, d'une manière plus large, pour l'ensemble des pays du Golfe. A Djibouti, ce sont les Afars et les Issa. Au Tchad, la situation est à peu près semblable à celle du Mali, qui est semblable à celle du Niger. La Libye est tenue par les partisans de Kadhafi, l'homme qui se targue d'être le plus vieux leader politique du monde arabe. La situation est identique en Afghanistan, où la tribu est véritablement le moteur du parlement national qui est censé siéger et prendre des décisions à Kaboul.

Ce qui est cocasse, c'est que dans le Coran lui-même il est dit que l'humanité sera divisée en une multitude de peuples et de tribus – le mot est lâché –, une diversité présentée comme le plus sûr gage d'une reconnaissance mutuelle.

Turban *Voir :* SABRE ET TURBAN

Turquie *Voir :* OTTOMANS

Quelqu'un avait prouvé l'existence,
de Dieu de mille façons différentes.
Avait-il mille raisons d'en douter ?

(sagesse soufie).

Utopie

Rien n'est plus étranger à l'islam que l'utopie profane. Dans l'esprit du Coran en effet, l'utopie ne peut être que spirituelle, immatérielle et sa géographie a les contours de l'au-delà, du paradis divin, *al-Firdaws*. L'idée est séduisante car elle est tranchée. Pourtant, en observant les mythologies sur lesquelles s'est fondée la vision islamique du monde, au temps où l'islam était un empire, il faut convenir que cette consigne ne fut pas suivie. Que l'utopie profane a existé et qu'elle s'est portée à merveille. Elle prit forme sous la plume des savants, des curieux et autres défricheurs qui voulaient faire grandir l'islam à travers la réalisation de villes nouvelles, d'édifices splendides, de bibliothèques aux ouvrages précieux, de mosquées raffinées et de palais somptueux. Construire, bâtir, édifier.

En Espagne, c'est le croisement des trois religions du Livre qui fut déterminant. Les médecins, les juristes, les philosophes et les mystiques s'opposèrent à toute tentative d'obscurcissement de la pensée, arguant le fait que l'islam ne pouvait se limiter à une religion trop ethnique – limitée à l'Arabie –, mais devait s'épanouir au contact des cultures où il s'établissait. En Irak, les inventeurs étaient moines, architectes, astronomes, libraires, grammairiens, calligraphes et copistes et ceux-ci étaient chrétiens, sassanides, indiens, turcs. En Turquie, l'ordre soufi* fondé par Jalâl ud-Dîn Rumi (mort en 1273) n'aurait peut-être pas vu le jour si ce grand poète mystique d'origine afghane n'avait été contraint à s'exiler. Idem pour les ordres mystiques africains et maghrébins. Du reste, lors de la conquête de l'Ifriquiya, le grand Maghreb actuel et une partie de la péninsule Ibérique, l'émotion religieuse a rencontré l'idéalisme des tribus du Sud, en particulier sa composante berbère fraîchement islamisée. Plusieurs géographes fameux dont le plus connu est le Tangérois Ibn Battuta (1304-1377) ont sillonné la *Mamlaka* (l'espace musulman) avant de rejoindre pour leur devoir religieux les Lieux saints. Aujourd'hui encore, les relations de voyages qu'ils nous ont laissées (*rihâl*) nous aident à mieux cerner la psychologie musulmane du haut Moyen Age. Sous la férule de ce grand esprit que fut Ibn Khaldoun (1332-1406), la sociologie, l'anthropologie et l'histoire maghrébines ont connu des débuts flamboyants et, pour partie, toujours d'actualité. En Afrique noire, que ce soit au Mali ou au Niger, au Soudan ou au Sénégal, la marque autochtone a donné son empreinte à la classe des lettrés musulmans. En Somalie, dans les Seychelles, dans les îles de l'océan Indien et même en Asie, en Perse notamment, les influences locales se sont amalgamées avec les préceptes coraniques pour donner un islam périphérique harmonieux et singulier. Même au temps de l'Egypte fatimide et mameluke, l'influence du « périphérique » comme système de diversification est déterminante pour comprendre le dynamisme de l'islam. Sur le plan de l'imaginaire, on peut opposer l'Arabie ancienne, la *Djazirah*, terre d'élection de la religion révélée, terre du sacré et de la transcendance, terre de morale aussi, à l'Andalousie, qui représente la quintessence de la terre réinventée, tout en étant aussi le lieu de la jouissance terrestre et de l'orgie, le nouvel épicentre des manières d'être et de penser.

Une telle mosaïque d'émotions stimulées par l'incessant va-et-vient entre les créateurs de chaque région de l'Empire forma ce limon extraordinaire de l'âge d'or musulman, l'agitateur rêvé des valeurs acquises. Sans ces mélanges heureux, le monde musulman se serait contenté des prédicats coraniques interprétés par les gardiens d'une morale confite. L'utopie s'est nourrie de ses contradictions favorables. De fait, parmi les citoyens les plus affranchis, les affidés au pouvoir, les intellectuels, les hommes fortunés, certains cultivaient la permanence dans le temps, les autres ne juraient que par le mouvement. Mais l'utopie jaillissait du quotidien le plus radical, tandis qu'un vent puissant gonflait les voiles du galion mahométan. L'espérance, moteur décisif pour toute expédition en *terra incognita*, fut le maître mot de ces heures-là

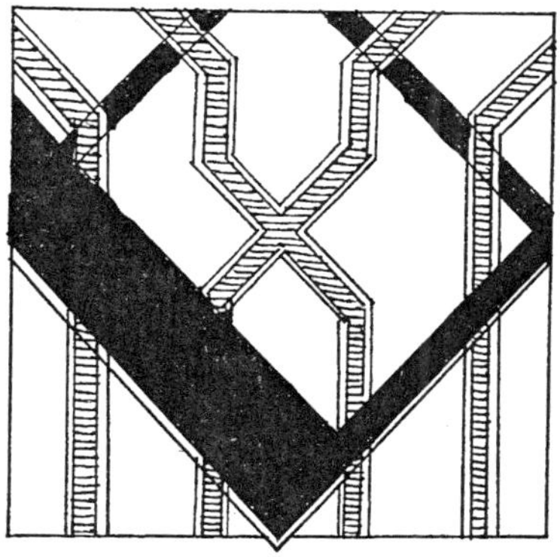

Ton nom est sur mes lèvres,
Ton image est dans mes yeux,
Ton souvenir est dans mon cœur :
A qui donc écrirai-je ?

(Majnoun, poète bédouin amoureux de Laïla).

Vendredi

Le vendredi, *yawm al-djumu'a*, est le jour saint et férié de la communauté musulmane. Il est explicitement désigné dans une sourate intitulée justement « Le Vendredi » : « O vous les croyants ! Quand on vous appelle à la prière du vendredi, accourez à l'invocation de Dieu ! Interrompez tout négoce : c'est un bien pour vous, si vous saviez ! » (Coran LXII, 9).

Les musulmans mettent à profit ce jour particulier pour se réunir (*djumu'a* signifiant « le rassemblement ») à la Grande Mosquée lors d'une prière commune, la plus importante de la semaine. Avant la prière elle-même, un prône est fait par un représentant du ministère du Culte, le *khatib*. Selon un théologien sunnite, Ibn Abi Zayd al-Qayrawani (xe siècle), la prière du vendredi n'est pas obligatoire pour le voyageur, ni pour les pèlerins qui se trouvent à Mina (étape importante du pèlerinage à La Mecque), ni pour l'esclave, ni pour la femme, ni pour l'impubère (in la *Rissala*).

Conscients de l'importance que revêt la prière du vendredi pour les fidèles et visant tous les avantages que l'on pouvait en tirer, les grandes dynasties – et désormais tous les Etats musulmans, à commencer par l'Arabie Saoudite – ont cherché à valoriser au mieux cet instant en bâtissant des mosquées de plus en plus imposantes afin d'y accueillir le plus grand nombre de fidèles, et surtout, propagande oblige, en filmant et en diffusant partout cette oraison collective.

Venise *Voir :* LETTRES PERSANES DE MONTESQUIEU

Vie sacramentelle

Qu'est-ce qui donne à la vie quotidienne en terre d'islam ce caractère d'infinie lenteur et cette douceur fruitée que l'on ressent à tout moment ? Cette volupté s'explique-t-elle autrement que par le climat ou la relation si singulière au temps qui passe ? Même si les pays musulmans ont connu de plus ou moins grandes ferveurs religieuses, la religion par le biais des appels du muezzin a toujours ponctué le rythme des villages et des petites bourgades. Dans les grandes villes, c'est le commerce qui détermine l'écoulement du temps, car du matin au soir il n'est pas un coin de la cité qui échappe aux cris des négociants et à leur diligence. Mais la vie du musulman est encore rythmée par un deuxième cercle de valeurs qui visent à pacifier les relations entre les individus. Ce sont les *mû'amalât*, les marques de politesse, éducation, hospitalité, souci de la parole donnée, bénédiction, etc.

Baraka : la bénédiction. Elle fait partie des conditions de la relation à autrui.

Karama : le fait d'honorer quelqu'un, lors d'une réception par exemple.

Tasdiq : l'acceptation de l'existence de Dieu et la solidarité de fait avec les autres religions révélées.

Tawaqqûl : l'abandon confiant à Dieu, pratiquement l'équivalent de l'islam*.

Sakina : la sérénité de cœur, une sérénité totale face à Dieu, car Dieu n'est que quiétude et bonheur.

Tabligh : l'aptitude à transmettre les contenus du message prophétique.

Tahmid : le fait d'être reconnaissant, de remercier Dieu de nous avoir tout donné, sans rien exiger en retour.

Tajrid : dépouillement complet, esseulement mystique.

Yûsr wa 'ûsr : facilité et contrainte. L'islam n'est pas une religion de contrainte, elle ménage des niches de douceur et de convivialité.

Hawajiz : l'islam a aboli les barrières intermédiaires (*hawajiz*) qui empêchent le croyant d'appréhender la divinité du message coranique et par conséquent d'adorer Dieu en toute conscience.

En toute circonstance le musulman, qui a toujours en mémoire ces *mû'amalât*, invoque ces pensées qui sont les plus élémentaires règles de conduite spirituelle.

Vierges du paradis (Les)

Combien sont-elles ? 7, 70 ou 70 000, les chiffres les plus farfelus ont été avancés. Le fantasme qui auréole les vierges du paradis, les *'Aïn al-hûr* ou houris du Coran, est ancien mais il vient d'être ravivé par plusieurs groupes de kamikazes dans leur « guerre sainte » en Palestine, en Afghanistan (avec l'*Al-Qaïda* d'Oussama ben Laden), en Algérie et aux Etats-Unis. Les jeunes qui commettent des attentats en se suicidant sont ainsi persuadés que leur geste leur ouvrira le paradis où les attendent, en récompense, des vierges dociles et promises à toutes leurs sollicitations sexuelles !

Mais la notion de *Aïn al-Hûr*, au pluriel *Houriyate*

(littéralement « celles dont le blanc et le noir de l'œil sont très fortement contrastés » ou d'après une étude plus récente des « fruits blancs comme le cristal »), est étrange et ambiguë. Selon le Coran, ces créatures sont une rétribution divine réservée aux hommes pieux reçus auprès du Seigneur : « Nous leur donnerons pour épouses des houris aux grands yeux... » Etranges épouses du paradis citées dans au moins quatorze versets répartis sur plusieurs sourates du Coran. Pourtant, et en aucun cas, il ne faudrait les considérer comme une incidence mineure en islam car leur rôle est important dans l'imaginaire musulman. De quoi surprendre – et embarrasser – les commentateurs qui sont partagés entre deux types d'explication. La première est réaliste : elle insiste sur le caractère concret de la récompense dès lors que le bon croyant a effectivement respecté les enseignements coraniques et suivi le conseil éclairé de son imam. La seconde est symbolique. Selon elle, les houris ne sont qu'une sublimation de certaines aspirations de l'âme humaine, comme le désir ou la satisfaction. Au nom de la première hypothèse, des jeunes kamikazes et des pirates de l'air sont prêts à exploser avec l'engin meurtrier qu'ils transportent, ce qui les conduit à se protéger le sexe, au cas où il en resterait quelque chose après l'explosion... Combien de kamikazes ont eu recours à ces bandelettes prétendument protectrices ? Pratiquement tous, en particulier les plus jeunes recrues du *djihad** international.

Pour les tenants de la seconde interprétation, il n'est rien qui soit au-dessus de la bénédiction divine, ni au-dessus de la Création. Par conséquent, aucun être humain n'a ici-bas le droit de disposer de sa propre vie, y compris pour la livrer soi-disant à son

Créateur. Le suicide est interdit en islam, et cette règle ne tolère aucune exception. Les partisans de cette thèse rappellent en outre que le Coran insiste à plusieurs reprises sur le fait que les épouses du paradis sont chastes, modestes, patientes et pures, *azwajûn mûtahharatûn*.

La meilleure description du paradis nous est donnée dans la sourate « Le Miséricordieux », du verset 46 jusqu'à la fin : « Quel est donc celui des bienfaits de votre Seigneur que, tous deux, vous nierez ? Il y aura deux Jardins destinés à celui qui redoutait le lieu où se dressera son Seigneur. Deux Jardins pleins de floraison. Où coulent deux sources. Où il y aura toutes les espèces de fruits. Ils seront accoudés sur des tapis aux revers de brocart et les fruits des deux Jardins seront à leur portée. Là, ils rencontreront celles dont les regards sont chastes et que ni homme ni djinn n'ont jamais touchées avant eux. Elles seront semblables au rubis et au corail. Il y aura deux autres Jardins en deçà de ces deux-là. Deux Jardins ombragés. Dans lesquels jaillissent deux sources. Ces deux Jardins contiennent des fruits, des palmiers, des grenadiers. Il y aura là des vierges bonnes et belles. Des Houris qui vivent retirées sous leurs tentes. Que ni homme ni djinn n'ont jamais touchées avant eux. Ils seront accoudés sur des coussins verts et sur de beaux tapis » (Coran LV, 46 à 76).

Mais ces épouses vierges et consentantes n'ont pas non plus laissé indifférents les voyageurs occidentaux et les curieux de l'islam. Arthur Alric, qui au siècle dernier a consacré un livre au *Paradis de Mahomet*, leur consacre tout un chapitre. Y sont étudiés les thèmes suivants : parfums, coiffures et toilettes des houris, âge des houris, amour des houris, etc. Il évoque même l'existence d'un château taillé dans une perle géante où vivent les vierges dont il dit qu'elles seraient au nombre faramineux de 1 680 700 000. Qui a dit fantasme ?

Villes musulmanes

J'aime les villes. Je leur trouve une quiétude nerveuse qui compense largement la vacuité tant vantée des campagnes, une vacuité que les citadins recherchent moins pour se soigner du mal de la concentration – qui est le propre de la ville – que pour se nourrir à d'autres effluves, d'autres sons. J'aime l'esprit qui anime les villes, celui de l'urbaniste qui les a dessinées, celui de l'architecte qui en a échafaudé les plans, celui du magnat qui a déboursé sa fortune, celui des enfants qui se les approprient avec allégresse, celui, enfin, du politique qui, du haut de son belvédère, entouré de courtisans et autres flagorneurs, regarde son œuvre en pensant à la place qu'il occupera dans l'Histoire. J'aime toutes ces vanités humaines, gravées à même le roc ; elles font l'esprit d'une ville, sa raison d'être.

Contrairement à d'autres religions orientales qui ont d'abord touché les zones rurales, l'islam est issu de la ville, mais ses conquêtes périurbaines lui sont rapidement devenues indispensables. D'ailleurs, c'est aux limites de l'*urbs* dans les faubourgs des cités congestionnées du Caire, à Karachi, Islamabad ou à Djakarta qu'il a recruté le plus gros de ses troupes. Les premières attaques contre l'islam vinrent également de la ville. Le clan des Qoreïchites à La Mecque lui opposa une farouche résistance, alla jusqu'à chasser Mohammed et les siens. L'épisode de Médine est tout aussi révélateur, car en réservant le meilleur accueil aux exilés, les Médinois ne faisaient qu'entretenir une antique rancœur contre la ville noble mais néanmoins rivale qu'était depuis toujours La Mecque.

D'autres citadins encore, pauvres, ceux-là, trouvèrent dans l'islam ce petit espoir qui allait illuminer le ciel de la Prédication. Les riches, en revanche, furent déstabilisés et traumatisés par l'avènement de cette nouvelle religion. L'espoir des uns sera le désespoir des autres. L'islam est en effet d'abord une affaire de richesse et de puissance. L'oligarchie de La Mecque, sûre de ses valeurs et à l'économie florissante, s'inquiéta des ambitions de ce rejeton sans pedigree, va-nu-pieds en marge du clan familial et qui se proclamait prophète. Lorsque le combat devint fratricide, la tribu de Qoreïche se souvint des origines de Mohammed, et lui offrit de réintégrer sa noble famille, celle dont il avait oublié les valeurs constitutives et bafoué la conscience.

Après La Mecque et Médine, c'est à Jérusalem, Damas, Bagdad, Le Caire et dans d'autres centres urbains importants que le message mohammédien se répandit. Certaines cités comme Jérusalem* furent confirmées dans leur vocation sacrée : l'expression de « mosquée éloignée » *al-masdjid al-aqsa* (Coran, XVII, 1) est à la fois un hapax et une allégorie. Toutes furent embellies, agrémentées de nouveaux édifices religieux (dômes, mosquées, oratoires). D'autres encore comme Le Caire ou Kairouan marquèrent l'aboutissement du rêve musulman d'expansion. Ne fallait-il pas montrer que le message mohammédien rayonnait aux confins les plus éloignés du monde ? Depuis lors, outre La Mecque, Médine, Damas et Jérusalem, Kairouan, Cordoue, Ispahan, Marrakech et, sur le tard, Constantinople-Istanbul quadrillent l'espace géographique musulman, lui donnent un « visage ». Ces grandes cités sont autant de postes avancés de la parole de Dieu et reçoivent à ce titre les honneurs de la communauté musulmane.

Aujourd'hui, l'islam est devenu asiatique et c'est en Asie que l'on trouve les plus grandes mégapoles de la troisième religion du Livre. De cet islam asiatique, chacun sait qu'on peut en attendre le meilleur comme le pire. Le meilleur, ce sont les prix Nobel, les physiciens, les mathématiciens, les informaticiens et les ingénieurs dans toutes les disciplines. Le pire, ce sont les fondamentalistes religieux, version locale des talibans afghans ou pakistanais, à l'image des mercenaires de Jolo et d'ailleurs.

Le lien viscéral avec la cité est à jamais tissé. Après avoir recruté dans les couches sociales les plus défavorisées, l'islam passa entre les mains des riches. Ils en firent leur emblème, signe de leur ralliement et, plus prosaïquement, s'en servirent comme d'un levier pour assurer leur pérennité politique. Même sans clergé, l'islam a sécrété une oligarchie religieuse constituée d'un calife, d'un roi et d'un collège de théologiens inféodés pour assumer les tâches de commandement et engranger les bénéfices fabuleux qu'au temps de l'empire, notamment grâce au prélèvement des taxes, *zakat*, droits et autres impôts (*kharj*), le gouvernement central récoltait. C'est dire si les paramètres du credo musulman concernèrent d'abord les catégories sociales qui tenaient la ville. On imagine mal une prédication totalement égalitaire ayant recueilli ses suffrages auprès de l'oligarchie mecquoise ou médinoise. Mais qu'un homme comme Mohammed, issu de la noblesse qoreïchite et disposant d'une fortune appréciable, fût le porteur d'un nouveau discours axé sur le partage, cela a joué un rôle essentiel dans les progrès de l'islam auprès des notables les plus intuitifs et les plus rusés, qui surent anticiper les changements en cours. Cependant, cette nouvelle religion trouvera ses plus fidèles partisans, ceux de la première heure, parmi une catégorie sociale, foncièrement urbaine, et que connaissait bien Mohammed, celle des marchands, commerçants, négociants, intermédiaires, maîtres caravaniers, etc. Ils furent les soutiens zélés de sa croisade prophétique et ses meilleurs appuis financiers.

Vin

Il est un quiproquo qu'il faut lever définitivement : le vin n'a jamais cessé de couler dans les pays arabes, pas plus qu'il n'a manqué d'amateurs pour le savourer et de poètes bachiques pour en chanter les délices. Bien sûr, l'interdiction coranique du vin – et de toute boisson alcoolisée – est un fait incontestable. Elle est clairement formulée dans plusieurs versets. Dans l'un d'eux (Coran V, 90), le vin est présenté comme une abomination et une œuvre du démon, au même titre que les jeux de hasard et la magie. Toutefois, la doctrine musulmane ne fut pas, au début, si affirmative. Interrogé au sujet du vin et de la divination, *al-maysir* (Coran II, 219), le Coran souffle au Prophète cette réponse : « Ils comprennent tous deux un grand péché (ou un grand tort, *itmun*), et un avantage, mais le péché est plus grand que leur utilité. » Cette belle dialectique des temps virginaux de l'islam ne résistera pas au souci d'ordre qui prévalut très vite sur la liberté de choix. Certains musulmans avaient fréquenté la mosquée alors qu'ils étaient enivrés. Aussi, un interdit plus radical tomba peu de temps après. Cette fois, il concerna tous les buveurs de vin. Or, un interdit canonique n'a pas vocation à éradiquer le motif pour lequel il est édicté. Il peut certes le cantonner à des marges, il peut aussi le moraliser à outrance, mais il n'arrivera pas à le supprimer sauf de manière asymptotique ou autoritaire comme dans les pays théocratiques, qui n'entendent la raison humaine que lorsqu'elle est entièrement dévouée à Dieu. C'est pourquoi il n'a jamais été question de supprimer radicalement le vin, mais seulement d'en dissuader les bons croyants. Certaines dynasties en ont autorisé le service à la table du prince ou du calife, tandis que d'autres, les Fatimides notamment, n'ont pas hésité à arracher tous les pieds de vigne et fermer les débits de boisson.

Il ne fut pas rare, cependant, qu'à l'occasion de performances poético-littéraires des dilettantes aient fait du vin l'allié précieux d'une création orale qui nécessitait quelques béquilles. Ce fut au temps des *diwans* et des réunions bachiques, au temps de l'innovation intellectuelle et humaine, de la liberté et de la jouissance. Dans les tavernes, à Bagdad ou à Damas, comme au Caire, à Tanger, à Alger ou à Istanbul, on buvait du vin, savourait pleinement les nourritures terrestres saines et variées, et l'on ne quittait la table que soûl et sans boussole. L'échanson, le *saqi*, le serveur de la poésie d'Abu Nuwas (v. 762-815) et de

Omar Khayyam* (1050-1123), remplissait à volonté votre jarre, votre cruche ou votre pichet. Personne, pas un moraliste, ne s'en souciait. A l'aube, à l'appel de la première prière, chacun se hâtait de rentrer pour faire ses ablutions avant de se livrer à un rituel sans commune mesure avec la nuit passée.

Violence *Voir :* FANATISME/FONDAMENTALISME

Vizir

Le mot, en arabe *wazir*, littéralement ministre, est magique, comme le sont si souvent les mots venus de l'Orient. Celui-ci nous transporte à l'époque de l'islam classique, au temps des cours califales de Bagdad sous les Abbassides (Xe siècle), mais aussi en Andalousie (IX-XIe siècles), au temps des Mameluks (XII-XVIe siècles), des Saldjukides (XI-XIIe siècles) et des Ottomans (XIV-XIXe siècles). Plusieurs grands dignitaires musulmans ont porté avec bonheur ce titre, en le dotant de fonctions particulières, celles de la délégation, et lui ont donné un prestige inégalé.

Une des grandes familles de vizirs fut celle des Barmakides, tous secrétaires d'Etat, chambellans et administrateurs, venue du Khorassan et convertie à l'islam. Elle régna sans discontinuer pendant plusieurs décennies, avant qu'Haroun Rachid (766-809) n'y mette fin de la manière la plus drastique et criminelle qui soit, comme savaient le faire ces potentats éclairés et cyniques. C'est Jaafar le Barmakide, fils de Yahya ibn Khalid, qui fut le bouc émissaire de son courroux. Le calife le fit exécuter sans ménagement en 803. Au XIe siècle, Nizam al-Mulk (1018-1092), d'origine iranienne, occupa cette fonction au temps du Saldjukide Alp Arslan (1030-1073), chef d'une dynastie brillante, mécène des arts et des lettres. Après avoir régné sans partage sur l'Etat saldjukide, après avoir inventé et développé la *madrassa** appelée depuis lors la Nizamiya, Nizam al-Mulk périt sous les coups d'un fanatique ismaélien de la secte des Hachachins. Au temps des Abbassides, Sa'id ibn Mukhallid fut surnommé *Dhu al-wizarataïn* (l'homme aux deux vizirats) car il cumulait deux fonctions en même temps. Le même titre fut donné plus tard par Abderrahmane III au vizir andalou Ahmed ibn Abdelamalik ibn Chohaïd car il avait doublé ses appointements !

La splendeur du vizirat est dans notre esprit associée aux *Mille et Une Nuits*, à travers la légende du sultan et calife le plus célèbre de l'histoire politique musulmane, Haroun Rachid. Pourtant le lustre déjà envié du vizir fut encore sublimé aux temps des Safavides iraniens et sous les Ottomans. Ces derniers réinventèrent leur protocole pour valoriser à l'extrême les fonctions de chambellan, *hajib*, de grand vizir, *al-wazir al-a'zam,* et de vizir. Encore aujourd'hui, le mot vizir renvoie à un âge d'or car, en terre d'islam, la politique qui est par essence liée à la religion n'a pas encore été totalement désacralisée.

Titres et fonctions gouvernementales :

Roi ou président (anciennement califes) : *raïs*
Premier ministre : *al-wazir al-awwal*

Ministre des Finances : *wazir al-khizana, al-maliya*
Ministre de la Justice : *wazir al-'adl* ou *wazir al-qadha*
Ministre de la Guerre (Défense) : *wazir al-harb*
Ministre de l'Intérieur : *wazir al-dakhiliyya*, ou *al-'umur al-jiwaniyya*
Ministre des Affaires extérieures : *wazir ash-shu'ûn al-kharijiyya*
Ministre de l'Economie : *wazir al-aqtisad*

Vocabulaire

En dépit de leur charme et d'un exotisme indéniable et bien qu'ils aient été utilisés par Victor Hugo, Lamartine ou Maupassant, les mots *maure, more, moresque, maugrebin, maugrabin* (féminin horrible en *maugrabine* !), ainsi que *mahométisme* et ses dérivés, *mahométan* (féminin : *mahométane*), *mahométanisme* ne sont plus employés depuis longtemps car ils sont passés de mode, vieillots, en un mot inutilisables ! Est-ce bien utile alors de leur consacrer encore tant de place dans les dictionnaires de français ? Quant à *islamisme*, sa définition renvoie à la doctrine musulmane, son sens premier en français (1756), quand, depuis au moins une décennie, ce terme a pris un sens politique... C'est pourquoi je suggère ici quelques aménagements de vocabulaire dans les dictionnaires de français. On gagnerait alors quelques lignes pour raconter plus longuement la culture arabe et sa vitalité francophone à l'instar, par exemple, du verlan, comme sont en train de l'imaginer pour nous les Beurs, ces jeunes Français d'origine musulmane.

Combien de Français parlent arabe sans le savoir ? « Permettez-moi, écrit Sigrid Hunke au début de son ouvrage *Le Soleil d'Allah brille sur l'Occident*, de vous inviter à prendre quelque chose dans ce *café*, chère madame ! Enlevez donc votre *jaquette* et prenez place sur le *sofa* au *matelas* garni d'une étoffe *carmin*. Le cafetier s'empressera de vous servir une tasse de *café* avec deux petits morceaux de *sucre*, à moins que vous préfériez une *carafe* de *limonade* bien glacée, ou encore un peu d'*alcool* ! Non ? Mais vous accepteriez certainement une tarte aux *abricots* et aux *bananes* ! Mais bien sûr, cher ami, vous êtes aujourd'hui mon invité ! Puis-je vous offrir pour commencer un *sorbet* à l'*orange* ? Je crois que des *artichauts* feraient une entrée fort agréable. Et que penseriez-vous d'un chapon accompagné de riz et de barquettes aux *épinards* ? Pour le dessert, je ne saurais trop vous recommander ce gâteau à la sauce d'*arack*. Et pour clore le repas : un *moka*... Mais, je vous en prie, installez-vous sur le *divan*. » Dans la seconde moitié du XIXe siècle, de nombreux mots issus de l'arabe algérien – ou plus exactement du sabir franco-hispano-arabe, qui a donné le parler pied-noir, le pataouète, du nom algérien Bab al-Oued – sont ainsi entrés dans la langue française. La présence de l'armée française dans ce pays ne fut évidemment pas étrangère à cette forme de syncrétisme, ni, bien sûr, à la déformation phonétique et péjorative de certains termes. Citons les plus connus : *baraka, baroud, bey, bézef* (de *bezzef*, en tas), *bicot, bled, bordj* (de *burdj*, fortin), *burnous, cadi, caïd, caoua* (*cahwa*, café), *casbah, chaouch* (du turc, huissier, appariteur), *chèche, chéchia, couffin, couscous, diffa* (festin), *djebel, douar, fakir, fantasia, fatma, fellaga, fissa, flouze, fouta, goum* (troupe) et *goumi, gourbi, guitoune, kif-kif, klebs, koubba, lascar* d'*'askri* (soldat), *makache, maboul, marabout, méchoui, mechta, merguez, mesquin, moukère/mouquère* (de *mujer*, du sabir espano-arabe, femme), *nouba, oued, ramdam* (de ramadan), *razzia* (et *rezzou*), *roumi* (Européen), *salamalec, sarouel, sidi, slougui* (lévrier), *smala, souk, taleb, toubib, uléma, zouave,* etc.

Le petit lexique qui suit dit tous les apports de l'arabe à la langue française. Il n'est pas exhaustif et a été réalisé à partir de plusieurs dictionnaires de la langue française, en particulier le Petit Robert. Un clin d'œil à Paul Robert, un Français né en Algérie. Enfin, pour éviter les doublons, j'ai évité les mots qui ont nécessité une entrée dans ce dictionnaire : alambic (malgré son savoureux dérivé, alambiqué), alcazar, almée, alchimie, échec et mat, harem, hammam, henné, hégire, sultan, simoun et sirocco, vizir, zéro et bien d'autres encore.

Abricot : de l'arabe *al-barqûq*, littéralement « fruit précoce », par le catalan, *albarcoc*, en ancien français aubercot.

Alberge : fruit de l'albergier, une variété d'abricot. Du mozarabe *alberchiga*, lequel serait un dérivé du latin *persica*, qui signifie pêche.

Alcade : de l'espagnol *alcalde*, *via* l'arabe *al-qâdi*, qui veut dire juge.

Alcali : de l'arabe *al-qaly* formé avec *kali,* soude. Ce terme est donné depuis Lavoisier aux oxydes et hydroxydes des métaux alcalins et à l'hydroxyde d'ammonium. Mots dérivés : alcalin, alcalimétrie, alcalimètre, alcalifiant, alcalinité, alcaliniser, alcaloïde.

Alcarazas : de l'espagnol *alcarraza*, qui vient de l'arabe *al-karaz*. Il s'agit d'un verre en terre poreuse dans lequel l'eau se rafraîchit.

Alchimie : du mot *al-kimiya*, la pierre philosophale, en passant par le latin médiéval *alquemie* et *alchemia*. Mots dérivés : alchimiste, alchimique.

Alcool : *al-kûhl*, de l'arabe *alko(h)ol*, ou sulfure ou poudre d'antimoine, également cosmétique, d'où le kohol*, le fard pour les cils. On dit que Paracelse (1493-1541), médecin et alchimiste suisse, aurait utilisé cet élément dans ses différentes transmutations. Mots dérivés : alcoolat, alcoolature, alcoolisé, alcoolique, alcoolisme, Alcootest.

Alcôve : venu d'Espagne, *alcoba*, de l'arabe *al-qûbba*, « petite chambre ».

Alezan : de l'espagnol *alazan*, qui veut dire cheval en arabe, *al-hisân*. Aujourd'hui, le mot est utilisé pour qualifier la couleur de la robe des chevaux fauves.

Alfa : de l'arabe algérien *halfa*. Le mot est passé au français vers 1848. Il désigne également un genre de papier : exemplaire numéroté sur alfa.

Alfange : de l'espagnol *alfange* (1664), qui vient de l'arabe *al-khandjar*, cimeterre, sabre oriental effilé.

Algarade : de l'arabe *al-gharra*, une attaque soudaine qui a donné en espagnol *algarada* (1549). Le mot est surtout usité dans la littérature pour parler d'une discussion vive et inattendue et en général de peu de durée.

Algazelle : de l'arabe *al-ghazâl*. Il désigne une antilope blanche du Sahara. Voir aussi gazelle.

Alidade : de l'arabe *al-hidada* (1544), qui a donné *alidada* (latin médiéval). Le mot désigne une règle de topographe.

Alizari : mot gréco-turc et sans doute aussi arabe, *al-usâra*, « jus, extrait », désignant une racine de garance.

Alkékenge : plante vivace appelée aussi coqueret. Le mot descend de l'arabe *al-kakandj* et du persan *kakunadj*.

Alkermès : liqueur à base de cannelle et de girofle, augmentée d'aromates. Le mot provient de l'espagnol *alkermes* ou *alquermes* et plus loin de l'arabe *al-kirmiz*.

Almanach : *via* le latin médiéval *almanachus*, le mot vient de l'arabe *al-manakh*, climat, station ou mansion, mais signifie aussi, en syriaque, l'année prochaine, lune, mois. Tout en relevant l'étrangeté du saut entre climat et calendrier, Dozy, l'auteur d'un dictionnaire français-arabe, admet que le mot almanach vient de l'espagnol, en passant par le castillan, car il est d'un usage avéré et ancien dans cette langue.

Almicantarat : terme d'astronomie venu de l'arabe *al-mûqantarat*, pluriel de *al-mûqantara*, cercle de la sphère céleste qui double l'horizon.

Amalgame : le fait de combiner le mercure à un autre métal. Sans doute venu de l'expression arabe *'amal al-jama'a* qui, selon Hassane Makki, signifie chez les alchimistes « l'œuvre de l'union charnelle ».

Ambre : du latin médiéval *ambar* et *ambra*, en arabe *'anbar*. Mots dérivés : ambrée, ambrette.

Amiral : de l'arabe *Emir al-bahr* (XIIIe siècle), avec élision du mot *bahr* (mer).

Antimoine : sans doute de l'arabe *al-'ithmid/al-ûthmûd*, emprunté au grec *stimmi* ou *stibi* « noir d'antimoine ».

Arsenal : de l'arabe *dar as-sina'a*, *via* le mot *tarsenal* (1266).

Artichaut : de l'arabe *al-kharchûf* (chardon), réduit à *al-karcha*, qui donnera l'espagnol *alcarchofa* et l'italien *articcioso* au XVIe siècle.

Athanor : de l'arabe *at-tannûr*, « four à pain ».

Aubergine : le catalan *alberginia* dérive de l'arabe *al-bâdindjân*, qui provient du persan (*bâtindjân*) qui aurait été d'abord sanskrit.

Azerole : de l'aragonais *azarola*, espagnol *acerola* et de l'arabe *az-za'rûr*, néflier sauvage. Mot dérivé : azerolier, épine d'Espagne.

Azimut : vient de l'arabe *as-samt*, le chemin, la direction. Mots dérivés : azimutal, azimuté, mais aussi zénith (voir ce mot).

Azucarillo : sucre (en Espagne), du mot arabe *sukkar*.

Azulejo : de *azul*, qui dériverait du persan *lazaward*.

Babouche : du persan *papoush*, littéralement ce qui couvre les pieds

Baldaquin : du mot *baghdadi*, de Bagdad

Baraquer : de l'arabe *barak*, s'accroupir (pour un chameau).

Barbacane : de l'arabo-persan *barbak khaneh* (XIIe siècle). Fortin, ouvrage militaire

Barda : de l'arabe maghrébin *barda'a* (le bât de l'âne).

Bézoard : du persan *pâdzehr*, chasse-poison, puis *bezuar* (en portugais). Il s'agit d'une concrétion pierreuse qui se forme dans le corps de certains animaux, anciennement réputé pour être antipoison.

Borax : sel de sodium de l'arabe *bawraq* ou *bûrâq*, du persan *bûrad*.

Bougie : de la ville du même nom dans le Nord-Est algérien sur la Méditerranée. Par le passé, la cire pour confectionner les chandelles et utilisée en Europe provenait de Bougie, aujourd'hui Béjaïa.

Bouracan : tissu de grosse laine, de l'arabe *bar-rakhân*.

Bourrache : plante médicinale, de l'arabe *abu rach*, « celui qui sue beaucoup » ou *abu 'araq*.

Caban : grande veste de marins, de l'italien de Sicile *cabbanu*, lui-même de l'arabe *qabâ*.

Cafard : de *caphar*, 1512, de l'arabe *kafir,* le mécréant, le renégat.

Camphre : de l'arabe *kafûr*, qui a transité par le latin *camphora*.

Candi (sucre) : de l'arabe *qandî,* qui vient du persan *qand,* lequel dériverait du sanscrit : *khanda*. Mot dérivé : *candy*, bonbon en Angleterre.

Carafe : de l'italien *caraffa* (XVe siècle), lui-même venu de l'arabe *gharrafa*, instrument pour puiser de l'eau.

Chèque : provient sans doute du mot arabe *sakk*.

Chiffre : de l'arabe *sifr*, qui signifie zéro*

Civette : de *zabad* (musc), ou *qatt az-zabâd*, chat à civette.

Coton : de l'arabe *qûtun*. Mots dérivés : cotonnade, etc.

Couscous : nom d'un plat de semoule, de viandes et de légumes consommé au Maghreb.

Cramoisi : d'une couleur rouge foncé. Le mot vient de l'arabe *qirmizî,* de *qirmiz*, cochenille, qui serait sanskrit au départ.

Cubèbe : de l'arabe *kûbeba*, *kabîba*.

Curcuma : de *kûrkûm* et, en latin médiéval, *curcuma* (1475).

Damas, l'étoffe en soie : de la ville syrienne *Dimashq*, Damas. Mots dérivés : damasquin, damascène.

Divan : de l'arabo-persan *diwan*. Ce mot a eu divers sens. Il a d'abord désigné un registre administratif, puis un document politique et un recueil de poésie (*diwan**). Au temps des Saldjukides et surtout au temps des Ottomans, il est devenu le Conseil du prince, le lieu de réception, mais également la cérémonie officielle durant laquelle le calife recevait son gouvernement. D'où le mot divan, pour la banquette plate et surélevée que l'on trouve aujourd'hui dans le salon et qui a finit par être le symbole premier du métier du psychanalyste.

Djinn : de l'arabe *jinn*. Victor Hugo l'a utilisé dès 1829.

Douane : dérivation de l'arabe *diwân*, et du verbe *dawwana*. Le mot arabe *diwân* vient du persan divan.

Ecarlate (la couleur rouge vif) : du mozarabe *sikirlât* ou *saqirlât* (XIe-XIIe siècle), de l'arabe ancien *siqillât*, ce qui aurait aussi donné scarlatine.

Elixir : la quintessence d'une préparation médicamenteuse vient de l'arabe *al-iksîr*.

Emir : de *amîr*, commandeur, qui vient du verbe *amara*, ordonner, gouverner.

Epinard : de l'arabo-persan *asphanâj* ou *asbanakh, isbinâkh*. Le légume est passé par l'Espagne musulmane avant de faire partie des mets classiques de la table européenne.

Erg : nom d'une dune de sable fin, opposé à *hamadi,* qui désigne un désert plutôt de pierres.

Estragon : de l'arabe *at-tarkhôn*, à la serpentine, estragon vient du grec ancien *tarkon*, serpentaire.

Fennec : petit animal du désert appelé *fanak*.

Fez : Du nom de la ville de Fès, le terme désigne le couvre-chef arabe, aujourd'hui en voie de disparition (1677).

Firman : du turc *fermân*, d'origine persane (1663), passé tel quel à l'anglais *firman*. Il désigne un édit et un ordre de mission délivrés par un sultan ou un souverain musulman.

Fondouk : auberge, hôtel, entrepôt (XIIe siècle).

Gabelle (impôt sur le sel) : probablement de l'arabe *qabâla* (accepter).

Gaze : de l'arabe Ghazza, ville palestinienne. Le terme était un emprunt au persan *qazz*, bourre de soie.

Gazelle : de gazel (1272), lequel reprend le mot arabe *ghazâl*, et, au féminin, *ghazâla*, lequel désigne un mammifère d'Afrique et d'Asie qui est caractérisé par ses yeux doux, aqueux et cerclés de noir. En poésie populaire arabe et surtout dans le langage amoureux, le mot *ghazâla* (en italien on dit aussi *ragazza*) est une métaphore utilisée pour évoquer une belle femme.

Gerboise : petit animal du désert, de l'arabe *jerbou'* ou *yarboû'*, puis *gerbo* (1700).

Giaour : du turc, signifie l'incroyant (1740). Le terme était très utilisé dans les traductions anciennes des *Mille et Une Nuits*.

Gilet : du turc *yelek*, puis de l'espagnol *jileco*.

Girafe : de l'arabe *zarafa*, en italien *giraffa* (XIIIe s.)

Goudron : de l'arabe *qatrân*.

Guitare : de l'arabe *qithara*, passé à l'espagnol au XIIe siècle, provient du grec cithare. En arabe maghrébin : le *kwîtra* est un petit instrument à cordes dans les orchestres andalous.

Guitoune : de *kitoun*, la tente. Tente de campement léger, généralement utilisée par les soldats. Par extension, la baraque qui abrite les portiers à l'entrée des ministères ou autres institutions.

Haïk (1830) : de l'algérien *heyque*, désigne un type de voile blanc.

Hamada (1890) : type de sol pierreux du Sahara. Contrairement à l'erg, il résiste à l'érosion éolienne.

Harki (1960) : de l'arabe algérien, *harqa*, qui signifie le mouvement. Le terme a désigné les soldats arabes de l'armée française.

Hachisch (XIIIe siècle) : désigne le chanvre indien, de l'arabe *hachich,* l'herbe. Il semble que le mot assassin soit une altération de ce mot. Mais l'haschaschin est l'amateur de haschisch.

Hasard : de l'arabe *az-zahr*, de l'espagnol *azar*, de *hasart*, jeu de dés vers 1150.

Houri (1654) : mot arabe désignant les femmes qui attendent le bon croyant au paradis. *Hour* est le mot qui désigne la séparation entre le blanc et le noir de l'œil. (*Voir aussi* Vierges du paradis.)

Inchallah : Si Dieu le veut (*In cha' Allah*).

Intifada : le soulèvement populaire dans les territoires palestiniens.

Jarde ou jardon : (1678). De l'italien *giarda, giardone*, lequel provient de l'arabe *djarad*. Il s'agit d'une tumeur osseuse qui apparaît sur la face externe du jarret des chevaux.

Jarre : de l'arabe *jarra* (grande cruche).

Jaseran ou jaseron (XIIe siècle). Au Moyen Age, la chemise de mailles ou le haubert. Selon Le Robert, le mot dériverait de *jaserenc*, une altération d*'Al-Djazaïr* (Les Iles), nom arabe d'Alger.

Jasmin : de l'arabo-persan *yasmîn* (XVIe siècle).

Jupe : de l'italien *jupa*, qui vient de l'arabe *joubba*, le vêtement du dessous.

Kandjar : coutelas, de l'arabe *khandjar* (1617).

Khamsin : nom d'un vent d'Egypte, analogue au sirocco, plus spécifique du Maghreb.

Khédive : de l'arabo-persan (et turc) *khadiwi,* le

roi, le souverain. Titre attribué par les Ottomans au vice-roi d'Egypte entre 1867 et 1922.

Khôl, kohol ou koheul : kool (1717), qui vient de kohl et qui a donné par ailleurs alcool, désigne une poudre d'antimoine pilée que les femmes en Orient utilisent pour se farder les paupières.

Kif : mot arabe désignant une mixture de tabac et de chanvre indien. Kif-kif : de l'argot qui signifie « c'est du pareil au même » (XIXe siècle). « Kiffer », mot actuel utilisé dans les milieux des jeunes pour désigner l'absoption de kif, d'un joint de kif.

Lascar : peut-être de *Al-'askar*, les soldats, en arabe algérien (XIXe-XXe siècle) mais le mot pourrait venir aussi de l'indo-persan *laskhar* (le matelot indien) *via* le portugais *lescar* (1610).

Lilas : de l'espagnol *lilac* et du portugais *lilaz*, qui descendent de l'arabo-persan *lilâk*. Il s'agit de la fleur qui dégage une forte odeur capiteuse.

Limon : d'un mot arabo-perse *limûn* (1351).

Loukoum : de l'expression arabe *rahat al-halqôm*, littéralement le repos du gosier, ou de la gorge. Désigne une confiserie orientale faite à partir d'une pâte aromatisée très suave. Aragon disait : « Elle me donnait des loukoums poudrés comme ses doigts. »

Luth : le mot dérive de *leüt* (XIIIe siècle), *via laüt* (en ancien provençal) lequel provenait de l'arabe *al-'ûd*, qui veut dire littéralement le bois.

Magasin : de l'arabe *mahkazin* (vers 1400), qui est le pluriel de *makhzen*, le dépôt, l'espace clos, mais aussi, dans le vocabulaire administratif marocain, l'administration (bureau), le *diwan* et par extension désignait le pouvoir public, l'Etat.

Mage : de *majus*, mot d'origine persane. Il est cité dans le Coran.

Mastaba : le banc, la banquette. Tombeau de l'ancienne Egypte, une sorte de pyramide tronquée (1900).

Matelas : de l'arabe *matrah*, le tapis jeté à terre et servant au repos.

Matraque : de l'algérien *matraq*, le bâton, la trique, et passé en français dans le courant du XIXe siècle.

Mousson : vient de *mawsim*, la saison de pèlerinage ou de foire. Ce mot est aussi utilisé par les navigateurs arabes de l'océan Indien. En arabe marocoalgérien : *moussem*.

Nabab : mot hindoustani venu de l'arabe *nawwab*, pluriel *na'ïb*, le remplaçant. Anciennement, titre de grand officier, de sultan ou de gouverneur dans les provinces de l'Inde.

Nacre : le mot vient de *naqqara*, le tambour creux ou timbale de la forme du coquillage.

Nadir : de l'arabe *nâdir*, du verbe *nadara*, regarder devant. Nadir est l'opposé de zénith et désigne le point théorique par lequel passerait une verticale qui traverserait le centre de la terre.

Nénuphar : de *nilûfar* (turc), lequel dériverait de l'arabe et plus anciennement encore du sanskrit.

Noria : de l'arabe *na'ûra* (1665).

Nouba : terme de musique, *nawba* (de *naba*, remplacer), qui veut dire à tour de rôle. A fini par désigner le charivari des soldats en permission, notamment au temps de l'Algérie française, à la fin du XIXe siècle.

Oliban : désigne une sorte d'encens. Le mot vient de l'arabe *al-lûban* (fin du Xe siècle) qui a donné le latin *aliboron*.

Ottomane : de l'arabo-turc, *'ottoman*, provient du nom de la dynastie fondée par Osmân Ier.

Ouate : de l'arabe *wadda'a* (1661), puis *bata'în*, lequel mot serait passé par l'italien.

Pastèque : de l'arabe *battikh*, il a plusieurs dérivés linguistiques dans les langues européennes. Ce melon d'eau est un fruit succulent dont le pays d'origine pourrait être l'Inde ou l'Iran, avant de gagner les zones côtières du Maghreb et de l'Espagne.

Patache : *via* l'espagnol *batâs*, le bateau à deux mâts (1581), le mot est d'origine arabe.

Quintal : de l'arabe *quintâr,* le poids de cent, peut-être d'origine gréco-latine.

Rame : de l'espagnol *resma* (1360), lequel vient de l'arabe *rizma*, qui désigne un certain volume, un ballot.

Rebec : le mot qui désigne une sorte de viole à trois cordes et archet provient de l'arabe *rebab*, ou *rabâb*, de l'ancien français *rebebe.*

Récif : de l'arabe *rassîf,* rebord, quai, trottoir, berge.

Reg : de l'arabe *rouqq*. Le mot désigne une surface désertique et rocheuse (opposé à erg, désert de sable).

Romaine : c'est une balance composée de deux bras de longueur inégale. De l'arabe *rommâna*, la balance. Le mot serait passé au français *via* l'ancien provençal.

Roquer : de l'arabo-persan *rokh*, qui signifie éléphant monté. Nom d'une manœuvre dans le jeu d'échecs.

Sacre : de l'arabe *çaqr* (fin XIIIe siècle). Nom d'un faucon employé pour la chasse.

Safari : mot swahili qui signifie « bon voyage » lequel vient de l'arabe *sofara*, déformation de *safara*, voyager.

Safran : de l'arabo-persan *za'frân* (XIIe siècle).

Sahel : région côtière du Maghreb, de l'arabe *sahil,* rivage de la mer, ce qui a donné swahili, de l'arabe *sawahili* (littéralement : « les habitants des côtes »).

Salamalec : déformation de l'expression arabe *salam'alaykûm*, qui signifie « paix sur toi ».

Santal : de l'arabe *sandâl*, poudre balsamique utilisée en médecine et en parfumerie.

Sarbacane : de l'arabe *sabatâna*, tube ouvert qui permet de lancer des fléchettes.

Sarouel/séroual : nom du pantalon en arabe.

Satin : de l'espagnol *acetuni, cetuni* (XIVe siècle), satin dérive de *zaïtûni* (ville chinoise Tsia-Toung).

Sequin : de l'arabe *sikka* (poinçon, monnaie) ou *sekka* (frapper la monnaie).

Sirop : de *charâb* (boisson).

Smala : de l'arabe algérien *zmâla*, le mot désignait le campement d'un chef guerrier. On parlait de la smala de l'émir Abdelkader.

Sofa : de *soffah* (1560), un canapé ou un divan couvert de coussins.

Sorbet : de l'arabe *chorb* et *charab*, le fait de boire, la boisson. En turc *chorbet* (1553), le mot est passé à l'italien sous forme de *sorbetto.*

Sucre : de l'arabe *sukkar*, qui viendrait du sanscrit *çarkara*, le grain, ce qui a donné le latin *saccharum.*

Sumac : de l'arabe *soummâk* (XIIIe siècle). Cet arbre de la famille des térébinthacées fournit des vernis, des laques, des tanins.

Tabouret : dérive de *tabour*, forme ancienne de tambour (1442), lequel dériverait de *tounboûr,* instrument à cordes. A ne pas confondre avec le mot tambour qui vient de l'arabe *at-tanboûr*, instrument à cordes, lequel viendrait du persan *tabîr* (XIIe siècle).

Talc : de l'arabe *talq* (1518).

Talisman : de *tilsam, tilasm* (1637), lequel dériverait du bas grec *telesma*, le rite religieux. Adjectif : talismanique.

Tare : de l'italien *tara* (1318), pris à l'arabe *tarha* déduction, décompte.

Tarif : de l'arabe *ta'riff*, la notification, l'identification.

Tasse : de *tassa,* un petit récipient à anse ou à oreille, servant à boire (1150). Mot rare en langue française avant le XIVe siècle.

Timbale : ce mot (à ne pas confondre avec la timbale-gobelet) est une altération de cymbale, lequel dériverait selon le Robert de *tamballe* (1471) emprunté à l'espagnol *atabal.* Or, *atabal* désigne en arabe le tambour.

Truchement : de l'arabe *tourjouman* (XIIe siècle), le mot a donné drugement, puis truchement (XIVe siècle).

Varan : de l'arabe *waran* et *waral*, le lézard géant, qui a donné en sciences le latin *waranus* (1839).

Zellige : mot arabe entré au début du XXe siècle dans la langue française et désignant un type de décoration orientale, très prisée au Maroc.

Zénith : de l'arabe *samt* ou *semt*, le chemin, un raccourci de l'expression arabe *samt ar-râs* qui désigne, dans le jargon astronomique, le point de la sphère céleste situé à la verticale. Mots dérivés : zénithal et azimut (1544), autre terme d'astronomie. Mot opposé : nadir.

Zinzolin : de l'arabe espagnol *djoudjolân*, la semence de sésame, lequel mot est passé par l'italien (*zuzzulino* et finalement *zizolin*) et qualifie une couleur d'un violet rougeâtre.

Vocalises ou l'Orient de Cocteau

Jean Cocteau (1889-1963) est aux arts et lettres français ce qu'est un menuet à la symphonie ou, pour utiliser une comparaison plus imagée, une fleur des champs au milieu de tulipes hollandaises. Par essence, Cocteau sera toujours quelqu'un de précieux (est-ce la délicatesse de l'homosexuel ?), ou, en d'autres termes, plus précieux que tout ce que l'on peut imaginer, plus précieux encore que lui-même. Son lien avec l'Orient est peu connu et de toute façon plus secondaire que son œuvre majeure. On se rappelle vaguement son attirance un peu sulfureuse pour les appas à longs cils recourbés qu'il croise lors de ses pérégrinations orientales – la femme gracile en contre-pied du mâle rugueux –, au point qu'une étude fouillée devrait pouvoir éclairer la part d'ombre de cette personnalité aux multiples facettes. Car sait-on que l'auteur si vénéré d'*Orphée* ou de *La Belle et la Bête* a eu de nombreuses passions orientales ?

Il faudrait citer longuement le livre « égyptien » de Cocteau intitulé *Maalesh* (mot de l'arabe populaire que l'on peut traduire par « c'est sans importance », ou « cela ne fait rien » ou encore « tant pis »). L'ouvrage est peu connu à l'exception de quelques orientalistes curieux ou de ses biographes. Mais ce sont surtout les *Vocalises,* poèmes de Blida, qui m'intéressent ici. Dans cette série de petits ouvrages, une trentaine en tout, presque des *haïku*, je remarque d'abord la préface où l'on peut lire ces lignes que l'on croirait tirées du *Jardin de Belvédère* : « Semblable à ces cubes de rahat-loukoum que les Turcs enfouissent sous des roses pour que leur sucre s'en imprègne, la maison poreuse et blanche se repaît d'arômes. Voici les daturas aux amples cloches molles dont le parfum heurte les tempes comme les vibrations du bronze, les eucalyptus qui composent d'une allée à l'autre leur tisane aromatique, le varech aérien d'une mer qui frise et défrise à quelques mètres sa fraîche bordure de plumes d'autruches. »

Bien que bref, ce texte s'avère être un fruit charnu, plein de sève et de substance, une matière aromatique que l'on aurait déposée sur le papier bible de l'édition de la Pléiade : « Trop de parfums grésillent dans ce vase de chaux que le ciel bouche d'une turquoise triangulaire. Notre passage dérange des alchimies [...] Voici donc cette rose petite et opulente, pareille à celles du jardin de Blida, où l'air suave de l'Atlas, après avoir traversé l'enclos des eucalyptus et le parce des mandarines, se filtre à travers un espalier floral où les roses ont la couleur, le parfum, la consistance des pêches. »

Jamais l'écrivain ne s'est senti totalement saisi ou transporté par l'Orient, mais l'artiste français ne resta pas insensible aux envoûtements de l'Orient qu'il éprouva sur place. Parce que cet Orient a un don rare et précieux, celui de se donner sans compter à qui se laisse prendre, à commencer par sa lumière qui vous traverse de part en part ; il fut pour Cocteau ce brasier grec qui vous consume dans une arène, tandis que les dieux – incarnés ici en de beaux garçons insouciants – vous observent du parapet où ils sont assis.

Cocteau n'a sans doute pas trouvé son Orient. Mais le poète en lui épris de vérité se laissa subjuguer par les roses de Blida, les morts du Caire et même les turqueries de l'Orient. Comme pour se garder d'une quelconque malédiction, un peu fataliste et toujours rêveur, Cocteau détesta et admira tour à tour, et parfois en même temps, ce monde arabe si loin du sien. Tel un papillon de nuit qui adore la lampe qui peut le tuer.

Voile

Selon les pays, le voile islamique s'appelle *tchador* (Iran), *burkha* (Afghanistan), *hidjeb* (Maghreb), *litham* (Touaregs), *tchadri* (Pakistan). Il est recommandé par le Coran dans deux versets coraniques (XXIV, 31 ; XXXIII, 59) qui instituent l'usage du voile chez la femme. En réalité, le texte laisse libre le fidèle de faire son interprétation. Le mot lui-même employé dans le Coran n'a plus cours aujourd'hui et rien dans le vêtement féminin ne correspond exactement au *djilbab* de la sourate. La recommandation est donc laissée à l'appréciation soit de l'imam, soit du père et parfois même du groupe, et bien sûr le type de voile varie selon les régions. Il va sans dire que la femme peut décider de porter tel ou tel voile, de le rendre le plus agréable possible.

Dans un article sur la condition de la femme pakistanaise, paru en juin 1957 – déjà – dans *Les Temps modernes*, l'écrivaine Roshan Dhunjibhoy faisait le point sur l'usage du voile qui est devenu aujourd'hui, aux yeux des Occidentaux, le symbole de l'enfermement de la femme, et pour les fondamentalistes, le signe tangible de la moralisation de la nouvelle société musulmane : « La plupart des femmes musulmanes habitant la ville, écrivait-elle, portent une sorte de *purdah* (le voile) ; celles qui portent le *burkha*, une espèce de vêtement lourd, sans forme, destiné à les dissimuler totalement, ou qui vivent dans un endroit de la maison, réservé, où aucun homme ne peut les voir et où seuls le mari et la famille ont accès, sont devenues extrêmement rares. » Mais en 2003, porter la *burkha* est devenu obligatoire pour les femmes afghanes, pakistanaises, yéménites, omanaises, saoudiennes et soudanaises. Depuis la révolution iranienne, en 1979, les Iraniennes doivent porter le tchador noir (symbole chi'ite). L'étoffe de tissu est un subtil compromis entre la *burkha* qui couvre entièrement le corps, autant dire *biffe* les femmes du paysage, et le fichu coloré que les vieilles dames, souvent des citadines, portaient depuis les temps immémoriaux. Depuis l'avènement de Khomeyni, le tchador a conquis bien d'autres pays et l'usage du voile trouvé nombre de défenseurs en Egypte, au Soudan et même en Algérie. Les paysannes elles-mêmes, auparavant dispensées, sont contraintes progressivement à porter non plus le fichu traditionnel qui leur protégeait les cheveux, mais la *purdah* quand ce n'est pas la *burkha*, au moins lorsqu'elles sortent en ville, chaperonnées évidemment par un homme de confiance.

La question du voile est importante et significative, car elle dit jusqu'où peut aller l'asservissement d'une personne au nom de l'idéologie religieuse, l'islam paraissant, de ce point de vue, encore plus répressif car il double l'absence de liberté individuelle dans les régimes autocratiques où il est en vigueur.

Le voile est donc un bon indice de l'évolution de la condition féminine dans les pays musulmans mais aussi de sa situation politique. Depuis peu, l'usage du voile gagne les communautés musulmanes vivant en Europe et témoigne de ce que le modèle d'intégration des minorités n'est pas encore suffisamment compris. De jeunes adolescentes ont fait le choix de porter le voile islamique le plus rigoriste, soit pour se faire valoir auprès des leurs, se faire reconnaître par leurs amis, soit au contraire pour exprimer leur attachement à une société révolue, celle de leurs parents, d'autant que son principe directeur, le communautarisme, leur est plus favorable. Plus récemment encore, le voile est aussi devenu chez ces jeunes femmes l'indice de l'impact du discours fondamentaliste sur leurs personnalités en formation.

Fichu voile, le voilà qui réapparaît avec sa polysémie ambivalente. Noir ou bordeaux, marron, prune ou grenat, en bandana, grillagé, en lucarne, ou couvrant de pied en cap des filles à peine nubiles offertes au regard du curieux comme des toiles de maîtres avant un accrochage dans un musée d'art contemporain !

« Affranchissement », disent les tenants du système identi-communautaire, « asservissement » leur rétorque-t-on au nom de la tradition laïque *made in France.* Les signes religieux inquiètent autant qu'ils interpellent. Que faire d'une religion qui a fait ses preuves depuis quatorze siècles ? Et je ne parle que de l'islam, 2 000 ans pour le christianisme, 6 000 ans pour le judaïsme... Que dire de la culture aztèque, du bouddhisme tibétain, de la pensée confucéenne, du tao, des croyances mandingues et bambara ? Oui, que faire de l'ancien..

Voltaire

La brillante plaidoirie de Voltaire (1694-1778) en faveur de l'islam fut écrite en réponse à un ouvrage publié par le Hollandais Hugo de Groot dit Grotius (1583-1645). Celui-ci, juriste et diplomate, était aussi théologien. Il s'était fait connaître par la publication d'un code important sur le droit international (*De Jure belli ac pacis*), qui lui avait valu le titre de « Père du droit des gens ». En 1627, il publia cette fois un *Traité de la vraie religion* (*De veritate religionis*) – à ses yeux le christianisme – où s'en prenant au Coran, il qualifiait le texte sacré de « rêveries grossières et sales ». Ce texte n'aurait peut-être pas connu la postérité si Voltaire n'avait écrit son *Mahomet ou le Fanatisme* (1741), où, se faisant le chantre de la liberté de conscience, de foi et de croyance, il donnait ainsi la réplique à Grotius. Il s'en expliqua : « Nous convenons avec Grotius que les mahométans ont prodigué des rêveries. Un homme qui recevait continuellement les chapitres de son *Koran* des mains de l'ange Gabriel était pis qu'un rêveur : c'était un imposteur, qui soutenait ses séductions par son courage. Mais certainement, il n'y avait rien ni d'étourdi, ni de sale, à réduire au nombre de quatre le nombre indéterminé des femmes que les princes, les satrapes, les nababs, les omras de l'Orient, nourrissaient dans leurs sérails. Il est dit que Salomon avait sept cents femmes et trois cents concubines. Les Arabes, les Juifs pouvaient épouser les deux sœurs ; Mahomet fut le premier qui défendit ces mariages dans le *sura* ou chapitre IV. Où est donc la saleté ? »

Alors, Voltaire fut-il pro-musulman ? Non, seulement voltairien jusqu'au bout des ongles, c'est-à-dire tolérant au point d'admettre que le monde n'est pas toujours fait à notre image. Une telle attitude suppose de faire fi de tout ethnocentrisme ; c'est après tout le rôle du philosophe s'il veut comprendre ce monde, pour éventuellement en montrer ses faiblesses, ses limites. Sur la polygamie, Voltaire se fit historien pour expliquer ce que personne n'osait imaginer, soit par manque de discernement, soit par simple conformisme à l'idée dominante qui consistait à dénigrer l'islam sans lui chercher d'autres explications. Mahomet en son temps avait libéré la femme* arabe !

Et Voltaire ne s'arrêta pas en si bon chemin : « On pourrait, écrit-il encore, faire un très gros livre de toutes les imputations injustes dont on a chargé les mahométans. Ils ont subjugué une des plus belles et des plus grandes parties de la terre. Il eût été plus beau de les en chasser que de leur dire des injures. » Là encore, une attitude de respect total : combattre les musulmans, oui, leur puissance faisait de l'ombre à la chrétienté, mais pourquoi les injurier ou les incriminer de tares que visiblement ils n'avaient pas. Les détracteurs de l'islam devraient aujourd'hui méditer les positions audacieuses, équitables, documentées et mesurées d'un Voltaire avant d'exprimer avec tant d'acrimonie leurs griefs, dont certains – tel est le paradoxe – sont parfaitement justifiés.

Malgré la sévérité de ses jugements sur la Révélation coranique, difficilement imaginable pour un rationaliste, Voltaire sembla conquis par le prophète Mohammed, qui lui apparut comme une figure d'exception. La fulgurance avec laquelle l'islam s'était répandu sur le monde resta un motif d'étonnement pour le grand philosophe qui ne cessait de le répéter : « Il était bien difficile qu'une religion si simple et si sage, enseignée par un homme toujours victorieux, ne subjuguât pas une partie de la terre. En effet, les musulmans ont fait autant de prosélytes par la parole que par l'épée. Ils ont converti à leur religion les Indiens et jusqu'aux Nègres. Les Turcs mêmes, leurs vainqueurs, se sont soumis à l'islamisme. » Parlant encore de Mohammed, il fit remarquer ceci : « On l'admire pour s'être fait, de marchand de chameaux, pontife, législateur, et monarque ; pour avoir soumis l'Arabie, qui ne l'avait jamais été avant lui, pour avoir donné les premières secousses à l'Empire romain d'Orient et à celui des Perses. Je l'admire encore pour avoir entretenu la paix dans sa maison parmi ses femmes. Il a changé la face d'une partie de l'Europe, de la moitié de l'Asie, de presque toute l'Afrique, et il s'en est bien peu fallu que sa religion n'ait subjugué l'univers... » On ne peut être plus explicite. Dans *Mahomet ou le Fanatisme*, il n'est pas une seule critique qui ne soit compensée par une autre, plus positive. Mis dans la bouche d'Omar, voici l'un des préceptes fondateurs de l'islam : « Les mortels sont égaux ; ce n'est point la naissance, /C'est la seule vertu qui fait leur différence. »

Il reste que, ici ou là, Voltaire n'épargna pas le prophète Mohammed. Dans sa pièce, œuvre de fiction, Mahomet est même un tyran sanguinaire qui fait assassiner Zopire, champion de la liberté...

Les musulmans auront toujours tort de ne pas lire les ouvrages de leurs adversaires car ils y apprendront à s'aimer autrement qu'ils ne le font entre eux.

Dans *Zaïre* (1732), il était déjà question d'islam, bien que de manière détournée puisqu'il s'agissait d'une tragédie sur Orosmane, un sultan musulman de Jérusalem, et Zaïre, une chrétienne vertueuse, partagée entre son amour pour le sultan et son devoir supérieur de chrétienne :

> *J'eusse été près du Gange esclave des faux dieux,*
> *Chrétienne dans Paris, musulmane en ces lieux*
> (acte I, scène I).

Voyage

En arabe, le voyage – *safâr,* voyager, *sâfâra* – a pour racine *sfr* dont le sens, parmi d'autres possibles, est celui de « dévoiler ». L'idée que le voyage nous enrichit – nous *dévoile* à nous-mêmes – n'est pas fausse, à condition que ce *dévoilement* ne soit pas un déchirement plus grand.

Ainsi lorsque les voyageurs arabes du Moyen Age Ibn Jobaïr (1145-1217) ou Ibn Battuta (1304-1377) quittent leurs provinces lointaines pour gagner La Mecque – c'est ce qu'on appelle depuis la *rihla*, d'après un vieux mot en arabe coranique qui signifie « voyage saisonnier » ou « déplacement périodique de la tribu de Qoraïche » –, les deux hommes ne donnent pas l'impression de quitter leur pays. Le voyage en terre d'islam est d'abord un voyage intérieur.

Le voyage d'Ibn Battuta aura duré plus de vingt ans sans qu'à aucun moment le chroniqueur se soit senti dépaysé. Tant qu'il évoluait au sein du *Dar al-Islam**, qui faisait office de *new home*, il était à l'aise partout, comblé pour tout, y compris sa sécurité. Mais sitôt franchies les limites de cette terre, nos téméraires voyageurs entraient littéralement en exil, en particulier lorsqu'ils se sentaient en minorité religieuse : on le voit, par exemple, lorsque Ibn Battuta séjourne à Constantinople encore chrétienne ou quand Ibn Fadlan, au xe siècle, voyage sur les bords de la Volga où il a été envoyé pour islamiser les « barbares » du Nord (921-922). Ici, le voyage est avant tout celui de la reconnaissance de soi dans le regard de l'autre, de la *re*-connaissance.

Autrement formulé, cela signifie aussi que l'étrangeté ne s'inscrit dans un territoire que pour mieux en limiter le rayonnement, un peu comme si la subjectivité individuelle imposait son bornage afin de s'éviter d'éventuels désagréments susceptibles d'entraîner toute abolition de frontières, dont la conséquence inéluctable serait la dilution de l'identité.

Voyageurs

Le voyage en Orient a eu un effet hypnotique sur plusieurs générations d'écrivains et de peintres occidentaux qui y fuyaient la couleur ardoise des villes du Nord. L'Orient était à leurs yeux ce pays de Cocagne tout droit sorti de l'esprit fantaisiste d'un dieu païen que rien n'aurait effrayé, ni la sensualité des femmes dont le mystère augmentait à mesure que les voiles se multipliaient, ni l'excitation d'une rencontre décalée avec un bandit de grand chemin ou quelque troubadour mystique. Tous, ou peu s'en faut, sont un jour partis en Orient, à Istanbul, à Damas ou au Caire, villes alors déjà mythiques. De Marco Polo le Vénitien (1254-1324) à Théodore Monod, Etienne Dinet ou Eugène Fromentin, le voyage en Orient (Maghreb et Machrek, parfois l'un à l'exclusion de l'autre) était inscrit dans leur formation d'hommes du monde. Ils ne pouvaient *entendre* la géographie islamique qu'à travers ses villes et ses médinas, ses souks encombrés de victuailles et les remparts de ses vieilles cités mais surtout et avant tout, son désert. L'histoire ancienne et la Bible ne sont pas étrangères à cette fascination des Européens pour la Terre sainte. Hérodote, Théophraste, Strabon, Eratosthène, Ptolémée et d'autres historiens ou savants ont, à cet effet, rédigé des notices plus ou moins longues. Ils y relatèrent les richesses de l'*Arabia Felix** dont les mystères naturels ajoutaient encore à l'étrangeté des populations, farouches et méconnues.

Ces voyages ont inspiré de grands textes fort documentés. Ainsi les travaux de l'explorateur suisse Johann Ludwig Burckhardt (1784-1817), auteur entre autres du remarquable *Travels in Arabia* (1829), furent d'un apport inestimable à la connaissance de l'Orient. Burckhardt fut le premier Européen à visiter les villes saintes de l'Arabie, bien avant l'Anglais Richard Francis Burton qui, déguisé en bédouin, visita La Mecque en 1853 et, sur le tard, nous donna une traduction des *Mille et Une Nuits* en dix volumes. Son compatriote le médecin William Lemprière avait, cinquante ans plus tôt, fait un voyage similaire dans l'empire du Maroc et au royaume de Fez, dont il a laissé un récit détaillé où il raconte comment il avait été prié par le roi de soigner les femmes de son harem. Les voyageurs français en Orient ont été les plus nombreux. Parmi eux Eugène Fromentin (1820-1876) a laissé de nombreuses descriptions de l'Algérie et du désert, Gustave Flaubert (1821-1880) a trouvé l'inspiration de sa *Salammbô**. Plusieurs autres ont franchi le détroit de Gibraltar ou le canal de Suez, achevé en 1869. A la même époque, Léon Laborde rédigeait un ouvrage très documenté sur l'Arabie Pétrée, aujourd'hui le Sinaï et l'Arabie du Nord.

Au XXe siècle, la tradition du voyage ethnographique est illustrée magnifiquement par Wilfred Thesiger. L'auteur natif d'Addis-Abeba a montré qu'il était l'un des meilleurs connaisseurs des Arabes bédouins, notamment ceux du bas Euphrate. *Le Désert des déserts* et *Les Arabes des marais* qui narrent la vie quotidienne dans ces régions retirées sont de véritables documents. Dans *Les Arabes des marais,* Thesiger évoque l'existence du *mustarjil*, un personnage inconnu jusqu'alors : « Un mustarjil, écrit-il, est né femme. Elle n'y peut rien, mais elle a le cœur d'un homme, elle vit par conséquent comme un homme. » L'Orient connut un regain d'intérêt sous la plume inspirée de l'officier Lawrence d'Arabie* à la suite du long séjour qu'il effectua sous l'uniforme britannique, au contact direct des bédouins.

Parmi les moins connues des destinations en Orient figure celle d'Al-Haramayn, le Lieu Saint par excellence de l'islam interdit aux non-croyants. Aujourd'hui encore, Al-Haramayn, Médine et surtout La Mecque, avec le temple sacré de la Kaaba, leur sont interdits. Cette interdiction a suscité la plus extrême convoitise des voyageurs étrangers dès le XVIe siècle. Tous, explorateurs, aventuriers, scientifiques, géologues, espions ou hommes d'Eglise, ont voulu percer le mystère des Lieux saints de l'islam. Pour séjourner à La Mecque, plus d'un risqua sa vie, sans craindre les pires châtiments pourtant promis à ceux qui contournaient la loi. Depuis, quelques grands ambassadeurs, des hommes politiques ou des présidents en visite officielle, des militaires américains et même un escadron français de gendarmerie ont visité La Mecque et le *Haram ash-sharîf*, mais les conditions de leurs visites furent particulières et manquaient singulièrement de poésie.

L'attirance pour ces contrées orientales était si puissante que certains écrivains « faux voyageurs », à l'instar de Vincent Le Blanc, ont imaginé des récits de voyages séduisants à bien des égards, mais inexacts. Il n'empêche, le récit de voyages est devenu un genre littéraire, en particulier en Angleterre, sous le nom de *travel-writing*. La plupart des travel-writers ne sont jamais passés à la postérité, mais leurs récits témoignent d'une même fascination aiguisée par la curiosité et la tentation. Le Hadramawt, par exemple, la région yéménite qui ceinture par le sud les lieux interdits de l'islam, attirait tous les voyageurs. Pour l'atteindre, il fallait traverser le grand désert fantomatique, le redoutable *Rub' al-Khali*, littéralement « Le (Grand) Quart Vide ». Toutefois, on préférait venir par le flanc ouest, c'est-à-dire par la mer Rouge et par Djibouti. Une fois cet exploit réalisé, il fallait encore sortir vivant de la traversée de cette région montagneuse, dangereuse de jour comme de nuit. On dit que le premier qui osa s'approcher de ces lugubres contrées était le père Pero Paez de la Compagnie de Jésus. Ce fut en 1590.

Voici, classés par ordre chronologique, quelques-uns des voyageurs occidentaux qui ont profondément transformé le regard que nous portons sur cette région du monde :

Ludovico di Varthema. Il a été le premier, ou parmi les premiers, à pénétrer le territoire sacré de La Mecque, déguisé en mameluk. Auparavant, il avait visité, à Médine, le mausolée du Prophète et celui de sa fille Fatima. Nous sommes en 1503. Ludovico di Varthema, dit le Bolonais, est un romain issu de la famille noble des Patrizzi. Mais on ne connaît rien d'autre sur lui, hormis bien sûr son propre récit, sobre et descriptif, mais foncièrement honnête.

Joseph Pitts d'Exeter. Tout jeune, cet Anglais fut enlevé par les corsaires d'Alger, puis racheté par un capitaine de cavalerie qui l'obligea à se convertir à l'islam. Plus tard, pratiquement affranchi et après s'être enrôlé dans un escadron ottoman en partance pour Alger, il déserta à Smyrne et regagna l'Angleterre. Son récit sur La Mecque (1704) où il accompagna son maître en pèlerinage est d'une grande précision.

Léon de Laborde (*Voyage de l'Arabie Pétrée*, 1830). Ce Français était voyageur et antiquaire. Son cahier de croquis et ses dessins ont fait progresser la connaissance de l'Arabie du Nord. Ses soixante-dix gravures de Pétra sont des références absolues.

Charles Doughty (*Travels in Arabia Deserta*). Il est considéré par T. E. Lawrence comme la « source indispensable à consulter sur les Arabes du désert ». Charles Doughty qui inspira le respect à tous les voyageurs, en raison de la précision de son récit et de son jugement, a vécu deux ans parmi les bédouins.

Le nombre d'Européens en Orient fut inversement proportionnel à l'intérêt pour ces contrées de leurs coreligionnaires, restés au pays. En 1865, dans son ouvrage sur *les Religions et les philosophies dans l'Asie centrale*, le comte de Gobineau affirmait que toute la Perse n'en comptait pas plus d'une centaine, « hommes, femmes et enfants », et « jamais, précisait-il, on n'en avait tant vu ». Ils étaient, dit-il, pour la plupart concentrés à Téhéran, ce qui ne facilitait pas leur intégration au sein de la population. Leur image n'était pas excellente : « L'Européen était, suivant eux [les natifs], un homme fier, impétueux, violent, peu compréhensif, d'une intelligence bornée, d'une ignorance crasse, mais d'une sincérité parfaite, d'une loyauté incontestable, extrêmement adroit de ses mains, connaissant tous les métiers, militaire excellent et médecin très habile. » Après avoir ironisé sur les *delirium tremens* de ses compatriotes qui se vautraient dans les lieux publics et dans les hôtels, assommés par l'eau-de-vie, Gobineau raconta un fait aussi étrange que flatteur, cette fois, pour l'Européen : « Tandis que la loi musulmane n'admet pas le serment d'un chrétien en tant qu'infidèle, l'administration persane ne le demandait pas, attendu qu'il n'était pas supposable qu'un Européen pût mentir... »

Un mot pour finir. Je l'ai dit, l'Orient a constitué un pôle de fascination pour le voyageur occidental, mais posons la question inverse : le voyageur oriental avait-il, lui, un horizon qui le fascinait ? Quelques relations de voyages ont été commises par des mécènes ou des diplomates égyptiens et orientaux en Europe, notamment à Paris, mais ce sont pour l'essentiel des relations récentes. Qu'en était-il au temps de Soliman le Magnifique ou d'Haroun ar-Rachid ? De qui parlait-on, au Moyen Age, lorsqu'on rentrait d'expéditions lointaines ? Les voyageurs arabes ont laissé une multitude d'informations aussi passionnantes les unes que les autres. Elles sont toujours de deux sortes : narratives et détaillées, les premières offrent une observation méticuleuse – et utile – des contrées visitées pour des raisons religieuses ou pour le commerce. Les secondes en appellent à l'imagination, dessinent une géographie mythique fondée sur le ouï-dire et les récits entendus, une géographie fantasmée plus que vécue. Ces récits sont rarement situés avec précision car leur vocation n'est pas d'instruire mais d'émerveiller. On suppose qu'une partie des voyages de Sindbad le Marin s'est inspirée de ce fonds commun de traditions orales qui se transmettaient de port en port puis de ville en ville. Plusieurs pays ou lieux-dits à la fois imaginaires et réels viennent ainsi se mélanger aux divers récits qui nous sont parvenus : Wak-Wak, île de Ceylan, la Chine, Sri Lanka...

Celui qui possède beaucoup,
souffre beaucoup au moment de la
séparation

(Ghazzali, philosophe et mystique).

Wahhabisme

L'idéologie actuelle de l'Arabie Saoudite s'inspire du wahhabisme, une doctrine prônée au XVIIIe siècle par un théologien du nom de Mohammed ibn Abd al-Wahab (1703-1792). Après s'être assuré de l'alliance avec le chef tribal Mohammed ibn Saoud, l'ancêtre de la famille régnante actuelle, Mohammed ibn Abd al-Wahab lança une prédication effrénée visant à réinventer l'islam des origines, en mettant l'accent sur ses aspects ascétiques, le respect de la parole prophétique et la négation de toutes les hérésies à commencer par les sectes chi'ites. Le kharidjisme fut tenu à bonne distance et le soufisme mis à l'index. Soutenu par les Saoud, le wahhabisme s'imposa progressivement à l'ensemble des tribus qui composaient le plateau de l'Arabie. Depuis deux siècles, il s'est confondu avec la formidable expansion de cette famille qui a résisté aussi bien à l'oppresseur étranger, qu'il ait été turc ou anglais, mais aussi aux dissidences internes et à l'irrédentisme des tribus du Sud, en particulier celles du Yémen. Si le wahhabisme a été souvent combattu en islam même, la manne pétrolière des trente années qui ont précédé la première guerre du Golfe l'a rendu fréquentable – à l'instar des Saoud – au point que beaucoup de musulmans ont préféré taire leurs critiques plutôt que condamner haut et fort sa propension congénitale à enrayer tout progrès humaniste, et ses pratiques d'un autre temps.

On demanda à un singe qui urinait à côté d'une mosquée : – Ne crains-tu pas que Dieu te métamorphose ? – S'il pouvait me métamorphoser en gazelle, répondit-il

(sagesse égyptienne).

Yacine Kateb

Né à Sédrata, dans l'Est algérien, l'écrivain Kateb Yacine (1929-1989) a été, par essence peut-on dire, l'Algérien le plus libre de l'Après-Indépendance, le plus vigilant et le plus – violemment – critique à l'égard du pouvoir. Le fait qu'il ait combattu la France coloniale au point de paraître un moment incarner à lui seul tout le mouvement national et qu'il soit mort sur le sol français en 1989 illustre parfaitement les contradictions du personnage, mais aussi – à son corps défendant – celles de toute sa génération : refuser le colonialisme mais pas la France, combattre ses politiques dévoyées mais pas son peuple, avec lequel les Algériens fraternisent si facilement.

Kateb Yacine était un éveilleur hors pair, un révolutionnaire idéaliste, épris de fraternité entre les peuples et de justice dans son pays. Romancier, il a écrit dans une veine plus symbolique qu'anecdotique. Ainsi *Nedjma*, un livre parabole de la femme, l'amour et l'Algérie, est devenu un livre culte, et aura inspiré de nombreuses générations d'écrivains. Ecrit dans un français impeccable, le livre, mais aussi l'œuvre, mais aussi la personnalité de l'auteur, sont considérés aujourd'hui comme le bien commun aux deux cultures, la française par la langue et l'algérienne par les racines violentes, par le goût du verbe et de la provocation.

Kateb Yacine parlait l'algérien, la langue vernaculaire du petit peuple, et le berbère, dont il a dit qu'il était sa langue maternelle, au point de donner à son fils, Amazigh, le seul prénom dont un Kabyle ou un Targui soient fiers, c'est-à-dire « homme libre ». Francophone, berbérophone, dialectophone, Kateb Yacine était de tous les combats. Communiste avant l'heure, poète pétri de l'esthétique baudelairienne, Kateb Yacine s'épanouit en homme de théâtre, car c'est sur les planches qu'il donna au mieux la mesure de son talent. Ce talent vaste, ample, désempara au point que Yacine fut, avec sa troupe de théâtre, cantonné à Sidi Bel-Abbès, au temps où il mettait en scène sa fameuse pièce *Mohamed, prends ta valise*. Une telle expérience tiers-mondiste, engagée et pleinement humaniste ne laissera jamais indifférent le pouvoir qui, tour à tour, l'ignora, le mit en quarantaine ou tout simplement l'interdit de parole, à commencer bien sûr par les médias audiovisuels.

Avec Albert Camus (1913-1960), Mohamed Dib qui s'est éteint en 2003 à l'âge de 83 ans, Mouloud Mammeri, Malek Haddad ou Jean Genet*, Kateb Yacine incarne l'un de ces visionnaires du XXe siècle dont les écrits ont anticipé tous les défis actuels du peuple algérien. Il a survécu dans les cœurs de ceux qui l'ont connu et aimé et il se perpétue aujourd'hui, à travers son œuvre, auprès des lecteurs, des lycéens et des comédiens. Les uns et les autres savent ce qu'ils doivent à cet écrivain francophone, combien ses actions ont aidé à la reconnaissance de l'identité algérienne, une identité qu'il a toujours opposée de manière obsessionnelle – car il faut de l'obsession pour résister à la puissance du religieux – à l'identité arabo-musulmane qu'il suspectait d'on ne sait quelles tares irrémédiables.

Si Kateb Yacine était encore en vie, il serait aujourd'hui à coup sûr un septuagénaire vif et impertinent. Aurait-il eu le prix Nobel de littérature ? ou celui de la Paix ? Outre son mérite personnel et son talent d'auteur inclassable, Yacine faisait un avec son peuple, le peuple algérien, dont l'abnégation face à tous les séismes politiques, religieux, météorologiques et géologiques est en passe de devenir proverbiale.

Yazidis

Aux confins de l'islam, et loin de toute organisation politico-religieuse connue, la secte des Yazidis prône un islam étrange et complètement ignoré de la plupart des fidèles. L'histoire de ce courant singulier est ancienne et commence par une tragédie dont l'islam ne finit pas encore de payer le prix : la mort d'Hussain, le second fils d'Ali et de Fatima, assassiné en 680 par Yazid Ier, le calife omeyyade auquel il refusait de se soumettre. A l'époque, et depuis la mort de Mohammed, l'islam traverse une grave crise et se déchire en courants divers. Les Yazidis – eux-mêmes s'appellent *Dawasin* ou *Dasnayye* – se proclament les héritiers directs de ce calife homicide et prônent un islam singulier et pluriel. Leurs croyances sont nourries des influences les plus diverses, une façon peut-être de composer avec toutes les puissances de la région, sans en suivre aucune. Il semble donc que les Yazidis soient à la fois zoroastriens à la base, sunnites par la force des choses et en souvenir de leurs adversaires, les duodécimains chi'ites, mais aussi chrétiens et juifs par l'observance de certains rituels. Mais ils passent aussi pour être sabéens, manichéens – donc dualistes – et gnostiques. Leur Dieu est Allah, leur livre sacré est le Coran, mais ils vénèrent secrètement un être suprême qui est le Paon roi des Rois (*Tawûs al-Mala'ïka*), ou Paon (roi) des Anges, que certains ont eu tôt fait d'assimiler à Satan lui-même, ou au Mal en général !

La secte aujourd'hui extrêmement réduite – quelques membres dispersés entre la Syrie, la Turquie, l'Iran et l'Irak, surtout parmi les Kurdes de Mossoul (les Américains ont dû forcément en croiser !) – a réussi le pari de compter dans son panthéon le Dieu Unique avec ses avatars, mais aussi le Démon (Dieu, selon eux, comprendrait deux aspects indissociables, le bien et le mal), qui adore le feu et les mages. En outre, les Yazidis lisent et apprennent les textes dévotionnels préislamiques, comme ceux des Sabéens et des Manichéens, lesquels sont nommément combattus par le Coran. Enfin, ils n'hésitent pas à embrasser la croix chrétienne ou à porter la kippa juive. Persécutés par tous les pouvoirs temporels, certains Yazidis auraient rejoint les Ahl al-Haqq, une secte kurde à l'allure plus respectable, à laquelle certains historiens les assimilent déjà.

Yémen

Peu de pays au monde ou de régions, hormis peut-être l'Egypte pharaonique, ont autant inspiré de sentiments enflammés que le Yémen. Le pays se présente comme un territoire enclavé et hors du temps. La population, qui vit en autarcie, se nourrissant des produits de son agriculture et de sa pêche, a conservé le mode de vie typique des « pays des origines » avec ses légendes hautes en couleur, ses faits d'armes et ses traditions. Même ses alliances tribales constituent une sorte de survivance du temps passé. Son architecture caractéristique des anciens immeubles, notamment à Sanaa, la capitale, et ses lopins de terre cultivés à flanc de montagne achèvent de donner à ce pays de Cocagne, dont la renommée remonte à la reine de Saba*, une image idyllique. On dit aussi que le café est né là, sur les flancs du Hadramawt ; il dynamise un commerce qui est sans doute le fer de lance de leur richesse, au même titre que l'agriculture et la pêche. Au plan religieux, le Yémen (le mot pourrait signifier « être à la droite de La Mecque ») fut longtemps la terre providentielle des exilés kharidjites ou chi'ites, notamment les ismaéliens et les zaïdites, ces derniers étant encore nombreux sur les hauts plateaux. Cette habitude lui vaut d'être aujourd'hui encore tenu sous la plus étroite surveillante de sa grande voisine du nord, l'Arabie des Ibn Saoud.

Aucun de nous n'est croyant s'il ne désire pour son frère ce qu'il désire pour lui-même

(sagesse prophétique).

Zaïre *Voir :* VOLTAIRE ET L'ISLAM

Zawiya *Voir :* CONFRÉRIES, MADRASSA, SOUFI/SOUFISME

Zéro

Le zéro de l'arabe *çifr*, le chiffre, est un nombre paradoxal, un rien pourtant indispensable à tous les autres chiffres, autorisant même leur démultiplication. L'étymologie arabe ancienne du mot pourrait être « vide » ou « sans contenu ». Elle traduirait ainsi la vacuité que représente le volume du zéro – *ghobar*, « poussière », n'est-il pas l'ancien nom arabe des chiffres ? –, lequel est une découverte qui a bouleversé le calcul et la numérotation modernes. Pour certains, le zéro est une invention indienne. Soit. Personne ne conteste l'ancienneté de la culture asiatique. Mais l'insistance avec laquelle ceux-ci mettent l'accent sur son origine au détriment de toutes les autres, comme la grecque et l'arabo-musulmane, montre que la question de l'origine est surdéterminée et non apaisée. Tout fonctionne comme si le fait d'admettre que les Arabes avaient popularisé le zéro – peut-être ne l'ont-ils pas inventé, bien qu'ils lui aient donné son nom – était une offense symbolique suffisamment grande pour qu'on cherche par tous les moyens, y compris les plus artificiels, à la masquer ou tout au moins à en réduire la portée. Les sources nous dit-on sont très anciennes, quand ce ne sont parfois que de simples compilations ou des anthologies romancées, mais dont l'effet d'imprégnation est parfaitement rodé.

Au Moyen Age, l'islam faisait peur, il était si redouté qu'il arrivait que certaines autorités ecclésiastiques fassent courir le bruit que « pour être si facile et si ingénieux, le calcul à la manière arabe devait sûrement avoir quelque chose de magique, voire de démoniaque ». C'est Georges Ifrah qui le dit dans son *Histoire universelle des chiffres*. Pourtant, une civilisation qui a donné le zéro à l'humanité ne peut être entièrement mauvaise. Et quand bien même elle ne l'aurait que vulgarisé, elle serait en tout point admirable de nous avoir libéré de l'impossibilité logique de donner une suite à la série qui démarre au 11, puis au 21, puis au 31, 101, 1001, 10001, etc.

Ziryab

Il me plaît de terminer ce voyage en terre d'islam par un génie de la musique et du savoir-vivre. Son nom est Ziryab, littéralement « l'Oiseau chantant », et il incarne pour les Arabes un maître de l'élégance, Brummel et Pétrone à la fois. Il incarne la figure mythique d'un âge d'or du bien-vivre, du bon goût et de la courtoisie. Ziryab (789-857) était un ancien esclave affranchi d'origine syriaque devenu musicien à la cour de Bagdad, au temps du calife al-Mahdi (mort en 785), le fils d'abû Ja'far al-Mansûr. Son talent lui attira la jalousie de ses pairs et du premier d'entre eux, Ishaq al-Mawsili, le maître de musique officiel et son pygmalion. Pour échapper à son courroux, il se réfugia à Kairouan auprès des princes de la petite dynastie aghlabide qui régna de 800 à 909. Puis il prolongea son exil en Andalousie, au temps du calife 'Abd ar-Rahman II, où il s'imposa comme « l'arbitre des élégances et le modèle du bon goût », en un mot l'inventeur du beau arabe, son inspirateur et, à son corps défendant, son modèle.

Tout ce que nous savons sur Ziryab, de son nom complet Aboul-Hassan Ali ibn Nafi', provient de l'ouvrage en dix volumes de Maqqari, ce grand historien de l'Andalousie musulmane. Ecrite en hommage au sultan poète Lissan Din ibn al-Khatib (1313-1375), cette œuvre monumentale nous ouvre les portes de l'univers fermé des souverains de l'Espagne musulmane...

Si tous les amoureux des livres étaient arabophones et si tous avaient lu Lissan Din ibn al-Khatib, cela aurait dissuadé beaucoup d'auteurs, moi le premier, de s'engager dans cette entreprise téméraire de rédiger un *Dictionnaire amoureux de l'Islam*.

Quelle folie !

100 livres sur l'islam

Adonis, *La Prière et l'Epée*, Mercure de France, 1993.

Al-Farabi, *Traité des opinions des habitants de la Cité idéale*, Vrin, 1990.

Al-Isfahani, *Le Livre des chansons*, Boulaq, 1867, 21 vol.

Al-Mas'udi, *Les Prairies d'or*, Imprimerie nationale, 1929-1930, 9 vol.

Anonyme, *Relation de la Chine et de l'Inde*, Les Belles Lettres, 1948.

Avicenne, *Poème de la médecine*, Les Belles Lettres, 1956.

Benfoughal T., *Bijoux et bijoutiers de l'Aurès*, CNRS Editions, 1997.

Berque J., *Les Dix Grandes Odes de l'anti-islam (les Mu'allaqat)*, Sindbad, 1979.

Berque J. et Charnay J.-P., *Normes et valeurs dans l'Islam contemporain*, Payot, 1966.

Biruni, *Le Livre de l'Inde*, Sindbad/Unesco, 1996.

BLACHÈRE R., *Introduction au Coran*, Maisonneuve et Larose, 1991.
— *Histoire de la littérature arabe*, Adrien Maisonneuve, 1964, 3 vol.

BLOCHET E., *Les Enluminures des manuscrits orientaux (turcs, arabes, persans) de la Bibliothèque nationale*, Bibliothèque nationale, 1926.

BOSWORTH C. E., *Les Dynasties musulmanes*, Sindbad, 1996.

BOUTROS-GHALI W., *La Tradition chevaleresque des Arabes*, Casablanca, Eddif, 1996.

BRUNSCHVIG R., *Etudes d'islamologie*, G.-P. Maisonneuve et Larose, 1976, 2 vol.

BURCKHARDT T., *L'Art de l'islam. Langage et signification*, Sindbad, 1985.

CAHEN C., *L'Islam des origines au début de l'Empire ottoman*, Hachette, 1995.

Cahiers du Sud : L'Islam et l'Occident, Marseille, Rivages, 1982.

CHARNAY J.-P., *Sociologie religieuse de l'Islam*, Hachette, 1994.

COLLECTIF, *Histoire de la peinture turque*, Genève, Palasar, 1988.

COLLECTIF, *L'Orient de Saladin. L'Art des Ayyoubides*, Gallimard, 2001.

COLLECTIF, *Chevaux et cavaliers arabes dans les arts d'Orient et d'Occident*, Gallimard, 2002.

Coran (Le), traduction D. Masson, Gallimard, Bibl. La Pléiade, 1967. Autre traduction Edouard Montet, Payot, 2001, 2 vol.

Corbin H., *En Islam iranien, aspects spirituels et philosophiques*, Gallimard, 1971-1972, 4 vol.

Danby M., *Style mauresque*, Phaidon, 2002.

Dermenghem E., *Le Culte des saints dans l'islam maghrébin*, Gallimard, 1954.

Djait H., *La Personnalité et le devenir arabo-islamiques*, Seuil, 1974.

Doughty C., *Arabia deserta*, Payot, 1994.

Dozy R., *Supplément aux Dictionnaires arabes*, Leyde, E. J. Brill, 1881.

—, *Dictionnaire détaillé des noms de vêtements chez les Arabes*, Amsterdam, Jean Müller, 1845.

El-Bekri, A.-O., *Description de l'Afrique septentrionale*, Adrien Maisonneuve, 1965.

El-Bokhari, *Les Traditions islamiques*, Jean et Adrien Maisonneuve, 1984, 4 vol.

El-Mawerdi, *Statuts gouvernementaux*, Alger, Office des publications universitaires, 1984.

Encyclopédie de l'Islam, 1re édition, Leyde, 1913-1942 ; nouv. édit., Leyde, 1960 et ss.

Erlanger R. d'-, *La Musique arabe*, Geuthner, 2001, 6 vol.

Ettinghausen R., *La Peinture arabe*, Genève, 1962.

Eudel P., *Dictionnaire des bijoux de l'Afrique du Nord*. Ernest Leroux, 1906.

Gardet L., *Les Hommes de l'Islam, Approche des mentalités*, Hachette/Editions Complexe, 1977.

Gardet L., Anawati M.-M., *Introduction à la théologie musulmane*, Vrin, 1981.

Gaudefroy-Demombynes M., *Mahomet*, Albin Michel, 1957.

Gheorghiu V., *La Vie de Mahomet*, Editions du Rocher, 1999.

Glasse C., *Dictionnaire encyclopédique de l'Islam*, Bordas, 1991.

Grabar O., *La Formation de l'art islamique*, Flammarion, 1987.

Grosrichard A., *Structure du sérail. La fiction du despotisme asiatique dans l'Occident classique*, Seuil, 1979.

Grunebaum G. E., *L'Identité culturelle de l'Islam*, Gallimard, 1973.

Hafez Shirazi, *L'Amour, l'amant, l'aimé*, Sindbad, 1989

Hamadani B.-Z., *Maqamat (Séances)*, Klincksieck, 1957.

Hayek M., *Les Arabes ou le baptême des larmes*, Gallimard, 1972.

Hentsch T., *L'Orient imaginaire. La vision politique occidentale de l'Est méditerranéen*, Les Editions de Minuit, 1988.

IBN AL-AWWAM, *Le Livre de l'agriculture (Kitab al-filaha)*, Arles, Actes Sud/Sindbad, 2000.
IBN HAZM, *Le Collier de la colombe*, Papyrus, 1983
IBN JUBAYR, *Voyages*, Geuthner, 1949-1965, 4 vol.
IBN KHALDOUN, *Discours sur l'Histoire universelle (Al-Muqaddima)*, Sindbad/Unesco, 1967-1968, 3 vol.
IBN MANGLI, *De la chasse*, Sindbad, 1984.
IBN MANZUR, *Lissan al-Arab*, Beyrouth, Ed. Lissan al-Arab, s.d.
IBN TUFAYL, *Le Philosophe sans maître (Histoire de Hayy ibn Yaqzân)*, Alger, Sned, 1969.
IDRISI, *La Première Géographie de l'Occident*, Flammarion, 1999.
IRVING W., *L'Alhambra, chronique du pays de Grenade* Paris, 1845.
JAHIZ (AL-), *Le Livre des avares*, G.-P. Maisonneuve 1951.
JULIEN C.-A., *Histoire de l'Afrique du Nord, des origines à 1830*, Payot, 1969.
KHAWAM R., *La Poésie arabe*, Phébus, 1995.
KHOURY A. Th., HAGEMANN L., HEINE P., CANNUYER Ch., *Dictionnaire de l'Islam*, Brepols, 1995.
KRAUS P., *Jabir Ibn Hayyan. Contribution à l'histoire des idées scientifiques en Islam*, Les Belles Lettres, 1986.
LAOUST H., *Les Schismes dans l'Islam*, Payot, 1965.
—, *Pluralismes dans l'Islam*, Geuthner, 1983.
LE BON G., *La Civilisation des Arabes*, SFIED, 1984.

Les Mille et Une Nuits, trad. Joseph Charles Mardrus, Robert Laffont/Bouquins, 1990. Autre traduction : Antoine Galland.

Livre de l'Echelle de Mahomet (Le), Le Livre de Poche, 1991.

LOMBARD M., *L'Islam dans sa première grandeur (VIIIe-XIe s.)*, Flammarion, 1971.

MANTRAN R., *Les Grandes Dates de l'islam*, Larousse, 1990.

MARQUET Y., *La Philosophie des Ikhwan al-Safa*, Alger, SNED, 1973.

MASSE H., *Anthologie persane*, Payot, 1997.

MATTON S., *La Magie arabe traditionnelle*, Bibliotheca Hermetica, 1976.

MIGEON G., *Manuel d'art musulman*, Auguste Picard, 1927, tomes I et II.

MIQUEL A., *L'Islam et sa civilisation (VIIe-XXe siècle)*, Armand Colin, 1977.

MONTAGU M., *L'Islam au péril des femmes. Une Anglaise en Turquie au XVIIIe siècle*, La Découverte, 2001.

MONTGOMERY WATT W., *Mahomet*, Payot, 1989.

NERVAL G. de, *Le Voyage en Orient*, Garnier-Flammarion, 2 vol., 1980.

NIZAM-AL-MULK, *Traité de gouvernement*, Sindbad, 1984.

OTTO-DORN K., *L'Art de l'Islam*, Albin Michel, 1967.

Papadopoulo A., *L'Islam et l'art musulman*, Mazenod-Citadelles, 1976.

Pareja et coll., *Islamologie*, Beyrouth, Imprimerie catholique, 1957-1963.

Peres H., *La Poésie andalouse arabe classique au* XIe *siècle*, Adrien Maisonneuve, 1937.

Popovic A., Veinstein G., *Les Ordres mystiques dans l'Islam*, Editions de l'Ecole des Hautes Etudes en Sciences Sociales, 1986.

Premare A.-L. de, *Les Fondations de l'Islam*, Seuil, 2002.

Prisse d'Avennes, *L'Art arabe*, L'Aventurine, 2001.

Rashed R. (sous la direction), *Histoire des sciences arabes*, Seuil, 1997, 3 vol.

Richard F., *Spendeurs persanes. Manuscrits du* XIIe *au* XVIIe *siècle*, Bibliothèque nationale, 1997.

Roux J.-P., *Histoire de l'Empire mongol*, Fayard, 1993.

Sauvaget J., *Historiens arabes*, Adrien-Maisonneuve, 1946.

Soustiel J., *La Céramique islamique*, Fribourg, Office du Livre, 1985.

Surieu, *Essai sur les représentations érotiques dans l'Iran ancien*, Genève, Nagel, 1975.

Tabari, *Chronique traditionnelle*, Sindbad, 1980, 5 vol.

Thesiger W., *Les Arabes des Marais (Tigre et Euphrate)*, Plon/Terre humaine, 1983.

Vadet J.-C., *L'Esprit courtois en Orient*, G.-P. Maisonneuve et Larose, 1968.

VERNET J., *Ce que la culture doit aux Arabes d'Espagne*, Sindbad, 1985.

VOLNEY, *Voyage en Egypte et en Syrie*, La Haye, Mouton, 1959.

ZAHIRI DE SAMARKAND, *Le Livre des sept vizirs*, Sindbad, 1975.

Chronologie des principaux événements depuis la naissance du Prophète

circa 570	**Naissance à La Mecque du prophète Mohammed.**
586	**Conversion des Wisigoths d'Espagne.**
590-627	**Chosrô II Abharvêz, dernier grand roi sassanide.**
597	**Evangélisation des Anglo-Saxons.**
circa 610 ou 611	Début de la prédication de l'islam.
618	**La dynastie des Tang en Chine.**
622	Hégire à Yathrib, la future Médine. An 1 de l'ère hégirienne.
629	**Roi Dagobert.**
624-630	Nombreuses batailles contre les polythéistes mecquois. Prise de La Mecque en 630.
632 (8 juin)	Mort à Médine du prophète Mohammed. Début du califat d'Abu Bakr.
633-634	Premières recensions du Coran.
633-640	Les musulmans s'emparent de la Syrie, de la Palestine et de l'Irak.
634	Mort d'Abu Bakr, premier calife de l'Islam. Début du califat de Umar.
635-642	Premières expéditions victorieuses dans le pays sassanide et chez les Byzantins.
638	Prises de Damas et de Jérusalem par les armées de Umar.
641-868	Islamisation de l'Egypte, gouvernorats omeyyade et abbasside. Foustat, l'ancêtre du Caire, qui est fondée en 643.

644 Mort du calife Umar. Début du califat d'Uthman qui établit la Vulgate coranique, de 644 à 656.
646-705 Abd al-Malik, cinquième calife omeyyade de Damas. Première monnaie islamique. Construction du dôme du Rocher (Jérusalem).
651 L'islam s'étend en Asie (Chine).
656 Mort de Uthman. Début du califat de Ali et grand schisme de l'islam à partir de la bataille de Siffin (le chi'isme).
661 Mort de Ali ibn Abi Talib, 4e calife (assassiné).
660-750 Dynastie omeyyade de Damas.
670 Fondation de Kairouan. Début de l'islamisation du Maghreb.
685 Le bouddhisme, religion d'Etat au Japon.
700-800 Apogée de la civilisation maya.
705-715 Le calife Al-Walid fait construire la mosquée Al-Aqsa.
711 L'islam dans la vallée de l'Indus. Tarik ibn Ziyad traverse le détroit de Gibraltar (littéralement « Djebel-Tarik »).
732 Bataille de Poitiers contre les Maures menée et gagnée par Charles Martel.
750 Fin de la dynastie omeyyade (Damas). Début de la dynastie abbasside (Bagdad). Ecoles canoniques. Fixation du droit musulman (*fiqh*).
751 Batailles de Talas, à la frontière chinoise, et de Tachkent.
756 Emirat omeyyade de Cordoue fondé par Abd Ar-Rahman Ier.
762 Fondation de Bagdad par les Abbassides.
773-774 Chiffres arabes. Traduction en arabe des *Eléments* d'Euclide et de la *Géographie* de Ptolémée

774 **Les Francs en Italie.**
782 **Les Francs en Saxe.**
786 Début du califat de Haroun ar-Rachid.
789 Les Idrissides au Maroc. Fondation de Fès.
795 Mort de l'imam Malik, auteur de *Al-Muwatta*. Son école est encore suivie au Maghreb.
800 Les Aghlabides en Tunisie. Charlemagne devient empereur. Fabrication du papier.
800 **Charlemagne est sacré « empereur d'Occident » par le pape Léon III.**
808 Fondation de Fès par Idris II.
813 Califat de Al-Ma'mûn, calife et mécène. Mort d'Abou Nuwas.
813 **Compostelle. Le plus vieux pèlerinage chrétien, avec Jérusalem.**
827 Le mu'tazilisme, philosophe libérale, doctrine officielle chez les Abbassides.
831-846 Les armées musulmanes s'emparent de Palerme, en Sicile, de Bari.
832 Les *Bayt al-Hikma*, « Maison du savoir », lancées à Bagdad par le calife Al-Mamoun. Nombreuses traductions du grec à l'arabe.
843 **Partage de l'Empire franc.**
850-926 Collecte et classification des *hadiths** (dits du Prophète).
868 Dynastie toulounide en Egypte. 840 : Mort du mathématicien Al-Khuwarizmi.
870 Mort du théologien Al-Bukhari (collecteur de traditions prophétiques).
870 Début de l'ismaëlisme
874 Disparition du XIIe imam chi'ite (notion de Mahdi).
876 Construction de la mosquée d'Ibn Tulûn au Caire
882 **Premier empire russe. Capitale Kiev.**

885	**Siège de Paris par les Normands.**
893	**Siméon, empereur des Bulgares.**
905-959	**L'empereur byzantin Constantin VII. Porphyrogénète rédige le *Livre des cérémonies* et le *Traité de l'administration.***
910	Les Fatimides au Maghreb.
910	**Fondation de l'abbaye de Cluny.**
912	Abd ar-Rahman III. Il se donnera le titre de calife en 929.
920	Le mouvement philosophique ismaélien des *Ikhwan as-Safa* (« les Frères de la pureté ») rédige une œuvre collective intitulée *Epîtres philosophiques* (*Rassaïl*).
922	Al-Hallaj, mystique et prédicateur, est supplicié à Bagdad. En public.
923	Mort du médecin et philosphe Razi.
930	Prise de La Mecque par la secte des Qarmates.
945	Les Bûyides à Bagdad.
950	Mort du philosophe Al-Farabi.
956	Mort de l'historien Al-Mas'ûdi, auteur des *Prairies d'Or*.
961	Mort de Abd ar-Rahman III. Arrivée au pouvoir de Al-Hakim II.
969	Les Fatimides sont au Caire et fondent, en 970, la mosquée-université Al-Azhar.
976	Ibn Abi Amir, dit Almanzor, à Cordoue. Il meurt en 1002.
977-1186	La dynastie des Ghaznévides, à Gazna (Afghanistan).
987	**Hugues Capet, roi de France. Dynastie des Capétiens.**
988	**La Russie se convertit.**
997	Les Ghaznévides en Iran.
1000	Invasion des Saldjukides.
1000-1200	**Apogée de la culture toltèque.**

1003 Invasion berbère à Cordoue.
1007 Mort de Maslama Majriti.
1010 Début de la *Reconquista*.
1020 Dynastie des Hammadides autour de la Kala'a (Algérie).
1031 Fin du califat omeyyade de Cordoue. Début du mouvement des *Reyes de taïfas* (petits royaumes indépendants d'Andalousie).
1035 Royaumes de Navarre, d'Aragon et de Castille.
1037 Mort d'Avicenne, auteur du *Canon de la médecine*.
1048 Mort du savant al-Biruni, auteur du *Livre des routes*.
1050 Les Banû Hilal au Maghreb.
1054 Chrétienté : le Grand Schisme. Rome et Byzance.
1058 Mort de l'écrivain Abul-'Al Al-Ma'âri.
1060 Naissance de la *madrassa* comme lieu de savoir et d'apprentissage.
1063 Avènement de Nizam al-Mulk, vizir d'Alp Arslan et Malik Chah (sultans seldjukides).
1064 Mort du juriste andalou Ibn Hazm, auteur aussi du *Collier de la colombe*, petit traité sur l'amour.
1065 Début de *La Chanson de Roland*, jusqu'à 1100.
1066 Guillaume le Conquérant : les Normands se rendent maîtres de l'Angleterre.
1071 Mort du poète andalou Ibn Zaïdûn. A Manzikert, les Saldjoukides prennent le dessus sur les Byzantins.
1075 Les Almoravides, dynastie berbère, sont au Ghana.
1080 La secte des « Assassins » est opérationnelle.
1082 L'islam à Java (Indonésie).

1084 **Couvent de la Grande-Chartreuse, fondé par saint Bruno.**
1085 Les Normands s'emparent de la Sicile. Alphonse VI occupe Tolède.
1086 Les Almoravides prennent le dessus sur les chrétiens à Zalakka. Le Cid au service des musulmans de Saragosse et de Valence.
1087-1147 Les Almoravides (Marrakech). 1100 : Ils dominent l'Andalousie.
1088 Construction de la mosquée saldjukide d'Ispahan au même moment.
1088 **Fondation de l'université de Bologne et enseignement de la médecine arabe à l'école de Salerne.**
1090 Première mention de la boussole chez les Arabes.
1094 Mort du géographe Al-Bakri.
1094 **Consécration de Saint-Marc de Venise.**
1095 **Les croisades : le pape Urbain II lance la première croisade au concile de Clermont.**
1098 **Fondation de l'abbaye des Cîteaux.**
1099 **Les croisés sont à Jérusalem. Début des huit croisades.**
1102 Conquête de Valence.
1106 Mort d'Ibn Tachfîn, sultan des Almoravides.
1111 Mort de Ghazzali, théologien, philosophe et mystique.
1118 Les chrétiens reprennent Saragosse au détriment des Almoravides. Fin de l'expédition almoravide en Espagne.
1121 Ibn Tumart se proclame Mahdi.
1122 **Concordat de Worms. Fin de la « querelle des Investitures » (1075-1122). Séparation des pouvoirs temporel et spirituel.**
1126 Mort d'Omar Khayyam.
1135 Dynastie almohade au Maroc.

1142 **Mort d'Abélard.**
1145 Robert de Chester traduit l'*Algèbre* de Khuwarizmi.
1147 **Début de la deuxième croisade.**
1160 ***Tristan et Yseult* de Béroul.**
1162 Mort d'Ibn Zuhr, connu sous le nom d'Avenzoar.
1163 **Début de la construction de Notre-Dame de Paris.**
1163 Abû Ya'qûb Yûsef au faîte de sa puissance. Les Almohades dominent l'Espagne.
1165 Mort de Al-Idrissi, géographe arabe.
1171 Le Kurde Saladin est en Egypte. La dynastie ayyûbide prend le dessus sur les Fatimides.
1180 **Philippe Auguste, roi de France.**
1183 **Les villes d'Italie se libèrent.**
1184 Al-Mansûr au pouvoir. Les Almohades triomphent.
1185 Mort du philosophe Ibn Tufayl, auteur du *Philosophe sans maître.*
1187 Saladin reprend Jérusalem aux croisés.
1190 **Troisième croisade : siège d'Acre.**
1193 Mort de Saladin.
1195 Les Almohades prennent le dessus en Espagne.
1198 Mort d'Ibn Rochd (Averroès).
1198 **Cathédrale de Chartres.**
1202 **Quatrième croisade : débarquement à Zara, en Dalmatie.**
1204 **Mort du philosophe juif Maïmonide.**
1204 **Les croisés à Byzance : prise de Constantinople.**
1205 **Gengis Khan est à Pékin.**
1207 Venise et Alep discutent commerce et traité.
1211 **Début de la construction de la cathédrale de Reims.**

1212	Les Almohades sont battus à Las Navas de Tolosa, en Espagne. Première grande défaite musulmane.
1215	**Les statuts de l'université de Paris sont fixés par le pape.**
1219	Première incursion de Gengis Khan en terre d'Islam.
1225	Averroès est traduit par Gérard de Crémone en latin. Traduction également en hébreu à Naples.
1230	**Début du *Roman de la Rose* de Guillaume de Lorris, jusqu'à 1240.**
1231	Les Mongols pénètrent en Iran.
1233	**Début de l'Inquisition.**
1236	Ferdinand III s'empare de Cordoue.
1236	Royaume des Abd al-Wadid de Tlemcen et du royaume hafside de Tunis.
1238	Début de la construction de l'Alhambra.
1240	Mort du grand mystique Ibn Arabi.
1251	**La Horde d'Or, la Russie sous domination mongole, jusqu'en 1480 (à l'exception de Novgorod).**
1258	Les Mongols à Bagdad. Chute du califat abbasside.
1260	Les Mongols à Damas, mais ils sont repoussés à Aïn Jallût (Palestine) par les Mameluks.
1266	**Marco Polo en Chine.**
1270	Huitième croisade. Saint Louis à Tunis.
1273	Mort du grand mystique Djalal ad-Dîn Rumi.
1291	**Les croisades s'achèvent avec la chute de Saint-Jean-d'Acre. Naissance de la Confédération suisse.**
1309	**Les papes à Avignon.**
1321	**Mort de Dante.**
1332-1402	Ibn Khaldoun fait une œuvre de sociologie et d'histoire.

1337 **La guerre de Cent Ans.**

1348 **La peste en Europe.**

1378 **Deux papes pour une seule Eglise, Urbain VI à Rome et Clément VII à Avignon (jusqu'au concile de Constance, en 1417).**

1380 **Deuxième Empire russe. Fin de la Horde d'Or (1480).**

1396 Tamerlan est en Inde.

1400 Tamerlan est en Irak et en Syrie. Il s'oppose aux Ottomans.

1405 Mort de Tamerlan.

1431 **Mort de Jeanne d'Arc.**

1435 **La Bourgogne est indépendante, jusqu'en 1477.**

1444 A Varna, la Hongrie tombe devant les Ottomans.

1451 Les Ottomans sont à leur apogée. Mehmet II est sultan.

1453 **Chute de Constantinople. Les Ottomans en font leur capitale.**

1453 **L'imprimerie de Gutenberg à Mayence.**

1469 **Les Rois catholiques Isabelle et Ferdinand. Leur petit-fils Charles Quint réalise l'unité de l'Espagne en 1516.**

1475 Les Ottomans étendent leur influence jusqu'en Crimée.

1475 **Naissance de Michel-Ange. 1498-1499, la *Pietà*.**

1483 **Naissance de Luther. 1517, les « 95 thèses » qui dénoncent les « Indulgences ».**

1492 Chute du dernier califat musulman en Espagne. Grenade tombe, Boabdil s'enfuit vers le Maroc. De nombreux musulmans et juifs prennent le chemin de l'exil (Maroc, Algérie, Tunisie, Turquie). Fin de la présence musulmane en Espagne.

1492 **Le Génois Christophe Colomb découvre l'Amérique (pour le compte de la Castille).**
1506 **Léonard de Vinci peint *La Joconde*.**
1509 **Naissance de Calvin.**
1510 Léon l'Africain à Tomboctou.
1511 **Erasme, *Eloge de la folie*.**
1517 Les Ottomans prennent pied au Caire, en Egypte.
1520 Début du règne de Soliman le Magnifique.
1522 Fondation du sultanat de Brunéi.
1525 **La France renonce définitivement à l'Italie.**
1526 Bâbur à Delhi : les Mongols sont en Inde et les Turcs passent le Danube. Annexion du royaume de Hongrie.
1529 Alger est sous le pouvoir des corsaires turcs, Khayr ad-Din, dit « Barberousse ».
1534 Bagdad passe sous la domination ottomane.
1534 **Jacques Cartier au Canada.**
1541 **Jean Calvin fonde son Eglise à Genève.**
1547 **Naissance de Cervantes. *Don Quichotte*, 1605.**
1550 L'islam au Cambodge.
1556 Akbar, empereur moghol de l'Inde.
1564 **Naissance de Shakespeare. *Hamlet* (1603).**
1571 Défaite d'Ali Pacha devant don Juan d'Autriche à Lépante.
1574 Les Turcs s'emparent de Tunis.
1587 En Iran, la dynastie safavide est au sommet.
1596 **Naissance de Descartes. *Discours de la méthode*, 1637.**
1598 **Edit de Nantes (tolérance pour les protestants), révocation de l'édit par Louis XVI en 1685.**
1609 **Philippe III expulse les Morisques d'Espagne.**

1618-1648 **La guerre de Trente Ans.**
1636 **L'Académie française. Corneille écrit *Le Cid.***
1642 **Révolution anglaise. « Commonwealth », *Habeas Corpus*, 1679.**
1648 **Traité de Westphalie.**
1682 **Newton découvre la gravitation universelle.**
1683 Les Ottomans assiègent Vienne, mais sans succès.
1689 **John Locke : théorie de la séparation des pouvoirs exécutif et législatif.**
XVIIe-XIXe siècle **Nombreux voyageurs occidentaux en Orient : Thévenot, Chardin, Flaubert, Chateaubriand, Gérard de Nerval.**
1703 Naissance en Arabie de Mohammed Abd al-Wahab.
1722 Les Afghans conquièrent l'Iran.
1736 Nâdir, souverain de Perse.
1788 Guerre entre l'Empire ottoman et l'Empire austro-hongrois.
1789 **La Révolution française. La République, 1792.**
1798 **Bonaparte en Egypte. L'expédition dure jusqu'en 1801.**
1801 **Naissance de Rifa' at-Tahtawi, réformiste égyptien.**
1805 **En Egypte, Mohammed Ali prend le pouvoir.**
1806 **Les wahabbites sont victorieux à La Mecque.**
1809 **Napoléon, maître de l'Europe.**
1811 Egypte : massacre des Mameluks.
1811 **Chateaubriand rédige *Itinéraire de Paris à Jérusalem*.**
1818 **Naissance de Karl Marx. *Le Capital*, 1867.**
1821 Première imprimerie au Caire.
1822 **Indépendance de la Grèce. L'Etat grec est**

reconnu à Londres, 1830. Champollion perce le secret des hiéroglyphes.

1826 Massacre des janissaires à Istanbul.

1827 Delacroix peint *La Mort de Sardanapale*.

1829 Victor Hugo, *Les Orientales*.

1830 Début de colonisation de l'Algérie par la France. Partout, défaite et recul des Ottomans.

1830-1914 Voyage de plusieurs peintres orientalistes au Maghreb et au Machreq : Delacroix, Matisse, Chassériau, Fromentin, Vernet, Maxime du Camp, Dinet, Kandinsky...

1839 Les Tanzimat, période de refondation et de réorganisation en Turquie ottomane.

1840 Naissance de Jamal ad-Din al-Afghani, futur réformiste musulman.

1843 Le bâbisme. Les Senoussis prennent pied en Cynénaïque (Libye).

1847 Dans l'Ouest algérien : reddition de l'émir Abd el-Kader.

1848 Les Balkans (Servie, Roumanie) s'affranchissent de la tutelle ottomane. La Bulgarie restera vassale des Turcs jusqu'en 1908.

1849 Naissance de Mohammed Abdouh, futur réformiste égyptien.

1857 Début du percement du canal de Suez par Ferdinand de Lesseps.

1863 Le khédive d'Egypte.

1867 Création du mouvement des « Jeunes Turcs ».

1870 Décret Crémieux en Algérie : nationalité française pour tous les Juifs.

1870 Naissance de Lénine. Révolution d'Octobre, 1917.

1876 Première Constitution turque.

1879 Naissance d'Albert Einstein. ***Théorie de la***

***relativité*, 1915 ; *Théorie de la relativité généralisée*, 1919.**

1880-1920 Le Panislamisme.

1883 A Paris, Mohammed Abdouh et Jamal al-Afghani lancent véritablement le mouvement de la Nahda, le réformisme musulman. Rentré au Caire, Abdouh délivre son enseignement jusqu'en 1905, année de sa mort.

1885 A Berlin, les Européens se partagent l'Afrique.

1889 Paris, Exposition universelle. La Tour Eiffel.

1897 Mort de Jamal ad-Din al-Afghani, réformiste musulman.

1900-1925 Accélération des idées panislamiques et réformes constitutionnelles dans nombre de pays.

1914 Première Guerre mondiale. Manifeste des « Jeunes Turcs ».

1916 Accord Sykes-Picot : le Proche-Orient, qui était ottoman, passe sous domination franco-anglaise.

1917 La Révolution russe. Le tsar abdique. Avènement des bolcheviques.

1917 Sultan Galiev : rêve d'une union islam-communisme. Déclaration Balfour pour la création d'un foyer juif en Palestine.

1919 Traité de Versailles. Naissance de la Société des Nations, ancêtre des Nations unies.

1920 Traité de Sèvres.

1923 Abolition du Califat (3 mars 1923). Atatürk, le « Père de la Nation », est au sommet de sa puissance. La famille des Ibn Saoud, en Arabie, l'emporte sur la famille des Hachémites, au pouvoir en Jordanie.

1925 Les Pahlavi en Iran.

1926 Suppression de l'ordre des derviches tourneurs. Seul leur couvent de Konya continuera à fonctionner, sans trop de publicité.

1928 Naissance à Ismaïlia de l'Association des Frères musulmans. Son fondateur est Hassan al-Banna.

1930 Naissance de l'idée du Pakistan, « Pays des purs ».

1931 Naissance en Algérie de l'Association des Ulémas. Son fondateur est Abdel-Hamid Ibn Badis.

1933 Hitler au pouvoir.

1939-1945 Seconde Guerre mondiale. Défaite du IIIe Reich. Création de l'ONU.

1943 Manifeste du peuple algérien par Ferhat Abbas.

1946 Début du cycle de décolonisation.

1948 Proclamation de l'Etat d'Israël. Assassinat de Gandhi.

1953 Mort de Staline.

1954 Déclenchement de la guerre d'Algérie (1er novembre).

1956 Bourguiba laïcise la vie civile en Tunisie. Nationalisation du canal de Suez. Nasser triomphe.

1962 Indépendance de l'Algérie. Fondation de la Ligue islamique mondiale.

1963 Assassinat à Dallas du président John Fitzgerald Kennedy.

1967 Guerre des Six Jours. En 1980, Israël annexe Jérusalem-Est.

1969 Incendie de la mosquée Al-Aqsa. Naissance de la Conférence islamique mondiale qui décrète un fonds pour Jérusalem.

1973 Sommet islamique de Lahore (Pakistan).

1979 Révolution islamique à Téhéran. Elle est conduite par l'imam Khomeyni. Attaque de la Grande Mosquée de La Mecque, libérée par des gendarmes français.

1980-1988 Guerre irako-iranienne qui s'achève par un affaiblissement des deux belligérants.

1981 Anouar al-Sadate, président égyptien de l'ouverture à Israël, est assassiné le 6 octobre par un commando islamiste d'Al-Jihad.

1986 Explosion de la centrale nucléaire de Tchernobyl (Ukraine). Des pics allant jusqu'à 200 millions de curies, unité de radiation, étaient observés à plus de cent kilomètres de la centrale.

1989 En Pologne, victoire du syndicat Solidarité sous la direction de Lech Walesa (février-mars) et, en novembre, chute du Mur de Berlin. En Chine, massacre de la place Tian An Men.

1989 Mort de l'ayatollah Khomeyni.

1989 Les différentes fractions libanaises mettent fin (Accords de Taëf du 22 octobre, en Arabie saoudite) à la guerre civile qui ravage le pays depuis 1975. Maintien du confessionalisme, mais renforcement des pouvoirs du Premier ministre qui doit être musulman sunnite.

1990-1994 Libération de Nelson Mandéla, président de l'ANC, début du démantèlement de l'apartheid et élection de Mandela au poste de président de l'Afrique du Sud (juillet 1994).

1990 L'Irak envahit le Koweit (août). Une coalition internationale se forme sous l'égide de l'Onu. Les Américains qui conduisent la coalition l'appellent « Tempête du désert » (janvier-février 1991). Quelques jours suffisent pour repousser l'armée irakienne et libérer le Koweït (1re Guerre du Golfe). Création de zones d'exclusion aérienne et embargo sur le pays, dominé par Saddam Hussein. Février et mars, soulèvement kurde au nord du pays et soulèvement chi'ite au sud. Répression de type génocidaire de la part du régime irakien. Plusieurs milliers de morts.

1990-1991 **En Russie, Mikhaïl Gorbatchev engage les réformes politiques (perestroïka et glasnost) qui mèneront à la dislocation du système soviétique.**

1991-2001 Multipartisme en Algérie (1989), libéralisation de la presse, mais arrêt du processus électoral (janvier 1992) et assassinat du président Boudiaf, à Annaba (29 juin 1992). Maquis islamistes en Algérie. Sur une période de cinq années, l'affrontement entre les belligérants fait quelques 200 000 morts (chiffre approximatif).

1993 Israël-Palestine, accords d'Oslo.

1994 Autonomie palestinienne, sur la bande de Gaza et la Cisjordanie.

1996 Yasser Arafat est élu président de l'autorité palestienne.

1995 **Le 4 novembre, Yigal Amir, un extrémiste sioniste, assassine à bout portant Itshak Rabin (né en 1922), homme d'Etat pacifiste israélien.**

1997 Election de Muhammad Khatami, réformateur, à la tête de l'Iran (mai). Le 17 novembre 1997, attentat islamiste à Louxor contre des touristes étrangers (62 morts, 58 étrangers). Choc violent dans l'opinion nationale égyptienne.

1999 Reprise de la guerre en Tchétchénie.

2000 **1er janvier, naissance de l'euro (après ratification par onze Etats de la Zone euro, au 1er janvier 1999). 24 mai, retrait de l'armée**

israélienne du Sud-Liban. En juin, l'OMC (Organisation mondiale du commerce) compte plus de la moitié des Etats de la planète (137 membres).

2001 **11 septembre : dans un attentat spectaculaire, jamais vu auparavant, les deux tours jumelles (Twin Towers) de New York sont anéanties dans un fracas de bruit et de poussières. Le choc est planétaire.**

Guerre d'Afghanistan. Les Américains s'engagent militairement à détruire le régime des Talibans établi à Kaboul et dans la région de Kandahar. Traque de Oussama Ben Laden (né en 1957) qui n'a rien donné alors que ce livre est publié.

2003 20 mars, début de la 2e Guerre du Golfe. 9 avril, Bagdad tombe entre les mains des Américains. Destitution, fuite et capture de Saddam Hussein, huit mois après, le 13 décembre 2003.

Index

Remerciements

Si ce livre est dédié aux amoureux de l'Islam, aux voltairiens et aux voyageurs qui osent de nouveaux horizons, une autre façon d'être et de penser, cela vaut prioritairement pour toutes les personnes qui, à Plon ou à Perrin, en ont facilité la conception.

A Xavier de Bartillat, à Mary Leroy qui a tant travaillé sur ce livre et à Jean-Claude Simoën, « amoureux polymorphe » devant l'Eternel et véritable architecte de ce Dictionnaire. Qu'ils trouvent ici un hommage sincère pour leur accueil et leur amitié.

Mes remerciements vont aussi à ma famille à qui je demande de ne pas me tenir rigueur des longues absences, hélas justifiées, dans mon cabinet de travail.

Table des entrées

Dans la même collection

Dominique VENNER
Dictionnaire amoureux de la chasse

Jacques LACARRIÈRE
Dictionnaire amoureux de la Grèce

Jean-Claude CARRIÈRE
Dictionnaire amoureux de l'Inde

Robert SOLÉ
Dictionnaire amoureux de l'Egypte

Jean-François DENIAU
Dictionnaire amoureux de la mer et de l'aventure

Jacques VERGÈS
Dictionnaire amoureux de la justice

Yves BERGER
Dictionnaire amoureux de l'Amérique

Daniel HERRERO
Dictionnaire amoureux du rugby

Alain DUCASSE
Dictionnaire amoureux de la cuisine

Dominique FERNANDEZ
Dictionnaire amoureux de la Russie

A paraître

Michel DEL CASTILLO
Dictionnaire amoureux de l'Espagne

Pierre-Jean RÉMY
Dictionnaire amoureux de l'opéra

Jérôme SAVARY
Dictionnaire amoureux du spectacle

Philippe SOLLERS
Dictionnaire amoureux de Venise

Cet ouvrage a été composé par
Nord Compo Villeneuve-d'Ascq
et imprimé sur presse Cameron
par **Bussière Camedan Imprimeries**
à Saint-Amand-Montrond (Cher)
pour le compte des Éditions Plon
76, rue Bonaparte
Paris 6e

Achevé d'imprimer en mars 2004.

N° d'édition : 13726. — N° d'impression : 041161/4.
Dépôt légal : janvier 2004.
Imprimé en France